集人文社科之思　刊专业学术之声

主　编：何　明

副主编：李志农　朱凌飞

编委会

主　任：林文勋

副主任：刘世哲

委　员（按姓氏笔画排序）：

Chayan（泰国清迈大学）　陈庆德　高丙中　李东红　麻国庆　马翀炜
彭静莲（比利时鲁汶大学）　王文光　徐黎丽　杨　毅　袁同凯　周　平
周永明（美国威斯康星大学）

西南边疆民族研究

第 26 辑

中文社会科学引文索引（CSSCI）来源集刊

主　编　何　明
副主编　李志农　朱凌飞

教育部人文社会科学重点研究基地
云南大学西南边疆少数民族研究中心学术集刊

社会科学文献出版社
SOCIAL SCIENCES ACADEMIC PRESS (CHINA)

《西南边疆民族研究》第 26 辑
2018 年 11 月出版

目 录

边疆学研究

民国滇南游记中的瘴疠研究 ·· 卢中阳 / 1
国家转型下的边疆整合困境
　　——以民国时期解决土司问题的实践与论争为中心 ······································ 李沛容 / 10
"禁防"与"通市":清代中越边境政策的早期变迁与认知流变 ············ 吴智刚　覃延佳 / 19
中缅老交界地区哈尼/阿卡人橡胶种植的生态保护实践及其困境 ···························· 张雨龙 / 27

民族史研究

"总体史观"视野下乌蛮研究的基础性问题 ·· 张曙晖 / 35
战争与乾隆朝两金川地区的人口变迁
　　——以清代档案文献为基础 ·· 王惠敏 / 47
南诏国南部、西南部境外的国家和民族述论 ································· 李艳峰　王兴宇 / 61

宗教文化研究

凉山彝族传统宗教的认同基础与符号边界 ·· 张可佳 / 69
从祭灵、撵鬼到造神:20 世纪以来基诺族宗教文化变迁研究 ············ 何点点　高志英 / 77
个人权责与地方管理知识:基于佤族"梅"的研究 ·· 陈明君 / 86
花腰傣村寨传统公祭仪式的文化内涵及现状研究 ·· 周晓红 / 96

民族关系研究

漂泊到融合
　　——从巴塘关帝庙看汉藏互动下的身份认同 ·· 翟淑平 /104

多元组织合作动力机制与民族互嵌型社会结构构建
　　——以新疆玛纳斯县为例 ……………………………………………… 蒋志远 /116
倡乐活动视角下的"倡乐晏胡"策略 ………………………………………… 岳洋峰 /123
彝语转用汉语的渐变规律
　　——以峨山彝族自治县大龙潭乡为例 …………………………………… 罗江文 /129

民族社会研究

临沧南美拉祜族债权习惯法对其社会治理的影响 …………………………… 徐建平 /140
盗亦有"道"
　　——湘西土家族"偷梁"习俗的文化逻辑 ……………………………… 彭秀祝 /149
家族变迁与村寨权威
　　——对云南石屏县 B 村李氏宗祠功能的研究 …………………………… 徐　超 /157

旅游人类学研究

生态旅游、"国家公园"与台湾少数民族文化发展
　　——以台湾东光布农人之经验为例 ……………………………………… 陈逸君 /168
滇西边境地区民族文化旅游发展模式研究 ……………………… 韩　璐　明庆忠 /184

民族理论研究

"科学主义"与"普世常数"
　　——对马文·哈里斯文化唯物主义的解读 ……………………………… 张　岳 /194
变与不变：文化表征与结构
　　——关于历史人类学"他者"的几点反思 ……………………………… 王　洪 /206

研究述评

大理白族传统民居研究述论与人类学反思 …………………………………… 刘　敏 /221
人类学视野下情感的自我表述与研究维度述论 ……………………………… 张　桔 /233

《西南边疆民族研究》稿约和撰稿体例 …………………………………………… 243

民国滇南游记中的瘴疠研究

卢中阳

摘　要　瘴疠以及由此产生的社会心理影响长期成为束缚滇南开发的桎梏，然而这一切在民国时期出现了拐点。民国滇南游记作品，不但认识到瘴疠主要为虫媒传播的恶性疟疾，而且提出了以改善卫生条件为核心的防控措施。游记作品对瘴疠认知回归科学和理性的过程，既是民国开发滇南成果的写照，又对当地发展起到促进作用。

关键词　滇南；瘴疠；民国；游记

DOI：10.13835/b.eayn.26.01

"瘴疠"，又称"瘴厉""瘴疟"，古时认为是由于沾染"瘴气""瘴毒""烟瘴"等而滋生的疾病，实指流行于我国南方地区以疟疾为主之多种疫病的泛称。历史上，瘴疠对国家政治、经济、文化和社会心理等方面均产生了深远影响。清代晚期的滇南地区，不但车里仍属"改流"的"保留地"，而且已经施行"改土归流"的元江、思茅、澜沧等地还面临"撤流复土"的威胁。到了民国时期，瘴疠的流行并未减弱，反而变本加厉，然而也正是在这一时期滇南"设流"工作最终告成。这促使我们不得不从认知的角度去考虑瘴疠认知与政治疆域发展的关系。以往关于滇南瘴疠的研究，多立足于现代视角，侧重于病理学、环境史、社会史、人类学及历史地理学等方面的探讨。[①] 本文则旨在通过民国时期《云南普防巡阅管见录》《到普思沿边去》《云南普思沿边之十二版纳》《水摆夷风土记》《边荒》《滇南散记》《滇南千里行》等几部游记作品，考察当时外界对瘴疠的认知及其对民国滇南开发的影响。

一　民国滇南游记中的瘴疠之地

民国时期滇南游记，均始于公务原因。换句话说，游记作者多有政府背景，并且是知识分子。其

---

* 本文受到国家社科基金青年项目"指定服役制度与早期国家起源研究"（15CZS019）以及陕西师范大学中央高校基本科研业务费专项资金重点项目"全球视野下的指定服役制度研究"（15SZZD02）资助。滇南在本文中指云南省昆明市以南的广大地区，主要包括玉溪、普洱、西双版纳、临沧等地区。

** 卢中阳（1981～），男，吉林四平人，陕西师范大学历史文化学院副教授，硕士生导师，美国亚利桑那大学访问学者，主要研究方向是中国民族史、先秦史。

① 周琼：《清代云南瘴气环境初论》，《西南民族大学学报》（社会科学版）2007年第3期；沈海梅：《从瘴疠、鸦片、海洛因到艾滋病：医学人类学视野下的中国西南边疆与边疆社会》，《西南民族大学学报》（社会科学版）2012年第3期；张立明：《安章与披拨：人类学视野中的禁忌分析》，《中央民族大学学报》（哲学社会科学版）2002年第5期；张轲风：《从"障"到"瘴"："瘴气"说生成的地理空间基础》，《中国历史地理论丛》2009年第2辑。

所撰录，多为览观风土民情的见闻。故而此类游记作品，可作为民国时期滇南的第一手民族调查资料。从游历的路线来看，都起自昆明：或自昆明老城骑马南行；或由滇池大观楼乘船至晋宁县昆阳镇南下；或从昆明坐车到玉溪，然后坐滑竿或骑马南进；自1936年个碧石铁路开通后，多改走滇越铁路至红河开远市，又换乘个碧石铁路到建水县，经石屏抵达元江。船舶、客车和火车等现代快捷出行方式，至玉溪境内便或早或迟地全部换成了骑马、滑竿或步行等传统交通工具了。几条路线殊途同归，都要通过元江，后经墨江、宁洱（古普洱）抵达普洱（古思茅）。有的到思茅便返程，如果继续前行又岔为两路：一路由普洱向西渡江至澜沧、临沧，之后北上返回昆明；另一路继续向南抵达景洪、勐海，或自勐海原路返回，或经澜沧向北返回昆明。在这些游记作品中，关注最多并且贯穿始终的便是对瘴疠的描写和认知。

民国滇南游记所描绘的瘴疠之地，就大者言之，主要有以下几处。

甘庄坝，今属元江县青龙厂镇。谚语云："要过乾（甘）庄坝，先把婆娘嫁。"民国时期甘庄坝的瘴疠虽然已渐成明日黄花，但其遗留的心理影响尚存。1930年李文林抵达这里时，便感觉心神颇为忧闷，并谓"现在瘴毒大减，然已走入炎方，在这足以寒旅人之胆也"。[①] 1946年马维忠抵达甘庄坝，亦指出此地由于瘴疠，死亡率很高，人活到50岁算长寿。[②] 可见，甘庄坝无疑给了南行之人一个下马威。

元江城，即今天的元江县城。1915年庚恩旸巡防时就称此地为"著名烟瘴之乡"。[③] 20世纪30年代末，姚荷生以"恶风毒瘴元江城"这样醒目的标题来志此地，他描写道："元江县城筑得紧靠江边，城周虽很大，但城里大部分像是荒郊，丛生着乱草灌木，数百户人家都聚居在近江的一边，一切显得凋零、污秽。居民也都面有病容和菜色，好像一群荒年流徙的难民。"而造成这种状况的直接原因，便是瘴疠大肆爆发，"人民死的死，迁的迁"，[④] 遂演成当日衰败残破的样子。1946年马维忠到此后，亦发现"恶性疟疾流行，一般汉人都视为畏途"。[⑤]

宁洱城，以前又称普洱，即今之宁洱县城所在地。曾是滇南重要的军事、政治和商业中心，闻名遐迩的普洱茶便由此地得名。民国20年以后，该地爆发瘴疠，姚荷生曾记录了一份当时县政府的调查报告。据称：民国21年，全县共有14700户，7万人。到了民国27年，只有10700户，40800人。六年间，人口减少超过40%。[⑥] 马维忠认为当时的死亡率高达58%。[⑦]

思茅城，即今天的普洱市区所在。民国19年以后，瘴疠几乎摧毁了整座城市。1930年李文林呈文："查该县自民十以后，疫病流行，死亡相继，几至十室九空，商情冷落，百政俱废。"此次瘴疠肆虐十余年，死亡人口至十之七八。以前思茅全县有人口四万余户，然而到了1930年左右，只剩下4000余户。据李氏所见，县"府落叶满阶，阴森之气，撲入眉宇"。城墙"尽为草木所封，如一大青埂子"，城门过道长满荃麻，"其荒凉萧瑟之状，令人不堪目睹"。[⑧] 20世纪30年代末，当姚荷生到来时，景象似乎更为凄凉。城内处处是断墙颓垣，竟演绎出有人把县衙门当作破庙随意进来大小便的传闻。

[①] 李文林：《到普思沿边去》，载马玉华《中国边疆研究文库·初编·西南边疆》（第2卷），黑龙江教育出版社2011年版，第549页。
[②] 抱朴子编《深挚的爱：马维忠遗珠拾零》，交流赠阅2008年版，第184页。
[③] 庚恩旸：《云南普防巡阅管见录》，昆明巡阅使行营1915年版，普防巡阅日记第27~28页。
[④] 姚荷生：《水摆夷风土记》，云南人民出版社2003年版，第19页。
[⑤] 抱朴子编《深挚的爱：马维忠遗珠拾零》，第185~186页。
[⑥] 姚荷生：《水摆夷风土记》，第44页。
[⑦] 抱朴子编《深挚的爱：马维忠遗珠拾零》，第201页。
[⑧] 李文林：《到普思沿边去》，第556~557页。

城外的情形则更加悲惨，村民不死即迁，只剩下一所所空屋。① 然而这座城市的厄运并未就此终结，1941 年再次爆发瘴疠，继之 1942 年的地震，至 1946 年马子华所见，县城仅剩 3000 户人口。除了一味的凋敝外，"县衙门里常常有老虎来散步"，"至于野狼，那简直是常来常往的亲戚了！"② 在马维忠到来时，城区户口仅剩 400 户，形成了"有屋无人住，有田无人耕，有衣无人穿，有饭无人吃"的现象。③

车里，今为西双版纳傣族自治州。这里是新中国成立前著名的瘴区，民谣称："要到车佛南，先买好棺材板；要到普藤坝，先把老婆嫁。"来到西双版纳的外地人，十有八九会"中瘴"身死，有来无回。④ 严德一称："滇南边区，素称瘴疠，尤以车里一带，已属副热带性气候，又以地势卑湿，夏秋雨水缠绵，蚊蝇为疟，疾病丛生，外乡人士，初抵其地者，染恙得病，鲜能幸免"，故他称此地为"瘟疫之乡"。⑤ 李文林谓西双版纳"无地无瘴，无瘴不毒"。⑥ 姚荷生称之为"瘴气的母地"，认为"沿着澜沧江一带，都是瘴气区域"，慨叹"为衣食而奔走的汉人，每年不知有多少人把性命送在它的附近"。⑦ 马维忠赴任景洪县途中，听人说每逢椒花落了，雨水将来或者雨季将终时，瘴气最大，汉人染瘴，十有九死。自赋一首《九龙江谣》："九江边，阻瘴烟，龙山龙水恣回旋，鱼虾肆恶喷毒涎"，"椒花落时瘴烟起，新客几死尽；雨季末期瘴烟恶，老客魂亦落"。"九江"即指九龙江，是澜沧江在西双版纳地区的别称。⑧ 马氏虽以果决之心来到西双版纳，翌年便接来妻儿，但之后其幼子便病夭于此。由于对西双版纳地区瘴疠的忌惮，庾恩旸只到了思茅便折返，马子华则从思茅向西渡江走澜沧北上。

勐朗坝，今天澜沧县城所在地。过去这里也是著名的瘴区，谚语曰："要下猛（勐）朗坝，先把婆娘嫁！"熊光琦曾说："若论烟瘴，澜沧全县，无处无瘴，远客初来，无人不病，医药两缺，死亡之多，尤属当然。"⑨ 马子华一到澜沧江糯扎渡口，便感叹"这以后，将是蛮烟瘴雨之区，人迹罕至之境"。澜沧的瘴疠虽不比西双版纳名气大，却凶恶异常。李文林提到缪尔纬任澜沧县令时，决议"誓扫瘴毒，开发猛（勐）朗"，并"掘毒物之巢穴，除草木之腐秽，移民开街，凡人力可达者，无不罄尽"，可谓办法用尽，但结果仍是人口"死亡殆尽"，不得不将其衙署迁到迤宋佛房。⑩

除了上举诸端大者，沿途的坡脚、罗里、扬武坝、青龙厂、磨黑、把边、瞻鲁坪以及勐猛、勐库等，都曾是民国游记作者笔下的瘴区。⑪

二 民国滇南游记对瘴疠致病原因的分析

游记作者进入瘴区后，对瘴疠的致病原因多有总结。从当地传统认知来看，多荒诞离奇。如傣族人认为瘴疠是"琵琶鬼"所致，据说这种"鬼"会钻进人的肚皮，咬人心肝，吃人魂魄。通常村寨头人或巫师会把病人拖到寨子中间，用火把烫、用老虎的牙齿戳等，逼迫其说出是谁放出的"琵琶鬼"。

---

① 姚荷生：《水摆夷风土记》，第 49~50 页。
② 马子华：《滇南散记》，云南人民出版社 2015 年版，第 34~36 页。
③ 抱朴子编《深挚的爱：马维忠遗珠拾零》，第 204~205 页。
④ 西双版纳州政府接待处编《西双版纳概览》，云南民族出版社 1993 年版，第 193~194 页。
⑤ 严德一：《边疆地理调查实录》，上海商务印书馆 1950 年版，第 166 页。
⑥ 李文林：《到普思沿边去》，第 505 页。
⑦ 姚荷生：《水摆夷风土记》，第 58 页。
⑧ 抱朴子编《深挚的爱：马维忠遗珠拾零》，第 213~214 页。
⑨ 熊光琦：《开发澜沧全部与巩固西南国防之两步计划》，载马玉华《中国边疆研究文库·初编·西南边疆》（第 2 卷），第 436 页。
⑩ 李文林：《到普思沿边去》，第 506 页。
⑪ 庾恩旸：《云南普防巡阅管见录》，普防巡阅日记，第 42、47、49 页；李文林：《到普思沿边去》，第 505~506 页。

如果病人说出某个人的名字，被提到名字的人就被认为是"琵琶鬼"。然后将他们赶出村寨集中居住，形成"琵琶鬼寨"。[1] 也有人将瘴气分为大蚯蚓瘴、马单鳝鱼瘴、蛤蟆瘴、毒蛇瘴、蚂蟥瘴、泥鳅瘴、谷槎瘴等，认为瘴毒分别由大蚯蚓、马单鳝鱼、蛤蟆、毒蛇、蚂蟥、泥鳅以及秋收后的谷根等所引发，人一旦遇到这些毒物释放的瘴气便会致病，并根据毒性分为猛性和慢性两种瘴疠。[2] 例如元江人认为该地的瘴气为蛤蟆瘴，传说附近有一个蛤蟆精，"蛤蟆吐气，幻成五彩之色"，人一触到这五色之气就要一命呜呼。[3] 还有人认为瘴气为山川草木之恶气。[4] 总之，多为无稽之谈。

从民国滇南的游记作品来看，对瘴疠致病原因的分析已经回归科学和理性。从1930年李文林赴滇南开始，旅行者逐渐认识到瘴疠的主因就是疟疾。李文林到思茅时，指出此地症状"多系慢性疟疾"，并为中小学生做了"疫病流行之研究，与补救之方法"的演说。[5] 姚荷生在谈到元江的瘴气时称："所谓瘴气就是一种很厉害的恶性疟疾。"[6] 马维忠提及元江蛤蟆吐气幻成五彩传说时，认为"其实就是恶性疟疾流行的一种误会"。他在讲到宁洱时，亦提到此地死亡率很高就是"恶性疟疾流行"所致。[7] 关于疟疾的传播媒介，游记作者也已形成共识，即通过蚊虫等虫媒传播。姚荷生指出元江"四面高山环抱所以夏天非常闷热，加之又近水边，蚊虫繁殖极易。因此瘴气一旦传入，便造成不可收拾的局面了"。谈及瘴气由普洱传到磨黑的原因时，亦提到磨黑"龌龊的环境，自然很适合蚊虫的繁殖，无怪疾疫这样厉害"。[8] 马维忠到勐养乡刀根柱家参观时，发现"彝人饮食虽很简单，但睡则必用蚊帐"，并与来边地的汉人对比，认为不用蚊帐是"汉人来夷方之死亡率特高"的最大原因之一。[9] 可见，自来神秘的瘴疠，民国时期的游记作品已给出了基本定性，即主体为恶性疟疾，其传播媒介是蚊虫。

除认识到蚊虫传播疟疾是引发瘴疠的主要原因外，民国滇南游记作者还注意到其他一些可能的致病因素。早在1915年，庾恩旸就提出了天气炎热易生疾病的问题。[10] 李文林谈到勐库、勐猛、勐朗、勐满时，亦提出气候炎热，"山顶坝子高低悬殊，寒暑过严，造成热带性又温又热的气候，故时有热带性疾病"。[11] 马子华说到勐朗坝的"华侨新村"时，也认为"华侨们习惯不了那种炎热的气候，因患瘴疟，亡故了不少"。[12] 民国滇南旅行者关于高温致病的解说，虽然存在主观臆断的成分，但高温与瘴疠确实密切相关。现代医学证明，疟疾与气温有直接关系，一般的疟菌生存温度在16℃以上，但恶性疟菌只能生活在28℃之上。而在滇南地区流行的主要是被称为"恶性疟"和"卵形疟"的恶性疟菌。[13] 民国游记作者也注意到水污染可能是引发瘴疠的另一诱因。庾恩旸到把边时，指出"四山森林蓬勃"，"一经雨水落地以致枝叶腐烂浸入水中，饮之无不中毒"，"又有哑泉，误饮即哑，且腹胀"。[14] 李文林

---

[1] 西双版纳州政府接待处编《西双版纳概览》，第193页。
[2] 李文林：《到普思沿边去》，第505页。
[3] 姚荷生：《水摆夷风土记》，第20页。
[4] 李文林：《到普思沿边去》，第506页。
[5] 李文林：《到普思沿边去》，第557页。
[6] 姚荷生：《水摆夷风土记》，第20页。
[7] 抱朴子编《深挚的爱：马维忠遗珠拾零》，第185~186、193页。
[8] 姚荷生：《水摆夷风土记》，第20、41页。
[9] 抱朴子编《深挚的爱：马维忠遗珠拾零》，第214页。
[10] 庾恩旸：《云南普防巡阅管见录》，普防巡阅日记，第27~28页。
[11] 李文林：《到普思沿边去》，第506页。
[12] 马子华：《滇南散记》，第76页。
[13] 张珊：《中国瘴疠分布变迁研究的回顾与前瞻》，载中央民族大学历史系主办《民族史研究》（第8辑），中央民族大学出版社2008年版，第60页。
[14] 庾恩旸：《云南普防巡阅管见录》，普防巡阅日记，第47页。

亦将"污木腐草，饮料污秽"作为致病原因之一。① 马子华述及勐朗坝清末屠杀汉人时，指出腐烂的尸体在河水里腐败滋生病菌，当地人喝了河水溪水以后，瘴疫发作。八个寨子三万多人，到1936年时只剩下三个寨子400多人。② 这个推测也得到熊光琦的证实，他说："猛朗地方，初设县治何以不闻有瘴，殆兵燹以后，因积尸腐坏，发而成疫。""饮其水者又安能不病且死？"③ 此外，游记作者还指出瘴疠肆虐存在的人祸因素。马维忠谈到，思茅在经历了1941年的瘴病及1942年的地震后，政府当局不仅未及时实施紧急救济，事后也未拨发大批医药，而且上级政府只知征粮、征兵，所派下的委员只知要钱，致使雪上加霜，人口骤减。④ 马子华还提到，1942年夏季，思茅曾来了一支"国际防疫救济团"，他们走时留下五大箱药品以及其他必要的器材，并且书面指示了详细的症候、临床设施、药品的名称及效能、诊断方法及药量。一切可能而必需的指示都交给政府和卫生院。据说后来，县长把那五大箱药品全部以高昂的价格卖到别处去了，留下很少的一点是送给绅士和准备自己救命的。⑤

总之，从民国滇南游记来看，已经开始从科学与理性的角度对瘴疠的致病原因做出分析：既提出了瘴疠主要为通过虫媒传播的恶性疟疾，又看到了致病原因的复杂性。

三 民国滇南游记中提出的瘴疠防控措施

民国时期，当地人和部分行走滇南之人普遍认为吸食鸦片可以预防瘴疠。庾恩旸在考察把边禁烟情形时指出："以地有烟瘴，而吸烟者多，禁之不能。"到了元江，亦称该地偷种罂粟者多，"土住客籍均以吸烟为驱除瘴疠之具，故无论男女吸者十有四五"。⑥ 姚荷生离开元江，到了因远坝的区长府上，区长以鸦片招待，要其"随便吹几口"。姚氏谓："想不到《官场现形记》里描绘的情形，今天竟亲身见到。"⑦ 从医学角度上说，鸦片确实能治疗便秘，并且是有效的呼吸道疾病镇静剂、止咳药、止痛药和退烧药。⑧ 然而鸦片只治标不治本，而且一旦吸食成瘾，便会带来对药物的依赖性，甚至造成死亡。故早在1930年，李文林便指出："有谓走炎方必吸鸦片，此亦自杀之政策！"⑨ 因此吸食鸦片无异于饮鸩止渴。

针对预防瘴疠的困境，民国滇南游记作者提出了一个标本兼治的办法，其核心就是改善卫生状况。

民国滇南几部游记作品几乎同时关注到当地的卫生情况，认为卫生环境差是瘴疠流行的根本原因。关于公共卫生环境的问题，1915年庾恩旸到元江时就指出，一出户庭"即行遗矢渣滓污秽堆积满道，几无一寸干净地"，"举凡牛溲马勃猪粪及人之大小便，均无厕所为之容纳，每大解后即用以饲猪"，"积久则秽气熏蒸，尤易致病"，而且"居民不尚清洁，蓬首垢面，敝衣褴褛，形状难堪"。⑩ 姚荷生也提到元江"街道非常狭窄而污秽，牛粪马便遍地皆是。在街上闲逛一趟，要想鞋上不沾一点粪污，几

---

① 李文林《到普思沿边去》，第506页。
② 马子华：《滇南散记》，第72~75页。
③ 熊光琦：《开发澜沧全部与巩固西南国防之两步计划》，第436~437页。
④ 抱朴子编《深挚的爱：马维忠遗珠拾零》，第204~205页。
⑤ 马子华：《滇南散记》，第37~40页。
⑥ 庾恩旸：《云南普防巡阅管见录》，普防巡阅日记，第26、48页。
⑦ 姚荷生：《水摆夷风土记》，第25页。
⑧ 沈海梅：《从瘴疠、鸦片、海洛因到艾滋病：医学人类学视野下的中国西南边疆与边疆社会》，《西南民族大学学报》（社会科学版）2012年第3期。
⑨ 李文林：《到普思沿边去》，第507页。
⑩ 庾恩旸：《云南普防巡阅管见录》，普防巡阅日记，第27~28页。

乎是绝不可能的"。① 除元江外，其他有瘴地方的村政卫生均不理想，把边"粪秽堆集，无人扫除"。② 西双版纳的景栋寨"遍地马粪和人粪实为美中不足"。③ 磨黑"街道上非常污秽，牛溺马粪，随处都是，污水泛滥遍地，一股臭气直冲到脑里"。④ 除了公共卫生环境外，居住环境的卫生状况也非常恶劣。由于滇南地方卑湿，所以多修建竹楼，楼凡两层，下为牲畜家禽所居，人居其上，粪气熏蒸，卫生极差。另有各种滑稽的等级规定，一般百姓人家的房子不能覆瓦，亦不能广开窗子，致使室内既阴暗又潮湿。姚荷生在思茅城外留宿农家，提到"房屋都极简陋破旧，而且污秽不堪，一种异样的臭气时时透入鼻子"，自称勉强过了一夜。⑤ 马维忠在普藤坝参观一处民房时指出："竹楼分上下两层。下层是作为养牛、马、猪、鸡、鸭等用，蚊蝇飞舞，臭气扑鼻，很不卫生。"⑥ 污浊的公共卫生和居住环境，自然有利于滋生蚊虫和传播病菌。

游记作者发现，以上所提及环境污秽的地点，均为瘴区所在。而卫生条件稍好的墨江与经历大疫过后洗心革面的宁洱，却是无瘴乐土。20世纪30年代末，姚荷生到墨江后，发现房屋鳞次栉比、街道清洁整齐，联想到该地没有瘴气，故将其看作乐土。他到达宁洱后，见到整齐雄伟的城墙以及宽大干净的街道，顿生好感，认为这是早年宁洱经历瘴疠后痛定思痛的结果，指出"近来地方人士渐渐明白了瘴气的道理，所以对于公共卫生非常注意，城头上，屋角边的草，都铲得干干净净，街上扫得清清楚楚，污水垃圾也不许乱倒"，对比磨黑街道的污秽，感慨"无怪瘴气从这里迁到磨黑去了"。⑦ 各地的巨大反差，使游记作者注意到讲求卫生的重要性。马维忠进而认为，"只要讲究卫生，在恶性疾病流行的思茅，也可活到七八十岁"。⑧ 姚荷生在谈到宁洱注重公共卫生时，忧心地说："这种由无数生命换来的进步，不知是否可能永久保持下去。"⑨ 游记作品中关于瘴疠与卫生的认识，亦获得了其他一些人的认可。缪尔纬指出："沿边瘴厉（疠）之毒，固由地位卑湿，田土荒秽，村政不讲，其住居之不适卫生，尤为最大病原。"⑩ 熊光琦也认为："所谓瘴者，天然气候，仅占十之二三，而人事则当占十之七八，盖皆于卫生毫不讲求也。"⑪

游记作者还提出了一些具体防控方案。庾恩旸认为"房屋宜构筑高敞"，他在谈到治理元江的瘴疠时，还提出要兴修水利，其核心意图是方便人民"饮用洗涤"，防止饮浊水生病。⑫ 吴信曾嘱告李文林走炎方需注防之事项，其中重要一条便是"到炎方饮食宜淡泊，饮料必须沸过"。⑬ 后来李文林又将这种"预防之方"概括为"往来以时，行食慎重"、"淡食寡欲"以及"吃饭莫吃饱，早晨莫起早"等简单易记的口诀。⑭ 马维忠在勐养乡刀根柱家参观睡房时，注意到傣族"睡则必用蚊帐"，并将汉人

---

① 姚荷生：《水摆夷风土记》，第20页。
② 庾恩旸：《云南普防巡阅管见录》，普防巡阅日记，第47页。
③ 抱朴子编《深挚的爱：马维忠遗珠拾零》，第210页。
④ 姚荷生：《水摆夷风土记》，第41页。
⑤ 姚荷生：《水摆夷风土记》，第52页。
⑥ 抱朴子编《深挚的爱：马维忠遗珠拾零》，第208~209页。
⑦ 姚荷生：《水摆夷风土记》，第26、45页。
⑧ 抱朴子编《深挚的爱：马维忠遗珠拾零》，第206~207页。
⑨ 姚荷生：《水摆夷风土记》，第45页。
⑩ 缪尔纬：《开发普思沿边计划》，载马玉华《中国边疆研究文库·初编·西南边疆》（第2卷），第471~472页。
⑪ 熊光琦：《开发澜沧全部与巩固西南国防之两步计划》，第436~437页。
⑫ 庾恩旸：《云南普防巡阅管见录》，普防巡阅日记，第27~28页。
⑬ 李文林：《到普思沿边去》，第547页。
⑭ 李文林：《到普思沿边去》，第507页。

来夷方不用蚊帐总结为死亡率高的重要原因。[1] 对于发展卫生事业，滇南游记中虽然没有明确提出具体方案，但均注意到医药卫生事业的重要性。姚荷生说："在医药缺乏的区域，病人当然不救。"[2] 马维忠亦将宁洱恶性疟疾流行招致人口锐减的原因，归结为缺医少药。[3]

综上，游记作者将卫生与瘴疠联系起来，无疑抓住了防控瘴疠的关键所在。他们不仅提出了以改善卫生条件为核心的防控措施，而且反映出瘴疠可防可控已经深入人心。

四 游记作品与民国滇南开发的关系

游记中对瘴疠认识的提高与民国时期滇南的开发相辅相成。可以说，游记作品关于瘴疠的认识是民国时期人们对滇南认知和开发成果的写照。同时随着游记作品对瘴疠认识回归科学和理性，后来者对瘴疠有了更多的了解，并逐渐摒弃了恐惧心理，激发了人们探索和垦殖边疆的兴趣与勇气，进而促进了民国政府对滇南的开发。

经明、清两代，虽然元江、墨江、普洱、思茅、澜沧等地相继"改流"，但至民国初期澜沧和思茅以南的大部分地区仍属"改流"和发展的"保留地"。清初，云贵总督鄂尔泰提出"江外宜土不宜流，江内宜流不宜土"的治理方略，将西双版纳所属澜沧江以东的思茅、普藤、整董、勐乌、六大茶山、橄榄坝等地，即所谓江内六版纳，施行"改土归流"，并相继在橄榄坝和攸乐山（今基诺山）驻军。但橄榄坝和攸乐山等地的驻军终因"孤悬瘴地"而被裁撤。[4] 后清朝以"刀氏管理车里夷众已二十四代，众不能忘"为由，重新委任傣族宣慰使继续管理江内的部分地方。[5] 宣统年间，西双版纳爆发了"遮顶之乱"，[6] 黎肇元率众弹压并督办改流，预分勐遮、顶真、勐混、勐海、勐阿为五区，拟设一厅二县。骆负图、陈兆廉、杨荣辉、周世清、邹位灿均充编户招垦员弁，抽花茶捐助费。后来由于陈兆廉、杨荣辉瘴故，韦炳章、李佐华接办。宣统三年九月，委员周世清、督办黎肇元又先后瘴亡。结果帮办蒋可成及各编户委员，均畏瘴辞差。"边事乏员经理，花茶捐亦停办。"[7] 黎肇元死后，便委任柯树勋主政车里。转入民国，柯氏被任命为普思沿边行政总局局长（后改为普思殖边总办），从此开启了民国时期对西双版纳的改流之路。主要改革有两次：第一次是民国初年柯树勋的划区设治；第二次是1927年徐为光的改设县治。可以说，中国现代版图意义上的滇南设流至此时方告终结。民国虽然对车里采取"设流亦不废土"的政策，但民国"设流"工作为新中国成立后50年代"废土"的顺利进行奠定了基础。

同时，已改设的流官针对困扰滇南开发的瘴疠问题，亦提出与采取了卓有建树的改革措施。1913年柯树勋在"治边十三章程"中率先提出改善"住房"问题，指出："土司方面，向例除缅寺及宣慰各大叭准盖瓦房外，其余概系草房。每逢冬春天气干燥，最易失慎。且二、三年必须易新，尤多花费，

---

[1] 抱朴子编《深挚的爱：马维忠遗珠拾零》，第214页。
[2] 姚荷生：《水摆夷风土记》，第20页。
[3] 抱朴子编《深挚的爱：马维忠遗珠拾零》，第201页。
[4] 《中国少数民族社会历史调查资料丛刊》修订编辑委员会编《基诺族普米族社会历史综合调查》（修订本），民族出版社2009年版，第12页。
[5] 《高宗实录》卷1034，转引自《中国少数民族社会历史调查资料丛刊》修订编辑委员会编《西双版纳傣族社会历史调查·一》（修订本），民族出版社2009年版，第170页。
[6] "遮顶之乱"指清末勐海与勐遮爆发的一场历时三年（1908～1910年）的战争，载《傣族简史》编写组编写《傣族简史》（修订本），民族出版社2009年版，第143～144页。
[7] 柯树勋：《普思沿边治略》，载马玉华《中国边疆研究文库·初编·西南边疆》（第1卷），第53页。

应与汉地一律准予弁目民人盖造瓦房，以期经久。宣慰及各土弁不得异言。"同时提出"至于烟瘴毒烈，只要冬天到地，俗云：吃过腊水，便不关事。并饬各节饮食，实为瘴地卫生要著"。① 1935年，中央卫生院组成考察团，至思普沿边考察瘴疾。在思茅、宁洱共采集蚊虫九种，解剖后发现其中五种为疟蚊，三种含有恶性疟菌。又在车里县调集城区小学生三十余人验血，结果80%染疟疾，伏有病根。②这次医疗考察，从科学的角度证实了蚊虫是传播瘴疠的最大祸源。1944年4月出版由云南省民政厅边疆行政设计委员会主编的《边疆行政人员手册》指出："瘴疠为开边之大敌，倘不根本消灭，一切边疆建设，均将受其阻碍，所谓瘴毒，经科学研究，实即热带性疟疾，故瘴毒之消灭，并非不可能之事。"下饬县局采取之方法，共有以下六项：扑灭蚊虫；清除一切足以产生蚊虫之环境；开导人民使其知防疟治瘴之常识；养成睡眠用蚊帐的习惯；充实卫生院设备；遇瘴疾猖獗时，可呈请省机关拨款派员协助扑灭。③ 1945年出版由云南省民政厅边疆行政设计委员会撰拟的《思普沿边开发方案》提出："故欲消灭边区瘴疠，首应建设环境卫生。"具体包括住宅改良、粪便处理、芟荆莽浚沟渠、举行清洁运动四项措施。还提到了卫生事业建设的具体计划，即普及人民卫生常识、建设公共卫生设施、改善民间生活、预防疾疫、普遍成立医院、组织巡回医药队、设立隔离医院等。④ 缪尔纬和熊光琦在任职澜沧期间，也针对瘴疠提出了相应的改革方案。缪尔纬主张建设新村，"毁其旧有居室，为之另建"。为配合基建，建议设置砖瓦厂、木材厂和工匠介绍处。⑤ 熊光琦力主设县勐朗坝，就瘴毒问题认为："当先行焚山刈木，芟除蔓草，疏浚河流沟渠，积极开垦荒地，并严格讲求卫生，设备医药，两年以后，人烟既多，瘴毒自除；在两年内，为慎重计，则遇酷暑瘴发之际，尽可遥避于迤宋山半；距此二十里，即令县政府所在之佛房地方，亦并无何种为难也。"⑥ 这些改革措施或行或否，现已无从考察。但可以明确的是，虽然元江、思茅、澜沧等地的瘴疠并未彻底根除，却有了墨江那样的无瘴之地，又有瘴疠阵痛过后改过自新的宁洱。此外，瘴疠可防可治早已深入人心，《思普沿边开发方案》指出："至若瘴疫，已知为恶性疟疾，今世已有绝对特效之治疗剂，自不必再以神秘视之。"⑦ 1940年左右，张镜秋来到勐海曼峦寨，发现傣族人家都已建成汉式房屋。他自感言："也许他们觉得在生活的方式上，汉式夔屋，优于夔式高脚屋。"⑧ 要之，随着民国政府对滇南的开发，就治理瘴疠问题，已经制订了相应的改革方案，并取得了一定成绩。滇南游记作品正是在这样的社会大背景下撰写完成。换句话说，滇南游记作品中对于瘴疠的认识，正是民国滇南开发成果的展示与写照。姚荷生对墨江和宁洱治瘴的大肆褒奖，李文林对四排山县佐段庆华与澜沧县令缪尔纬斗瘴勇气和决心的肯定，都是较好的例证。

游记作品在滇南开发的大背景下创作完成，反过来又促进了当地的发展。1934年，严德一看到近十年来思茅、普洱两县瘴疠流行，"迤南大道，行旅视为畏途"，故倡言"移民垦殖，卫生与健康之重要，实为首当解决之问题"，并据实地考察，提出了"边地疾病之源，无非蚊蝇为疟，饮水不洁，而居民卫生之不良，医药设备之缺乏，皆为急待指导改良"。严氏出于开发边疆目的提出的改良措施，与

---

① 柯树勋：《普思沿边治略》，第59~60页。
② 陆崇仁：《思普沿边开发方案》，载马玉华《中国边疆研究文库·初编·西南边疆》（第3卷），第159页。
③ 陆崇仁：《边疆行政人员手册》，载马玉华《中国边疆研究文库·初编·西南边疆》（第3卷），第55页。
④ 陆崇仁：《思普沿边开发方案》，第159~162页。
⑤ 缪尔纬：《开发普思沿边计划》，第472页。
⑥ 熊光琦：《开发澜沧全部与巩固西南国防之两步计划》，第436~437页。
⑦ 陆崇仁：《思普沿边开发方案》，第131页。
⑧ 张镜秋：《边荒》，中正书局1946年版，第77页。

其参加的中央大学云南地理考察团受到云南省政府的资助有关。考察团最终形成的报告，为日后云南省政府制定政策提供了借鉴。严氏的个人成果《普思沿边：云南新订垦殖区》于 1940 年在《地理学报》上刊表。① 1944 年和 1945 年出版的《边疆行政人员手册》和《思普沿边开发方案》，均由著名历史学家江应樑负责起草和编著，从个中强调扑灭蚊虫、净化环境、提倡睡眠用蚊帐、普及人民卫生常识以及建设公共卫生等条目来看，与民国滇南游记作品中关于瘴疠的认知不谋而合，且系晚出之作，当多有参考。更重要的是，游记作品激励了人们开发边疆的勇气。民国滇南游记，不仅讲述了寻找蛤蟆精为万民除害的"大勇之人"，② 还记录了勇斗瘴气的四排山县佐及"誓扫瘴毒"的澜沧县令。③ 同时游记作者还以身作则，为世人垂范。李文林痛批滇人所谓"穷走夷方急走厂"的观念，认为"此种轻视向外发展之态度，亦殊属错误之极"，指出："蛮荒万里，急待开发，男儿事业，改善民生，巩固南陲，勿让祖生先我着鞭也。抑有进者，沿边不自秘密，而人秘密之。"呼吁人民到"往普思沿边去"，并以此作为文章标题。④ 姚荷生一行人在酒房坡，不顾马锅头（即负责赶牲口托运的人）吃甘薯会染瘴气的劝阻，每人买了一根大嚼起来。姚氏谓："我们虽然承认经验的价值，但是对于科学的信仰也很坚定。"⑤ 马维忠到了勐养坝，许多人劝他不要去车里（今景洪市区所在），但他自称："我为冒险心和研究摆夷兄弟民族之决心所驱使，乃购防疟药品，坚决来此。"并改编了杨淑玉的《潞江谣》，写了一首《九龙江谣》，声言："我预备此谣来考察它是否确有其事，用什么方法来克服它。"⑥ 这些鲜活的事例，无疑会砥砺人们开发边疆的信心和勇气。

综上，民国滇南游记作品通过游历的形式，真实地展现了民国时期滇南瘴疠的分布状况，从科学和理性的视角对瘴疠的致病原因进行了分析，并提出了以改善卫生条件为核心的防控措施。游记作品关于瘴疠的正确认知，既是民国滇南开发的成果写照，又对当地发展起到积极的促进作用。

---

① 严德一：《边疆地理调查实录》，上海商务印书馆 1950 年版，第 1 页（自序），第 166、173 页。
② 姚荷生：《水摆夷风土记》，第 20 页。
③ 李文林：《到普思沿边去》，第 506 页。
④ 李文林：《到普思沿边去》，第 507 页。
⑤ 姚荷生：《水摆夷风土记》，第 16 页。
⑥ 抱朴子编《深挚的爱：马维忠遗珠拾零》，第 213～214 页。

国家转型下的边疆整合困境

——以民国时期解决土司问题的实践与论争为中心*

李沛容**

摘 要 民国时期，边疆土司旧制因与民主共和政体格格不入，被国民政府视为封建专制遗孽，亟应改土归流，统一事权。近代国家政体转型后，废除边疆土司已不只是统一行政、固守疆围的行政问题，还是关乎民族平等的前提和保障。围绕废除残留土司问题，国民政府、社会舆论和地方精英展开了一系列的论争、实践和博弈。但是民国时期终因种种现实困境，未能根本解决土司问题。解决土司问题的论争与实践，展现出国家转型过程中国家与边疆、一体与多元的复杂性和矛盾性。

关键词 民国时期；国家转型；边疆整合；土司问题

DOI：10.13835/b.eayn.26.02

民国肇兴，政体由封建专制转趋共和体制，一切政务亟须除旧布新，百废待举。对内忧外患的民国政府而言，如何克服清末以来的各种边疆危机，承继多族群传统的清朝边疆遗产，努力将边疆各族融于中华民族共同体之内，建设统一的民族国家，始终是棘手而迫切的重大问题。首先必须破除封建时代遗留下来的旧观念和旧体制，推进边疆的政治整合。为实现此目标，民国政府特别是南京国民政府试图着手塑造一套新型的边疆观，重建统一的边政管理体系。因此，自元明时期推行的土司封建旧制，就同民国时期倡导的国家整合思想格格不入，被界定为应革除的对象。民国时期国家转型过程中，充斥着各种有关土司存废问题的实践和言论，围绕废除土司和实现民治，从政务推行到社会舆论民国各级政府都把边疆整合的废土改制作为实践和讨论的中心，废除土司制度成为各界人士一致认可的不争之事。然而，在推行废改土司的具体措施时，边疆残留土司们的系列请愿活动，与政府的各项政策和社会舆情不断纠葛，甚至发生冲突。民国时期，国民政府解决土司问题的各种实践，充分显现出近代民族国家建构进程中边疆整合的矛盾性和复杂性。

一 国民政府解决土司问题的态度与实践

20世纪初，西方列强侵扰清王朝边疆的行径愈演愈烈，日益加剧的边疆危机猛烈冲击着清初以来

---

* 本文为国家社科基金青年项目"民国时期川康彝族的民族身份与国民意识研究"（18CMZ005）阶段性成果。
** 李沛容（1983~），女，历史学博士，四川大学中国西部边疆安全与发展协同创新中心特聘副研究员。

建构起的多族群传统和多元政治实体并存的统治秩序。为挽救和维护疆域版图的完整性，清王朝试图在边疆事务方面做出最后努力。原本"因俗而治"创设的土司制度，无法继续胜任拱卫边陲藩篱的角色，也被纳入边疆内地一体化的边政革新进程。① 1906年升任川滇边务大臣的赵尔丰，首先在关系治藏事务尤为紧要的川边藏区展开大规模的改土归流行动。到1911年2月，清政府针对川、滇、桂、贵、甘等省残留土司，拟订改土归流计划，称"非一律更张，不足以固疆圉"，但因各省情形不同，办法难趋一致，需视各地缓急之别，审慎办理。对一时难以改流者，或先施文教，或收回法权，"以期稍立基础，为异日更置之阶"。② 废土改流不能盲目骤然而行，须依轻重缓急，分层次、有步骤地渐进而行，意在防范边地土司的离心倾向，减少改流阻力。废土归政，事权归一，使边疆内地政务一体化，以固疆圉，已为大势所趋。改流计划尚未全面付诸实施，清朝即告覆亡，土司存废问题便遗留给民国政府。

民国初期，北洋政府对边疆事务的关注首重于藏、蒙古、新边事，处理散布于西南、西北地区的残留土司，基本因循逊清成例，游移于土司存废之间，并无明确对策。土司存废问题解决的实际操控权下移到地方政府手中。然而，各省政府多沿袭清代旧例，以致改流之事停滞，加之时局动荡，边事措置失当，川、滇、甘各省土司，梗阻政事推行，渐渐演变为边事症结。③

土司问题的解决，一直到南京国民政府名义上统一全国后，才出现转机。依据《建国大纲》方案，国民政府拟定措施，规整统一全国行政体系，推行县制，革除特殊行政组织，以使全国事权归于中央。因"土司制度，不特不合现有行政组织，亦且违反现代潮流"，遂决议"对于改土归流政策，亟应力求实行"，于1929年12月由内政部制订土司调查表，咨请广西、云南、贵州、甘肃、宁夏、青海、西康、湖南、四川、新疆各省政府切实详细调查，"以为改革张本"。1930年和1931年，又迭咨仍存土司制度各省，并嘱其切实厉行改土归流。④ 中央政府倡议改土归流之议自此再起，内涵却远较以往复杂得多。1931年建省仅两年的青海民政厅在呈文中声称，青海各土司早已名存实亡，却"坐食厚糈，专供一己之挥霍"，屡屡有人控诉，应急谋求改革土司之方，"以铲除民族不平等之障碍"。民国肇建，土汉混合，早已无分畛域，而土民对于国家之义务与境内汉回民众一律平等，因此不愿再受土司压迫，"拟请明令取消青海土司各职，以一事权！"呈文很快得到内政部的响应和赞同，核议咨文呈请国民政府，将之推而广及全国，"嗣后各省政府，如有呈报土司补官袭职之事，并请勿遽核准，以谋改革，而昭划一"，又将土司定性为"封建时代之一种不良制度""封建制度之污点"，声讨土司欺压、剥削平民之种种罪行。最为重要的是，内政部强调废土改流的决定，"虽为整齐行政制度起见，亦所以保持国内民族待遇平等之精神"。⑤ 与清末相比，废除土司已不只是统一行政组织、固守疆圉的政治问题，而是同革除封建残余、追求社会平等、融合民族关系、树立土民国家观等"现代潮流"相联系，直接关系到近代民族国家建构的诸多问题。政治统一与国内各族平等之间的关联被强调并凸显出来。土司与土民旧有的封建奴役关系，应为国家与国民间新型的权利与义务关系所取代。这些废土理由和主张，之后在各级政府有关改流的公函中被屡次提及，成为各省改土归流的基本标准和原则。国

---

① 陈跃：《"因俗而治"与边疆内地一体化——中国古代王朝治边政策的双重变奏》，《云南民族大学学报》2012年第2期；苏德：《试论晚清边疆、内地一体化政策》，《中国边疆史地研究》2001年第3期。
② 《民政部改土归流之计划》，《国风报》1911年第2卷第5期。
③ 余贻泽：《中国土司制度》，正中书局1944年版，第132~156页。
④ 内政部年鉴编纂委员会编纂《内政年鉴》，载《民国丛书续编》第一编，上海书店出版社2012年版，第403页。
⑤ 《咨部撤销青海省土司改土归流》，《江苏省政府公报》1931年9月12日（第843期）；《取消各省土司制度》，《江西省政府公报》1931年第17~24期合刊。

民政府解决土司问题的理论基础源于孙中山的民族国家建设理论，即为摆脱西方列强压迫和国家分裂倾向，将各族同化融合为一个强有力的国族——中华民族，建设统一的现代国家。① 由于边疆各族"事事均较内地为落后"，"若一任边疆各民族以本身力量自求发展，其成绩当至渺小"，中央政府必须肩负起扶持国内弱小民族的重任，发展边疆教育以开启民智，开发边疆资源以谋民生，培植其自决自治能力，真正达到"政权在民"的目的。不过，这一切均"必须在民族统一领土统一及国家行政统一之前提下力求推进"。② 国家转型后对事权统一与民族平等更为强调，土司问题因为封建旧制，阻滞民族国家统一，且延误边疆各族平等的实现，于是废土改制便成为民国政府势所厉行的重要之事。

国民政府力主废除土司的主张，迅速引发了政界、社会舆论界有关土司问题解决的争议和边疆土司力量的回应。作为解决土司问题的主导力量，残留土司各省大多在具体的废土问题上与国民政府存有分歧，虽表面上纷纷筹议，拟具改革办法，一致认可土司制度为封建残余，不合潮流，应予废除，但是各省均持改制不应操之过急、处理无妨从宜的主张。③ 国民政府遽然废除土司制度的理想方案在滇、川、康等地确实缺乏可操作性。1929年云南省府在回复国民政府要求改流的公函时就曾指出，云南边地土司毗连英缅，僻处边荒，瘴毒尤烈，汉人绝少，土民皆拥戴土司，"如置措操切，立酿边衅，是以前本省政府有见及此，对于土司问题解决决定设流而不改土"。④ 且不论自然环境之局限、国防安危之敏感，土民根深蒂固的传统观念、边疆民情的复杂实为废除土司的重要障碍。这一点从甘肃永登县属连城（今兰州西北）鲁土司改流一案可资为证。1933年甘肃省连城土民呼吁改土归流，省府拟定计划废除土司改为设治局，孰料省府又接到拥护鲁土司的请愿呈文。经密查，呈文中所列众人"虽谓拥护，非其本心"，实为鲁土司主使。有趣的是，向省府呈请另行设治和请求维持旧制者，竟然是同一群乡绅。其后，调查者也不得不承认，尽管日趋汉化，"仍有一部分头脑顽固之番民，及少数土司之私人，尚望土司长久存在"。⑤ 民情若此，对土司存废的选择，实际牵连着各方社会力量盘根错节的利益关系。民风渐趋汉化的甘肃连城尚且如此，遑论汉人绝少的僻远边地。因而直到20世纪40年代初，云南省府仍然延续民初"土流并置"的"缓进"办法，坚持认为处理土司问题，应取务实的态度，正视边地土司"服从中枢，拥护政府""倾心向内，克尽守土之责"的事实。何况在"各土司之上，政府仍分别设有行政官吏，掌握一切行政司法事宜，土司亦归节制"，因而认为土司制度的存在与国家行政的施行并无障碍，暂留土司，允准土司袭职，还能"抚绥边民倾心内附"，"以固国防"。⑥ 在云南省府看来，土司的存留并不妨碍国家政令推行，又可维系土司内向抚边民之心，具有现实的政治合理性。循序渐进的方案要比国民政府厉行改流的提议更贴近边疆的现实。在中央政府和各省政治力量有限、无力经营边地的形势下，土司的留存算是"以一事权"和"抚绥边民"之间的折中办法和无奈之举。与滇省类似，川、康、甘、青各省鉴于地方情势，在各土司辖境改设县或设治局，并将旧有土司委以

---

① 王柯：《民族与国家：中国多民族统一国家思想的系谱》，中国社会科学出版社2001年版，第208～216页。
② 周昆田：《三民主义之边政建设》，《边政公论》1941年第1卷第1期。
③ 黄奋生：《边疆政教之研究》，商务印书馆1947年版，第106页。
④ 《国民政府内政部公函：函国府文官处：据云南民政厅核议腾越道七土司行政区公民王有信等请将南甸干崖盏达陇川四土司改流设县一案函请查照转呈由》，《国民政府行政院内政部内政公报》1929年第1卷第9期。
⑤ 《令民政厅据呈连城改土归流及设治办法着遵指示办理》，《甘肃省政府公报》1933年第2卷第39～42期。鲁土司鲁承基于1925年承袭平番县属连城指挥土司，并由北洋政府颁予执照。参见《临时执政令：令内务总长龚心湛：呈准甘肃省长陆洪涛咨请以鲁承基承袭平番县连城指挥土司世职拟请照准由》，《政府公报》1925年，第3284页。
⑥ 龙云主编《云南行政纪实》第2编《边务·土司制度》，云南财政厅印刷局1943年版，第1页。1945年以前，云南省府仍正式核准发给土司世袭的委任状，引来舆论界不少的批评，被认为对待土司的态度是消极的。参见余贻泽《中国土司制度》，正中书局1944年版，第183页；江应樑《云南土司制度之利弊与存废》，《边政公论》1947年第6卷第1期。

新的县长等衔称，在名义上实现废除土司与事权归一的效果。尽管此后国民政府先后多次清查各省残留土司，声言废土改流，但碍于抗战爆发，多数残留土司势力仍得以保留，直到20世纪50年代初。[①]

二 社会舆论对土司问题的论争

国民政府颁布厉行改流的决议后不久，土司问题便一时间成为舆论界热议的话题。相关的时论评议和时事报道开始大量刊载于各类报纸、杂志、著作，特别是同边政、地方性相关的报刊中，与此前土司问题乏人问津的情形形成鲜明对比。不过早在清末民初，国人因应日趋恶化的边疆事务，已借用新兴的报刊媒体发表过对土司问题的看法。1913年《协和报》记者向创建未稳的民国政府条陈，滇南国防堪忧，边事亟应整顿，首要应在吏治，整顿吏治即在土司，若"使边疆土人不属于中国政治统一之下，后患诚不可胜言"，遂建言选贤良官员取代土司，威德并施，行改土归流之策。[②] 此后很长一段时间内，与北洋政府忽视土司问题相仿，国人对此长期缄默无声，直至1924年。这一年，被誉为云南束河"和氏三兄弟"之一的和志钧发表了《吾滇土司之宜彻底废除》一文，倡言废除土司。同当年《协和报》记者纯粹从政治层面考量，将废除土司的理由完全归为国防安危不同，深受近代国家与国民思想影响的和氏着重揭示土民"仍困于专制之下，不能享受民国国民应享之权利"的事实，因而"为保障土民之权利，增进土民之幸福，不可不废除土司；启发土民之智识，促进土民之文化，不可不废除土司；巩固边境，以弭外人之觊觎，开垦荒土，以作裁兵之善后，亦不可不废除土司。是废除土司，一方固为土民计，一方仍为吾滇计矣"，废土置流为"拯救土民之惟一善策"。[③] 和氏对土司问题的认识，着眼于地方视野，将保障民权、开发民智，同国防、裁军等更为现实的政治问题相提并论，落脚点始终围绕在"民"上。废除土司最为现实的意义就是要使"土民"转化为"滇民"（"国民"）。

《协和报》记者与和氏大致代表了社会舆论讨论土司问题的两种主要观点，即事权统一与化边民为国民。1929年以后，有关解决土司问题的社会舆论主要限定在这两种倾向中。前者专注于探讨废土的具体方式，即政令统一、开发边地，主要侧重于政治层面。而后者则将"民"置于核心位置，强调废土改流中将传统边民转化为现代国民的问题，并强调政治干预是实现此种转变的途径。还有部分社会舆论虽斥责土司的封建专制性，但主张废土不宜过急，应"分析他内部的情形与环境的关系而斟酌缓急，分别废除"，[④]"不可压迫过急"。[⑤] 1933年，就读于光华大学的朱祖明撰文批评历届民国政府忽略土司问题的做法，提醒政府任何特殊政治组织的存在，都是不利于国防安危的，"勿谓土司问题，范围狭小也，'星火燎原'岂可忽视"，"土司问题与蒙旗不相轩轾，中央何轻此重彼"，然"筹谋边政，须巩固国防，废土司非电令所能奏效"，"以史为鉴，废土之事，平时犹宜慎"。[⑥] 那么，应如何具体解决土司问题呢？早期的社会舆论延续了和氏的地方视角，尤为关注土司问题突出的滇、康两地，随地方情势、个体观念有别而各有侧重。但不少人也敏锐地意识到土民同土司结成的长久依赖关系，以及

---

① 潘先林、白义俊：《民国时期的土司政策——以云南为中心的讨论》，《中国边疆史地研究》2017年第3期；吴启讷：《抗战洗礼下少数族群的中华民族化》，《江海学刊》2015年第2期。上述研究皆认为抗战时期国民政府停滞了改土归流计划，转而重新册封土司，以应对日本试图挑起的边疆危机。
② 《整顿滇南土司议》，《协和报》1913年第3卷第36期。
③ 和志钧：《吾滇土司之宜彻底废除》，《云南旅京学会会刊》1924年第5期。
④ 罗英：《滇黔土司存废问题之检讨》，《滇黔》1936年第1卷第6期。
⑤ 徐清影：《土司》，《晦鸣周刊》1930年第1卷第16期。
⑥ 朱祖明：《中国西南土司问题》，《光华大学半月刊》1933年第2卷第5期。

对废土进程的潜在影响力。清末举人出身的开明士绅童振藻承认土司制度作为封建残余应一律改革，但骤然废土易招致土民的激烈反对和土司的离心向外，无助于国防巩固，所以稳妥的办法是"羁縻勿绝"，再施以文教，从文化上濡化土司和边民，用弭外患。① 在西康，因普通百姓固有的"根根"观念，与土司结为牢固的依附关系，县政的实施和维持，尚依赖于土司、土头势力的协助。曾任巴安县（今甘孜州巴塘）县长的许文超所述事例可印证此点：1928 年，名义上已废的德格土司大婚，向百姓派征各种实物，县长出面干涉，结果弄得自讨没趣。② 因而地方政府"欲与之争民，彼则根深蒂固，致力维艰"，唯有"陶融土司头人"，设法改良学校教育、培植人才，使其"具足现代知识"，逐步改变边民的固有观念。③ 推行教育，使边民观念与时代衔接，逐渐削弱土司统治基础，成为 20 世纪 40 年代舆论界建议废除土司、统一行政的惯常策略。废土改流被视为一个综合性、全方位革新边地社会的问题。边民则常常被认为是需要在政府扶助下接受改造的群体。

单纯从政治层面考虑废土改流，强调改造边民，并非所有建言者的共识。不少废土言论的建议是由控诉边民的遭遇开始的，并越来越迎合当时破除封建旧体制、建设政体统一的共和国观念，且赞同南京国民政府改土归流倡议中重视改造传统边民为现代国民的观点。1933 年的一份报道指责云南土司诛求无厌、重重盘剥边民的种种恶行。④ 来自云南镇雄（今云南昭通境内）的通信更是宣称土司佃户"与奴隶无异"。⑤ 一位建言者愤慨地把土司和边民的关系比喻为"土皇帝"和"奴隶"的关系，直言"土司所辖的地方，大半变成黑暗地狱了"，惊呼"这种与帝国主义专制暴君异名同实的封建专制残余势力，在我们实现三民主义，铲除封建势力，统一中国，复兴民族的革命过程中，还能毫不过问的让其存在吗？"⑥ 这些言论揭露了土司"封建余孽"专制的残暴，彰显出废土的合理性和实现边民地位改变的迫切性。⑦ 土司和边民是"统治者与被压迫者""支配者与被剥削者"两大尖锐对立的阶层，土司治下的边地社会实为一番极不平等的景象。所以，学者方国瑜称，时移世易，往昔政府经略边土，只羁縻土酋的做法已不可取。这不仅与开发边疆为巩固国防之"急务"有关，尤为关键的是，"今则重视边民，同登文化之域，凡国民所享受之权利，边疆与内地不容歧异，则不能如往日授全权于土司"。为实现平等，地方权力应由土司下移至边民阶层，方能符合现代国体。但是熟知西南边疆史地的方氏基于边疆情势特殊的考虑，并不同意马上废除土司，而认为应当广设流官，重新调整土司在新政治体系中的位置，理清土、流的权限，"使土流各有所守，始可言边疆建设"，才更为合理。⑧ 限制土司权势、培植汉官在边地的权威，是许多建言者解决土司问题的看法，⑨ 也是残留土司各省致力重组边地权力结构、完成政令统一的努力方向。

然而边地缺乏有效的流官监管机制，吏治败坏不堪，叠加的土流权力架构反倒加剧边民负担，贪

---

① 童振藻：《云南土司略考》，《新亚细亚》1936 年第 11 卷第 6 期。童振藻是云南大学前身私立东陆大学的建校筹备组成员之一。
② 许文超：《从土司问题谈到衙门的标语》，《康导月刊》1941 年第 3 卷第 5~7 期。
③ 文阶：《康区土司头人问题之探索》，《康导月刊》1941 年第 3 卷第 5~7 期。
④ 《云南民生之惨状》，《兴华周刊》1932 年第 39 卷第 47 期。
⑤ 陈纪年：《云南之土司》，《华年》1933 年第 2 卷第 44 期。
⑥ 罗英：《滇黔土司存废问题之检讨》，《滇黔》1936 年第 1 卷第 6 期。
⑦ 1929 年九龙县建设筹备员黄镇西罗织"恶贯满盈"的木里土司罪行，言"该土司不自揣测，自居尊，服黄冠、黄旗、黄伞，出入辇，俨如王者，其罪二也"，竟不顾木里土司兼具格鲁派大喇嘛身份的事实。僧服尚黄，是藏传佛教格鲁派的传统。参见镇西《木里土司恶贯满盈应改废之调查书》，《边政月刊》1929 年第 1 期。
⑧ 方国瑜：《确定土司之地位》，《云南》1946 年第 1 卷第 5 期。
⑨ 胡翼成：《读过〈云南边地问题研究〉以后》，《边事研究》1935 年第 2 期。

腐的边地流官被舆论界讥讽为凌驾于土司之上的"太上土司"。① 连在西康任政多年的许文超也深有体悟地谈到，"临民之官"若谨遵"清、慎、勤"原则行事，"敢说什么问题都是可以解决的，岂仅土司问题而已"！② 学者江应樑的剖析则更为深刻，土司制度存有种种弊端，但对边疆、边民却有较大的利益：因其存在，"使边地虽未进步但也还未糜滥，使边民虽穷苦但还不致饿死，在今日政治未上轨道，贪污之风，有如狂浪，兼之汉人对边民传统上即有成见，皆认边民可欺，边财可发，故一入边地，不论为官为商，莫不以欺骗压迫榨取剥削边民为能事，于是边民受汉官汉商之祸，实远胜于土司"。开发边疆、开化边民，土司制度自然应根本废除，"但须得先具备一个条件，就是得先有合理的治边计划与理想的边疆官吏，倘仍如过去之贪官污吏刮民政策去治边，反不如暂时保存土司制度"。③ 况且，在边地，文化初开，具备近代行政知识和技能的"理想的边疆官吏"奇缺，这也一直是困扰改流后边地政治重建的问题。即使抗战时期，西南地区成为抗战建国的大后方，政府呼吁有志青年"到边地去"，各省也尝试开办各类边地流官培训机构，流官却始终无法真正填补或取代土司遗留下的权力空缺。因而有的建言者一再重申废除土司的重要性，但当面对人才缺乏的边地选拔流官的窘境时，其资格亦可"不问其是否土司"。④ 难容于共和时代的土司们，此时却可以转化为维系边地和政府联系的重要纽带。

三 土司与地方精英的回应

对于国民政府执意在边疆地区推行废土改制的决议，青海各土司于1931年最早做出回应。以李承襄、祁寿昌、李沛霖等为首的青海东部各土司，联名请愿，直接向主管蒙藏事务的蒙藏委员会寻求援助。呈函首先回溯土司受封，实因"有大功于国家"的历史合法性，且"土司对于地方人民关系綦重"，又有其存留的现实合理性，故自明清迄民国，"悉仍其旧，未尝轻言改革"。倘若执意行废土之事，既恐西北英俄帝国主义愈加"肆行无忌"，"即蒙藏各土司亦将有兔死狐悲之感"，而有违于"先总理扶助弱小民族之意旨"。土司制度既然与时代潮流不合，"为避免封建封号"，可以另易名号，土司所属之兵丁可由中央加以改编，若依此而行，"此匪特职等之幸，国家前途实利赖之事，关蒙藏根本大计"。⑤ 存留土司的意愿最终随着1931年8月青海省府在国民政府支持下通令撤销土司而破灭。但从呈函可以看出，通过民初以来对新政体认知更新，土司混杂新旧观念，已转变政治理念和行为，言论中开始突出国家观念，强调边疆国防安危，并善于运用三民主义宣扬的民族观作为话语，试图为自身政治统治在新时代环境中的延续寻求依据和折中方案。其中，边地民情特殊、民意之向背及土司与边民的传统关系，是土司陈请保留土司制度的惯常理由。

就在青海土司上呈请愿后不久，面对西康设省之议日盛，川边匪患渐重，僻处川边一隅的木里土司项此称扎巴主动向国民政府呈文条陈西康设省四端，即注重国防、速平川事、分徙盘夷、控制蛮匪。所述设省应重视与西藏地方政府协调，以绝外人离间；稳固川省政局，以利西康设省；分化夷势，以

---

① 《云南民生之惨状》，《兴华周刊》1932年第39卷第47期。
② 许文超：《从土司问题谈到衙门的标语》，《康导月刊》1941年第3卷第5~7期。
③ 江应樑：《云南土司制度之利弊与存废》，《边政公论》1947年第6卷第1期。
④ 熊光琦：《开发澜沧全部与巩固西南国防之两步计划书》，载《云南边地问题研究》下卷，云南省立昆华民众教育馆编印1933年版，第38~39页。
⑤ 《咨内政部、青海省政府：据青海省土司李承襄等呈为妥议改编土司制度以固国防等情经本会常会决议咨送内政部核办并咨请青海省政府查照等因相应咨请查照由》，《蒙藏委员会公报》1931年第16期；《咨请拟议改革土司一件迅予见复并将前送之土司调查表饬填转送参考由》，四川省档案馆藏，全宗号41，案卷号7509。

息川边夷患。可谓洞悉时弊，切中国家与地方时局之要害。对控制蛮匪一事，则将民初以来川边政局动荡、社会失序的源头，归于清末赵尔丰改流废土。木里土司强调流官治边，与川边民情不合，"何以言之，有土司之治，语言习惯一体皆然"，"以言语不通者，欲不同之异域蛮邦，而忽被汉治，难免不种种隔阂"，此"真非因地制宜之道，宜其有蛮匪之猖獗也"。边地民风既不适应于流官治理，在土司治下尚能融洽无事，遂建议"暂将川边各土司，查明原职，准其回复"，以便"维系蛮人之心"。再以教育普及，文化渐开，"蛮匪知有礼仪"，方为"正人"。① 自民初，木里土司长年受康南乡盗匪患困扰，规复川边土司，自有重建川边秩序、以弭匪乱的现实政治意图，同时也意在暗示流官体系难与特殊的边地社会兼容，事权归一终不如因地制宜，国民政府应认可土司制度存在的现实意义。木里土司以边地民意请求保留土司制度并非妄语。国民政府推动各省厉行改流后的短短数年间，来自边地的废土反对意见便已甚嚣尘上。1933 年，甘肃卓尼驻京代表声称"番族情形特殊，不宜更设县局"，向蒙藏委员会呈请暂缓改流。② 次年，西康德格五县民众向国民政府呈请要求恢复已废土司。③ 尽管国民政府或各省府以土司制度与现行制度及中央法令不符为由，大多否决边地各方的请愿，土司却以边民意愿代言者的身份，逐渐在国家的政治生活中崭露头角。

　　1936 年 6 月至 1940 年 11 月，云南北胜州女土司高玉柱与夷苗民众代表喻杰才，联同凉山土司岭光电、遵义土司杨砥中等川、黔、康、滇各省边地精英先后六次向国民政府请愿，发起政治诉求运动，希冀政府重视西南沿边"夷苗"的地位，给予"夷苗民族"国大代表选举的合法权利。④ 1936 年 6 月首次提交国民政府的请愿呈文，提出囊括教育、文化、吏治、国防、参政、开矿、党务等十项请愿事项，虽然回避了在当时已为国民政府定性的废除土司制度问题，但在请愿呈文的措辞上，土司的位置被有意凸显出来，"我土司夷苗民族""我土司民众""土司夷苗"屡次出现。实际上在请愿呈文上签字的三十余名代表皆为川滇交界处的土司头人，呈文以隐蔽的手法为土司制度辩解，阐释土司在当时边地社会环境中存留的必要性。在回顾和描述"西南夷苗民族"沿革和概况后，强调土司制度适合"文化水准较任何民族为低下"的"西南夷苗"区域的民族心理和社会文化，"盖因以夷治夷，纷争绝少，深合弱小民族之心理"，"而社会上每以土司地位之仍留存于新世纪，认为奇异，辄加非难，其或摧残歧视。讵知我边地愚弱之夷苗民众，非土司难于统驭，亦非土司无以生存。盖土司与民众息息相关，互倚为命，不可须臾分离，实时代环境，有以逼成之。往昔不论，即以目前边地政治之黑暗，其他民族之欺凌剥削，苟非土司之保障，则我整个之夷苗民族，早陷于灭绝之途，是可断言也"。另一项请求为："政府准许各土司夷苗民众，在沿边一带，组织夷务整理委员会，负责办理夷苗民族之一切事务。"⑤ 土司阶层仍然应该是肩负复兴 2000 万"西南夷苗民族"重责的主要政治力量。此后，高玉柱、喻杰才等赴上海演讲、参观，拜访各界人士，致力于宣传和扩大请愿活动的社会舆论影响。⑥ 抗战爆发后，高玉柱等继续从事政治诉求活动，筹议组建"西南夷苗民族"民间组织机构。在此期间，土司存留的合理性在请愿活动中仍若隐若现地流露出来，甚至赢得内地各界领袖的认可和期许，如 1937 年

---

① 《贵省政府本年八月二十四日省字第二七七号咨以准本部咨请议复关于西康木里宣慰司项此称扎巴呈为西康设省条陈管见一案嘱将原条陈送一份以凭办理等准此相应照抄原陈一份咨请》，四川省档案馆藏，全总号 41，档案号 7590。
② 《准缓改土归流》，《蒙藏旬刊》1933 年第 67 期。
③ 《西康德格五县民众要求中央恢复土司制度》，《康藏前锋》1934 年第 10～11 期。
④ 伊利贵：《民国时期西南"夷苗"的政治承认诉求——以高玉柱的事迹为主线》，《中央民族大学学报》2014 年第 2 期。
⑤ 高玉柱、喻杰才：《西南沿边土司夷苗民众代表请愿意见书》，《新夷族》1936 年第 1 期；《夷族土司请愿呈文及代表意见书》，《西南评论》1936 年第 3 卷第 2 期。
⑥ 娄贵品：《1937 年西南夷苗民族请愿代表在沪活动述论——以〈申报〉为中心的考察》，《民国档案》2010 年第 2 期。

2月高玉柱在沪演讲，上海名流林康侯倡议组织由21名土司参加的联合会，并商议土司子弟赴沪等地参观求学。① 同年，高玉柱在受访时谈及土司制度，称清代下令废土，"老百姓不赞成，于是反清的空气在我们夷族中酝酿得非常厉害"，"在这种情形下，英法帝国主义者的力量便趁机直入了"，② 暗指晚清废土之举不利于边疆国防。高氏等多年的请愿活动以及更多的"西南夷苗"精英参与进来，最终促成了国民政府设立"土著民族"国大代表。③ 土司与地方精英的系列活动对唤醒边民（至少是精英阶层）的参政意识、获取国民政府的政治承认并取得相应的政治权利，无疑起到了积极作用。

值得玩味的是，为"西南夷苗民族"向国民政府申诉政治权益的主要请愿者，正是政府宣称为保障边民权益、实现民族平等而要厉行革除的土司阶层。而以土司为主的请愿者在西南边地同国民政府的政治联系中起着直接的推动作用，为近代民族聚合和国家统一而奔走呼告。无论是国民政府厉行改流的决定，还是土司阶层参与主导的请愿活动，都以三民主义为行事原则，只是后者更为侧重民族主义，以"扶助弱小民族，与国内各民族一律平等"为向国民政府请愿的理论支撑点。在向现代民族国家的转型中，被斥为"封建余孽"的土司阶层开始意识到时代的剧烈变动，一方面以边情特殊、民意向背为据，试图抵制、延缓政府的废土行动；另一方面却有意识地调整和改变自身的社会角色和政治行为，呼吁和从事边民的文化教育、改善边民生活、抑制败坏的吏治、协助政府边政的推进。

四　结语

土司的存废问题是自明末以来迁延至民主改革前，国家在治理边疆少数民族时的棘手问题。然而，转入民国以来，同是改土归流，内含却出现了极大的变化。在国家政体转型后追求政体统一、民族平等和"还政于民"的话语政治下，民国时期的废土归流以整合边疆为目，内核实为对事权统一的强调。此外，在面对边疆危机的外在冲击下，建设具有内在凝聚力的近代民族国家，也迫切需要国家实现政治权力的整合。民国政府，特别是南京国民政府厉行废土改流，意在消除中国历史上长期形成的多元政治共存的局面，将边地整合进统一的国家体系中。厉行废土改流的决议，固然有益于民族国家的完整性和中华民族政治层面的整合，却陷入一系列的争议、不适应和悖论中。国民政府以各族平等为废土的重要理由，以政治层面上的废土为前提，使之推行于边地各族中。现实的政治困境却令中央与地方政府就土司的问题各持己见。即使舆论界猛烈抨击土司制度封建的落后性和压迫性，也不得不深思急于使边地改制后，吏治是否能够在流官取代土司后真正实现边疆各族的平等。地方政府顾虑的边地民情、民意，则成为土司要求保留土司制度的主要理由。国民政府有意淡化民族意识，强调政治统一，而土司则重在突出边疆各族社会文化的特殊性。由此，土司的存废问题集中体现出近代国家转型背景下边疆整合过程中遭遇的种种困境。不过，在向现代民族国家的转型过程中，土司也渐渐转变自身政治角色以适应国家政体变化，通过向政府发起请愿活动，争取边民作为国民的合法政治权利及主体性地位。

---

① 《地方协会昨欢迎边疆来沪女士》，《申报》1937年2月5日。
② 寄洪：《夷族土司高玉柱女士访问记》，《妇女生活》1937年第4卷第4期。
③ 张兆和：《从"他者描写"到"自我表述"——民国时期石启贵关于湘西苗族身份的探索与实践》，李菲译，《广西民族大学学报》2008年第5期。高氏的代表身份一度遭到木里土司驻滇代表李宗伯等的质疑，折射出土司、地方政府与国民政府之间错综复杂的政治纠葛。参见杨思机《以行政区域统驭国内民族——抗战前国民党对少数民族的基本策略》，《民族研究》2012年第3期。

在民族主义思潮高涨的近代中国，边疆问题关系到民族国家统一整合的成败，民族意识和民族认同往往是人们关注的面向。然而，从民国时期解决土司问题的实践与言论、地方土司与政治实践的争论中不难看出，中国作为多民族构成的国家在向现代民族国家转型时的阵痛，而民国时期因对"中华民族"的统一性过分强调，终未能解决民族与国家、多元与一体的矛盾。

"禁防"与"通市"：清代中越边境政策的早期变迁与认知流变*

吴智刚 覃延佳**

摘 要 在近代中越出入境制度形成以前，清政府视越南为"藩夷"，原则上禁止内地民众擅自出边，边境设置旨在杜绝"汉奸夷匪"的潜出窜入。但自雍正初年广西禁止商民出入边境开始，滇桂粤三省在实际措施上多有不同，清政府也踌躇于"禁"与"通"之间，政策几经变动。清政府在制定相关政策时往往陷于调处"中外之防"、"藩属之义"与"民众生计"的纠结权衡中，以至于中越沿边始终难以形成连续系统且行之有效的边境管理体制，制约了近代中越边界、边务观念制度的形成与发展。

关键词 清代；越南；边境政策；禁防；通市

DOI：10.13835/b.eayn.26.03

晚清中法战争前，因清政府视越南为"藩夷"，中越边境管理并无后来防御敌国的政治与军事考量。受传统夷夏观念影响，清政府禁内地民众擅入"外夷地界"，并将私自越境进入越南的民人指为"愚民""奸民"，禁防"汉奸夷匪"的潜出窜入成为此一时期清政府的主要边境措施。但自雍正初年广西封禁边界，即禁止一切商民出入中越边境开始，"禁防"的效果并不理想。不但各边省措置态度互有参差，事实上中越民众的频繁跨境贸易活动也难以禁绝，使得清政府的边境政策往往徘徊于"禁"与"通"之间，对此后中越边界、边务观念制度的形成与发展产生深远影响。

既有研究已关注到清代中越边境跨境管理问题，不过更多研究则侧重中越边贸。[1] 对于清政府而言，禁防边境与开关通市两者紧密相关，互市实际上是全面禁防难以为继下的变通。因此，考察清政府边境政策的早期变迁，不仅有助于认识国人边务观念的形成与演变，对探讨当前中越边境制度的完善与发展也多有裨益。

---

* 本文为2014年度广东省哲学社会科学"十二五"规划项目"中法战争前后的中越边务筹办与清政府近代陆疆、海疆观念的形成"（GD14CLS03）、2015年度国家社会科学基金项目"晚清民国时期的中越边务筹办及其制度变迁研究"（15CZS034）阶段性成果。

** 吴智刚，男，广东韶关人，中山大学历史学博士，佛山科学技术学院马克思主义学院讲师，研究方向为近代西南边疆史；覃延佳，男，广西上林人，云南大学副教授，研究方向为历史人类学。

[1] 相关研究有，黄嘉谟：《清代前期的广西边务》，载台湾"中央研究院"编《第二届国际汉学会议论文集·明清与近代史组》；陈文：《清代中越陆地边境跨境问题管理（1644-1840）》，《中国历史地理论丛》2011年第1期；涂耀军、卢敏生：《清代中越贸易通道探析》，《广西地方志》2004年第4期；张明富：《福康安整顿广西中越边贸述论》，《西南师范大学学报》（人文社会科学版）2004年第6期；张金莲：《明清滇越道路运行研究》，《云南民族大学学报》（哲学社会科学版）2010年第5期。

一　早期边禁政策的提出及防边认知

中越边境限制民众往来的做法由来已久。明成化十七年（1481），因越南（古称安南、交趾）出兵侵犯占城、老挝，明廷即命边省疆臣严格遵守边界"越境亡命之禁"，后又下谕"约束我民，使不得出境以启边衅，讥察彼民，使不得入境"。① 明正德十年（1515），又令边省在中越边界严兵防范，禁止两国民众出入。② 迨至清代，自康熙五年（1666）清廷册封黎维禧为安南国王，确立两国藩属关系后，中越边境防禁力度一度有所松弛。雍正二年（1724），广西提督韩良辅指出，中越边境除广西镇南关作为越南朝贡使节及官文往来通道"封闭谨严"外，"其境东接广东界（今中越边界广西钦州段，原属广东），西接云南界，南距大海，均可任其往来"。③

纵观有清一代，最先提出要厉行中越边禁的，是广西提督韩良辅。雍正二年八月，韩良辅在向清廷奏陈中越边境情形时，称越南"蕞尔小邦，历来恭顺，原可不必提防"，认为越南民众"披发跣足，服制不同，从不敢阑入粤境"，但中国有不少贫民贩卖货物出境，甚至潜出边境偷挖越南山矿。因此需要严厉禁止此类越境行为，不许纵放内地所谓"奸徒"出境。由于广西与越南交界地方并没有边墙限隔，难免有漏越情况发生，韩良辅还要求广西边境塘汛严密稽查，如果发现有徇私纵放或违禁出隘情形，一经查获，将严法重处涉事兵弁。他表示办法实施以来，边境越隘情形已经"绝迹"。④

对于广西边禁的雷厉风行，雍正皇帝却并不以为意，认为"安南恭顺勤修，岁贡历年所，自朕视之，莫非臣民，何分中外"，何况往来贸易是方便商民，如果一概禁止出入，"既不便于民，且生远人疑惧，非善政也"。⑤ 但韩良辅此后仍坚持己见，认为自己并未鲁莽，对于雍正认为一概禁止商民出入非善政的诘责，他援引镇南关封禁旧例，认为越南使臣出入边关以及官书来往都有严格规定，对于一纸公文尚且如此，自己才下禁令于沿边各隘口，是循"国法"的。

韩良辅显然希望将镇南关的封禁办法推行至全边，以此来整饬内地"奸徒"偷越边境之风。但对于雍正的态度，韩良辅也不能熟视无睹，表示可以解除禁令，但前提是需要改变已有边制，派遣官员驻扎镇南关管理两国商民出入事宜，但他认为此事关系重大，不敢冒昧决定，有以退为进的用意。韩良辅的争取显然是成功的，雍正随后承认自己不了解广西边制，之前只是据大概情理而言，不必勉强接受，实际上放弃了先前不禁民众出入境的想法。⑥

此后韩良辅并未收回边境禁令，但随后的情况显示，边禁的成效并不理想。雍正九年七月，清廷还为此下谕，指出广西道通越南，常有"无知愚民"抛弃家业，潜往越南开矿，地方官虽禁谕稽查，但内地民众总以贸易为借口出境，也无法查清去处。由此可见，广西先前实施的边境措施，成效恐未必如韩良辅所称显著。而尤令清廷担忧的是，"有奸匪之徒，行凶犯罪潜跳异域，以致追缉无踪，悬案莫结"，表示此种违禁之风不可长，必须严加整顿。⑦

---

① 《明宪宗实录》卷219，台湾"中央研究院历史语言研究所"1962年版，第3794页。
② 《明武宗实录》卷124，第2485页。
③ 鄂尔泰等修撰《雍正朱批谕旨》第11册，北京图书馆出版社2008年版，第24页。
④ 中国第一历史档案馆编《雍正朝汉文朱批奏章汇编》第3册，江苏古籍出版社1989年版，第443页。
⑤ 中国第一历史档案馆编《雍正朝汉文朱批奏章汇编》第3册，第444页。
⑥ 鄂尔泰等修撰《雍正朱批谕旨》第11册，第24页。
⑦ 嘉庆《广西通志》卷1《训典一》，同治四年补刊本，第31~32页。

但是中越沿边环境复杂，可谓"在在有路可通，河水亦寨棠可涉"，[①] 全边封禁显然不切实际。有鉴于此，自雍正九年清廷下谕不久，后任广西巡抚金铁就对韩良辅的边禁政策进行变通，开放广西边境的平而、水口两关给商民出入，镇南关只作为中越官方来往通道，其余沿边关隘"悉行封禁"。[②]

与此同时，云南及广东边界则并未因广西严厉的边境政策而有所改变。滇边自雍正八年便在中越边境的马白关设关收税，允许商民出入关口，民众只需领取腰牌，在出入关隘时缴验查销便可。[③] 之后的云南边吏也没有提出全面禁防边境的诉求，乾隆年间署云贵总督云南巡抚刘秉恬就指，"内地民人于开化通达安南一路，原不禁其出入"。至于不禁的原因，刘秉恬的解释是"安南臣服天朝，素称恭顺，向资内地货物，是以特准商贩往来"，[④] 至于其余边界地方，并未采取严厉的防禁措施。

同在两广总督治下的广东情形也与广西不同，据后来署两广总督策楞所称，粤越边界直至乾隆九年始在沿边栽竹堵御，并设关栅二处，"以时启闭，派兵盘查，以严中外之防"。而在此前，沿边地方极有可能连关隘都没有设置，"禁防"更是无从谈及，也并无禁绝民人往来的意思。策楞的理由是，越南有内地民众开铺煎盐，每日行旅如织，认为不能禁绝往来，有碍两边民众生计。[⑤]

由此可见，清政府在中越边务筹办早期，朝野内外在边境管理问题上并未形成共识，也没有形成系统性政策。滇粤两边不禁的原因主要出于"民众生计"考虑，而广西一边之所以态度积极，则主要由于本省作为中越官方交往通道，边境措置事关国体，所防禁对象也不是越南封建王朝，是中国内地私自出边的所谓"奸徒"。但随着中越边境局势的变化，所谓越南民众不敢越境的一厢情愿，显然不符合实际，而事实上内地民人频繁的越境活动屡禁不止，如何调整边境政策，成为时人所不得不思考的问题。

二 边境禁防认识的转变与政策的"因地制宜"

滇桂粤三省疆吏对中越边境的禁防态度各有参差，尽管广西表现积极，但成效不彰，久而久之，相关禁令也渐成虚文。雍正九年清廷不得不下旨督促，要求广西在沿边拨兵添汛，加紧巡查。对于私行出口的内地民众，需押解原籍照例治罪，对于稽查不力或受贿卖放的防兵也要按律治罪，官员要严加议处，以使"愚民不致轻去其乡，流离异地，而奸匪之徒亦不致远飏漏网"。[⑥] 但不久越南发生内讧，政局不稳，中越边境局势也随之出现巨大变化，原来韩良辅等所持越南不必提防以及越民不敢越境的认识，至此发生根本动摇，此前对于华民的单边禁防措施显得越来越不合时宜。

乾隆六年越南内乱迭起，逐渐蔓延至中越边境。清廷不得不下令沿边省份加大边境禁防力度，强调"毋使夷匪潜入边境以及内地奸民私越滋事"，在以往防范"内地奸民"的基础上，清廷特别增加了防禁"夷匪"一类情形，理由是越南国内纷乱，将来难免会有越南匪徒假借声援或势穷投托情形，要边省准备万全。[⑦]

广西方面对于清廷态度的转变心领神会，乾隆七年十一月，广西巡抚杨锡绂上奏，指越南地方不

[①]《军机处录副奏折》，载萧德浩等编《中越边界历史资料选编》上册，社会科学文献出版社1993年版，第342页。
[②]《清高宗实录》卷219，乾隆九年六月下，中华书局1986年版，第826页。
[③] 萧德浩等编《中越边界历史资料选编》上册，社会科学文献出版社1993年版，第356页。
[④]《军机处录副奏折》，载萧德浩等编《中越边界历史资料选编》上册，第356页。
[⑤] 道光《钦州志》卷10《纪事》，载萧德浩等编《中越边界历史资料选编》上册，社会科学文献出版社1993年版，第280页。
[⑥] 嘉庆《广西通志》卷1《训典一》，同治四年补刊本，第31~32页。
[⑦]《清高宗实录》卷145，乾隆六年六月下，第1092页。

靖，广西方面已经加强防守沿边关隘，"毋许一人出入，以肃边防"，[①] 第二年又再次上奏强调毋放一人出入边境的态度。[②] 所谓"毋许一人出入"，自然要全边封禁。但不久后有越南难民求入内地，杨锡绂虽然怀疑有附和越南匪徒逃窜的可能，但仍令边隘确查后可准入境，"夷地子女则一概拦阻，不令一名入内"。[③] 显然要禁止一切民众出入边界，于情于势都难以施行。因此杨锡绂随后不得不与署两广总督广州将军策楞商议，立法整饬边疆，将中越边界封禁各隘口，用木栅砖石堵塞，但平而、水口两关仍允许中外商民出入。[④]

与此同时，云南方面态度则较为温和。就在广西封闭关隘同时，署云贵总督张允就指云南开化府三面与越南接壤，其马白关仍允许客商出口贸易，越南难民经地方官查明后可给路费押送出边。对于内地游民有可能"乘机从贼"的情况，张允称已派兵驻扎边界严加防范。但相比通过加强禁防力度以限制民众出入境，张允反而更看重"保固厂地，毋得惊窜失业"。[⑤] 张允所称"厂地"，指的是云南边外的都竜银矿，因有内地民众前往开采，云南边吏显然不愿自断生计，自是对广西的边境举措不以为意。乾隆十一年张允在处理民人越境开矿案中，虽然也承认"例止内地民人潜越开矿"，但认为"各土司及徼外诸夷一切食用货物，或由内地贩往，或自外地购来，不无彼此相需，向来商贾贸易，不在禁例。惟查无违禁之物，即便放行"。[⑥]

对于云南方面的认识，清廷起初并未表示异议，但随后开始多有微词，指"粤省稽查颇严，而滇省则近于疏懈。南土人出交者纷纷，甚属混杂"，督抚大员也未将隘口情形常时奏闻，指责官员对防禁边境未给予足够重视。[⑦] 后来署两广总督策楞也指出，滇桂两省边境防禁办法互异，要求两省会勘，并咨云南方面备案。[⑧]

与此同时，边省疆吏也意识到另一个问题，即中越偷越之风屡禁不止，与所谓"汉奸"问题大有关系，并开始将"汉奸"列为边境防禁的主要对象，要同时杜绝"汉奸夷匪"的潜出窜入。广西巡抚杨锡绂此间在处理内地民人出境为匪案件中，便开始表达从重处罚"汉奸"的认识。[⑨] 署云贵总督张允虽默许滇民越境开矿，未言"汉奸"问题，却也认识到"内外夷匪群相附和"是导致越境行为屡禁不止的原因。[⑩] 署两广总督策楞随后更进一步把中越边界偷越行为屡禁不止的原因，归咎于"汉奸"的留恋不归。

乾隆八年七月，策楞专为边境事宜上奏，指广西边吏常年奏报防堵边界关隘，称无人私出入边境，实在情形却与奏报内容有很大差异。他在短短两月间便收到二十余起禀报，有的是"夷匪"越境招人，有的是"汉奸"潜出滋事，甚至有毁栅填壕、强行闯关的情况，涉事人员更有三四百名之多。究其原因，策楞认为是"内地商民出口贸易并佣工觅食，乐于近便，俱由隘口出入，而若辈在外又多娶有番妇，或留恋不归，或往来无间，夷境已同内地，久无中外之防"，虽屡经封禁，但边境广袤，难以遍设防兵，也很难避免兵丁土目受贿卖放。而近来拿获的"夷匪"都是"久居番境之流民"，"聚集既

[①] 《清高宗实录》卷179，乾隆七年十一月下，中华书局1985年版，第322页。
[②] 《清高宗实录》卷189，乾隆八年四月下，第441页。
[③] 《清高宗实录》卷191，乾隆八年闰四月下，第462页。
[④] 《广州将军策楞奏折》，载台湾"中央研究院历史语言研究所"编《明清史料》庚编上册，中华书局1987年版，第137页。
[⑤] 《清高宗实录》卷191，乾隆八年四月下，第463页。
[⑥] 《清高宗实录》卷269，乾隆十一年六月下，第505页。
[⑦] 《清高宗实录》卷195，乾隆八年六月下，第508页。
[⑧] 《广州将军策楞奏折》，载台湾"中央研究院历史语言研究所"编《明清史料》庚编上册，第137页。
[⑨] 《清高宗实录》卷199，乾隆八年八月下，第561页。
[⑩] 《清高宗实录》卷199，乾隆八年八月下，第563页。

多，内地路径又熟，呼朋引类，滋蔓为匪"。越南又"不敢设险自固，又未奉有驱逐解回之令"。策楞因此建议，由中越两国官员一同就如何稽查民众出入边界、交接私行出边和无故逗留内地民人以及限制越南民众入边等问题进行磋商，详议边界章程。①

但是，策楞所称的边界章程并未议定。据乾隆九年广西巡抚托庸称，广西司道曾为此会议，先是计划用砖木堵塞各边隘，在沿边村寨设立保甲，后又拟将太平府属由村隘开放，但又称"沿边一带，万山矗立，袤长千有余里，在在可攀藤附葛而过，实难堵塞"。托庸认为所议前后互异，漫无定见，实际道出了全面防禁边境的困难。托庸因此建议，既然由村隘封禁难以避免偷越，且担心封禁后靠挑贩为生的边界土民会聚而为匪，反对边防无益，请求开放由村隘。② 时任两广总督马尔泰对此表示同意，认为便商利民，但需要对出境的商民立法防范，并提出了自己拟订的防范章程，其中除了规定民人出入边界关隘需持有地方官所发"印票""腰牌"外，还包括内地商民须在边外指定地点交易等其余事项。③

对于马尔泰的防范章程，清廷也表认可，指其为"因地制宜"。只是此一章程仅针对已经开放的平而关、水口关、由村隘三处，中越边界袤长，仅加强个别关隘的稽查显然无补于事。马尔泰对此显然是清楚的，因此事先将其余封禁隘口用砖石垒塞，平坦散漫处用坚木树栅。后来的两广总督杨应琚对此仍颇感不安，担心年久又复废弛，请清廷饬令广西沿边文武官员每年亲巡一次，补栅浚壕，查验边防兵勇情况，以免又成虚文。④

但广西方面的努力仍不甚理想，策楞在乾隆十年曾向清廷表示禁防决心，称"总期外匪内奸，不致一人潜出窜入"，但"总期"两字凸显的正是策楞的有心无力。⑤ 乾隆三十八年，广西边境又有内地民人偷越滋事，清廷获悉后大为不满，指犯人历年由广西太平府属偷越边境滋事，地方官毫无觉察。虽然清廷随后对该处地方官进行严惩，⑥ 但民人偷越边境问题并未有所改善，两年后更发生了越南送星厂厂民械斗事件，甚至惊动越南官方派兵驱散，使得如何厉行边禁问题重新被提出。"禁"与"通"的两难抉择，再次成为清廷上下关注的焦点。

三 封禁边境与开关通市的踌躇与抉择

有关中越边境是"禁"还是"通"的问题，清政府内部认识分歧由来已久，如前所述，广西提督韩良辅认为需封禁边境，禁止一切商民出入，雍正虽然默许了其做法，但仍不免有"不便于民""非善政"的纠结。云南方面就一直反对此种严厉的禁防办法，后任广西官吏也不得不寻求变通，酌开关隘便民出入。清廷对此并未过多干预，甚至指为因地制宜，但禁防措置多是有名无实，清廷又不得不反复重申禁令、严处失职边吏。态度往往前后两异——在封禁边境与开关通市两者间摇摆不定，其背后是对越南传统"藩属之义""中外大防"认识与"民众生计"的调处困境。

乾隆四十年三月，安南国王有咨文前来，指其国接壤广西边境地方有银矿名送星厂，有中国内地客商时常往返边境开采，近来人数倍多，以致滋事构衅，请清政府"申严内地人民出境滋事之禁"。

---

① 《广州将军策楞奏折》，载台湾"中央研究院历史语言研究所"编《明清史料》庚编上册，第137~139页。
② 《清高宗实录》卷219，乾隆九年六月下，第826~827页。
③ 《清高宗实录》卷226，乾隆九年十月上，第921~922页。同见《军机处录副奏折》，载萧德浩等编《中越边界历史资料选编》上册，社会科学文献出版社1993年版，第374~375页。
④ 《清高宗实录》卷489，乾隆二十年五月下，第149页。
⑤ 《清高宗实录》卷255，乾隆十年十二月下，第315页。
⑥ 台北故宫博物院图书文献处编《宫中档乾隆朝奏折》第三十四辑，台北故宫博物院1985年版，第170页。

处在风口浪尖的两广总督李侍尧自是如坐针毡，随即上奏，称"愚民趋利如鹜，往往滋生事端，甚有不法匪民，暗中偷越，呼朋引类，日积月多"，并将矛头指向前两广总督马尔泰，认为是其奏请开放由村隘所致。在李侍尧看来，自由村隘开放以来，因路途便捷，内地民人络绎往来，"若辈本无恒业，易于犯法作奸，若不立法防闭，以致内地匪民频往外藩滋事，殊不成事体"。建议以后仅允许所谓"殷实良民"由平而、水口两关验照放出，由村隘仍然封禁，除此之外的单身小贩与挑担脚夫则一概永远禁止出边。①

对于李侍尧的奏请，清廷表示认可，认为"外夷边界本不应容内地人民擅出，此等奸徒越境潜往每每滋生事端，已往者固难以追求，未然者当严为申禁"，指开放由村隘是前总督马尔泰办理错误，"日积日多，致内外界限不清，奸良相混"。对于李侍尧的做法，清廷也表达了自己的疑虑，认为一律禁止单身小贩等民众出入边境未免处置过当，所谓"殷实良民"也很难保证没有夹带偷越情形，如果不设定出边时限，有可能有去无回，问题仍未能根治，叮嘱其"将如何设法禁防之处，确实妥办"。②

但随着清廷逐渐认识到事态的严重性，态度急转直下。六月，广西巡抚熊学鹏禀称送星厂因内地民人械斗，已惊动越南官方出兵驱逐。清廷当即表示，"内地民人擅越外夷地界，呼朋引类，日积月多。其始不过趋觅微利，久之滋衅生事，无所不至，最为边境之患"。此事也令清廷联想起前不久发生的中缅边界冲突，即云南腾越等沿边地方正是因为听任商贩往来边界，以致"奸民"潜留边外暗通消息，必须引以为戒。而游民之所以能够自由出入边界，正是由于毫无禁约的原因，要求广西"嗣后凡一应商民概不许其擅越边境贸易"。清廷的理由是内地百姓因图便利、寻蝇头小利，并非必须取给于越南。而越南如需中国货物，可以至边界交易，但须酌定通市日期与地方，派官员稽查，交易完成后不许潜留。清廷认为如此"不改通商之例并可杜绝奸究，永严中外之防"，③督促两广督抚"设法禁防，毋许再有窜越，并酌定贸易章程"。④

只是越南方面对中方提出的边境互市方案并不见好。是年十月，两广总督李侍尧上奏，指安南国王咨覆称"该国土产与必需天朝货物向由粤东海道往来，原不藉西省沿边零售，议请永停出交贸易旧例"。本来便对开关通商态度不甚积极的清廷当即表示，"竟如此，以此意谕彼，彼亦无辞强求也"。⑤十一月清廷再次下谕，态度决绝，称安南国王既请求停止互市，并有"边地民俗朴陋，无须中州重货，互市之法恐为虚设"之说，认为互市不行，边境肃清，决定收回"体恤之意"，重申内地民人不许私越边境的禁令，令沿边文武"毋许一人出口，并饬永远遵行"。⑥

此次的边境禁令为有清以来最为严厉一次，由于此次逃回厂徒，有部分还窜入云南广南府地区，因此清廷同时令云南仿照广西办法严定章程，防止内地民人窜越外境，与广西一律办理。⑦但事隔六年后（乾隆四十六年），署云贵总督刘秉恬上奏，称"安南臣服天朝，素称恭顺，向资内地货物，是以特准商贩往来"，并指云南在雍正年间就已在开化府设关收税，认为内地民人原本并不禁止由开化府沿边进出边境，清廷对此并未表示异议。⑧而云南方面自送星厂事件后并未执行清廷有关封禁边境的

---

① 《军机处录副奏折》，载萧德浩等编《中越边界历史资料选编》上册，社会科学文献出版社1993年版，第380~381页。
② 《清高宗实录》卷982，乾隆四十年五月上，第116~117页。
③ 《清高宗实录》卷985，乾隆四十年六月下，第149~150页。
④ 《清高宗实录》卷986，乾隆四十年七月上，第159页。
⑤ 《李侍尧折》，《清代档案史料选编》（第三册），上海书店出版社2010年版，第301~302页。
⑥ 《清高宗实录》卷997，乾隆四十年十一月下，第337页。
⑦ 《清（光绪朝）会典事例》卷511《礼部·朝贡·禁令一》，中华书局1991年版，第923页。
⑧ 《军机处录副奏折》，载萧德浩等编《中越边界历史资料选编》上册，第356页。

禁令，亦可得见。清廷随后的批示也指出，云南沿边隘口虽许内地民人往来贸易，但仍然严令边吏防止游民私越，①事实上默认了云南方面采取有别于广西的边境政策。

广东方面对于防禁边境的态度与云南方面颇为类似，并未采取如广西沿边般严厉的政策。道光九年（1829）两广总督李鸿宾就指出，广东钦州地界与越南江坪、芒街地方"向亦有内地商民与该国人往来贸易"。②户部更是自乾隆二十六年开始，对于自备资本赴越贩运米粮回粤的商民，实行奖励政策。③

反观广西沿边所谓"永远遵行"，实际施行也并不长久，乾隆五十四年中越边境便再次开放。原来早在乾隆三十六年越南便爆发"西山起义"，乾隆五十三年清廷以"兴灭继绝"为由出兵越南，无奈兵败，不得不册封起义军领袖阮光平（即阮文惠）为安南国王。正是在该年七月，两广总督福康安上奏，指该国王声称"交南物产本微，加以连年兵燹，物力更形衰耗"，请将广西水口关开放。福康安对此似有保留，指越南开关通市的请求过骤，需待其国王进京入觐时当面奏恳。④

但清廷对此不表赞同，十二月，清廷为此颁发上谕，从"藩属之义"出发，指"安南向通贸易，自设禁以来，罕有内地货物，该国民用所需，谅必日行短绌"，如今"该国王抒诚效悃，已就藩封，其境内黎民皆吾赤子，自应准其开关贸易"，要该督抚将水口等关开放，照常贸易，实际上是将广西的边境局面恢复至乾隆四十年以前的平而、水口、由村隘三口交通时期。⑤但福康安则指出，中越边境形势已经和以往不同，必须详细筹划通市办法。⑥

乾隆五十六年六月，福康安正式向清廷提交了详细的"内地安南通市"十六条章程（以下简称通市"十六条"）。但章程虽然名为"通市"，实际条文更多的却是有关稽查商民出入关隘、防范"奸徒"私越等相关边境禁防规定。⑦显然，福康安在斟酌开关通市的同时，更多考虑的不是"恤藩"，而是如何寓"禁"于"通"，以有限的通市来整饬边境，加强其余关隘的防禁力度，而非此前不切实际、徒有虚文的全面禁防办法，更汲取了先前开放平而、水口以及由村隘的杂乱无章做法之教训，也更符合清廷所谓"不改通商之例并可杜绝奸宄，永严中外之防"的认识，同时在一定程度上解决了多年来清政府内部在封禁与通市问题上的两难处境。

福康安通市"十六条"颁布后，广西的边境政策很长一段时间不见再有变动，此点却并不能说明福康安的防禁办法颇具成效，更有可能是边吏进退失据的无奈表现。据越南官书大南实录记载，嘉庆十一年（1806），有"谅山匪渠莫灿韦起伪于油（由）村隘"，其中就仍有不少清人出边随同起事。⑧从此自道光年间，由于越南一边匪患不断，虽然清廷依旧要求边省"严堵内奸外匪乘间窜越"，⑨但福

---

① 《清高宗实录》卷1145，乾隆四十六年十一月下，第353页。
② 《军机处录副奏折》，载萧德浩等编《中越边界历史资料选编》上册，第365~367页。
③ 《户部等部题本》，载台湾"中央研究院历史语言研究所"编《明清史料》庚编上册，中华书局1987年版，第169页。
④ 《钦定安南纪略》卷14，载清方略馆编《清代方略全书》，北京图书馆出版社2006年版，第39册，第39页。
⑤ 中国第一历史档案馆编《乾隆朝上谕档》，广西师范大学出版社2008年版，第15册，第338页。
⑥ 《福康安等奏折》，载台湾"中央研究院历史语言研究所"编《明清史料》庚编上册，中华书局1987年版，第401~402页。
⑦ 《礼部为内阁抄出两广总督福康安等奏移会》，载台湾"中央研究院历史语言研究所"编《明清史料》庚编上册，中华书局1987年版，第403~411页。对于具体内容，福康安曾概括为："先由原籍确查，以清其来历；继饬关隘察验，以防其偷越；夫船则预编清册；行馆则各有责成；回关勒定限期；进口确验牌照；在夷地则杜其逗留；于场厂则防其勾结；违禁货物加意盘查；私越奸徒申明稽查；责镇道以综理，暨丞牧以专司；于复旧之中参以新议，于造徒之内严立章程。"（《福康安等奏折》，载台湾"中央研究院历史语言研究所"编《明清史料》庚编上册，中华书局1987年版，第401~402页）。
⑧ 《大南实录》正编第一纪《世祖高皇帝实录》卷30，载王柏中等辑录《〈大南实录〉中国西南边疆相关史料辑》，社会科学文献出版社2015年版，第39页。
⑨ 《清宣宗实录》卷245，道光十三年十一月，中华书局1986年版，第690~691页。

康安"杜绝奸宄"的目标,恐怕仍然是一厢情愿的说辞,政治理想与实际边情的不相凿枘,始终是困扰时人的难题。

四 结语

自雍正二年韩良辅提出封禁中越边境的禁防办法开始,到乾隆五十六年福康安的中越通市"十六条",具体措置看似有着根本差异,实则仍然贯彻的是清廷有关"内地民人私出边境,例禁綦严"的边境禁防思想。只是滇桂粤三省边吏出于各自考虑,在具体措置上始终不能同心同筹:广西一边作为中越官方交往通道,体制攸关,其对于边境的禁防态度也最为积极,却碍于实际操作的难以企及,至福康安通市"十六条"颁布前,政策屡次变更;云南、广东则始终从两边"民众生计"出发,坚持商贸往来不在禁例之内,对广西方面的严厉边境政策难表认同。中越全边始终难以形成连续系统且行之有效的边境管理体制。

自晚清咸丰年后,太平天国以及天地会势力在滇桂粤三省兴起,后虽经平定,但大量太平军与天地会余党窜入越南,直接导致三省长期形成的边境管控局面瓦解,边境禁防名存实亡,清政府甚至不得不在同治和光绪年间多次出边援剿窜匪。尽管同治七年(1868)广西巡抚苏凤文曾重新申明边界禁令,企图归复旧有防禁设置,并要求越南国王一体稽查,清廷也表认同,叮嘱不要有名无实。[①] 但同治十一年冯子材再次剿匪撤师时还是发现,沿边一带"关隘久废,城堡鲜完",亟须整顿。[②] 清廷虽要求毋任荒废,[③] 但不久中法战争爆发,越南为法所并,边境局面前后迥异,显然已非重拾传统边境政策所能解决。时任两广总督张之洞就指"防敌国与防藩夷不同,'藩夷'寇掠无时,攻占无定",[④] "敌国"则"绝无突然犯之理",[⑤] 摒弃旧有边境认识与措施,重新思考和布置中越边防事务已势在必行。

[①] 《清穆宗实录》卷272,同治八年十二月上,第771页。
[②] 刘长佑:《刘武慎公遗书》奏稿卷16,载沈云龙主编《近代中国史料丛刊》正编第二十五辑,台湾文海出版社版2017年版。
[③] 《清穆宗实录》卷343,同治十一年十月下,中华书局1987年版,第516页。
[④] 《张文襄公电稿》,载桑兵主编《清代稿钞本》三编,广东人民出版社2007年版,第131册,第156页。
[⑤] 全国图书馆缩微复制中心编《张文襄公未刊电稿》(第39册),全国图书馆缩微复制中心2005年版,第17895页。

中缅老交界地区哈尼/阿卡人橡胶种植的生态保护实践及其困境[*]

张雨龙[**]

摘　要　中国、缅甸和老挝三国交界地区橡胶种植业的快速发展在促进当地经济社会发展的同时，也带来了较为严重的生态环境问题。国家和地方政府制定并执行了一系列解决橡胶种植产生的生态环境问题的政策措施，诸如哈尼/阿卡人这样的橡胶种植者也在国家和地方政府的生态环境保护政策实施过程中利用自身的地方性知识应对面临的生态环境问题，但橡胶种植带来的生态问题依然未能完全解决。这既有国家和地方政府环境保护政策本身存在不足和执行不力的原因，也有橡胶种植者对生态环境问题的严重性认识不足而不严格执行政策标准的原因，橡胶种植者拥有的地方性知识在指导人们应对橡胶树这样的新物种所带来的生态问题时所面临的困境更是不可忽视的重要原因。

关键词　哈尼/阿卡人；橡胶种植；生态保护；地方性知识

DOI：10.13835/b.eayn.26.04

橡胶种植业在促进经济社会发展的同时对当地的生态环境产生一些负面影响是不争的事实，如何解决橡胶种植带来的生态问题是需要深思的。国家和地方政府都意识到了橡胶种植产生的生态环境问题的严重性，也通过实地调研和专家学者的建议制定了一些政策措施并付诸实践，但橡胶种植产生的生态环境问题至今尚未有效解决，生态环境危机尚未消除。问题悬而未决既有政策措施本身存在不足或不完善的原因，又有政策执行不到位的原因。值得注意的是，关于如何处理国家和地方政府制定的政策措施不能很好地解决经济发展与保护生态环境的矛盾冲突问题，人类学家大都相信地方性知识[①]具有重要的价值。他们相信，地方性知识对于传统的一元化知识观和科学观具有潜在的解构和颠覆作用。[②]地方性知识不仅能够为经济发展与生态环境保护的政策制定提供理论依据，还能够指导和引导人们的生态环境保护实践。然而，中国、缅甸和老挝三国交界地区的哈尼/阿卡人应对橡胶种植带来的生态问题的实践表明，无论是按照国家和地方政府的政策措施，还是利用自身拥有的地方性知识，都不能较好地解决橡胶树这个外来物种以及橡胶种植这种新的生计方式所带来的生态环境问题。因此，

---

[*] 本文为教育部人文社会科学研究青年基金项目"橡胶种植对西双版纳哈尼族社会结构的影响研究"（编号：13YJC850028）的阶段性成果。
[**] 张雨龙，男，博士，教育部人文社会科学重点研究基地云南大学西南边疆少数民族研究中心讲师，主要从事跨境民族经济社会与文化发展研究。
[①] 参见〔美〕克利福德·吉尔兹《地方性知识》，王海龙等译，中央编译出版社2000年版。
[②] 叶舒宪：《地方性知识》，《读书》2001年第5期。

国家和地方政府为解决橡胶种植所带来的生态问题而制定的政策措施是否存在不足以及是否执行不到位是需要探讨的，橡胶种植者如何认识和看待橡胶经济发展与生态问题的关系也是值得分析的，而地方性知识在多大程度上能够解决生态问题以及面临什么样的困境更是值得思考的。

一 国家与地方政府应对橡胶生态问题的策略

橡胶种植产生的生态环境问题已受到国家和地方政府的关注，它们也采取了一些应对措施和策略。特别是在中国，经过60多年的发展，橡胶种植带来的生态环境问题开始凸显，国家和地方政府都制定了一些政策和措施，也有许多专家学者提出了较有针对性的建议。老挝和缅甸政府目前尚未采取相应的应对策略，特别是对刚刚起步的北部地区的橡胶种植业的生态环境问题还没有较为深入的调查研究，也没有制定有针对性的政策措施。

在中国，国家和地方政府相关部门在橡胶种植过程中制定了橡胶种植规范和标准，其目的是规范橡胶种植、提高产量，也带有一定的保护生态环境的目的。例如，中华人民共和国农业部发布实施的《橡胶树栽培技术规程标准》（NY/T 221-2006，代替 NY/T 221-1993）就明确规定了一系列的橡胶栽培技术标准，要求全国农垦系统都按照此标准来种植橡胶树，还指出："凡有下列情况之一者，不宜作为橡胶宜林地：1. 经常受台风侵袭，橡胶树风害严重的地区；2. 历年橡胶树寒害严重，目前国家推广品种不能安全越冬，在重寒害年平均寒害级别≥3级的地区；3. 地下水位＜1m，排水困难的低洼地；4. 坡度＞35°的地段（云南植胶区＞25度的阴坡）；5. 土层厚度＜1m，且下层为坚硬基岩或不利于根系生长的坚硬层的地带；6. 瘠瘦、干旱的沙土地带；7. 海南、广东和云南东部植胶区海拔≥350m（云南西部≥900m）的地带。"[1] 这个标准是根据农垦系统国有橡胶农场几十年的橡胶种植经验总结出来的，国营橡胶农场也按照这个标准种植、管理和生产橡胶。如果按照这个标准，特别是如果将这个标准指出的不宜作为橡胶宜林地的地形条件都考虑的话，许多少数民族村寨大量的橡胶树都是在不宜种植橡胶的林地上种植的，可能产生产量低下和生态环境等问题。因橡胶种植导致热带雨林面积锐减而饱受质疑和批评的西双版纳州制定的《云南省西双版纳傣族自治州天然橡胶管理条例（2011年修正本）》也规定："禁止在下列区域开发种植橡胶：1. 国有林、集体林中的自然保护区和水源林、国防林、风景林地；2. 基本农田地；3. 旅游景区、景点；4. 海拔950米以上和坡度大于25度的地带。"还规定："州、县（市）人民政府对坡度大于25度的分水岭、沟谷坡面的橡胶林地，应当逐步退胶还林。退胶还林验收合格的，享受公益林的有关政策。"[2] 但是，西双版纳地区仍有在海拔超过950米和坡度大于25度的地带种植的橡胶林尚未退胶还林，这可能是地方政府执行管理条例不到位和橡胶种植者自身不愿意退胶还林等原因造成的。

除了这些管理条例或规定外，目前并没有直接针对橡胶种植产生的生态环境问题的法律法规和管理条例。在橡胶种植时间较长且被认为环境问题较为严重的中国西双版纳州也没有相关的法律法规。《中华人民共和国环境保护法》规定了一系列关于土地、森林、水源、气候等环境保护措施，[3] 但没有制定具体

---

[1] 中华人民共和国农业部于2006年1月26日发布、2006年4月1日实施的《橡胶树栽培技术规程标准》（NY/T 221-2006，代替 NY/T 221-1993），第3页。

[2] 参见《云南省西双版纳傣族自治州天然橡胶管理条例（2011年修正本）》，中国网，http://guoqing.china.com.cn/zwxx/2012-03/06/content_24817851.htm。

[3] 参见《中华人民共和国环境保护法》，国务院法制办公室，http://www.chinalaw.gov.cn/article/xwzx/fzxw/201404/20140400395810.shtml。

到像橡胶种植业这样的产业的环境保护措施。即便是在西双版纳州的环境保护条例里，涉及橡胶种植业的环境保护内容也较少，主要有："新建橡胶加工、矿产采选和冶炼等对环境影响较大的项目，其环境影响评价报告书、报告表必须报自治州环境保护行政主管部门审批。""居民聚居区、重点旅游景区（景点）和主要旅游公路两侧1000米范围内不得新建橡胶加工厂，原建的橡胶加工厂应当搬迁。在旅游公路沿线和城镇运输泥杂胶的，必须采取密封等防护措施，避免和减少恶臭气体的逸散。"① 这里涉及的主要是橡胶加工带来的环境问题，并没有直接涉及橡胶种植，并且这里的保护条例提出的主要是为当地的旅游业发展服务的"回避问题"式的措施，对橡胶加工厂带来的生态环境问题并没有指出有效的解决办法。

中国有许多专家学者提出了改善和解决橡胶种植带来的生态环境问题的对策和建议。例如，建立健全生态保护法律法规体系、制订和完善生态保护经济政策、构建并逐步完善生态系统监测体系。② 又如，建议加强橡胶生态防护林、优质有机肥源、橡胶林绿肥基地、橡胶基地水源等的建设，来应对生态环境问题。③ 再如，建议充分利用当地居民的传统知识、调整森林所有权、提供还林补偿、开发生态旅游和发展森林的非木材资料等方式来保护热带雨林。④ 类似的政策建议很多，但目前都没有真正发挥作用，原因是多方面的。正如有人指出，"橡胶林直接经济产出远远大于热带雨林，这是热带雨林保护受到巨大经济压力的根源。"⑤

老挝和缅甸的南部地区较早就种植了橡胶，产生的生态环境问题也开始显现，但目前还没有看到相关的法律法规。发展较晚的老挝北部和缅甸东北部地区的橡胶种植业产生的生态环境问题还不明显，地方政府也没有制定相关的管理条例和法规。在调查中，老挝北部勐新县的农业局和环境监督工作组的领导告诉我们，他们目前并没有制定有关橡胶种植以及与橡胶种植有关的生态环境问题的管理条例和法规，只要是合法开发橡胶种植业的行为都允许。他们还表示，因为禁毒工作和发展经济的需要，政府部门鼓励当地的少数民族种植橡胶，目前许多少数民族村寨都在不断扩大橡胶种植规模。当我们把同样的问题抛给缅甸掸邦东部第四特区政府的相关部门领导时，他们的答复与老挝勐新县领导的答复基本相同。第四特区的领导还表示，特区目前还比较穷，老百姓也较为贫困，大力发展橡胶种植业是发展经济、让老百姓脱贫致富的好办法。特区政府不仅努力引进外国（中国）的企业来开发橡胶，也鼓励老百姓多种植橡胶。

我国中央和地方政府都制定了有关橡胶种植的技术标准、管理条例以及环境保护条例，相关的专家学者也提出了一系列对策和建议，但还未能从根本上解决橡胶种植产生的生态环境问题。这或许有地方政府执行不到位的原因，但也与当地橡胶种植者（包括农垦部门、企业、个人）的态度和实践有关。

二 哈尼/阿卡人对生态问题的认知与实践

同整个边境地区面临的橡胶生态问题一样，中国、缅甸和老挝交界地区的哈尼/阿卡人村寨在种植橡胶的过程中也遇到了一些生态环境问题。事实上，大部分生态问题是哈尼/阿卡人在种植橡胶过程中

---

① 参见《云南省西双版纳傣族自治州环境保护条例》，国务院法制办公室，http://www.chinalaw.gov.cn/article/fgkd/xfg/dfxfg/200606/20060600022256.shtml。
② 戴波：《经济发展与生态保护的思考——橡胶种植与热带雨林》，《生态经济》2008年第8期。
③ 杨为民、秦伟：《云南西双版纳发展橡胶对生态环境的影响分析》，《生态经济》（学术版）2009年第1期。
④ 张墨谦、周可新、薛达元等：《种植橡胶林对西双版纳热带雨林的影响及影响的消除》，《生态经济》（学术版）2007年第2期。
⑤ 夏体渊、吴家勇、段昌群等：《西双版纳橡胶林生态经济价值初探》，《华东师范大学学报》（自然科学版）2009年第2期。

不严格按照标准要求进行开垦、种植、管理和生产等造成的,但也有部分生态问题是哈尼/阿卡人如何努力都不可避免的。

一般而言,如果按照我国农业部制定的《橡胶树栽培技术规程标准》和西双版纳州政府制定的《云南省西双版纳傣族自治州天然橡胶管理条例(2011年修正本)》的标准来种植橡胶,那可以减少对生态环境的破坏。但有许多人指出,很多橡胶种植者特别是少数民族村民,并没有严格按照标准来种植橡胶树。其中,饱受批判的就是许多少数民族村民在所谓橡胶种植禁区(海拔超过950米、坡度大于25度)的山区种植橡胶树,甚至有部分人在超过1200米的"高寒山区"种植橡胶树,这种行为严重破坏了生态环境。在我们开展调查的8个哈尼/阿卡人村寨中,只有个别村寨的少量橡胶林的海拔超过了950米,却有许多橡胶林的坡度大于25度。

中国勐腊县勐捧镇的国防村处于勐润坝子的边缘,村寨宅基地的海拔约为600米。绝大部分橡胶林的海拔在600~850米,几乎没有橡胶林地的海拔超过900米,有少量橡胶林的坡度超过25度。对于这点,有村民[①]说:

> 当年村里分土地的时候,我们家就分到了这里,海拔不高,但是坡陡,挖出来的橡胶带都很窄,还费力气。当时三分场(勐满农场三分场)的技术指导员就说这么陡的山地不适合种橡胶树。但是没办法,我们村里的很多山地都很陡,并且我们当时是抓阄的,分到哪片地就只能种哪里。如果都按照农场的标准,那我们村里有很多地是不适合种橡胶树的,那样的话,我们的橡胶地就会少很多。

从该村民的表述中我们知道他家的橡胶林地坡度较大,可能超过了25度。也能看出,国防村有部分村民在不适合种植橡胶的山地(即坡度超过25度)种植了橡胶树。但村民们似乎有些"无奈",因为村里的很多山地都是如此,如果严格按照标准来执行,那村民们可种植橡胶的土地就很少,其经济收益也就会减少。

中国景洪市景哈乡帕瓦老寨也存在类似的问题。帕瓦老寨坐落于澜沧江西岸约850米的半山腰上。如果按照标准,海拔低于村寨宅基地的土地都符合种植橡胶树的要求,高于村寨宅基地的就可能超过950米的界限。目前,帕瓦老寨境内那些海拔高于村寨宅基地的山地都开发了,并且大部分土地种植了橡胶树,有的橡胶林地的海拔甚至超过了1200米。对于为什么要在高海拔的山地上种植橡胶树,帕瓦老寨老村长[②]的回答是:

> 那些橡胶林不是我们村里的,是老板的。最上面的那片地叫"犁地各脚",1999年就租给老板了,大概1300多亩(实际是1350亩)。老板当时租地就种了橡胶树,到现在都没有长大。现在又转租给另一个老板了,好像准备种澳洲坚果。再往下面那座山是2000年租给老朱(村民都称其为朱老板)的,大概900亩(实际是900.80亩),也是种橡胶树的,好像长得好点,有些快要开割了。除了这两块地外,也有个别村民家的橡胶林地海拔比较高,那些村民种了橡胶树之后,大部分都卖给外面的老板了,因为我们都知道海拔高的地方橡胶树长不好,胶水少。

---

① 受访者:MS,男,43岁,国防村村民。
② 受访者:ZH'E,男,44岁,帕瓦老寨村民,1998~2000年任村长。

我们在调查过程中证实了老村长说的约 2250 亩的海拔超过 950 米的山地是出租给外来的两个老板的。两个老板最初都种植了橡胶树，但其中一个因为橡胶树长势不好，亏损较大，最后转租给了另一个老板。新的老板从 2013 年开始种植澳洲坚果树。此外，还有部分海拔较高的橡胶林地是村民种植的，但已有部分村民把海拔较高的橡胶林地租给了外来老板（个体户）。其中一个村民[①]说：

> 我们家有块地在"坝嘎各脚"（山名），海拔大概 1100 米，40 多亩。2004 年就种了 1400 多棵橡胶树，种得比较密。因为想着要卖掉，所以橡胶树种得比较密，这样的话，卖橡胶林的时候可以卖更多的钱，因为我们都是按棵数算钱的。2009 年，我把管理了 6 年的橡胶林卖给了景洪的薛老板，卖了 25 万元，大概每棵树 180 元。虽然海拔比较高，但橡胶树长得还是比较好的，有些橡胶树现在都可以开割了，只是不知道胶水多不多。

该村民把海拔较高的土地种植橡胶树后卖（实际上是出租）给了外来老板（个体户），因为村民认为海拔比较高的地方橡胶树产胶量少，所以在橡胶树长得较好的时候就出售（实际上是出租）了。为了卖更多的钱，有意地增加了橡胶树的种植密度，按标准只能种植 1200 多株橡胶树的 40 多亩土地种植了 1400 多株。类似该村民的情况在帕瓦老寨比较多，许多村民都把海拔较高的土地未开垦就出租给外来老板，或者先种植橡胶树再出租。

正如一些人批评的那样，部分人把橡胶树种植到海拔高于 950 米、坡度大于 25 度的山地上，增加了生态环境危机的可能。这样的情况不仅在中国哈尼族村寨存在，在老挝和缅甸的阿卡人村寨也存在。但是，正如村民们说的那样，事实是，这些少数民族村寨所拥有的土地绝大部分都是山高坡陡的山地。例如，中国西双版纳州的土地面积为 19124.5 平方千米，其中山地占 95%，平坝只占 5%。[②]许多少数民族都生活在山区，这些山地中有许多是海拔超过 950 米、坡度大于 25 度的，是不符合种植橡胶树的"标准"的，但还是有许多少数民族村民开垦这些"禁区"种植橡胶树。驱使他们冒险开垦禁区来种植橡胶树，除了少数民族群体"过度"追求经济利益诉求外，也不能忽视一些外来因素的影响。一方面是国营橡胶农场和乡镇橡胶企业"占用"了大量适合种植橡胶树的土地。西双版纳地区的国营橡胶农场占地约 159.38 万亩，橡胶种植面积约为 111.89 万亩。[③]这些国营橡胶农场都建立在坝区边缘地带，海拔低、地势平缓、坡度小，是非常适合种橡胶树的，现在所谓标准基本上是根据国营橡胶农场的条件和经验制定的。此外，还有 20 世纪 80 年代建立的乡镇企业性质的橡胶种植基地的面积也较大。这是否在无形中压缩了当地少数民族的那些符合种植橡胶树的土地资源，使部分少数民族不得不选择开垦海拔高、坡度大的山地？另一方面，即便是在少数民族村民开垦高海拔山地的过程中，我们也不能忽视外来资本力量的影响。正如我们在帕瓦老寨看到的那样，村里那些海拔较高的土地基本都被外来的老板租用了，还有部分村民将出租作为开垦高海拔山地的主要目的。当然，也有部分村民把低海拔的土地出租后自己进一步开垦海拔较高的山地。

橡胶种植者不执行国家和政府制定的"标准"，把那些不符合标准的山地开垦种植橡胶树，被认为是导致热带雨林面积锐减，从而引起生物多样性减少、水资源减少等问题的主要原因。但许多村民

---

① 受访者：ZHP，男，37 岁，帕瓦老寨村民。
② 西双版纳傣族自治州地方志编纂委员会编《西双版纳傣族自治州志》，新华出版社 2001 年版。
③ 整理自西双版纳州农垦局提供的《西双版纳州农垦二〇一三年基本情况》，第 14 页。

都表示，他们开垦的山地是合法的，他们没有开垦"禁止开发种植橡胶"的"国有林、集体林中的自然保护区和水源林、国防林、风景林地"等，他们开垦的土地基本上是允许开发使用的轮歇地，这些土地是村寨一直以来以轮歇作业的方式开垦使用的生产用地。但把轮歇地开垦种植橡胶树后，橡胶林取代原来的次生林从而导致森林面积减少是事实。对于森林面积减少导致生物多样性减少和水资源减少的问题，中国的哈尼族有较为清晰的认识，老挝和缅甸的阿卡人也意识到这些问题。但当我们问他们是否愿意退胶还林时，中国、老挝和缅甸的哈尼/阿卡人的回答基本都是否定的，他们都不愿意放弃现在已经种植的橡胶林，暂时也不考虑砍伐橡胶林来种植新的物种，除非橡胶价格持续下跌，以至于他们认为种植橡胶树不能带来经济利益。

尽管已经意识到橡胶种植产生的生态环境问题，但村民们暂时仍不愿意退胶还林。在村民眼里，橡胶种植不仅能带来较高的经济利益，而且橡胶种植在短期内还是一种像珠江三角洲一带的"桑基塘"农业一样的循环经济，橡胶树的用途之多可用"浑身是宝"来形容。这些用途可成为村民改善生活、提高生活质量、发展教育，甚至发展村寨社会文化的经济基础。在这样的现实利益面前，即使是意识到了生态环境问题，村民也很难会放弃橡胶林而选择保护生态环境。因为，"村子里的每一块胶林都有特定的主人，某一些土地不再种植橡胶也就意味着让某些人牺牲自己的利益来为大家保护环境。在缺乏总体规划的情况下，这种情况绝不会出现。可以类推，要某些村民乃至某些村寨放弃以及哪怕是减少种植橡胶来为过于抽象的'人类的利益'做贡献的想法都是天真的"。[1] 这些村民不愿意放弃种植橡胶并不意味着他们可以回避事实上的生态环境问题。

三　地方性知识处理橡胶生态问题的困境

在处理经济发展与生态环境保护之间的矛盾时，人们往往相信对科学知识具有解构和颠覆作用的地方性知识能够给人们找到一条有效的解决问题的路径。地方性知识让人们认识到"维护人类的生态安全当然需要各种工程维护措施，但更需要的却不是单一的对策，而是协调一致的可持续社会行动"。[2] 地方性知识所具有的生态智慧与生态技能，与所在地区的生态系统互为依存、互为补充，又相互渗透，充分利用这些地方性知识可以找到维护生态平衡、促进区域经济可持续发展的成本低廉的有效方法，并且这种靠文化的自主运行实现环境保护目标的方式既不会损害文化的多元并存，也不会损害任何一个民族的利益。[3] 也就是说，地方性知识可以为区域经济的可持续发展、维护生态环境提供大量的第一手资料，从而为生态环境保护和经济可持续发展的政策制定提供理论依据。[4] 然而，地方性知识的适用范围也存在限度，不可能指导人们解决所有的经济发展与生态环境保护的矛盾。正因为如此，生活在中国、缅甸和老挝三国交界地区的哈尼/阿卡人在应对橡胶种植带来的生态环境问题时，除了实施国家和地方政府制定的生态环境保护政策与条例，还运用他们所拥有的地方性知识，但橡胶种植所带来的生态环境问题只得到了部分改善并未完全解决。这或许说明：面对橡胶树这个外来物种，或者说橡胶种植这种新的生产方式所产生的生态环境问题，少数民族的地方性知识的生态价值是较为

---

[1] 马翀炜、张雨龙：《流动的橡胶：中老边境地区两个哈尼/阿卡人村寨的经济交往研究》，中国社会科学出版社2013年版，第116页。
[2] 杨庭硕：《论地方性知识的生态价值》，《吉首大学学报》（社会科学版）2004年第7期。
[3] 杨庭硕：《论地方性知识的生态价值》，《吉首大学学报》（社会科学版）2004年第7期。
[4] 袁同凯：《地方性知识中的生态关怀：生态人类学的视角》，《思想战线》2008年第1期。

有限的，许多类似哈尼/阿卡人这样的少数民族村寨及其村民有时会陷入运用传统知识无法解决橡胶种植产生的生态环境问题的困境。

尽管哈尼/阿卡人的地方性知识对橡胶种植产生的生态环境问题的某些时刻或某些方面有一定的作用，但也常常出现"无能为力"的困境。哈尼/阿卡人的地方性知识中的生态智慧和技能主要是建立在他们关于万物有灵的民间宗教信仰和轮歇作业式的刀耕火种生产方式上的。在橡胶种植初期，哈尼/阿卡人砍伐的主要是以往种植旱谷、玉米等山地的林木，基本不会砍伐国有林、水源林、风景林等禁止开发的森林，也没有开发坟山林、祭祀林以及被认为有重要的神灵守护的水潭或大石头周边的树林等"不宜耕作"的山地，这在某种程度上保护了部分森林。但是，在经济利益的驱使下，部分村寨及其村民开发了风景林，有些村民也在"相信科学、破除迷信"或者外来宗教观念的影响下开垦了那些在传统社会里被视为"不宜耕作"的山地，哈尼/阿卡人的地方性知识或者说传统知识与惯习在此时已经"失效"了。

此外，哈尼/阿卡人已有的地方性知识也很难有效应对橡胶种植产生的生态危机。对于因森林面积锐减而导致的生物多样性减少，哈尼/阿卡人不仅不知道如何重新增加生物多样性，反而他们原有的采集渔猎的习惯还可能会继续加剧生物多样性的减少。对于水资源的减少，除了保护水源林之外，如今的哈尼/阿卡人似乎也没有更多的办法，除非不再种植橡胶树，但是不再种植橡胶树就一定能恢复水源吗？以前，哈尼/阿卡人一般不会开发小溪、箐沟两侧的土地，保证了沿着小溪和箐沟一带的树林不被大量砍伐，也就保证了水源。后来，中国和缅甸的部分哈尼/阿卡人村寨在小溪和箐沟两边的树林里种植砂仁，再后来部分村民直接把砂仁地砍伐种植了橡胶树。对于橡胶林的土壤肥力下降的问题，哈尼/阿卡人原有的地方性知识似乎也没有作用。在橡胶种植以前，哈尼/阿卡人基本上是实行轮歇作业式的刀耕火种，种植旱谷、玉米等作物。在轮歇作业方式下，人们开垦一次土地耕作 1~3 年后抛荒，让植物自然生长，待到 10 年或更长时间后再开垦耕作，如此循环往复。树林的更新、生长有助于吸收补充土壤的养分，增加了土壤肥力，待到重新砍伐森林焚烧后，土壤的肥力基本能满足旱谷、玉米等作物生长的需要。正因为如此，哈尼/阿卡人在刀耕火种的生产方式下很少施肥，包括化肥和农家肥。但是，种植橡胶树后，固定耕作替代了轮歇作业，算得上精耕细作的橡胶树管理也替代了原来的刀耕火种的生产方式。在橡胶树较长时期的生长过程中，橡胶林地的土壤肥力不断下降，哈尼/阿卡人原来通过抛荒土地让植物自然生长再砍伐焚烧以恢复土壤肥力的方式已经行不通了，而他们原来就缺乏足够的使用农家肥的知识和经验，也就只能通过"科学施肥"（主要是化肥）的方式来改善橡胶林地的土壤状况。但是，有研究已经表明施化肥只是暂时改善土壤状况，长期使用化肥会导致土壤肥力下降，还会污染土壤和地下水，导致橡胶林地的生态环境更加恶劣。哈尼/阿卡人的地方性知识在解决这些生态环境问题方面很难说是有用的。

另外，哈尼/阿卡人社会通常也很难获得新的知识应对橡胶种植业中的某些生态环境问题。例如，该地区的哈尼/阿卡人社会的传统知识里，防止农作物遭受寒害的知识较少，于是，当橡胶树在某些年份遭遇寒害时，村民们往往显得无能为力。正如中国帕瓦老寨的一个村民[1]所讲述的遭遇那样：

> 1998 年底到 1999 年初，我们这里下了很大的霜，天气非常冷，很多橡胶树都被冻死了，我们家有很多橡胶树也被冻死了。1997 年，我们家开发了两片地，从勐腊县那边买了 1100 棵橡胶树

---

[1] 受访者：HL，男，63 岁，帕瓦老寨村民。

苗，每棵苗5元钱买的。到了1999年初的时候，因为下霜，那些管理了两年的橡胶树苗都被冻死了。光是买橡胶树苗的钱就亏了5500元。那些钱基本上是当时家里能拿出来的所有存款了。那个时候家里才开割（1994年开割）了300多棵橡胶树，胶价也不好，所以家里没有什么钱。没想到投资那么多钱种的橡胶树苗一下子就都被冻死了。1998年进入冬天后，我们就觉得很冷了，但没想到会冻死橡胶树，我们也没有经验，之前从来都没有碰到过。后来听农场的人说，天气太冷的话可能会冷死橡胶树，但是我们也没有办法，不知道怎么样做才不让橡胶树冻死。

的确，正如该村民所说，1998年底至1999年初，中国西双版纳地区遭遇了罕见的霜冻天气，许多橡胶树都被冻死了，包括国营橡胶农场的橡胶树也被冻死了。哈尼族村民刚开始基本没有意识到橡胶树可能会被冻死，即便后来意识到了也没有相应的知识和经验指导他们防止寒害或者说将寒害的损失降到最小。即便是今天，这些哈尼族人都不知道如何有效应对寒害。除了寒害，对于橡胶树经常遭受的风灾，即大量的橡胶树被刮倒或刮断，哈尼/阿卡人也不知道如何防范，他们以往防范旱谷和玉米倒伏的经验和知识对此基本没用。

简而言之，哈尼/阿卡人的传统知识或地方性知识在处理橡胶种植过程中产生的某些生态环境问题时起到一定的作用，但从总体上看，这些地方性知识很难胜任指导人们应对伴随橡胶树这个外来物种而来的复杂的生态环境问题。我们承认地方性知识在处理民族地区经济发展和生态环境保护的矛盾中可以发挥一定的积极作用，但地方性知识在面对新的物种和新的生产方式带来的问题时存在相当大的局限性。没有新的保护生态环境知识的指导，橡胶经济可能会陷入一种困境中。

四 结语

橡胶种植业的快速发展在促进地区经济社会发展的同时不可避免地带来了一些生态环境问题。这些生态环境问题的产生原因既有国家为了满足战略物资的需要而大面积发展国营橡胶农场导致当地民众原有的符合橡胶种植标准的低海拔地区的土地资源减少的事实，也有当地的民营橡胶发展主体过度追求经济利益而没有完全按照相应的标准和规范种植橡胶，甚至无所顾忌地开发"橡胶种植禁区"的现实。面对橡胶种植所带来的不可回避的生态环境问题，国家和地方政府出台了一系列处理大面积种植橡胶所引起的生态环境问题的政策，并且在积极推行这些环境保护政策。同时，橡胶种植者也在国家和地方政府的生态环境保护政策实施过程中利用自身的地方性知识应对面临的生态环境问题。然而，国家和地方政府以及橡胶种植者的生态环境保护实践，并未能完全解决橡胶种植所带来的生态危机。这不仅有国家和地方政府制定的政策措施存在不足或不完善以及执行不力的原因，也有橡胶种植者不愿意牺牲自己的经济利益而为大家保护生态环境的原因，更有当地橡胶种植者所拥有的地方性知识在应对橡胶种植这种新的生计方式所产生的生态环境问题时所表现出来的局限性的原因。由此，人们应该认识到通常被人们推崇的对于传统的一元化知识观和科学观具有潜在的解构和颠覆作用的地方性知识，尽管能够为人们制定生态环境保护政策提供理论依据并指导保护实践，但地方性知识也有其局限性，这种局限性容易使人们在运用传统的地方性知识处理新的问题时陷入困境。更为重要的是，人们必须意识到，应对这些生态环境问题是一个长期的过程，即使国家、地方政府和橡胶种植者付出足够大的努力，也不可能完全解决这些生态环境问题，只能是尽可能地控制生态环境问题的进一步恶化，将这些生态环境问题的负面影响降到最小，然后逐渐改善当地的生态环境。

"总体史观"视野下乌蛮研究的基础性问题

张曙晖*

摘　要　古代乌蛮族群与今天的汉藏语系藏缅语族彝语支民族有着密切的渊源关系，其基础性问题影响着对乌蛮的客观全面认识。从"总体史观"出发，乌蛮是王朝国家对西南边疆开发与经营过程中发现并以"华夷之别"的标准构建出来的以王朝为中心的他者，乌蛮的演变及不同地区乌蛮的发展都与王朝国家大历史紧密相连，经历了从"多元一统"中的个体到局部整体再到"多元一体"重要组成部分的发展历程。在中华民族发展史中，乌蛮的基础性问题及其历史关系具有重要的分析意义，应该纳入整体历史中加以考察。

关键词　乌蛮；西南边疆；基础性问题；总体史观

DOI：10.13835/b.eayn.26.05

一　问题的提出

古代西南边疆的乌蛮与其他族群共同为祖国的政治、经济、文化发展做出了重要贡献，为统一多民族中国的形成和发展起到了积极的推动作用。20世纪以来，学者们从不同的角度对乌蛮进行了诸多研究，奠定了乌蛮研究的基础，代表性学者主要有徐嘉瑞、方国瑜、凌纯声、王钟翰、王叔武、马曜、尤中等人。21世纪初开始，以王文光为代表的学者，发表了一系列关于乌蛮研究的学术论文，进一步推进了对乌蛮的认识。[①] 多数学者认为，乌蛮源于甘青高原的古氐羌，汉晋时期称叟、昆明等，随着民族的迁徙、同化和融合，至南北朝、隋唐时期形成了乌蛮族群，元以后，随着中央王朝统治的深入，民族分化加剧，乌蛮最终发展演变成了今天汉藏语系藏缅语族彝语支的各民族。从已有的研究来看，学界大多以乌蛮的某一方面或断代研究居多，较少涉及对乌蛮的整体性观察以及不同历史阶段的关系和脉络分析。传统的专题式或断代研究为乌蛮研究的推动做出了巨大贡献，然而，从历史研究、民族研究的整体来看，包括乌蛮在内的古代族群研究正步入瓶颈期，历史纵向中各族群的基础性问题及其与总体历史间的关系需要新的考量。以布洛赫为代表的年鉴学派，其"总体史观"分析历史的新史学

---

* 张曙晖，男，云南大理人，云南师范大学哲学与政法学院副教授、博士，研究方向为西南边疆民族历史、文化与社会。

① 王文光、张曙晖：《西南边疆乌蛮源流考释》，《中国边疆史地研究》2007年第1期；王文光、黄传坤：《宋王朝统治下的乌蛮及其民族关系》，《云南师范大学学报》（哲学社会科学版）2007年第6期；王文光、龚卿：《大理国的乌蛮》，《云南民族大学学报》（哲学社会科学版）2007年第5期；王文光、李艳峰：《南诏国境内外的乌蛮》，《思想战线》2014年第3期；段丽波、涂晶晶、段红云：《中国西南乌蛮史研究与反思》，《思想战线》2011年第6期；段丽波：《南诏时期的乌蛮》，《思想战线》2013年第6期。

理论与方法，为从历史人类学的角度考察古代族群提供了重要视角，布洛赫认为，若囿于一隅之见，"即使在你的研究领域内也只能得出片面的结论"，而"唯有总体的历史才是真的"，对全局的把握有助于对局部研究的深入，反之亦然。因此，研究历史要从大处着眼，小处着手，由古知今，由今知古，古今参照，打破见木不见林的倾向。① 把乌蛮置于大历史进程中，综合审视乌蛮的族称、含义、源流、发展演变等基础性问题及其与大历史发展之间的关系正是本文的立意所在，同时，要在乌蛮研究与当下统一多民族国家建设之间建立起历史与现实的桥梁。

二 "华夷之别"：乌蛮作为他者的历史构建

乌蛮是王朝国家对西南边疆开发与经营过程中发现并以"华夷之别"为标准构建出来的他者。关于乌蛮称呼的最早出现，应该从历史发展具有延续性这一特点来考察，不能武断机械沿用前辈学者们的观点。方国瑜称："云南族系称谓，用'乌蛮'、'白蛮'字样，始见于唐代记录。"② 以后，学者们大多沿用这个观点，认为乌蛮族称的最早出现就是在樊绰的《蛮书》中。实事并非如此，乌蛮称谓最早可能在汉晋以后就出现了，只是并没有见于汉文史志记载。目前我们能找到关于乌蛮这一称呼的最早记载是在《北史·周法尚传》："嶲州乌蛮反，诏法尚便道讨击破之。"③ "因此，可以认为在南北朝时期，乌蛮已经被汉族史家作为一个族称记入。"④ 关于《北史》中的乌蛮条，同样的内容在《隋书》中记载得更为详细一些，之后，乌蛮称谓不绝于史。因此，关于乌蛮称谓的出现，第一，最早出现可能是在汉晋之后，至迟在齐、梁之际，明确的汉文记载始见于《北史》《隋书》，但内容有限；第二，方国瑜所说的乌蛮"始见于唐代记录"。唐代记录不能专指唐人樊绰的《蛮书》，也应该包含李延寿的《北史》、魏征等人撰的《隋书》等，李延寿、魏征等人也为唐代学者。

那么，为何到了隋唐以后，乌蛮族称大量出现于史书记载？

首先，乌蛮的称谓是"华夷之别"历史背景下的构建。既然称其为乌蛮，则乌蛮为"蛮"之一种自无疑义。有史记载以来，"蛮"一直就是汉文史志中对南方民族的概称。《礼记·王制》曰："东方曰夷，被发文身，有不火食者矣。南方曰蛮，雕题交趾，有不火食者矣。西方曰戎，被发衣皮，有不粒食者矣。北方曰狄，衣羽毛穴居，有不粒食者矣。"⑤《说文》载："蛮，南蛮蛇种，从虫。"⑥ 在之后的史籍中，汉文对西南民族的记载也大多用"蛮"和"夷"字样来称呼，如《史记·西南夷列传》《后汉书·南蛮西南夷列传》《晋书·南蛮传》《宋书·夷蛮传》《南齐书·蛮传》《隋书·南蛮传》《旧唐书·南蛮西南蛮传》《新唐书·南蛮传》《宋史·蛮夷传》等，可见，中央王朝对南方，包括西南边疆地区的少数民族冠以"蛮""夷"字样很早就开始了，且长期延续了下来，至元、明、清之后，才逐渐淡出了历史舞台，这些构建是"华夷之别"的具体体现。

其次，至隋唐时才出现乌蛮称呼，这是宏观中华民族发展史进程中的必然。南北朝及其之前的历史时期，乌蛮的前身作为西南边疆的一个个体族群早已存在，但由于其分布区大多地处偏远，与内地

---

① 〔法〕马克·布洛克：《历史学家的技艺》，张和声译，北京师范大学出版社2014年版，第7页。
② 方国瑜：《关于"乌蛮"、"白蛮"的解释》，载林超民编《方国瑜文集·第二辑》，云南教育出版社2001年版，第36页。
③ 李延寿：《北史·周法尚传》，中华书局1974年版，第2600页。
④ 王文光、张曙晖：《西南边疆乌蛮源流考释》，《中国边疆史地研究》2007年第1期。
⑤ 杨天宇：《礼记译注》，上海古籍出版社2015年版，第155页。
⑥ 许慎：《说文解字》，中华书局2013年版，第283页。

的联系不多，处于"叟""昆明"的自称状态中，大一统的王朝国家也只是按其自称来称呼各族群。至隋唐时期，随着中央王朝力量深入西南边疆地区，在"多元一统"的背景下，乌蛮的称呼逐渐出现，此时的乌蛮已经作为一个局部整体而存在，其整体内部包含的东、西、北部诸乌蛮屡屡见诸汉文正史，与统一多民族王朝国家发生着诸多联系，同时，地方志书也出现了大量关于乌蛮的记载，例如，樊绰的《蛮书》中就详细记录了隶属乌蛮整体的施蛮、顺蛮、独锦蛮、和蛮、徙莫祗蛮、锅锉蛮、寻传蛮、裸形蛮等乌蛮别种，显然，作为局部整体的乌蛮已经被构建成"类"的属性，而之前作为个体存在的特性则逐渐弱化。《北史》作者李延寿、《隋书》作者魏征、《蛮书》作者樊绰都是唐朝官员，代表唐王朝的意志，因此在撰书的过程中，必然要按中央的意志来书写，在用词用语的选择上，必然要突出华夷之别，对周边的民族的称呼要体现出边远、化外、落后的含义，在这样的背景下，《北史》《隋书》《蛮书》之后出现大量的乌蛮称呼是中央对西南边疆各族群歧视性称呼的延续，也是西南边疆族群分化融合的结果，从乌蛮称谓来看，华夷之别的观念与之前并没有任何变化。

那么，为什么《隋书》对乌蛮的记载较少而《蛮书》之后的史书中相关记载大量出现呢？可能的原因有二。一是隋朝对西南地区的统治和经营刚刚起步，中央王朝对西南民族的认识还停留在魏晋时期的水平，尽管《隋书》中专门有《南蛮传》篇章，但并没有乌蛮的详细记载，只有片言只语，这里的"南蛮传"重点指的是南方属国百越族群，《隋书·南蛮传》说："南蛮杂类，与华人错居，曰蜒，曰儴，曰俚，曰獠，曰□，俱无君长，随山洞而居，古先所谓百越是也。其俗断发文身，好相攻讨，浸以微弱，稍属于中国，皆列为郡县，同之齐人，不复详载。大业中，南荒朝贡者十余国，其事迹多湮灭而无闻。今所存录，四国而已。"① 乌蛮的最早记载只见于《北史·周法尚传》《隋书·周法尚传》描述同一事件的寥寥几句中，而樊绰写成《蛮书》时，已是唐朝晚期（公元863年），距《隋书》（成书于公元636年）已有200多年的历史，这个时候，唐王朝对西南各族的统治已经很深入，对他们比起以往也有了更深刻的认识，因此《蛮书》中就出现了关于乌蛮、白蛮等各类族群的大量记载。二是樊绰的《蛮书》是有所本的，主要以袁滋的《云南记》为依据，此书的内容绝大部分是袁滋亲历云南的观察记录，因此，樊绰以《云南记》为基础，根据自己所看到的云南族群情况，再根据官修史书的有关记载，把这些民族分别称为乌蛮、白蛮等，但由于《云南记》阙佚，只见于《新唐书·艺文志》的著录，故其书中是否有乌蛮、白蛮的记载，也只能是推测而已。

再次，乌蛮族群的构建与西南边疆历史发展及其与中央王朝的关系紧密相关。隋唐以前，西南各族群基本处于大分散的居住状态，各族群只有较小的聚居部落，中央王朝对他们的统治和经营尚不深入，且各族群之间的交往也不多，处于各自为政的闭塞生活中，由于中央对他们的了解不多，因此汉文献记录大多以笼统的歧视性称呼方式出现，如"西南夷""南蛮""蛮夷""蛮"等。在统称之下具体到某一族群又往往以自称方式出现，如司马迁的《史记》记录有属于氐羌集团的族群称呼就有十几种之多，有夜郎、滇、邛都、嶲、昆明、徙、筰都、䍺、叟、摩沙、劳浸、靡莫、嶲唐、桐师、哀劳等，这些称呼大多是以居住地名来称呼族群的。两晋南北朝时，西南各族进入了大迁徙、大融合时期，之前的许多民族在这个过程中逐渐消失，代之而起的是隋唐以后的一些族群称谓逐渐出现。随着中央王朝对西南边疆统治与经营的深入，汉民族对西南各族的了解日益加深，表现在称呼上越来越具体。至隋唐时期，中央王朝既延续了对南方民族"蛮"的笼统称呼，又在此基础上，把西南各族划分得更为详细，根据其分布地域、风俗习惯、社会发展程度等特征称为不同类型的"蛮"，如樊绰《蛮书》

---

① 魏征等：《隋书·南蛮传》，中华书局，1973年，第1831页。

有大量各类蛮的记载，有乌蛮、白蛮、黑齿蛮、金齿蛮、银齿蛮、茫蛮、棠魔蛮、施蛮、顺蛮、磨些蛮、锅锉蛮、寻传蛮、望蛮、扑子蛮等，这些称呼的出现既反映了西南族群的发展、变迁状况，又体现了隋唐王朝对西南民族认识的深入。当然，在中央王朝尚未深入的地区，也还有一些民族的自称保留了下来，如在唐初，仍有大量"昆明"的称呼，直至元朝时也还有"僰"的称呼等。

三 "连续与统一"：大历史中乌蛮的衍生变化

那么，乌蛮的称谓如何解读呢？现有研究成果表明，乌蛮的含义有着不同的解释，这是由历史发展决定的。不同历史阶段的社会人文背景既有差异，又有着不可忽视的连续性，大到历史事件，小至族群构建，无不受此特征制约，因此，乌蛮含义的解读不能忽视这个历史特征而简单下一个一成不变的结论。布洛赫认为"历史的时间却是实实在在的活生生的现实，它一往直前，不可逆转"，"这种真正的时间，实质上是一个连续统一体，它又是不断变化的。""认识前一阶段，对于了解后一阶段是不可少的。"① 换言之，解读历史必须关注历史的连续性，解读乌蛮含义也是如此。综合学者们的研究成果，乌蛮含义的解读主要有这样几种观点。

第一，"乌"字源于此族群"尚黑"的习俗。"尚黑"之俗，古氐羌已有之，乌蛮形保留了这种习俗，故以"乌"为名。马曜认为："彝语称黑为'若'，'若水'就是黑水。雅砻江（诺矣江）、金沙江（泸水）、澜沧江（兰津）、怒江几条大江，都有黑水的意思，都是因为古代氐羌族群居住过这几条江而得名。"又说乌蛮之乌有黑的意思，彝语称"诺"（亦即古代若水之"若"）。② 尤中也持同样的看法，"'乌'即'黑'，其意与'白'相对。彝语称'黑'为'若'，或译写作'诺'，汉语取其意而称之为'乌蛮'"③。申旭也持相同的观点，"'乌'是彝语。意为'黑'，彝语称'黑'为'若'，汉语取其意称之为'乌蛮'，从李京《云南志略》中可以看出，乌蛮在元代被称为'罗罗'，在今贵州、四川和云南三省交界的广大地区皆有分布，这种格局与唐代乌蛮在北部分布基本一致。'罗罗为黑爨'，'黑'，即乌，'黑爨'即乌蛮。"④ 朱文旭在《从彝语支土家族族称看僰及乌白蛮源流问题》一文中称，"从宗教学角度来看，乌蛮尚黑，白蛮尚白。乌蛮祭牲用黝，白蛮咒牲用白。犹如八卦图黑白分明"⑤。

第二，"乌蛮"之"乌"不仅有"黑"之意，而且还是母系氏族社会文化的标志。"从语义学的角度来看，'黑'隐含'阴'、'地'、'月'、'女'之意；'白'隐含'阳'、'天'、'日'、'男'之意。'母'为'地'，'父'为'天'。""黑代表了母系氏族社会文化现象。白代表了父系氏族社会文化现象。上古周人是母系氏族社会。上古殷人是父系氏族社会。乌蛮系统的彝语支民族是母系社会文化为主导。白蛮系统的藏羌民族是父系氏族社会文化为主导。"⑥

第三，代表社会发展程度。方国瑜认为"乌""白"二字只代表社会发展程度的高低，乌蛮、白蛮是普通称谓，不能认为是专门名词、族别名称。"樊绰《云南志》的'乌'、'白'二字所要说明的

---

① 〔法〕马克·布洛克：《历史学家的技艺》，张和声译，北京师范大学出版社2014年版，第40~41页。
② 马曜：《云南二十几个民族的源和流》，《云南社会科学》1981年第1期。
③ 尤中：《中国西南的古代民族》，云南人民出版社1980年版，第250页。
④ 申旭：《南诏境内的民族及其族属研究》，《东南亚》1989年第1期。
⑤ 朱文旭：《从彝语支土家族族称看僰及乌白蛮源流问题》，《中央民族大学学报》（哲学社会科学版）1997年第3期。
⑥ 朱文旭：《从彝语支土家族族称看僰及乌白蛮源流问题》，《中央民族大学学报》（哲学社会科学版）1997年第3期。

是：社会经济文化程度上稍有不同，'白蛮'要进步些，'乌蛮'要落后些。同在一个地区的不同部落有进步与落后存在，于是用'乌'、'白'来区别，为此，洱海区和滇东区都有'乌蛮'、'白蛮'的记载。以汉文化来衡量，接近于汉的称'白蛮'，较远于汉的称'乌蛮'，这从樊绰《云南志》的记载可以看得很清楚。"① 林超民完全赞同方国瑜的观点，乌蛮与白蛮不是民族名称而是文化高低的差别，乌蛮与白蛮就像生蛮与熟蛮一样是"汉化深浅程度"的不同，而不是民族的分野。②

综合起来看，关于乌蛮的含义，既有尚黑之意，又可能代表母系、父系社会之分别，也代表着社会发展的程度，几方面的含义都符合历史实际，只不过在不同历史发展阶段，其含义多有衍生变化而已，但绝不能把它们割裂开来看待，因为从乌蛮的发展变化看，其称呼、含义的演变是有历史连续性的，正如尤中指出，"乌蛮"是从过去的叟、昆明族中的一部分演化而来，表现在它的名称上，唐初作为"乌蛮"中一部分的"施蛮""顺蛮"，正是过去的"叟"。"施""顺""叟"皆同声字，先后译写不同而已。③

四 "有意"与"无意"：乌蛮的整体分析

自乌蛮出现于《北史》《隋书》《蛮书》《旧唐书》《新唐书》之后，关于它的来源、发展演变问题一直就是后世史家探讨的重点，从元代学者李京《云南志略》的记载"罗罗，即乌蛮也"④ 开始，乌蛮的源流问题就进入了研究阶段，此后，《元史》《明史》《清史稿》及各类志书，对乌蛮的分化、演变均作了详细的记载，为后人的研究提供了宝贵资料。从现代学者对乌蛮的研究来看，我们可以看到这样的结论，即乌蛮源于古氐羌，汉晋时称为昆明、叟，隋唐以后形成了大范围的乌蛮集团，元朝之后逐渐分化成了今天彝族及彝语支的各民族。但是，学者们对乌蛮形成的这个过程大都说得过于简略，对于许多问题还存在着诸多疑惑，如：乌蛮源于氐羌的理由是什么？不同地区的乌蛮有何关系？不同地区的乌蛮有何不同？不同地区的乌蛮是否为同一个族群或同一类族群，或为不同的族群？对这些问题的回答，"总体史观"提供了重要的参考，即如何运用史料分析问题是研究的关键，"强调带着问题去研究历史"而不是"史料即史学"，强调研究历史需要"有意"与"无意"的史料。"有意"的史料指成文的历史著作、回忆录和公开的报道等。这类史料的原作者大都"有意"想以自己的文字左右时人和后人的视听；"无意"的史料则指政府的档案、军事文件、私人信件及各种文物等，这都是当时的人们在无意中留下的证据。⑤ "无意"史料和"有意"史料都极有价值，但"无意"史料更为重要。我们对乌蛮的研究也要依靠这两个方面，从目前的研究来看，有关乌蛮的"有意"史料颇为充分，但是"带着问题去研究"的意识仍很薄弱，并且对"有意"史料之间关系的分析也明显不足，下面的讨论主要基于"有意"史料对乌蛮上述相关问题的回答。有关乌蛮的"无意"史料至今比较少见，这是学界要下大力气需要发掘的部分。

《辞海》中说：（乌蛮）"古族名。源于氐羌。唐时分布于今云南、四川南部、贵州西部，为东爨、六诏和东蛮的主要居民。或农或牧，或半农半牧。其南诏首领曾统一云南，建立南诏国。元明又称乌

---

① 方国瑜：《关于"乌蛮"、"白蛮"的解释》，载林超民编《方国瑜文集·第二辑》，云南教育出版社2001年版，第38页。
② 江应樑、林超民：《中国民族史》，民族出版社1990年版，第54页。
③ 尤中：《中华民族发展史》，晨光出版社2007年版，第800页。
④ 李京著、王叔武校注《大理行记校注云南志略辑校》，云南民族出版社1986年版，第89页。
⑤ 〔法〕马克·布洛克：《历史学家的技艺》，张和声译，北京师范大学出版社2014年版，第8页。

蛮为黑爨或罗罗。与今彝、纳西、傈僳等族有渊源关系。"① 马曜说："藏缅语族源于我国古代的氐羌语，分化为以滇僰（汉代）、叟、爨（东汉末至唐初）、白蛮（唐、宋）等为主的白语支，以昆明（汉、晋）、乌蛮（唐、宋）为主的彝语支，以寻传（唐、宋）等为主的景颇语支。"② 向达在《南诏史论略》一文中说："周秦之际戎族，以氐、羌两族为其主要成分。属于戎族的氐羌到了云南以后改称爨，爨不过是戎族的同名异译而已……西爨白蛮之为氐族，东爨乌蛮为羌族。""两爨以及六诏源出于氐族和羌族"，"分别来说：白蛮属于氐族，乌蛮以及六诏属于羌族；南诏为乌蛮，故为羌族"。③ 方国瑜、林超民对这种观点持反对意见，方国瑜指出："迁到云南的氐、羌族分为'乌蛮'、'白蛮'，在历史发展上找不出迹象来，何况滇东有'乌蛮'、'白蛮'，洱海区也有'乌蛮'、'白蛮'，又如何能说明氐系和羌系之分呢？"④ 尽管方国瑜、林超民等学者不赞成"白蛮属氐族、乌蛮属羌族"之说，但对乌蛮源于氐羌是肯定的。卢勋、萧之兴、祝启源也认为："乌蛮先人大概是源于古代氐羌系统分化出来的一个部落群。他们很早便从我国甘、青高原辗转迁至西南广阔地区，并与当地一些土著逐渐融合，汉晋时期泛称为'昆明'和'叟'，到唐代才广泛出现乌蛮这一称呼。"⑤ 陈连开也持相同的观点，他认为："南诏和大理国时期，即唐宋时期，西南地区民族成分是相当复杂的，除西部的乌蛮和白蛮建立南诏国、大理国之外，乌蛮中还有许多部落在不断地发展着自己的经济文化。这些民族都是氐羌往南迁徙的苗裔。"⑥ 胡绍华也认为："南诏国、大理国时期属于氐羌系统的民族除云南地区的乌蛮、白蛮外，还有四川、贵州的乌蛮、和蛮等。"⑦

如此，则乌蛮与氐羌的渊源关系是确定无疑了，可是，乌蛮源于氐羌有何根据呢？对此类问题的回答，学界主要有两种研究方式予以回应，即客观文化特征研究法和主观认同研究法。客观文化特征侧重于民族的地域、语言、宗教、服饰等的古今对比，主观认同则侧重族群的主观认同。比如，王明珂等人主要侧重于族群视角下的主观认同，但也不否认客观文化特征在研究中的重要地位，⑧ 两者本质上没有孰优孰劣，主要看研究主题的需要。研究乌蛮与氐羌的关系，依据目前已有资料来看，依靠客观文化特征法较为妥当，因为，氐羌与乌蛮都是古代族群，在文献资料中难以把握其主观认同，氐羌族群无论其经历了多么漫长和复杂的变迁历程，其生产生活和文化习俗都是相对稳固的，从文献中考察其分布地域、生产生活、丧葬、语言、宗教等方面之间的关系，都会发现有明显的传承关系。同时，参考英国人类学家泰勒的"残存法"，对氐羌、乌蛮、彝语支民族的文化习俗进行对比，若能发现这几者之间有大量相似或相同的特征，便能证明他们之间确有渊源关系，这与"有意"史料、"无意"史料的运用和分析是异曲同工的。

"古代的氐和羌都是西戎，都居住在西方，又同属汉藏语系，关系密切自不待言。所以在汉文古籍中，经常以'氐羌'绵连的形式出现。"⑨ 从地理环境来看，我国古代西北及北方地区自古就是游牧民族生产生活的理想场所，在甘青高原生息繁衍的氐羌族群也大都过着往来无常处的游牧生活，许慎在

---

① 辞海编辑委员会：《辞海》，上海辞书出版社1999年版，第90页。
② 马曜：《云南二十几个民族的源和流》，《云南社会科学》1981年第1期。
③ 向达：《南诏史论略》，《历史研究》1954年第2期。
④ 方国瑜：《关于"乌蛮"、"白蛮"的解释》，载林超民编《方国瑜文集·第二辑》，云南教育出版社2001年版，第40页。
⑤ 卢勋、萧之兴、祝启源：《隋唐民族史》，四川民族出版社1996年版，第89页。
⑥ 陈连开：《中国民族史纲要》，中国财政经济出版社1999年版，第612页。
⑦ 胡绍华：《中国南方民族发展史》，民族出版社2004年版，第92页。
⑧ 王明珂：《华夏边缘——历史记忆与族群认同》，社会科学文献出版社2006年版；王明珂：《羌在汉藏之间——川西羌族的历史人类学研究》，中华书局2008年版。
⑨ 马长寿：《氐与羌》，上海人民出版社1984年版，第9页。

《说文》中说:"羌,西戎牧羊人也,从人从羊。"① 可见,羌之由来,当与其牧羊生活有关。另《汉书·西域传》说:"出阳关,自近者始,曰婼羌……随畜逐水草,不田作,仰鄯善、且末谷。"②《后汉书·西羌传》也说:"所居无常,依随水草,地少五谷,以产牧为业。"③ 都说氐羌是以游牧生活为主的。马长寿在《氐与羌》一书中指出,"直到近代,青海和四川西北许多已经藏化了的羌族,仍然以游牧为业"④。这些以游牧为生的氐羌人,由于自然环境的变化、战争等原因,在春秋、战国之际就开始到处迁徙、流散,到公元前 7 世纪,"他们中的一部分由于不堪忍受秦的统治便被迫迁徙。他们的东面、北面及东南面都被中原王朝所阻,便向西或者向西南地区迁徙"⑤。到了唐宋时期,在原来氐羌人南下后的主要居住地,出现了强大的乌蛮、白蛮等族群,乌蛮的分布地主要集中在三大片区,即王钟翰所说的:(西部乌蛮)"唐宋时期,除西部的乌蛮和白蛮分别建立南诏国、大理国之外,乌蛮(氐羌系统民族)还有许多部族在不断发展着自己的经济文化。"(北部乌蛮)"主要分布在大渡河以南金沙江以北和滇东北黔西一带。"(东部乌蛮)"主要分布在滇东北、滇东、黔西南达交趾边境。"⑥ 方国瑜、马曜、尤中、王文光等学者对乌蛮的这种分布格局持相同的看法。这些地区的乌蛮显然就是氐羌人南下后与当地土著居民融合的结果,《史记·西南夷列传》载滇中地区的滇部落,越嶲一带的邛都,滇西的嶲、昆明等部落,"皆氐类也",即氐羌中的一部分。他们的分布地域包括今贵州省黄平县以西至云南省东部和广西西部连接地带,今云南省晋宁县晋城为中心的广大地区,四川西昌地区和凉山州,今云南省保山市至大理州一带,今四川省西南部的雅安至西昌地区一带。⑦ 因此,从乌蛮和属于氐羌的西南族群的分布格局来看,两者的居住地域几乎是重叠的,他们之间虽然相隔逾千年,但居住地域没有太大的改变,所以从分布范围来看他们之间必定有渊源关系。

另外,到秦汉时属于氐羌的西南族群大多仍过着游牧生活,《史记·西南夷列传》载:"嶲、昆明,皆编发,随畜迁徙,毋常处……徙、筰都……其俗或土著,或移徙……"⑧ "编发,随畜迁徙"的生活正是氐羌人游牧生活的典型特征,马长寿说:"《新唐书》《旧唐书》的《吐谷浑传》都说:'妇人辫发萦后,缀珠贝。''萦后'和'垂于后'不同,盖分发为二辫,萦绕于后,其长发者则盘于顶。这种辫发而萦于头之前后的发式,在西南羌、藏、彝族中十分普遍。今河湟间的藏化羌妇则分发为二辫,垂于后,盛以锦囊,安多地区的妇女发式往往如此。"⑨ 到了唐初,属于乌蛮的施蛮、顺蛮、磨些蛮、长裈蛮仍然保留了分发、衣羊皮等习俗,《蛮书》卷四载:"施蛮,本乌蛮种族也……男以缯布为缦裆袴。妇人从顶横分其发,当额并顶后各为一髻。男女终身跣足披羊皮。"⑩《新唐书·南蛮传上》亦载:"施蛮者……男子衣缯布;女分发直额,为一髻垂后,跣而衣皮。"⑪《蛮书》卷四又说:"磨蛮,亦乌蛮种类也……土多牛羊,一家即有羊群。终身不洗手面,男女皆披羊皮。"又说:"长裈蛮,本乌

---

① 许慎:《说文解字》,中华书局 2013 年版,第 73 页。
② 班固:《汉书·西域传》,中华书局 1964 年版,第 3875 页。
③ 范晔:《后汉书·西羌传》,中华书局 1965 年版,第 2869 页。
④ 马长寿:《氐与羌》,上海人民出版社 1984 年版,第 21 页。
⑤ 王文光:《僰人源流考》,《云南省社会科学院研究生论文选》,云南人民出版社 1987 年版,第 28 页。
⑥ 王钟翰:《中国民族史概要》,山西教育出版社 2004 年版,第 427 页。
⑦ 尤中:《中国西南民族史》,云南人民出版社 1985 年版,第 39 页。
⑧ 司马迁:《史记·西南夷列传》,中华书局 1963 年版,第 2991 页。
⑨ 马长寿:《氐与羌》,上海人民出版社 1984 年版,第 211 页。
⑩ 樊绰撰、向达校注《蛮书》,中华书局 1962 年版,第 94 页。
⑪ 欧阳修等:《新唐书·南蛮传上》,中华书局 1975 年版,第 6275 页。

蛮之后……其本俗皆衣长裈曳地,更无衣服,惟被牛羊皮。"①《新唐书·南蛮传上》亦载:"磨蛮、些蛮与施、顺二蛮皆乌蛮种……土多牛羊,俗不颒泽,男女衣皮,俗好饮酒歌舞。"② 这种被发、衣皮、土多牛羊的生活方式,都是氐羌人的典型特征,"《后汉书》言羌人被发,《左传》于僖公二十二年条下有言,周平王适伊川,见有羌人被发而祭,也是同俗"③。可见乌蛮与氐羌确有渊源关系。

从丧葬习俗看,乌蛮与氐羌有着明显的相承关系。古氐羌盛行火葬,《荀子·大略篇》说:"氐羌之虏也……不忧其系垒也,而忧其不焚也。"④《墨子·节葬下》《列子·汤问》《后汉书·西南夷传》皆载此俗。乌蛮也有相同的葬俗,《蛮书》卷八说:"蒙舍及诸乌蛮不墓葬。凡死后三日焚尸,其余灰烬,掩以土壤,唯收两耳。"⑤ 元代李京《云南志略》说:"罗罗……酋长死,以豹皮裹尸而焚,葬其骨于山,非骨肉莫知其处。"⑥

从语言上看,乌蛮仍保留了许多氐羌语系语言的特征,《蛮书》卷五云:"渠敛赵,本河东州也,西岩有石和城。乌蛮谓之土山坡陀者,谓此州城及大和城,俱在陂陀山上故也。"⑦ 又卷八说:"谷谓之浪,山谓之和,山顶谓之葱路。"⑧《新唐书·南诏传》亦言:"夷语山坡陀为和。"⑨ "和"为彝语,其意为"山坡陀"即半山区。又说:"大虫谓之波罗密……"⑩ 方国瑜对此称:"《樊志》又说:'大虫皮亦曰波罗皮',《新唐书·南诏传》:'金波罗,虎皮也',《玉溪编事》赵叔达《诗注》:'波罗,虎也';则波罗密,即波罗皮,密与皮古同音;称'虎'为'罗',乃羌族语,今彝族、纳西族、白族并如此。"⑪ 对"罗"字的解释《山海经·海外北经》早有记载:"有青兽焉,状如虎,名曰罗罗。"⑫ 至元代以后,罗罗几乎成了乌蛮的代名词,之后形成了以彝族为主的彝语支各民族。直至今天,仍有许多地区的彝族还有"崇虎"的习俗,"所谓罗罗族,其真实含义正是虎族。横贯滇西南的哀牢山脉的巍山、南涧、弥渡、景东、南华、楚雄、双柏等县市的彝族不仅自称为'罗罗',且男人自称为'罗罗颇',女人自称为'罗罗摩'。彝意,'颇'为公,'摩'为母,因此,男人即公虎,女人即母虎,其家门头上挂一葫芦瓢,葫芦瓢上绘为虎头,这表明家也是虎家。在彝族聚居区,以虎为名的彝语地名比比皆是"⑬。除此之外,许多古地名也留下了彝语支语言的特点。《蛮书》卷二说:"(东泸)古诺水也。"⑭ 古代氐羌语称黑为"诺或若",故"诺水"即"黑水","怒江"当为"诺江",皆有黑水之义。更何况由乌蛮发展而来的各民族都有共同的语言特征,同属于汉藏语系藏缅语族彝语支,至今,许多彝语和哈尼语仍可互通。种种迹象表明,氐羌语就是由乌蛮演变而来的彝语支各族的最早语言。

从父子连名习俗来看,乌蛮与氐羌也有明显的渊源关系。徐嘉瑞说:"父子连名之来源,远导于西北高原,其最古之文献,见于《后汉书·西羌传》。此种制度,自西北向西南,流行于冕宁、西昌、

---

① 樊绰撰、向达校注《蛮书》,中华书局1962年版,第96页。
② 欧阳修等:《新唐书·南蛮传上》,中华书局1975年版,第6276页。
③ 万永林:《中国古代藏缅语民族源流研究》,云南大学出版社1997年版,第12页。
④ 荀子:《荀子·大略篇》,《诸子集成(第2册)》,上海书店1986年版,第330页。
⑤ 樊绰撰、向达校注《蛮书》,中华书局1962年版,第216页。
⑥ 李京著、王叔武校注《大理行记校注 云南志略辑校》,云南民族出版社1986年版,第90页。
⑦ 樊绰撰、向达校注《蛮书》,中华书局1962年版,第122页。
⑧ 樊绰撰、向达校注《蛮书》,中华书局1962年版,第216页。
⑨ 欧阳修等:《新唐书·南蛮传上》,中华书局1975年版,第6276页。
⑩ 欧阳修等:《新唐书·南蛮传上》,中华书局1975年版,第6269页。
⑪ 方国瑜:《洱海民族的语言与文字》,载木芹《云南志补注》,云南人民出版社1995年版,第167页。
⑫ 方韬译注《山海经·海外北经》,中华书局2016年版,第245页。
⑬ 张文勋:《滇文化与民族审美》,云南大学出版社1992年版,第278页。
⑭ 樊绰撰、向达校注《蛮书》,中华书局1962年版,第43页。

盐源一带。分为二支：一支向东流入武定、元谋（《爨文丛刻》）、雷波（杨氏）、屏山、马边一带；一支向西流入大理（南诏段氏）、姚州（高氏），极南流入缅甸。此其自西北向西南之大概情形也。"① 即舍龙－龙伽独－独罗（细奴罗）－罗盛－盛罗皮－皮罗阁－阁罗凤－凤伽异－异牟寻－寻阁劝－劝龙晟－劝利－劝丰佑。王文光说："云南少数民族中推行父子连名制的很多，以彝族、纳西族、哈尼族的连名制较为典型而有代表性。"纳西族的父子连名制，最早要算东巴经《崇搬图》中记载的九代始祖系谱。有些地方的彝族至今还沿用父子连名，哈尼族也有同样的习俗。② 从上述可以看出，同属乌蛮集团的各个民族都有父子连名的习俗，这种习俗，从连名方式上来看，虽然有不同的地方，但几乎都是一致的。追溯此种习俗的源头，我们只能在古氐羌人中找得到证据，因此不能不说，今天汉藏语系藏缅语族各族中保留的父子连名习俗与氐羌有着渊源关系。

另外，从各民族流传至今的传说来看，乌蛮与氐羌有着密切的关系。"纳西族的人死后，举行宗教仪式时，由东巴念送魂经送死者的灵魂到祖先居住的地方，方向是往北送，送过金沙江后还要到很远的地方，同时说他们的祖先是从一个叫'多弥'的地方迁徙而来的。据纳西族研究者考证，'多弥'即今天青海玉树州通天河一带。"③ 今天的纳西族就是唐宋时的磨些蛮，而"磨蛮，亦乌蛮种类也。"④

五 从"多元一统"到"多元一体"：乌蛮的类与变

到了汉晋之际，先前的氐羌分化成了不同的族群，即僰、昆明、叟、摩沙等。那么，乌蛮与这些族群有何关系呢？《中国大百科全书》说："乌蛮系由昆明部落发展而成，白蛮系以叟、濮为主体，并与其他民族融合而成。"⑤ 尤中认为："乌蛮是由过去的昆明和叟分化组合而成的。"⑥ 马曜称，"藏缅语族源于我国古代的氐羌语"；"到了唐宋时期，云南腹地的白蛮和乌蛮逐步形成今白族和彝族支的彝、纳西、哈尼等族"；"所谓'昆明十四姓'都是乌蛮，乌蛮的大部分是今天彝族的祖先"；"洱海周围地带也有许多乌蛮部落，但不在东爨的范围之内。"⑦ 田晓岫认为："被泛称为乌蛮的，是分布于今云南东部、中部，四川南部和贵州西部崇尚黑色的族群。其源出于汉晋时西南夷中的叟、昆明。为东爨和南诏的主要居民。与今汉藏语系藏缅语族彝语支的彝、纳西、傈僳等族有渊源关系。"⑧ 王叔武认为："自汉迄唐宋，所称的昆明、昆明蛮、昆明夷等名称，是指乌蛮种族，他们是今天彝族及其近亲（如纳西族）的前身。昆明、乌蛮、罗罗等名称，是历史上各个阶段对于彝族及其近亲古代种族的不同称谓。他们不是今天白族的前身。"⑨ 可见，大部分学者都认为，乌蛮是由昆明、叟发展而来的。

那么，不同地区的乌蛮有何不同呢？凌纯声认为："唐代的乌蛮为今之罗罗及广义的藏缅族"；"白蛮为汉代的哀劳夷的濮民或称鸠獠，元明时的阿僰或僰剌，今日的民家、僰子、僰人"。⑩ 即乌蛮就是今天的彝族及藏缅语族各族，白蛮就是今天的白族。尤中也持相同的观点。徐嘉瑞通过对两爨区

---

① 徐嘉瑞：《大理古代文化史》，云南人民出版社 2005 年版，第 129 页。
② 王文光：《云南少数民族连名制述论》，《思想战线》1995 年第 3 期。
③ 王文光：《云南民族的由来与发展》，德宏民族出版社 1994 年版，第 7 页。
④ 樊绰撰、向达校注《蛮书》，中华书局 1962 年版，第 96 页。
⑤ 中国大百科全书编辑部：《中国大百科全书·民族》，中国大百科全书出版社 1986 年版，第 500 页。
⑥ 尤中：《中国西南民族史》，云南人民出版社 1985 年版，第 250 页。
⑦ 马曜：《云南二十几个民族的源和流》，《云南社会科学》1981 年第 1 期。
⑧ 田晓岫《中华民族发展史》，华夏出版社 2001 年版，第 269 页。
⑨ 王叔武：《关于白族族源问题》，《历史研究》1957 年第 4 期。
⑩ 凌纯声：《唐代云南的乌蛮与白蛮考》，《人类学集刊》1938 年第 1 期。

民族情况的考证，得出了 7 点结论，其中认为乌蛮、白蛮为民族；乌蛮在曲靖以东，白蛮在曲靖以西；爨分为二：统治乌蛮者曰东爨，统治白蛮者曰西爨；爨中之乌蛮，乃羌之一种，由西北高原经越嶲入滇。其风俗文化，与白蛮完全不同；蒙氏为乌蛮，乃羌之一种，祖先在西昌，其后南入蒙化，又由蒙化入大理立南诏国。① 可见徐嘉瑞是把乌蛮、白蛮作为专门的民族来看待的，且在他心目中东爨乌蛮与洱海地区的乌蛮是一样的，都为羌之一种。这种看法与方国瑜的观点截然相反，方国瑜认为乌蛮、白蛮的记载在不同地区不能混为一谈，洱海地区"大体以张乐进求为盟主的部落区域称为白蛮，其余称乌蛮。所谓乌蛮，有昆明族、哀牢族和磨些族"；两爨区的"乌蛮、白蛮皆为彝族，是同一族系的部落，因区域不同而有不同的称谓"；嶲州地区的乌蛮和白蛮则以姓氏来划分，"据《新唐书》所载，一个部落中有数姓的很多，今彝族区域的所谓'家'，说明同一族系在同一区域不同的统治者，分别称为乌蛮、白蛮"。此外，"乌蛮、白蛮是普通称谓，不能认为是专门名称、族别名称"②。方国瑜指出：如果只说"乌蛮"是彝族，忘掉"西爨白蛮"，只说"白蛮"是白族，忘掉"六诏并乌蛮"，都是不符合历史发展情况而且是错误的。从历史发展来说，所谓西爨白蛮、东爨乌蛮，是滇东和滇东北的彝族；嶲州的乌蛮、白蛮是大渡河以南的西蕃（普米）族；但洱海地区的乌蛮、白蛮的记载都不是彝族。③ 朱文旭认为"唐时以乌蛮、白蛮称谓彝语支先民"；"乌蛮除黑彝外，包括纳西族、拉祜族、傈僳族、基诺族、哈尼族、怒族。白蛮除指今天的凉山彝族白彝、云南彝族白彝、贵州彝族白彝外，还包括白族、土家族"④。乌蛮和白蛮同是彝语支民族的祖先，只不过所处的社会发展水平不一样而已，乌蛮处于母系氏族社会阶段，而白蛮则处于父系氏族社会阶段。⑤ 可见，学者们对不同地方的乌蛮认识是有差异的，归纳起来主要有以下几种观点：①有的学者认为乌蛮即为今天的彝族，白蛮即今天的白族；②有的学者认为，乌蛮是专门的民族名称，不同地区的乌蛮是相同的；③有的学者认为，乌蛮不是专门的民族名称，不同地区的乌蛮是不一样的。

但是，学界对乌蛮整体的源与流却有着大致相同的认识，即：乌蛮源于古代氐羌，汉晋之后开始分化为叟、昆明等以后隶属于乌蛮的个体族群，至隋唐时形成了具有"类"属的局部整体的乌蛮族群，元之后逐渐分化成了汉藏语系藏缅语族彝语支的诸民族。把乌蛮的源与流放在"整体史观"中加以审视，可以发现，乌蛮源流的构建离不开"多元一统"的王朝国家格局和"多元一体"的现代民族国家格局。王文光指出，"多元一统"中的"多元"指中国历史上曾经有过但已经消亡的民族以及现在还存在的中国各民族，每一个民族就是一元，"一统"指"大一统"的国家，因此"多元一统"指多民族共同生存于一个"大一统"国家之中并且与"大一统"国家互为发展的前提和条件，是从民族发展与国家发展的互动关系着眼，强调的是民族与国家的关系。而"多元一体"概念是以中华民族为基点，着眼的是中国各民族之间的关系，强调的是中国各民族的个体与整体的关系。⑥ 从乌蛮的源与流来看，历史上的氐羌－叟、昆明－乌蛮，至彝语支各民族，他们经历了从"多元一统"格局下民族与国家的长期互动，这种互动关系至迟在秦汉之际就已存在，隋唐时期则日益频繁了起来，元明清达到了互动的鼎盛状态，也就是在这个互动的过程中，乌蛮族群得以不断地被构建，离开了与大历史的

---

① 徐嘉瑞：《大理古代文化史》，云南人民出版社 2005 年版，第 103 页。
② 方国瑜：《关于"乌蛮"、"白蛮"的解释》，载林超民编《方国瑜文集·第二辑》，云南教育出版社 2001 年版，第 36~37 页。
③ 方国瑜：《略论白族的形成》，载《云南白族的起源与形成论文集》，云南人民出版社 1957 年版，第 56 页。
④ 朱文旭：《从彝语支土家族族称看僰及乌白蛮源流问题》，《中央民族大学学报》（哲学社会科学版）1997 年第 3 期。
⑤ 朱文旭：《从彝语支土家族族称看僰及乌白蛮源流问题》，《中央民族大学学报》（哲学社会科学版）1997 年第 3 期。
⑥ 王文光：《"大一统"中国发展史与中国边疆民族发展的"多元一统"》，《中国边疆史地研究》2015 年第 4 期。

互动，乌蛮的构建不可能实现。近代之后直至当今，随着现代民族国家建设的推进，乌蛮的流则作为整体中华民族的重要组成部分构成了整个中国民族发展史中不可或缺的一环，乌蛮及其他族群共同为统一多民族中国的形成和发展做出了重要贡献。

六 余论

综上，乌蛮的基础性问题是考察乌蛮整体的基石，与王朝国家大历史紧密相连。整体观之，乌蛮称呼的最早出现，应该从历史发展具有延续性这一特点来考察，不能武断机械沿用；隋唐以后，乌蛮族称大量出现于史书记载，反映了西南族群的发展、变迁状况，也体现了隋唐王朝对西南民族认识的深入；乌蛮有尚黑、代表社会发展程度之含义，不同历史阶段，其含义多有衍生变化；乌蛮源于氐羌的理由从客观文化特征来看有充分的文献依据；不同地区的乌蛮，大体都分布在云、贵、川交界地带，没有超出西南范围，乌蛮是居住在山区、半山区，社会经济发展水平较低的同一类族群。乌蛮在不同历史阶段，其族称、含义之变化及发展变迁无不与相应的时代背景、人为构建紧密联系在一起而一一呼应，从王朝国家"多元一统""华夷之别"中的个体到个体弱化而后的局部整体再到当代民族国家"多元一体"中的重要组成部分，乌蛮的整体历史得以彰显。联系到与乌蛮有密切关系的白蛮，进而做出如下总结。

第一，乌蛮、白蛮的称谓是王朝国家话语体系下对西南边疆一些族群的通称，乌蛮是一种同类族群，白蛮是另一种同类族群。乌蛮与白蛮在《蛮书》《旧唐书》《新唐书》等史籍中反复出现，如果不同地区的乌蛮、白蛮有不同的解释，是不同的族群，那么撰写史书的人完全可以用不同的名称来表示，而不必屡用相同的词语。例如，可以把洱海地区的族群称为"乌蛮"和"白蛮"；滇东地区的族群称为"西爨蛮"和"东爨蛮"，不必加"乌""白"二字；西昌地区的族群称为"嶲州蛮"，这样就不会混淆了。之所以把这些地区的族群都称为"乌蛮"和"白蛮"，最合理的解释就是不同地区的乌蛮是同类族群，但不是一个民族，而是包含了许多同类民族；同样，不同地区的白蛮也是同类族群，也包含了许多同类民族。

第二，乌蛮、白蛮及其与今天民族之间的渊源关系，可通过由近及远"倒溯"而上，从现实民族的景象中重构消逝的族群景象。通过重构，我们发现，不能把乌蛮和白蛮简单地等同于今天的彝族和白族，古代族群和现代民族不是机械的一一对应，古代族群所处的历史背景决定了其不断被构建、分化和重构的历史局面，当今的民族既是古代族群的延续，又是新时代话语体系进一步构建的产物。事实上在洱海区域、滇东地区、西昌地区的乌蛮和白蛮，其源流是非常复杂的，如西昌地区的乌蛮即是今天彝族的先民，而这里的白蛮同样也是彝族的先民，此外，滇东地区和洱海地区的乌蛮和白蛮在不断地分化、融合过程中，也发展演变成了今天汉藏语系藏缅语族的许多民族，而不是形成了某个单一的民族。

第三，自唐以来，乌蛮、白蛮的记录不绝于史，至元明清，虽然乌蛮、白蛮称谓逐渐淡出历史舞台，但其集体记忆或以地方志的方式或以族群文化的延续残留在地方社会中长久保留了下来，这就说明乌蛮的历史不仅深深植根于王朝大历史中，区域与中央的关系也始终没有间断过。不同地区出现的乌蛮和白蛮，其分布区域主要集中于王朝国家的西南边疆，从整个中国版图来看，大体都分布在云、贵、川交界地带。虽然乌蛮和白蛮的分布地域比较分散，但都属于同一大区域，在史籍中我们并没有看到超出西南范围的关于乌蛮和白蛮的记载，因此，相对集中的分布状态表明，西南边疆的乌蛮应该是同类的，白蛮也应该是同类的。

第四，乌蛮和白蛮是王朝国家西南边疆处于不同自然地理环境下社会经济发展水平不同的族群。不同地区的乌蛮大都居住在山区、半山区，社会经济发展水平较低，生产生活方式相同，属同类族群；而不同地区的白蛮则主要居住在平坝区和城镇，社会经济发展水平较高，生产生活方式相同，也应属同类族群。

基于上述认识，我们认为：推进乌蛮研究，应该从整体入手，不仅要把乌蛮放入统一多民族国家的历史发展进程中加以考察，还应把乌蛮作为一个整体的同类族群加以研究，同时充分重视其基础性问题之间的相互关系，在利用好文献资料的同时，足够重视"无意"史料及民族学资料和考古学资料的运用，把现实和历史有机结合起来，只有两相对照，古今印证，才能更清楚地展现乌蛮发展的来龙去脉。

战争与乾隆朝两金川地区的人口变迁

——以清代档案文献为基础

王惠敏

摘 要 乾隆朝历时五年（1771~1776）的大小金川战争不仅摧毁了该地的土司统治，而且通过实施改土为屯，建立了全新的统治秩序，使两金川发生了巨大的社会政治变迁，即由化外"羁縻之地"转变成清王朝直接统治的"化内屯地"。同样值得注意的是，战争对两金川人口造成了巨大冲击。随着战争连年深入，两金川土司境内的青壮年男性土民的死亡数量不断加剧。战争后期饥荒和瘟疫肆虐等原因亦造成大量金川民众的死亡。两金川邻近土司配合清军进剿的"土兵"亦有不少伤亡。此外，战后清廷对投出和被俘金川民众的分别处置，以及迁入内地人民和杂谷屯练等措施，彻底改变了金川地区的族群构成。乾隆朝两金川地区因战争导致的人口变迁呈现出复杂的历史过程，并对两金川地区的族群重构、社会文化面貌的再塑均产生了持久而深远的历史影响。

关键词 乾隆朝；战争；金川；人口变迁

DOI：10.13835/b.eayn.26.06

乾隆朝历时五年的大小金川战争不仅摧毁了该地的土司统治，并通过改土为屯建立了全新的统治秩序，使两金川发生了巨大的社会政治变迁，将其由化外"羁縻之地"转变成清王朝直接统治的"化内屯地"，而且通过驻兵、内地移民、移入杂谷屯练和两金川幸存土民的共同努力，在连年战争中沦为废地的两金川地区的经济逐渐恢复和发展。毫无疑问，这是战争和战后重建带给两金川地区最显著的社会变迁。除此之外，战争和战后重建还给两金川地区带来了人口数量、族群构成、社会习俗和宗教文化等方面的巨大变迁。这些社会变迁既是两金川地方文化再塑造的外在表征，也是两金川地方文化发生变化的内在动力。

从更宽广的层面上讲，乾隆朝两金川的人口变迁是清廷发动的大小金川战争，以及战后清廷为确立新的社会秩序并一劳永逸地树立清王朝政治统治威权的产物。尽管战后清廷推行的加强对两金川人口、习俗、宗教各方面控制的措施，特别是宗教改造措施并没有全部达到清王朝最高统治者的初衷，但基本实现了将两金川地区纳入国家正统文化体系的目的。然而，对于战后依旧生活在这片土地上的

---

* 本文系 2016 年教育部人文社会科学研究青年基金项目"从化外到化内：乾隆朝金川地区的社会文化变迁"项目（16YJC770027）、中国博士后科学基金第 59 批面上资助一等资助项目（2016M590920）、中央高校基本科研业务费专项资金项目（立项号 16SZYB07）阶段成果。

** 王惠敏，陕西师范大学中国西部边疆研究院，讲师，研究方向为清代边疆社会史。

两金川土民而言，战争和战后重建引起的人口变迁给他们带来的心理冲击不容小觑。换言之，只有勇于正视乾隆朝金川战争引起的人口变迁及其深远历史影响，才能更好地促进今日大小金川所在地区各民族的和谐发展。

一 第二次金川战争期间土民的死亡概况及原因

在谈及第二次金川战争造成的金川人口伤亡之前，笔者想简要交代的是，虽然第一次金川战争以历时两年之久（1747~1749年）、清军几乎无尺寸之功草草收场，但此战期间亦有金川土民伤亡，并且，在第一次金川战争期间，乾隆皇帝为了找到攻碉制胜之法，命前线将领将金川投降民众押解到北京香山一带安置，组建了"番子营"[①]。这可以视为金川地区人口变迁的肇始。

长达五年之久的大小金川战争，不仅给清军造成巨大伤亡，也给两金川土司地区带来触目惊心的死亡。据庄吉发先生指出，两金川土司地区大概有三万户[②]的民众，约有七八万人死亡。刚平定大金川不久，阿桂奏称"（两金川）节次投出番人二万有零"[③]。可以想见这场战争对当地造成的人口创伤之重。土民，特别是大金川土民尤其彪悍善战，使清军进剿过程中伤亡颇重，因而清军在攻打过程中对出兵土民实施尽数杀戮的政策，以割下的头颅、耳朵等作为官兵计算战功的重要证物。[④] 另庄吉发在《清高宗十全武功研究》中指出："木果木失事时，阿桂下令屠戮小金川降番，高宗亦谕令阿桂剿平大金川时，所有抗拒番兵，必当尽杀无赦，即十六岁以上男番均当丢弃河中淹毙，是官兵前后所诛番民不下二万人。"[⑤] 从笔者爬梳的大量相关《军机处录副奏折》来看，这个数据当是可信的，至少不太浮夸。由是似可推断，战死的土民约二万人，而受战争影响或病死，或饿死，或被土司处死的土民当有三四万之众。一些学者认为清军滥杀是两金川人口锐减的直接原因，以及认为战后幸存土民不及战前十分之一的提法[⑥]与历史事实不符。

战争是一把双刃剑，既不应避讳清军在连年战争中杀死的土民人数多达二万之众（包含战争后期将出降的精壮男性土民和大小头人处死），也要承认被土民杀死或杀伤的清军人数更多的事实。也就是说，清军并未杀降（大金川土司索诺木家族、小金川老土司泽旺家族和部分著名大头人除外），而是积极安置主动投出"番民"，使之各安其命。

二 清廷对不同身份的"投出番人"的区别处置及后果

与政治和经济变迁相比，乾隆朝第二次金川战争期间，两金川土司地区土民人口的变化发生得更早。一方面，战争爆发就意味着为拼死抗击清军的土民不得不面对伤亡；另一方面，清军进剿大金川期间许多寨子里爆发人畜瘟疫，以及粮食极度匮乏亦导致大量土民死亡，加上大金川土司索诺木为防

[①] 至今仍可以在北京香山看到由"金川番子"（档案文献中如此记录，在此引用并无贬义）就地取材修建的供清军云梯兵训练的土碉楼。关于押解至香山的"金川番人"的情况，参见陈庆英《北京香山藏族人的传闻及史籍记载》，《中国藏学》1990年第4期。

[②] 庄吉发：《清高宗十全武功研究》，中华书局1987年版，第111页。

[③] 《清高宗实录》卷1004，乾隆四十一年三月乙亥。

[④] 这种实例在《军机处录副奏折》，民族类，缩微胶卷号589至591中比比皆是。

[⑤] 庄吉发：《清高宗十全武功研究》，中华书局1987年版，第172页。

[⑥] 李涛、李兴友编《嘉绒藏族研究资料丛编》，四川藏学研究所1995年印，第244页。

止土民投降，不断将疑似打算出逃的男性土民丢入河中处死，亦增加了土民的死亡人数。除此之外，乾隆皇帝为了消除后患，斩断两金川土司和头人的根子，下令将大金川土司索诺木及家属，小金川老土司泽旺，以及两金川大小头人及其眷属、苯教和红教大喇嘛解京处置。战争后期阿桂等将战争中前期陆续投出的土民先迁出两金川分给周边土司，战后在分赏给随征土司一些土民后，又在改土为屯时撤回近两千户。几经折腾，两金川战后幸存人口各自走向不同的命运归途。

（一）早期投出土民暂被分给十二土司及大小头人暂被留营看守

对两金川早期投降的土民（含大小头人），乾隆皇帝虽不信任，但并不主张杀降，亦不主张尽数分给各土司。乾隆皇帝在给阿桂的上谕中特别强调道："至节次投出促浸、赞拉各番虽无抗拒者，□□究系饥饿迫身始行归附，不得谓之早明顺逆。虽□其既已投出，自不便杀降，但此等恶番，留于番境恐仍贻后患，将来自当另筹安插，俾不能复持险滋事，方可一了百了。俟功成后，各路将军、参赞遇有投出番人，切不可复行分赏诸土司。一俟大功告成，阿桂等即将前后投出番人共有若干，内除实在随营出力打仗外，其余分赏各土司若干，未经分赏仅在各处安插者若干，详细查明具奏。"① 不过，早在攻克大金川土司噶喇依官寨前，阿桂为避免出降土民空耗军粮且聚集军营难保不滋事，不得不暂时提出"土民分别赏给金川周边各土司""大小头人留营看守"的权宜之策。其他各路亦如此。

乾隆四十年（1775）十二月二十五日，阿桂据实奏称："俟至军事全竣请旨后再为查办则时日有稽，将重价运到之军粮给伊口食，实为不值，而睹其枵腹则屯聚多人，更不免于滋事，且若留如此多人即应多兵防范，所有现在应撤官兵亦不能及早全撤，糜费更多。奴才等此时办理投出番中，其大小头人等留在大营均有特备弁兵看守，俟事竣分别办理。至于番中隐其稍有可□可恶情节者亦不及逐一详悉闻，现即随时正法，断不肯稍存姑息。第思目下投出番人虽众，而北番已属无多，分别安插于绰斯甲布、革布什咱、梭磨、卓克采、从噶克、丹坝、明正、木坪、布拉克底、巴旺、鄂克什、瓦寺十二土司地方。其各土司又分安于各寨，各有头人为之管束，势散力孤，实无可虑其生事。况将番人安插土司均有册档可稽，将来即有另办之处，亦无难于查出。"② 也就是说，阿桂等为专心攻平定大金川，暂时将节次投出两金川的土民安插在绰斯甲、鄂克什等十二土司地方，并建立册籍记录安插数目，以便日后另行办理时有据可查，将投出的大小头人留营看守，待平定大金川后再另外办理。乾隆四十一年（1776）正月十一日，阿桂称再过三四日，投降土民分发各土司一事便可告竣。③ 乾隆四十一年（1776）正月十七日，阿桂奏称丰升额所在的北路投出男妇老幼统计有六千余人，分发各土司事宜均已完竣。④

因此，必须承认，在战争中前期，清军执行的是对在前线打仗的土民和头人尽力追杀，但对投降的土民和主动带领寨民出降的头人采取的是不杀政策。这也是为什么在战争期间真正被杀戮的土民（含带兵打仗头人）约两万人，节次投出未被杀的土民（含主动出降头人）也有二万余人的原因所在。

---

① 中国第一历史档案馆：《军机处录副奏折》，民族类，缩微胶卷号591，档号7994-1，题名：阿桂丰升额明亮覆奏办理降番等由，具奏日期：乾隆四十年十二月二十五日。
② 中国第一历史档案馆：《军机处录副奏折》，民族类，缩微胶卷号591，档号7994-1，题名：阿桂丰升额明亮覆奏办理降番等由，具奏日期：乾隆四十年十二月二十五日。
③ 中国第一历史档案馆：《军机处录副奏折》，民族类，缩微胶卷号591，档号7994-3，题名：阿桂等奏投出番人清查分交各土司由，具奏日期：乾隆四十一年（1776）正月初六日。
④ 中国第一历史档案馆：《军机处录副奏折》，民族类，缩微胶卷号591，档号7994-5，题名：阿桂丰升额奏西路投番分发各土司完竣，具奏日期：乾隆四十一年正月十七日。

（二）被诛戮（部分解京）的战争后期投出精壮男丁和头人

前面提到，木果木事变引起乾隆皇帝和前线将领对小金川土民降而复叛的极大愤恨，为此阿桂等命令官兵进行了杀死小金川不少已降土民的报复行为。除此之外，战争后期清军亦有杀降行为，对于快要攻克噶喇依官寨才出降和最后随土司索诺木从噶喇官寨投出的两金川人，即除了老弱妇幼外，精壮男丁和部分头人一律诛戮，土司索诺木及部分头人一律解京监禁待审。

乾隆四十年（1775）后投出的土民，即所谓"后（投）出番人"，清廷采取了更严厉的处置措施。乾隆四十一年（1776）正月十一日，阿桂等奏称："自攻过则朗噶克以后投番人数更多，是以赶紧清查分交各土司头人克日带领土兵押往（乾隆皇帝在此处朱批：此办甚是），并严切密谕以此等后出番人到时除老幼妇女外，精壮男番人数本属无多，俱应诛戮（乾隆皇帝在此处朱批：好）。本将军等仍陆续遣人前往查验首级，不可稍有轻纵。而近日在营陆续正法者亦复不少。此三四日内该投番即可分发完竣，不至更有意外。"① 对这些后投出的土民，乾隆皇帝和前线将领认为他们更加可恶，如果不是因为没有生路，坚持不下去，他们是不会投出的，其投降非出自真心情愿，因而不愿像对待早先投出土民那样一律不杀（甚至将其中的精壮土民挑用做补充兵员，令其与清军一起参加后续战争），而是对这些后投降的精壮男性土民一律格杀勿论，以防万一。②

不仅如此，对大小金川战争末期投降的大小头人，清廷亦采取了更为严厉的处置措施，不再同之前那样留营看守，而是或作为献俘之人解京（战后迅速执行），或被处死（就地执行）。乾隆四十一年（1776）正月十七日，阿桂、丰升额奏："查出兵进剿以来，促浸头人被歼者甚众。今陆续出降者，除寨首不过队长、甲长之类可以毋庸□办理外，其大小头人奴才等已逐一查讯，如山塌尔萨木丹等应行解俘献者，当随索诺木等槛送京师，其余俱应同其眷口解京分别安插。奴才等俟红旗驰递后即一面办理一面奏闻。至尚在噶喇依官寨之大小头人不但至今仍死力拒守，伤我官兵，为王法做不宥，且把持土司，惟恐其投出，则罪皆□于伊等，其情更可深恨，自应不令一人饶生。剋日攻破，除应行献俘解京献俘，余俱于该处骈诛戮，其家口一并解京。是以两旬以来贼番皆予正法已有九十余人……大兵来围噶喇依先已偕众款服及曾经出力者，自当仰体圣慈分安于两金川地方酌量给与田地，以资耕种。"③

清军攻克噶喇依官寨时，随大金川土司索诺木一同出来的两千余人伤亡情况也颇为惨烈，除了因清军炮轰噶喇依而受重伤死亡者之外，精壮男性土民和大小头人都被杀，头人家属解京，其余分赏给各土司。乾隆四十一年（1796）二月二十三日，阿桂等奏称："查大兵克获噶喇依贼巢所有投出男女二千余人，其中男番有受伤深重自殆于道者，有官兵愤恨射死并丢河者已不下百余人，而精壮男番百余名又俱歼戮。除大小头人家属解京外，其余分赏各土司者即在此一万三千余名之内。再自攻获则朗噶克以后节次所戮番人亦有一百数十名，合以前项所戮男番共计诛殛者有三百余人合并呈明。"④ 从这份奏折可以看出，虽然阿桂等将领在战争后期对投出的精壮男丁和部分头人实施了诛戮政策，但数量

---

① 中国第一历史档案馆：《军机处录副奏折》，民族类，缩微胶卷号 591，档号 7994-3，题名：阿桂等奏投出番人清查分交各土司由，具奏日期：乾隆四十一年正月初六日。
② 中国第一历史档案馆：《军机处录副奏折》，民族类，缩微胶卷号 591，档号 7994-5，题名：阿桂丰升额奏西路投番分发各土司完竣，具奏日期：乾隆四十一年正月十七日。
③ 中国第一历史档案馆：《军机处录副奏折》，民族类，缩微胶卷号 591，档号 7994-6，题名：阿桂丰升额奏促浸大小头人分别俘获及于该处正法等由，具奏日期：乾隆四十一年正月十七日。
④ 中国第一历史档案馆：《军机处录副奏折》，民族类，缩微胶卷号 591，档号 7994-11，题名：奏攻获则朗噶克后节次诛戮男番人数，具奏日期：乾隆四十一年二月二十三日。

并非太大。须指出的是,清廷在战争最后阶段杀降之举的确残忍,但亦不可因此随意夸大清军在两金川战争期间的杀降人数。

(三) 索诺木及两金川大小头人等被分起解京

战争带给乾隆朝两金川地区的人口变迁,不仅表现在直接死于战争的土民人数多达两万人,以及间接死于战争(战争引起的持久饥荒、人畜瘟疫、土司残忍处死不少有外逃嫌疑的土民)的亦不下两万名,还表现在战争末期和战后幸存人口的迁出和迁入上。

战争期间,就有一些两金川著名头目被押解京师监禁待审,譬如从小金川底木达官寨出降的老土司泽旺,就地解京,还有小金川大头人七图安堵尔、蒙固阿什咱阿拉等也早先解京监禁。清军彻底平定大金川后,阿桂等立即遵旨将两金川投出大小头人以及苯教和红教喇嘛押解京师监禁待审。有关押解大小金川头人及其眷属、喇嘛、跳锅庄儿童等分起赴京的详细情况见表1。

表1 乾隆四十一年解京大小金川头人、家眷以及喇嘛等人情况

解送时间	解送官员、解京大小头人及眷属、喇嘛、跳锅庄儿童等情况	史料出处
二月初六日	福康安解送大金川土司索诺木、莎罗奔冈达克、莎罗奔索诺木朋楚克、沙罗奔甲尔瓦讹杂尔,大头人丹巴讹杂尔、阿木鲁绰窝斯甲、尼玛噶喇巴克、山塌尔萨木丹、达失阿苦鲁,押解时随带散番八名;其在成都监禁之革布什咱土舍雍中瓦尔结并僧格桑首级均令押带进京,共计二十名口	《军机处录副奏折》,民族类,缩微胶卷号591,档号7994-8,题名:解贼酋目等人数清单,具奏日期:乾隆四十一年二月二十五日
二月初七日	德赫布等解送索诺木之母阿仓、姑阿青、妻巴底土女得尔日章、妹得什安木楚、弟斯丹巴、子克窝拉枉甲木楚、女阿桑、姊僧格桑之妻得日尔章、聂垄喇嘛雍中泽康以上九名随带跟役十五名,共计二十四名口	
二月初八日	珠尔格德等解送布笼普阿纳木及其家口九名,布笼普占巴、布笼普温布尔甲及家口六名,达失色格桑、达失温布策吅及其家口十二名,达尔什桑卡尔及其家口三名,沙巴租普及其家口七名,雅玛朋阿苦鲁及其家口一名,共四十六名口	
备注: 二十日奉旨: 现四川军营解来献俘逆犯甚多,恐刑部不敷监禁,著在步军统领衙门、慎刑司处分行监禁;二十五日奉旨: 得乌木鲁克,木塔尔之妻妹,非逆贼本身可比,罪不过分赏功臣为奴,尚不必解赴行在,解送京城刑部交大学士舒暂行监禁		
二月初十日	副都统阿尔都解送阿布穆里撒思及家口九名、喀什巴拉尔结及家口九名、甲札尔结及家口四名、索诺木尔结及家口二名、拉布咱僧格及家口六名,共计三十五名口	
二月十一日	云麾使格勒尔德等解送克布及家口四名、霍尔斯甲及家口四名、格什纳木喀尔结及家口一名、丹巴讹杂尔(已解京)家口六名、阿木鲁绰窝斯甲(已解京)家口九名、尼玛噶喇克巴(已解京)家口三名、山塌尔萨木丹(已解京)家口七名,共计三十七名口	《军机处录副奏折》,民族类,缩微胶卷号591,档号7994-8,题名:续解贼目等人数清单,具奏日期:乾隆四十一年二月十四日
二月十二日	侍卫章霭等解送那木卡伊舍斯及家口四名、纳木底那尔结及家口二名、格洛朋甲尔及家口一名、拉布那木尔结及家口二名、阿布颇鲁及家口一名、雍中瓦尔结(已解京)及家口四名、蒙固阿什阿咱拉(已解京)家口五名、那木古阿申(已经殀戮)家口六名、当噶拉阿纳木(已经殀戮)家口九名、拉布咱甲木参革什(已经殀戮)家口九名,共计四十八名口	
二月十三日	侍卫乌尔图纳逊等解送车斯局斯达拉及家口四名、勒歪斯策克勒木及家口五名、格布尔章阿彬及家口五名、阿布策旺及家口八名、穆林奔木尔甲及家口三名、丹札布生格及家口十名,共计四十一名口	
二月十四日	侍卫哈青阿解送七图阿申及家口三名、七图甲噶尔思布甲及家口二名,共计七名口	
二月十五日	阿桂等奉旨拣选送京番童郎卡尔结等四十名,派令候补副将乌林东等于(二月)十五日起程先行送赴成都,由四川总督文绶等待番童到省后一律换衣帽,并询明通事将锅庄应用衣物预为备办齐,然后再行解京。呈奏日期: 乾隆四十一年二月二十三日	《军机处录副奏折》,民族类,缩微胶卷号591,档号7994-11

从表1可知,连同大金川土司索诺木,一共押解了八起头人及其眷属(含跟役)共计258名口赴

京，另有一起解送跳锅庄儿童 40 名赴京，外加一名苯教大喇嘛。据四川总督文绶奏报："查将军阿桂□□大员及侍卫等押解献俘及贼目家口等，番犯共分八起现俱陆续到省当即逐一料理，自有应付。初六至二月二十八日止，业已解送完竣，均经前饬沿途文武要速护送。自西藏解送促浸僧拉喇嘛共三起。第一、二起先已由省解京。第三起喇嘛十五名，因索诺木及家属头人等接续到省不便同解，是以暂留成都，另为安置。今解京各番犯已经解竣，可将前项喇嘛十五名饬于三月初一日起解。又军营解来演跳锅庄之服色量多制备，应时衣服仍照将军阿桂来咨，俟凯旋各官兵过竣后送京。"① 根据文绶奏折可知，除了八起土司、头人及各自家眷尽数解京外，栋选送京跳锅庄的四十名"番童"则要待官兵全部撤出（留驻除外）后才送京，此外还有三起两金川的喇嘛解京，其中第三起有十五名。乾隆四十一年（1776）三月二十八日，文绶又奏称，先暂解成都监禁的大小金川各寺喇嘛六十七名，待大兵全部撤出后再分两起解京。②

这些解京的头人及其家眷当中有不少不适应赴京沿途的气候和水土，不少人在途中病故。例如，"乌尔图纳逊所押一起内有头人阿布策妄不服水土，沿途染患痢疾，行至陕西凤翔县第五林地方病故"③；"头人卡什巴拉尔结并卡什巴拉尔结之媳、卡什巴蓝木本之妻阿东二名口俱在途患病，阿东先行十八日亥刻行至毕县隘口镇病故。卡什巴拉尔结于十九日卯刻在毕县侯马站病故"，均"备棺殓埋"④ 实际在途中病故人数远不止这些人，在此就不一一列举。

即使顺利押解至京收监，亦有不少人患病或死亡。据舒赫德奏："三月二十九日巳刻，珠尔格德押解番犯男妇大小六十五名到京，三十日辰刻，阿尔都解到三十四名到京。除遵旨将达什那木甲交珠尔格德，将喀什巴兰木本交阿尔都酌带，原解之护军前锋兵部照例派弁兵解赴行在。其余解到人犯谨遵旨分交刑部提督衙门慎刑司三处看管……再索诺木之小女阿桑及阿仓跟役一名、达什色格桑之家口三名、达尔什桑卡尔之家人一名、布笼普阿那木之家人一名、喀什巴拉尔结一名、喀什巴拉兰木本之妻一名、索诺木尔结之家人一名，共九名俱在途病故。现在刑部之跟役女番二名，收禁提督衙门达失色格桑之家口三名，收禁慎刑司之布笼普温布甲尔瓦、雅玛朋阿苦鲁及布笼普佔巴之母苏尔三名，共八名现俱患病，传唤医生诊视。"⑤ 又如布笼普作巴之子三札，年三岁，本来经奏明永远监禁在案，但奈何太年幼根本经不起监禁之苦，于乾隆四十一年（1776）八月十二日在监病故。⑥

及至乾隆四十一年（1776）四月初七日，舒赫德、英廉奏："查军营解送番犯陆续到京，臣等六次接收共二百四十二名，除节次解赴行在七名并在监病故二名外，现在分别收禁兵部十二名，刑部六十六名，提督衙门九十八名，慎刑司五十六名，共二百三十三名……再查各番犯家口跟役内，间有多余缺少之处。"⑦

---

① 中国第一历史档案馆：《军机处录副奏折》，民族类，缩微胶卷号 591，档号 7994-14，题名：文绶奏西路番犯解竣现饬续解喇嘛并番童到省日期，具奏日期：乾隆四十一年三月初一日。
② 中国第一历史档案馆：《军机处录副奏折》，民族类，缩微胶卷号 591，档号 7994-46，题名：文绶奏酌办解京番犯家口及各项喇嘛缘由。
③ 中国第一历史档案馆：《军机处录副奏折》，民族类，缩微胶卷号 591，档号 7994-15，题名：毕沅奏八起番犯全行过省日期，具奏日期：乾隆四十一年三月十七日。
④ 中国第一历史档案馆：《军机处录副奏折》，民族类，缩微胶卷号 591，档号 7994-16，题名：咨呈，具奏日期：乾隆四十一年三月二十三日。
⑤ 中国第一历史档案馆：《军机处录副奏折》，民族类，缩微胶卷号 591，档号 7994-23，题名：解到番犯看管情形。
⑥ 中国第一历史档案馆：《军机处录副奏折》，民族类，缩微胶卷号 591，档号 7994-64，题名：刑部为知会事，具奏日期：乾隆四十一年八月十二日。
⑦ 中国第一历史档案馆：《军机处录副奏折》，民族类，缩微胶卷号 591，档号 7994-39，题名：舒赫德英廉谨奏六次接收解京番犯二百四十二名，具奏日期：乾隆四十一年四月初七日。

（四）不被信任的小金川大头人、土民的处置情况

除了乾隆四十一年（1776）二月被分为八起解京的头人及其家眷外，还有一些虽早先投出但不被信任的小金川大头人亦被解京。乾隆四十一年四月初七日，阿桂、丰升额奏称："窃查大兵已临贼巢各路投出两金川头人业经全数解京，惟存在前西路投出之没利阿什咱、阿噶尔结、没没阿什咱，南路投出之甘布拉阿思达等四名，均系小金川大头人。此内没利阿什咱、阿噶尔结二名从前木果木案内有罪之人，惟该番自投出之后均在前敌随同官兵打仗，虽无格外出力之处，似尚可以赎其前愆，但此等头人究系不便留于边境，而阿什咱俱系土舍苗裔，尤应送京安插。至于甘布拉阿思达亦系小金川阿什咱，自未可令其散处，二没没阿什咱出来后亦未用其打仗，此四人家属同南路解省之各头人家属，及各路已解在省之班第、沙弥均应分起解京。奴才等现已派出侍卫铁保、达兰泰、参将常格、游击温有哲、官福、前锋校和隆武等六员交与文绶，俟凯旋各官兵过竣即将各路头人家口、班第、沙弥逐一点明，酌分起数令该员等押解。"① 此奏折表明除了要将这四名小金川大头人解京外，他们的家属也要同未受戒喇嘛（班第）、沙弥登分起解京。

还有一部分虽是主动投出，但不被信任的土民，或解京分赏为奴，或分给周边土司，俱按情况分别办理。乾隆四十一年（1776）三月二十四日，据阿桂奏："查自大兵进剿两金川以来，所有自行投出及被拘留之番众，其在成都暂时安插收禁者共有数囗。今大功已竣，俱应按其情节分别办理。查金川番人彤锡尔乾隆三十七年三月内带伊妻投在西路军营，蒙赏蓝翎顶戴，俟因其不能得力遣回成都，迄今四载，该番虽亦非善类，且未打仗出力，但首先投出之人，且业经赏有翎顶自应将伊送至京城会与杨素等一同居住。再有金川番人普拉扣尔吉、木尔吉、武尔甲思满等男妇五名，系三十七年从丹坝投出，又金川番民中札尔甲一名系四十年从西路投出，均送省城羁管。今查普拉等既属投出在前，而甲札尔甲投出后家口俱被逆酋所害，应交与明亮、桂林等酌量分在两金川地方令其屯垦。又三十七年小金川贼酋番人往南路投番，经奴才阿桂将萨尔吉等解送京城外，其余送省城监禁。今病毙之余尚存安结尔、撒尔两名。该番系为贼人递禀拘留，与投出者有间，自应解京分赏。再四十年七月内北路官兵由石真噶进攻，投出金川番众十七名，当经解赴省城，除病毙八名外，尚存阿喀等九名。该番等系因官兵四面围住不能逃脱始行投出，未便仍留本地，亦应解送京城分赏。又金川番妇萨木一名，于三十八年七月内同番人楞占从丹坝投出，其楞占当时业已遵旨解京，萨木尚留成都羁禁，自应一并解送京城。至金川番人噶达尔甲于三十八年只身投出，应发交附近内地之瓦寺土司令其收管。又金川番人丹札囗得三十八年与鄂克什番人班达尔甲、番妇玛雅、阿甲一同逃出，除番妇二名已病故外，自应赏给鄂克什土司，令其安插。所有应解京及应给土司安插两金川各番，分别办理。"②

此外，乾隆四十一年（1776）四五月又有五起原来监禁在成都的土民（含头人及其家属）及其家属解京监禁，共计202名口，除去病故人数，实际解到要少一些，以目前掌握的档案史料，只能确定刑部实际收禁才148人。详细情况见以下清单和列表：

---

① 中国第一历史档案馆：《军机处录副奏折》，民族类，缩微胶卷号591，档号7994-27，题名：阿桂丰升额奏押解小金川头人家属等由，具奏日期：乾隆四十一年三月二十四日。
② 中国第一历史档案馆：《军机处录副奏折》，民族类，缩微胶卷号591，档号7994-29，题名：阿桂等奏应解京给土司安插各番分别办理，具奏日期：乾隆四十一年三月二十四日。

五起川省羁禁"番犯"① 解京原始人数清单

第一起

各路军营节年投出拘留解省羁禁安插奏明解京各番十三名

准将军阿桂等咨解促浸降番之家口共二十七名

克舟九寨头人温布桑尔结之家口八名

打日尔寨头人额苦鲁之家口四名

白拉寨头人喀什巴阿密纳木尔结之家口三名

者部拉麻寨头人那木甲尔朋之家口三名

噶逐寨头人阿他尔斯丹巴之家口三名

克舟白拉古寨头人僧根之家口二名

促浸巴加寨头人拉尔结之家口四名

以上番犯之家口四十一名交头等侍卫铁保带健锐营副前锋多隆武管解

第二起

准将军阿桂等咨解促浸降番之家口共四十一名

头人温布林沁及家口一名

头人雅尔观塌巴斯甲及家口三名

头人绰窝及家口三名

头人布尔瓦板登尔甲及家口三名

头人沙班歪

头人麻衣纳蚌

头人奔木甲尔租普

头人达拉尔斯纳尼

头人格根邦及家口五名

头人申果任情及家口六名

头人窝尔坚及家口三名

已解头人阿咱拉之家口五名

已解头人木里蒙甲之家口一名

第三起

准副将军明亮咨解擒获促浸头人绒布僧格等及散番共十八名到省收禁，除瘐毙外，现存十一名

据打箭炉同知张依仁申报奉参赞宫德饬发解省新降头人及散番六十一名，分两起解省

头起二十九名内头人六名撒尔结、得日桑、阿太丁巴、朗结、得日邦、曲部，散番二十三名

打箭炉同知解省促浸头人虎儿之家属五名

以上头人散番家口共四十五名　派云南镇雄营参将常格管解

第四起

据打箭炉同知张依仁奉成都将军明亮等饬发解省偿拉降番噶木鲁阿思达之家口九名

据打箭炉同知张依仁奉饬发新降头人散番六十一名内分为两起第二起三十二名

---

① "番犯"，系原始档案用词，此清单只是遵从原始史料搬用，特此申明笔者并无族群歧视之意。

头人桑尔结、藏布肯朋、鲁哈尔结　散番二十四名

头人郎卡尔结　散番四名

以上头人散番家口共四十一名，派山东武定营游击官福管解

第五起

据楸底站员张克明禀将军阿桂，委守备哈得功解交省城头人家口共四十一名内

头人阿思达，家口十一名

头人阿噶尔吉，家口八名

头人木里阿什咱，家口十三名

头人木木阿思达，家口五名，

以上头人四名并家眷四十一名派山东寿张游击温有哲管解

据该清单统计，以上五起，从成都起解人数共209人。因为每起都有沿途病故之人，实际押解到京人数要少一些。对此，可以从刑部实收监禁情况管窥一二，具体见表2。

表2　乾隆四十一年（1776）分五起解京两金川土民（数名头人）情况

解到日期	节年投出番众及家口分作五起解京情况	史料出处
四月初三	刑部收到乾清门二等侍卫武尔图那逊，三等侍卫阿拉木保解到番内现今司内尚监禁阿布策旺之家口九名：阿布策旺之妻拉木，妾那木，弟散巴楞柱，子绰窝斯，子塞那木，子绰尔加（五月十九日出痘疹身故），女格尔玛，女阿青，家人女子加噶尔，家人女子加满。	
五月初十	刑部收到川督派云南镇雄营参将常格，协同蓝翎鄂七儿解到番犯三十二名内，在途病故一名，司内病故一名，现监禁三十名：头人五名：拉尔结，达尔日桑、阿塔尔斯丹巴、喀什巴阿密纳木尔解、赤布；散番二十二名：甲木错、朗吉、都尔金邦、达太、赫尔朋、那木、甲尔朋、僧根、哈尔合、泽旺、札什结、珍巴、札什吉（途中病故）、泽成、甲太、生梗、濁交、达果、六结、擢窝、古别、卡吞邦（于五月十二日病故）；头人穹鲁虎儿之家属五名：妻章木，子排鲁，女肯错，女雍中交，女阿却。	《军机处录副奏折》，民族类，缩微胶卷号591，档号7994-58，题名：咨报节年投出番众及家口分作五起解京，具奏日期：乾隆四十一年五月十一日。
五月十一	刑部收到川督派山东武定应游击官福解到番犯四十四名内在途病故二名，现在监禁人犯四十二名：头人四名：温布桑尔结（能写番字）、藏布肯朋（在途病故）、青鲁哈尔结、朗卡尔结（能刻番字）；散番三十一名：阿子拉（在途病故）、绰窝斯甲、甲噶、色木尼尔瓦、布里兴、雍中、斯达塔尔、寒本、邦结、肯朋、多尔布、达拉、朗、积太、卓交、拉结、生根、甲噶、车唯、哈土邦、邦、登平、江邦、泽成、生格、哈尔结（能筑碉又能作银匠）、桑卡、塔布（能作木匠），生格（能画佛像，是个班第）、炎丹（能刻番字，是个班第）；噶木鲁阿思达之家口九名：妻阿札木，小妻生格尔招，子阿申，女安布鲁，女阿乃，女安堵，侄雍中，家人阿木错，家人女子噶尔喜。	
五月初九	头等侍卫铁保将第一起人犯解送到刑部。查原咨内开第一起人犯四十一名，除在川病故二名口，又在途病故二名口，实解到人犯三十七名口	《军机处录副奏折》，民族类，缩微胶卷号591，档号7994-59，题名：咨报节年投出番众及家口分作五起解京，具奏日期：乾隆四十一年五月十一日。
五月十四	本年五月十四日准押解川省第五起番犯，派委押解促浸番目四名，番犯二十七名进京，内有番妇一名安都尔病故，四十一岁，殓理。实际解到三十名口。	《军机处录副奏折》，民族类，缩微胶卷号591，档号7994-63，题名：咨报节年投出番众及家口分作五起解京，具奏日期：乾隆四十一年五月十一日。

注：表中解到人数并非全部五起解京土民人数，只是刑部收禁的人数。

刑部还收禁了早在乾隆三十七年（1772）十二月就已解赴成都收监的小金川头人萨尔甲（代替老土司泽旺投禀文），随同泽旺投降的格宗、泽旺的伴当达邦，以及乾隆三十八年先后解到成都监禁的小金川人亦勒、昂拜（小头目）、伦真（替小金川土司管理杂事）、楞占木、大金川人班达斯甲布等人；乾隆三十八年（1773）五月解赴成都监禁的小金川著名头人虎儿之弟安叭喇，由内务府收管。①

从清单和表2可以看到，起解的许多土民都是两金川某某头人家口。那么，这些头人哪里去了呢？详见表3《刑部收禁原解赴成都监禁的大金川大小头人》。

表3 刑部收禁原解赴成都监禁的大金川大小头人

监禁头人	刑部收禁原在成都监禁两金川大小头人情况	史料来源
在成都监禁之大金川大小头人（二十四名）	大头人四名：温布桑尔结、额苦鲁、达尔日桑、喀什巴阿密纳木尔结	《军机处录副奏折》，民族类，缩微胶卷号591，档号7994-67，题名：解赴成都监禁促浸大小头人清单（惠案：清单紧跟常远见奏折后，无具奏日期，故录副亦无）
	小头人二十名：阿子拉、绰窝斯甲、都尔金邦、阿呼朋、生根、寒本、赤布、什云都尔、都尔金邦、思达塔尔、雍中、色木呢尔瓦、喀什巴阿密甲噶尔、塔布、阿歪达塔尔、赫尔崩、那木甲尔朋、阿塔尔思丹巴、甲木错、（雍）仲拉尔结	
	以上促浸大小头人二十四名内，有小头人拉尔结一名因都瓦尔普鲁复叛该番当即送信，我兵带领降番等围困碉寨将都瓦尔普鲁全家尽行烧死。	

（五）解京"番犯"和分给各土司暂管的土民最终处置情况

前面分别讲述了从土司、头人及其家眷、喇嘛、班第、沙弥、一般土民等各色解京人员的大致情况，那么清廷最终是如何分别处置的呢？据有关《军机处录副奏折》记载："臣等遵查解京逆酋逆目除已经凌迟正法外，其应献俘并应正法之犯谨开单贴黄签进呈。所有各犯家口臣等核其情罪较重者拟赏给索伦兵丁为奴，其次拟赏给功臣家为奴。再查要犯如山塌尔萨木丹家口九名，原单内未经分析妻子其跟役等字样，此内如有年已及岁之子应请正法，年未及岁者请永远监禁。应交舒赫德等查明各犯家口将妻子跟役分别注明，再行奏闻办理。又查各番内有大兵到时自行投出及原单内未经注明守卡打仗者六名，并无事绩者五名，另开一单呈览。"② 这份录副奏折告诉我们清廷处置这些解京监禁的"番犯"大致的处决原则：其一，大金川土司索诺木和其他被认定为极大作恶的大头人或已经凌迟处死，或待献俘仪式后再正法；其二，关于解京眷口，被认定情罪较重之土目或土民的家属将赏给索伦兵为奴，被认定情罪次之者的家属赏给功臣家为奴；其三，凡是要犯之男性后代已经成年者全部正法，未成年则终身监禁。可以想见，押解进京的各色"番犯"中，基本上只有发配为奴者可以保留性命。解京两金川的苯教喇嘛（亦含少数红教喇嘛）、班第、沙弥等，除了被认定协同两金川土司作恶的著名大喇嘛外，其余都被发配到数地寺庙监管。

前述分战争快要结束前阿桂等分给绰斯甲、鄂克什等十二土司暂管的近两万土民，在战后又进行了重新处置。一部分赏给随征土司作为补偿（随征土司派出精壮土民伤亡亦不少）。阿桂专门向乾隆皇帝奏报了要分赏出降土民给各随征土司的原因："查僧拉促浸降番节次分给土司，原为视其土兵损伤之多寡，又看其出力如何酌量调剂。众土司土兵随征以来损伤实多，如瓦寺土司可派土兵八百名，今则能派二百二十名，木坪土司向可派土兵一千三百名，今则仅能派出三百二十余名，至绰斯甲布则伤损不下千余人，其丹坝之户又最为稀少，是以分赏多寡不一。此等投番内妇女老稚居多，精壮者不逮

---

① 中国第一历史档案馆：《军机处录副奏折》，民族类，缩微胶卷号591，档号7994-70，题名：成都收禁小金川番人清单。
② 中国第一历史档案馆：《军机处录副奏折》，民族类，缩微胶卷号591，档号7994-71。

十之一二，而奴才等分赏后，又令将精壮男番继续挑出随营打仗，如收复美诺时所有偿拉降番分给于各土司，今详查察其中精壮男番死亡又过半。故现在所赏降番数，实不抵各土司所损精壮土兵之数。"① 另一部分土民则分给木塔尔等土弁，成为两金川建设土屯的主力军。总的分配情况是：西路总共偿拉、促浸节次投出男妇老幼 13169 名内分赏各土司共 8215 名口，分给阿忠保、木塔尔等作为屯兵者 4954 名口；北路总共偿拉、促浸投番男妇老幼 3971 名口内分赏土司 2871 名口，分给阿忠保、霍尔甲之子生根等作为屯兵者 1100 名口；南路总共偿拉促浸投番男妇老幼 3184 名口内分赏各土司 2449 名，分给拉耳结等作为屯兵者 735 名口。② 据此可以统计出：各路投出土民共计 20324 名，赏给各土司的土民共计 13535 名，分给两金川土弁（由先降头人内择其出力可信者充任，诸如小金川之木塔尔、安本）6789 名，即"五屯共安插降番一千九百三十户"③。

尽管战后两金川幸存的人口仍有两万余人，除了押解赴京和分赏各土司一万三千余名外，仍能继续生活在两金川地区的不足七千人。从这个角度看，从战前两金川生活着七万余名土民到战后只留下不足七千之众，确实不及十分之一。但这只是最终仍留在两金川生活的人数，实际幸存的人数仍是两万有零，只是被迫离开故土去邻近各土司地区生活。此外，第二次战争期间清廷将一部分投出"番人"由清军陆续解京并在香山建立"番子营"④ 外，战后还挑选了擅长跳锅庄舞的四十名"番童"被编入宫廷乐队⑤，以及诸如画匠、银匠、铁匠等手工业从业者六人及其家属共计三十四名解京备用⑥，作为清廷平定大小金川的政治象征得以在北京继续生存和繁衍。因此，据清代档案史料分析可知，那些不加详细考证就断定清军将两金川的嘉绒土民杀戮殆尽的说法实不足信。⑦

尽管乾隆皇帝在为旷日持久的战争焦虑万分时确实发出过要将两金川人杀无赦的愤怒之言，但实际上在对待金川"投番"问题上比较克制和理性。与此同时，清廷在战时实行有差别对待金川"投出番人"的措施（大批主动投降者不杀，战争最后阶段不得已投降者就地处死），以及战后对金川"番人"的区别处置，均可以视为清王朝急欲将两金川地区纳入国家强有力管控的努力。

三　改土为屯后两金川地区的人口结构变迁

乾隆朝两金川地区人口结构的变迁在战争期间主要表现为精壮男子的死亡，即前述五年间与清军交战伤亡两万余人，以及遭受瘟疫、饥荒和土司暴政死亡的不下三万人中亦有不少精壮男子。这就导致战争结束后，清军将领清点二万有零被俘金川民众时，发现"此等投番内妇女老稚居多，精壮者不

---

① 中国第一历史档案馆：《军机处录副奏折》，民族类，缩微胶卷号 591，档号：7992-24，题名：阿桂等覆奏三路投出番人分赏各土司及安插各处等由。
② 中国第一历史档案馆：《军机处录副奏折》，民族类，缩微胶卷号 591，档号 7992-25，题名：西路先后投出偿拉促浸番人分安各处数目；《军机处录副奏折》，民族类，缩微胶卷号 591，档号 7992-26，题名：北路先后投出偿拉促浸番人分安各处数目；《军机处录副奏折》，民族类，缩微胶卷号 591，档号 7992-27，题名：南路先后投出偿拉促浸番人分安各处数目。
③ 中国第一历史档案馆：《军机处录副奏折》，民族类，缩微胶卷号 591，档号 7994-95，题名：孙士毅奏余荒地亩赏给降番由，具奏日期：乾隆五十九年十二月初六日。
④ 随着时间流逝，北京香山"番子营"竟被以讹传讹成"苗子营"，以至这些从金川地区迁徙到北京的嘉绒藏人的后代完全不知道自己的祖先来自遥远的川西北藏文化区，甚至在 20 世纪末还与苗族搞联谊认亲活动。
⑤ 中国第一历史档案馆：《军机处录副奏折》，民族类，缩微胶卷号 591，档号 7994-11，题名：拣选备演跳锅庄番童起程送京事宜，具奏日期：乾隆四十一年二月二十五日。
⑥ 中国第一历史档案馆：《军机处录副奏折》，民族类，缩微胶卷号 591，档号：7992-65；档号：7992-65；档号：7992-72，题名：明亮等奏近边番地塘汛派拨内地弁兵分别安设由，具奏日期：乾隆四十一年五月二十二日。
⑦ 李涛、李兴友编《嘉绒藏族研究资料丛编》，四川藏学研究所 1995 年印，第 244 页。

逮十之一二"①。加上将其中精壮人员分赏给各随征土司作为土兵伤亡之补偿，真正留在两金川地区作为"番屯"的精壮男子可谓寥寥。这样一来，改土为屯时期，安置的六千余金川土民面临的男女性别比、年龄结构比与战前相比严重失调。

乾隆朝两金川地区的人口变迁在战后主要表现在发生了显著的族群结构变迁。战后开启屯政工作后，起初只有最终额定的三千驻防兵丁，以及分给木塔尔、安本等土弁（目）管理的六千多名出降土民，使得两金川多达千里之地显得过于"地旷人稀"。为了便于屯垦工作的开展，尽快恢复两金川地区的农业生产，清廷先后实施了允许近边兵丁携眷入金川屯垦、从杂谷地区迁入一百五十八户屯练（其中有随征屯练八户系主动提出情愿留驻金川），共计男妇大小三百六十五口，及至乾隆五十九年（1794），"番屯"人户增加至一百六十户。②除了"番屯"外，清廷还通过官给路费、口粮并提供农具、住屋等优惠条件广泛招徕保、茂等地民人举家前往金川耕种。乾隆四十五（1880）年，到屯民户有一百一十九户，共有大小男妇三百七十七口。③此外，还有不少商人进入两金川地区开展商业贸易。这样一来，两金川地区就由土司统治时期的单一嘉绒藏族民众居住地区，变成汉、藏、回（驻兵内有回民，商人中亦不乏回民）等多民族聚居地区。

安屯之后的七八年间，嘉绒藏民增长速度还算可观，而且人数超过驻防绿营兵丁和内地迁入民人的人口。乾隆四十一年（1776）各屯"降番"统计1930户，6779名，及至乾隆四十八年（1883）十一月，成都将军特成额奏称："迩来两金川降番，生齿日繁，约计男妇户口九千余人。"④据此，保守估算，八年来两金川的嘉绒藏民人数增长了约25%。在此期间，驻防兵丁是额定三千人，携眷兵丁不过十来户，民户在119户的基础有一定增加，但不会太多。因而可以推测，至少截至乾隆四十八年（1883）底，金川地区的藏民人数（不包括158户屯练）超过绿营兵丁（含少量兵眷）和内地移入民人相加之数。

然而，从战后一百多年的发展历史来看，两金川汉族移民人数最后大大超过了藏族民众的人数，而且藏民人口呈现了从最初的较快增长，到后来的增长较为缓慢的人口变化特点。有学者根据《中国少数民族社会历史调查丛刊》之《中国民族问题资料·档案集成》相关史料，绘制了新中国成立后大金县和小金县各民族人口比较表（见表4、表5)⑤，分别引用如下。

表4 大金县各民族人口比较

族别	户数（户）	人口数（人）	占全县人口比例（%）
汉族	2874	13779	75.2
嘉绒藏族	674	3578	19.6
回族	177	945	5.2
共计	3525	18302	

---

① 中国第一历史档案馆：《军机处录副奏折》，民族类，缩微胶卷号591，档号7994-95，题名：孙士毅奏余荒地亩赏给降番由，具奏日期：乾隆五十九年十二月初六日。
② 《金川案》（利）之《酌放屯练千把外委》、《上谕赏给屯练钱粮并降番袭职》和《司道详议办理屯练缺出》等条，张羽新主编《中国西藏及甘青川滇及藏区方志汇编》（第43册），学苑出版社，2003年版，第157~158页；中国第一历史档案馆：《军机处录副奏折》，民族类，缩微胶卷号591，档号7994-95，题名：孙士毅奏余荒地亩赏给降番由，具奏日期：乾隆五十九年十二月初六日。
③ 《阿坝州文库》编委会编《绥靖屯志》卷4《田赋》之《蠲政》，四川民族出版社2013年版，第61页。
④ 《清高宗实录》卷1192，乾隆四十八年十一月辛丑。
⑤ 齐德瞬、王力：《论金川之役与金川地区的社会变迁》，《西藏民族学院学报》（哲学社会科学版）2008年第3期。

表 5　小金县各民族人口比较

族别	户数（户）	人口数（人）	占全县人口比例（%）
汉族	4784	21260	69
嘉绒藏族	1873	9527	29
回族	145	783	2
共计	6812	31570	

结合表4、表5可知，即便到了新中国成立后，距离改土为屯已经一百多年了，两金川的嘉绒藏民的人口由开屯之初的六千余人，乾隆四十八年（1883）的九千余口，到新中国成立后不久的一万三千一百余人，连翻一番都不够，距离两金川末代土司统治时期的七万之众，更是相差甚远。这其中也许有统计上的误差。但是，必须承认的是，战后汉民和回民来到两金川定居，特别是汉民逐渐发展为繁衍人口最多的群体，彻底改变了两金川地区人口的族群构成。

四　结语

乾隆朝两金川地区的人口变迁既受到清军平定大小金川战争的影响，表现为土民人口数量（特别是精壮男子）的急剧减少，也受到战后清廷的重建金川政策的影响，表现为汉、回民众的涌入。在战争中，真正死于战争的两金川土民不下二万余人，受战争影响死于饥荒、瘟疫和土司杀戮的也不下三万人，投降的两万有零土民，除了作为俘虏解京处理的土司及其家属、各级头人、晚投降的土民、喇嘛、班第人员，以及作为征服象征的工匠及其家眷、跳锅庄的童男童女等，还有两万有零，大部分分给各随征土司作为损失土兵的补偿，只留下六千多人编为"番屯"人户留在两金川继续生活。这是战争带给两金川的直接和间接的人口损失。换言之，既要看到乾隆朝第二次金川战争是造成两金川土司地区人口遭受重创的直接因素，也要承认土司的残暴统治、瘟疫和物资匮乏是造成战争期间金川人口骤减的重要原因。战争使得大小金川土司地区的精壮男子几乎所剩无几。此后经过百余年的发展，两金川的土民总数都未能恢复到末代土司时代两金川人口总和的十分之一。战后，清廷留下以汉人为主、少数回民为辅驻防兵丁三千名分驻两金川五营和各小汛，并广泛招徕内地民人前来屯垦，移驻杂谷屯练一百五十八户，同时一些商人也慢慢寓居金川开展商贸活动。于是，战后两金川迅速从单一的嘉绒藏族居住区变成藏、汉、回等多民族杂处的聚居区。因此，乾隆朝大小金川战争给当地带来的人口变迁主要涉及土民数量和人口的民族构成两大方面。

还值得深思的是，两金川地区由单一嘉绒藏族居住区变成汉、藏、回聚居地区，必然会带来社会习俗、宗教信仰等诸多方面的文化碰撞和融合，使得两金川地区的社会文化逐渐发生这样或那样的变迁。对两万有零的两金川幸存人口进行重新安插，其中一万三千余名分给各随征土司作为人口补给，剩下的不到七千土民分安各营汛，是清廷为防止金川土民聚居滋事和安抚随征各土司而做出的现实决策。因为，战后清廷在实施安营设镇措施时面临许多掣肘，最终只能分散屯驻三千名额兵。同时，为了节省开支，也为管理方便，一部分金川土民由各营汛官兵监管，另一部分直接分给助清军进剿有功的大小金川土民（战后成为土目）管理。也正因为此，那些接受"番目"管辖的土民有条件更好地保存土司时代的文化习俗。由此不难理解，为何乾隆朝两金川地区发生显著社会文化变迁之余，仍在相当长历史时期内保有一些不变的社会文化因子。至于招徕杂谷屯练、内地汉人（除了屯垦之外亦有商人）和少量回民的措施，乃是战后二百余年来两金川地区建构新的多元族群文化的根本原因。此外，战后两金川土司地区的苯教喇嘛和红教喇嘛中除了所谓首恶者被处死外,其余被强制迁移至全国寺庙安置,必然对后来清廷在两金川实施"崇黄抑苯"的宗教措施有直接影响——在相当程度上清除了金川的苯教势力,为清廷强制全面推行黄教减少了本土宗教阻力。

从中央王朝与边疆地方互动的视角来思考,可以发现:战争引起的乾隆朝两金川地区人口的巨大变迁,形塑了乾隆朝末期以来金川地区的人口构成,并对二百年后依旧生活在这片土地上的嘉绒民众有着或隐或显的持续的影响。[①]

[①] 笔者通过田野调查获知,在金川县、小金县、丹巴县等地生活的嘉绒藏民中,仍流传对大金川当地末代土司索诺木及家眷被槛车押往北京时许多属民追车相送百余里地的故事,而且他们通过日常交往对汉民、回民有着极为不同的认识。可以说,口耳相传的历史记忆和与各民族相处的当下感受共同塑造了今日嘉绒藏族的生活世界,并且这种塑造并未终结。

南诏国南部、西南部境外的国家和民族述论

李艳峰　王兴宇[*]

内容提要　历史上南诏国南部、西南部的境外有众多的国家和民族群体，在"一带一路"倡议背景下研究这些国家和民族群体具有重要的学术价值和现实意义。此外，中国史籍中有关这一区域的民族志也是今天进行东南亚、南亚民族历史研究需要参考的重要文献。

关键词　南诏国；境外民族；交往交流

DOI：10.13835/b.eayn.26.07

根据中国史志记载，南诏国南部、西南部境外分布着众多的"国家"[①] 和民族群体，南诏国在其强盛时期曾经试图控制这些国家和民族群体，双方因此有过矛盾冲突，但主要还是友好的交往、交流，并且有民族之间的交融，在"一带一路"倡议背景下研究这些国家和民族群体的历史，无疑具有重要的学术价值和现实意义。此外，中国历史文献对于这一地域内许多民族群体的社会发展等情况进行了较为详细的载录，这可以看作是这些古代民族群体的民族志，是今天研究东南亚、南亚民族历史的重要文献。

一　弥诺国、弥臣国

唐人樊绰于唐懿宗咸通三年（862）随安南经略使蔡袭入安南，应付南诏侵扰，此间访求南诏事迹，纂录成《云南志》。根据方国瑜先生考证，该书内容当源自南诏文臣所编的地方志书，为亲历目观者之记录。[②] 书中"南蛮疆界接连诸蕃夷国名"等卷记载了当时南诏徼外多个国家和民族群体，其中有弥诺国、弥臣国的情况："弥诺国、弥臣国，皆边海国也。……在蛮永昌城西南六十日程。"[③] 对于弥诺国与弥臣国的分布，木芹先生注引方国瑜的观点："弥诺江即今之钦敦江。……据赵松乔《缅甸地理》说：'钦敦江至木具谷之东北，成为几条分支流，注入伊洛瓦底江。分支流河口，最远彼此相距达三十五公里。分支流之间构成一系列卑湿的岛屿，即《樊志》所说：分流绕栅，居沙滩，南北

---

[*] 李艳峰，昆明学院中文系副教授；王兴宇，云南大学民族学与社会学学院博士研究生。
[①] 中国汉文历史文献习惯把某个民族或政治集团称为"国"，与现代"国家"概念有别。
[②] 方国瑜：《云南史料丛刊·第二卷》，云南大学出版社1998年版，第5页。另，《云南志》一书有"云南记""蛮书""南夷志"等多个题名。
[③] （唐）樊绰：《云南志补注·卷十（南蛮疆界接连诸蕃夷国名）》，向达原校、木芹补注，云南人民出版社1995年版，第127页。

一百里，东西六十里者也。'又弥臣国当在伊洛瓦底江入海之处，《樊志》说：弥臣王以木栅居海水中。惟不详其首邑所在。《樊志》又说：小婆罗门与骠国、与弥臣国接界，可知弥臣国在骠国之南，其西部并与天竺国相接，惟不能详其疆界也。"① 可见弥诺国与弥臣国都在今天伊洛瓦底江流域靠近印度洋的地方。

关于弥诺国与弥臣国境内民族群体的详细记述，流传至今的史籍中首见于《云南志》：弥诺国与弥臣国之人"呼其君长为寿。弥诺面白而长，弥臣面黑而短"。木芹注引方国瑜的观点认为："弥诺、弥臣二国之地区不同，族属亦异。……从缅甸境内民族迁移与分布言之，弥臣为猛族，而弥诺为钦族。"② 由此看来，弥诺国与弥臣国之人虽然都同样分布在伊洛瓦底江流域，但人种是有区别的，弥诺国人似乎是欧罗巴人种，因为他们肤色白，而且体格高大，疑为印度的雅利安人分布在东南亚者；而弥臣国人则肤色黑而且体格矮小，估计是蒙古利亚人种和尼格罗人种的过渡类型。

尽管弥诺国与弥臣国的人存在着体质人类学方面的差异，但是在民族性格方面却有诸多相似之处，他们性格温和且颇有礼仪："性恭谨，每与人语，向前一步一拜。"

从文献记载来看，弥诺国与弥臣国的社会发展水平不高，社会财富不是特别富足，具体表现为"国无城郭。弥诺王所居屋之中有一大柱，雕刻为文，饰以金银。弥臣王以木栅为居，海际水中。以石狮子为屋四足，仍以板盖，悉用香木。王出即乘象"③。作为国家，一般而言是应该有城市的，但是弥诺国与弥臣国却没有都城，因此可以判断他们还处在聚落时代，正在向规模更大的国家形态发展。之所以称之为国，是因为中国汉文历史文献习惯把某个民族或政治集团称为"国"，这与现代"国家"概念不同。

从弥臣王在海中"以木栅为居"的建筑形式来看，弥诺国与弥臣国地处热带，居住干阑式建筑，因为《云南志·卷十》又言其"百姓皆楼居"，所谓"楼居"就是热带的干阑式建筑。因为气候炎热，所以百姓"披娑罗笼"④，这与现代东南亚民族服饰的基本风格是一致的，《云南志·卷四》讲到"茫蛮"时曾提到其服饰特点是"披五色娑罗笼"⑤，而"茫蛮"与东南亚傣泰民族是具有同源异流关系的民族，所以他们的服饰具有共性。

弥诺国与弥臣国处于大致相同的自然生态环境当中，所以在文化特征方面也大致相同，具体表现为性别比例失调，男人比女人少。值得一提的是，当地人对于音乐是十分爱好的，特别是在宴饮时，"楼两头置鼓，饮酒即击鼓，男女携手楼中蹈舞为乐"。至今中国的傣族和东南亚的傣泰民族及其他相关民族，仍然还有以象脚鼓伴舞的文化习俗。

南诏曾讨伐此二国，并掠走一些人口，即《云南志·卷十》所载："（唐文宗）太和九年（835）（南诏）曾破其国，劫金银，掳其族三二千人，配丽水淘金。"⑥ 今伊洛瓦底江当时称丽水，南诏曾在

---

① （唐）樊绰：《云南志补注·卷十（南蛮疆界接连诸蕃夷国名）》，向达原校、木芹补注，云南人民出版社1995年版，第127~128页。
② （唐）樊绰：《云南志补注·卷十（南蛮疆界接连诸蕃夷国名）》，向达原校、木芹补注，云南人民出版社1995年版，第127、128页。
③ （唐）樊绰：《云南志补注·卷十（南蛮疆界接连诸蕃夷国名）》，向达原校、木芹补注，云南人民出版社1995年版，第127页。
④ （唐）樊绰：《云南志补注·卷十（南蛮疆界接连诸蕃夷国名）》，向达原校、木芹补注，云南人民出版社1995年版，第127页。
⑤ （唐）樊绰：《云南志补注·卷四（名类）》，向达原校、木芹补注，云南人民出版社1995年版，第64页。
⑥ （唐）樊绰：《云南志补注·卷十（南蛮疆界接连诸蕃夷国名）》，向达原校、木芹补注，云南人民出版社1995年版，第127页。

其上游的两条重要支流——恩梅开江和迈立开江汇合处以下地区建丽水城，将弥诺国与弥臣国被俘的人口迁移到这一带淘金。《云南志·卷七》又载："沙赕法，男女犯罪，多送丽水淘金。"① 木芹认为"沙赕法"应为"河赕法"之误，亦即南诏的法规。另外这里又有南诏国辖内的一些民族人口迁入，从而成为一个民族融合地区。还有，南诏与两国既能发生战争，其民间交往亦应频繁。

二　骠国

骠国是东南亚的一个古国，曾经与南诏建立了密切的关系。《云南志·卷十》说"骠国在蛮（按，指南诏）永昌城南七十五日程"②。对此《新唐书·南蛮传下》又载："骠，……在永昌南二千里，去京师万四千里。"③ 因此骠国的地理位置当为今天中国、缅甸与印度交界一带，骠人就分布在由东南向西北延伸的狭长空间中，其地理格局是"东陆真腊，西接东天竺，西南堕和罗，南属海，北南诏"④。当时在这一区域最强盛的是南诏国，所以骠国从阁罗凤时代便被南诏控制。

根据《新唐书·南蛮传下》："骠，古朱波也，自号突罗朱，阁婆国人曰徒里拙。……地长三千里，广五千里，东北袤长，属羊咀咩城。"⑤ 骠国即汉晋时期的朱波，是一个与当时中国直接相连的国家，辖境辽阔，距离汉唐时期的永昌郡很近。唐代时与南诏相连，是当时中国通往中亚、西亚的主要交通要道，"地亦与波斯、婆罗门接，距西舍利城二十日行。西舍利者，中天竺也"⑥。骠人是汉史家给他们的称呼，即"华言谓之骠，自谓突罗成，阁婆人谓之徒里掘"⑦。

因为骠国在地理上与南诏国相连，所以"南诏以兵强地接，常羁制之"⑧。这说明骠国曾经被南诏军事占领，接受过南诏的羁縻统治。南诏也曾迁徙了部分骠国人口进入南诏国境内，《云南志·卷十》载："骠国在蛮永昌城南七十五日程，阁罗凤所通也。……蛮贼太和六年（832）劫掠骠国，虏其众三千余人，隶配柘东，令之自给。今子孙亦食鱼虫之类，是其种末也。"⑨

南诏国劝丰佑时期，骠国仍是其属国，骠国遭受他国入侵时南诏则派兵援助。《南诏野史》载："遣宗榜救缅。榜汤池人，王勇将。先是师子国攻缅，缅求救于王，王命救之。"⑩ 这里"王"为南诏幽王劝龙晟，唐宪宗元和四年（809）即位，"缅"即当时的骠国，可见骠国与南诏政治关系紧密，且两国间交往的历史较长。

骠国之所以会被南诏攻破，可能是因为骠国当时还没有建成一个强盛的统一国家，因为到了唐代骠国内部还有十八个属国，"曰迦罗婆提，曰摩礼乌特，曰迦梨迦，曰半地，曰弥臣，曰坤朗，曰偈奴，曰罗聿，曰佛代，曰渠论，曰婆梨，曰偈陀，曰多归，曰摩曳，余即舍卫、瞻婆、阇婆也"。此外

---

① （唐）樊绰：《云南志补注·卷七（云南管内物产）》，向达原校、木芹补注，云南人民出版社1995年版，第106页。
② （唐）樊绰：《云南志补注·卷十（南蛮疆界接连诸蕃夷国名）》，向达原校、木芹补注，云南人民出版社1995年版，第128页。
③ 《新唐书·南蛮传下》（第20册），中华书局标点本1975年版，第6306页。
④ 《新唐书·南蛮传下》（第20册），中华书局标点本1975年版，第6307页。
⑤ 《新唐书·南蛮传下》（第20册），中华书局标点本1975年版，第6306、6307页。
⑥ 《新唐书·南蛮传下》（第20册），中华书局标点本1975年版，第6308页。
⑦ 《旧唐书·南蛮西南蛮传》（第16册），中华书局标点本1975年版，第5285页。
⑧ 《新唐书·南蛮传下》（第20册），中华书局标点本1975年版，第6308页。
⑨ （唐）樊绰：《云南志补注·卷十（南蛮疆界接连诸蕃夷国名）》，向达原校、木芹补注，云南人民出版社1995年版，第128、129页。
⑩ （明）倪辂：《南诏野史·大蒙国》，载方国瑜《云南史料丛刊·第四卷》，云南大学出版社1998年版，第778页。该书后世有多个传抄本，抄者又有删润，至于南诏王救缅一事有的版本则无。

骠国内部还有 298 个部落，能够知道名称的有 32 个，"曰万公，曰充惹，罗君潜，曰弥绰，曰道双，曰道甕，曰道勿，曰夜半，曰不恶夺，曰莫音，曰伽龙睒，阿梨吉，阿梨阇，阿梨忙，曰达磨，曰求潘，曰僧塔，曰提梨郎，曰望腾，曰担泊，禄乌，曰乏毛，曰僧迦，曰提追，阿末逻，曰逝越，曰腾陵，曰欧咩，曰砖罗婆提，禄羽，曰陋蛮，曰磨地勃"①。因此，虽然没有其他文献证明，但至少可以认为骠国是一个内部联系比较松散的多民族国家，而 298 个部落应该就是众多分立的民族群体。此外，许多民族群体的名称与佛教有关，可以表明当时骠人信仰佛教。

骠国国王在宫殿门前塑有一个象征佛教的巨大白象雕塑，"露坐高百余尺，白如霜雪"②。这个大象具有断诉讼等诸多社会功能，《新唐书·南蛮传下》载："有巨白象，高百尺，讼者焚香跽象前，自思是非而退。"③ 对此，《云南志·卷十》也说："若有两相诉讼者，王即令焚香向大象，思维是非，便各引退。"④ 若至于犯罪，则"无桎梏，有罪者束五竹捶背，重者五、轻者三，杀人则死"⑤。对国王而言，如果出现了社会不稳定或者自然灾害，王亦焚香对大象悔过自责："有灾疫，王亦焚香对象跽，自咎。"⑥ 另外，"王出，舆以金绳床，远则乘象。嫔史数百人"⑦。

尽管对佛教信仰得很虔诚，但是骠人仍然在王宫设有金银二钟，"寇至，焚香击之，以占吉凶"。这说明骠人的宗教信仰具有二元特征，即在信仰佛教的同时还保留自己传统的民间信仰。

骠国都城的规模很大，据《新唐书·南蛮传下》："青甓为圆城，周百六十里，有十二门，……铅锡为瓦，荔支为材。"⑧《旧唐书·南蛮西南蛮传》又记曰："其王姓困没长，名摩罗惹。其国相名摩诃思那。其王近适则舁以金绳床，远适则乘象。嫔姝甚众，常数百人。其罗城构以砖甓，周一百六十里，濠岸亦构砖，相传本是舍利佛城。"⑨《云南志·卷十》对此也记载说："（骠国）以青砖为圆城，周行一日程。百姓尽在城内。（城）有十二门。"⑩ 相比较而言，显然《新唐书·南蛮传下》和《旧唐书·南蛮西南蛮传》的记载有些夸张，"周一百六十里"的城市在古代基本是没有的，倒是《云南志》的记载相对可靠一些。对于骠国的都城到底在什么地方，文献没有记载。赵吕甫先生在《云南志校释》中注引吴承志的《唐贾耽记边州入四夷道里考实》卷四说："（骠）国都在孟拱西七百三十一里。"⑪ 但是吴承志先生的考证仍然是模糊的，没有能够指出骠国国都的具体位置。

关于骠国都城建筑特点，《新唐书·南蛮传下》载："四隅作浮图，民皆居中，……明天文，喜佛法。有百寺，琉璃为甓，错以金银，丹彩紫矿涂地，覆以锦罽，王居亦如之。"⑫《旧唐书·南蛮西南蛮传》的记载则更加详细："（骠国国都罗城）相传本是舍利佛城。城内有居人数万家，佛寺百余区。其堂宇皆错以金银，涂以丹彩，地以紫矿，覆以锦罽。"⑬ 从上述记载来看，骠国在唐代已经是全民信仰佛教，因此所有的民众都必须出家为僧，但是并不一定要终身为僧，"男女七岁则落发，止寺舍，依

---

① 《新唐书·南蛮传下》（第 20 册），中华书局标点本 1975 年版，第 6307 页。
② （唐）樊绰：《云南志补注·卷十（南蛮疆界接连诸蕃夷国名）》，向达原校、木芹补注，云南人民出版社 1995 年版，第 128 页。
③ 《新唐书·南蛮传下》（第 20 册），中华书局标点本 1975 年版，第 6308 页。
④ （唐）樊绰：《云南志补注·卷十（南蛮疆界接连诸蕃夷国名）》，向达原校、木芹补注，云南人民出版社 1995 年版，第 128 页。
⑤ 《新唐书·南蛮传下》（第 20 册），中华书局标点本 1975 年版，第 6308 页。
⑥ 《新唐书·南蛮传下》（第 20 册），中华书局标点本 1975 年版，第 6308 页。
⑦ 《新唐书·南蛮传下》（第 20 册），中华书局标点本 1975 年版，第 6308 页。
⑧ 《新唐书·南蛮传下》（第 20 册），中华书局标点本 1975 年版，第 6308 页。
⑨ 《旧唐书·南蛮西南蛮传》（第 16 册），中华书局标点本 1975 年版，第 5285 页。
⑩ （唐）樊绰：《云南志补注·卷十（南蛮疆界接连诸蕃夷国名）》，向达原校、木芹补注，云南人民出版社 1995 年版，第 128 页。
⑪ （唐）樊绰：《云南志校释·卷十（南蛮疆界接连诸蕃夷国名）》，赵吕甫校释，中国社会科学出版社 1985 年版，第 312 页。
⑫ 《新唐书·南蛮传下》（第 20 册），中华书局标点本 1975 年版，第 6308 页。
⑬ 《旧唐书·南蛮西南蛮传》（第 16 册），中华书局标点本 1975 年版，第 5285 页。

桑门，至二十不悟佛理，乃复长发为居人"①。

由于信仰佛教，骠人的民族性格比较温和，"俗恶杀。拜以手抱臂稽颡为恭"②。《旧唐书·南蛮西南蛮传》亦载："其俗好生恶杀。……其理无刑名桎梏之具，犯罪者以竹五十本束之，复犯者挞其背，数止五，轻者止三，杀人者戮之。……君臣父子长幼有序。"③《云南志·卷十》也说骠人"俗尚廉耻，人性和善少言，重佛法"。

骠国的佛教信仰是十分虔诚的，《云南志·卷十》言骠国"城中并无宰杀"④，在宗教仪式中也"无膏油，以蜡杂香代炷"。甚至连丝绸都不穿，因为丝绸的材料来自蚕，取丝可能杀生。《新唐书·南蛮传下》载："衣用白氎、朝霞，以蚕帛伤生不敢衣。戴金花冠、翠冒，络以杂珠。"⑤《旧唐书·南蛮西南蛮传》亦载："其衣服悉以白氎为朝霞，绕腰而已。不衣缯帛，云出于蚕，为其伤生故也。"⑥

在骠人的服饰文化方面，"男子多衣白氎。妇人当顶为高髻，以金银珍珠为饰，余著青娑罗裙。又披罗段，行必持扇。贵家妇女，皆三人五人在傍持扇"⑦。服饰上具有明显的热带特征。

骠国的农业较为发达，"土宜菽、粟、稻、粱，蔗大若胫"，但是"无麻、麦"。⑧ 由于是以农业作为主要生计来源，所以骠人还特别关注天文，即"多推步天文"⑨。货币则是"以金银为钱，形如半月，号登伽佗，亦曰足弹陀"⑩。骠人有商业交往，"与诸蛮市，以江猪、白氎、琉璃罂缶相易"⑪。

唐德宗贞元年间，骠国王雍羌听说南诏归附唐朝，也产生了归附唐朝的想法，而此时南诏国国王异牟寻派遣使者杨加明面见剑南西川节度使韦皋，请求进献绝域之舞乐，便"令骠国进乐人"⑫。在此背景之下，剑南西川节度使韦皋作了《南诏奉圣乐》。来自骠国的音乐和舞蹈，经过几次翻译之后在长安演奏，反响很好。

三　昆仑国

从弥臣至坤朗，有小昆仑部，"王名茫悉越，俗与弥臣同"。从骠国的坤朗至禄羽，又有大昆仑王国，"王名思利泊婆难多珊那。川原大于弥臣"⑬。昆仑国距离南诏的中心地区很远，出产大量中国没有的物品，"出象及青木香，旃檀香、紫檀香、槟榔、琉璃、水晶、蠡杯等诸香药珍宝犀牛等"⑭。

在大小昆仑国的附近，还有许多小国："由昆仑小王所居，半日行至磨地勃栅，海行五月至佛代国。有江，支流三百六十。其王名思利些弥他。有川名思利毗离芮。土多异香。北有市，诸国估舶所

---

① 《旧唐书·南蛮西南蛮传》（第16册），中华书局标点本1975年版，第5285页。
② 《新唐书·南蛮传下》（第20册），中华书局标点本1975年版，第6308页。
③ 《旧唐书·南蛮西南蛮传》（第16册），中华书局标点本1975年版，第5285页。
④ （唐）樊绰：《云南志补注·卷十（南蛮疆界接连诸蕃夷国名）》，向达原校、木芹补注，云南人民出版社1995年版，第128页。
⑤ 《新唐书·南蛮传下》（第20册），中华书局标点本1975年版，第6308页。
⑥ 《旧唐书·南蛮西南蛮传》（第16册），中华书局标点本1975年版，第5285页。
⑦ （唐）樊绰：《云南志补注·卷十（南蛮疆界接连诸蕃夷国名）》，向达原校、木芹补注，云南人民出版社1995年版，第128~129页。
⑧ 《新唐书·南蛮传下》（第20册），中华书局标点本1975年版，第6308页。
⑨ （唐）樊绰：《云南志补注·卷十（南蛮疆界接连诸蕃夷国名）》，向达原校、木芹补注，云南人民出版社1995年版，第128页。
⑩ （唐）樊绰：《云南志补注·卷十（南蛮疆界接连诸蕃夷国名）》，向达原校、木芹补注，云南人民出版社1995年版，第129页。
⑪ （唐）樊绰：《云南志补注·卷十（南蛮疆界接连诸蕃夷国名）》，向达原校、木芹补注，云南人民出版社1995年版，第129页。
⑫ 《新唐书·南蛮传下》（第20册），中华书局标点本1975年版，第6308页。
⑬ 《新唐书·南蛮传下》（第20册），中华书局标点本1975年版，第6307页。
⑭ （唐）樊绰：《云南志补注·卷十（南蛮疆界接连诸蕃夷国名）》，向达原校、木芹补注，云南人民出版社1995年版，第129页。

凑，越海即阇婆也。十五日行，逾二大山，一曰正迷，一曰射鞊，有国，其王名思利摩诃罗阇，俗与佛代同。经多茸补逻川至阇婆，八日行至婆贿伽卢，国土热，衢路植椰子、槟榔，仰不见日。王居以金为甓，厨覆银瓦，爨香木，堂饰明珠。有二池，以金为堤，舟楫皆饰金宝。"① 从这段文字的记载来看，这些小国的居民大多属于热带的海洋民族群体。

关于南诏国与昆仑国的关系。《云南志·卷十》载："昆仑国正北去蛮界西洱河八十一日程。……蛮贼曾将军马攻之，被昆仑国开路放进军后，凿其路通江，决水淹浸。进退无计。饿死者万余，不死者，昆仑去其右腕放回。"② 昆仑国在今天萨尔温江口毛淡棉附近，从以上史载来看南诏对昆仑国的进攻是失败的。

四 真腊国

真腊也叫吉蔑，唐代以前曾经是扶南的属国，《新唐书·南蛮传下》载："真腊，一曰吉蔑，本扶南属国。"其地理方位为："去京师二万七百里。东距车渠，西属骠，南濒海，北与道明接，东北抵驩州。"③《旧唐书·南蛮西南蛮传》另有载曰："真腊国，在林邑西北，本扶南之属国，昆仑之类。在京师南二万七百里，北至爱州六十日行。"④ 真腊人应该是南亚语系孟高棉语族的先民，即《旧唐书》说的"昆仑之类"。《旧唐书·南蛮西南蛮传》又载："武德六年，遣使贡方物。贞观二年，又与林邑国俱来朝献。太宗嘉其陆海疲劳，锡赉甚厚。"⑤ 根据这段记述我们认为真腊的南部辖境为海，即"南濒海"，所以唐太宗才会"嘉其陆海疲劳，锡赉甚厚"。

真腊国到了唐中宗时期，分为水真腊和陆真腊，"（唐中宗）神龙后分为二半：北多山阜，号陆真腊半；南际海，饶陂泽，号水真腊半。水真腊，地八百里，王居婆罗提拔城。陆真腊或曰文单，曰婆镂，地七百里，王号'笪屈'"⑥。《旧唐书·南蛮西南蛮传》亦载："南方人谓真腊国为吉蔑国。自神龙以后，真腊分为二：半以南近海多陂泽处，谓之水真腊；半以北多山阜，谓之陆真腊，亦谓之文单国。"⑦

陆真腊又叫作文单国，文单国王子在唐玄宗天宝年间曾随唐将何履光出征南诏，《册府元龟·外臣部》有载曰：天宝十二载"九月辛亥，文单国王子率其属二十六人来朝，并授其属果毅都尉，赐紫金鱼袋，随何履光于云南征讨，事讫听还蕃。"⑧ 在地理上陆真腊东部紧邻唐朝安南都护府的驩州，曾和唐朝建立了比较友好的关系，"高宗、则天、玄宗朝，并遣使朝贡"⑨。对此，《新唐书·南蛮传下》也有记载："（唐玄宗）开元、天宝时，王子率其属二十六来朝，拜果毅都尉。（唐代宗）大历中，副王婆弥及妻来朝，献驯象十一；擢婆弥试殿中监，赐名宾汉。"⑩

---

① 《新唐书·南蛮传下》（第 20 册），中华书局标点本 1975 年版，第 6307～6308 页。
② （唐）樊绰：《云南志补注·卷十（南蛮疆界接连诸蕃夷国名）》，向达原校、木芹补注，云南人民出版社 1995 年版，第 129 页。
③ 《新唐书·南蛮传下》（第 20 册），中华书局标点本 1975 年版，第 6301 页。
④ 《旧唐书·南蛮西南蛮传》（第 16 册），中华书局标点本 1975 年版，第 5271 页。
⑤ 《旧唐书·南蛮西南蛮传》（第 16 册），中华书局标点本 1975 年版，第 5272 页。
⑥ 《新唐书·南蛮传下》（第 20 册），中华书局标点本 1975 年版，第 6301 页。
⑦ 《旧唐书·南蛮西南蛮传》（第 16 册），中华书局标点本 1975 年版，第 5272 页。
⑧ （宋）王钦若等：《册府元龟·外臣部·卷九百七十五（褒异第二）》（第 11 册），周勋初等校订，凤凰出版社 2006 年版，第 11290 页。
⑨ 《旧唐书·南蛮西南蛮传》（第 16 册），中华书局标点本 1975 年版，第 5272 页。
⑩ 《新唐书·南蛮传下》（第 20 册），中华书局标点本 1975 年版，第 6301 页。

水真腊，"其境东西南北约员八百里，东至奔陀浪州，西至堕罗钵底国，南至小海，北即陆真腊。其王所居城号婆罗提拔。国之东界有小城，皆谓之国。其国多象。元和八年，遣李摩那等来朝。"① 陆真腊因为在地理上与唐朝更加接近，所以与唐朝的交往比较多，而水真腊则到了唐宪宗元和年间才向唐王朝遣使通好。

关于真腊的社会生活及文化物产。"其王姓刹利氏。有大城三十余所，王都伊奢那城。风俗被服与林邑同。"② 从"风俗被服与林邑同"的记载来看，林邑人也应该是"昆仑之类"。真腊所属的地理位置已经属于热带，"地饶瘴疠毒"，因此"每五六月中，毒气流行，即以牛豕祠之，不者则五谷不登"③。真腊海域中盛产鱼类，"海中大鱼有时半出，望之如山"④。民居建筑的特点是"东向开户，以东为上"⑤。在真腊的军队中"有战象五千头，尤好者饲以饭肉。与邻国战，则象队在前，于背上以木作楼，上有四人，皆持弓箭"⑥。而宗教信仰具有多元特征，"国尚佛道及天神，天神为大，佛道次之"⑦。其社会生活中还有一些特殊的习俗，"客至，屑槟榔、龙脑、香蛤以进。不饮酒，比之淫。与妻饮房中，避尊属"⑧。

五　大秦婆罗门国、小婆罗门国等

《云南志》还记载了大秦婆罗门、小婆罗门等国。《云南志·卷十》载："大秦婆罗门国界永昌北，与弥诺国江西正东安西城楼接界。东去蛮阳苴咩城四十日程。蛮王善之，衔（往）来其国。"大秦婆罗门国与小婆罗门国地处南诏国的西北部，应该就是今天的印度，但是因为有个"秦"字，似乎与古代的大秦有关，对此木芹注引向达的见解说："此处之大秦婆罗门国，准之地望，即指天竺而言。疑应作大婆罗门国。秦字或是误衍耳。"⑨ 又注引方国瑜的观点："四库本注：大秦婆罗门条有脱误。兹从向达断句，稍可通。"⑩ 我们认为在大秦婆罗门之后记述的是小婆罗门，所以"大秦"当如上述几位先生所言，是文献记载有误。

关于小婆罗门，《云南志·卷十》说："小婆罗门国与骠国及弥臣国接界，在永昌北七十四日程。……蛮夷善之，信通其国。"由此说明南诏与小婆罗门国保持友好交往的关系。小婆罗门国之人大约是信仰婆罗门教而不是信仰佛教的，因为他们"俗不食牛肉，预知身后事"⑪。

夜半国。"夜半国在蛮界苍望城东北隔丽水城川原。……蛮贼曾攻不得，至今衔恨之。"⑫ 夜半国

---

① 《旧唐书·南蛮西南蛮传》（第 16 册），中华书局标点本 1975 年版，第 5272 页。
② 《旧唐书·南蛮西南蛮传》（第 16 册），中华书局标点本 1975 年版，第 5271～5272 页。
③ 《旧唐书·南蛮西南蛮传》（第 16 册），中华书局标点本 1975 年版，第 5271～5272 页。
④ 《旧唐书·南蛮西南蛮传》（第 16 册），中华书局标点本 1975 年版，第 5271～5272 页。
⑤ 《旧唐书·南蛮西南蛮传》（第 16 册），中华书局标点本 1975 年版，第 5271～5272 页。
⑥ 《旧唐书·南蛮西南蛮传》（第 16 册），中华书局标点本 1975 年版，第 5271～5272 页。
⑦ 《旧唐书·南蛮西南蛮传》（第 16 册），中华书局标点本 1975 年版，第 5271～5272 页。
⑧ 《新唐书·南蛮传下》（第 20 册），中华书局标点本 1975 年版，第 6301 页。
⑨ （唐）樊绰：《云南志补注·卷十（南蛮疆界接连诸蕃夷国名）》，向达原校、木芹补注，云南人民出版社 1995 年版，第 130 页。
⑩ （唐）樊绰：《云南志补注·卷十（南蛮疆界接连诸蕃夷国名）》，向达原校、木芹补注，云南人民出版社 1995 年版，第 130 页。
⑪ （唐）樊绰：《云南志补注·卷十（南蛮疆界接连诸蕃夷国名）》，向达原校、木芹补注，云南人民出版社 1995 年版，第 130～131 页。
⑫ （唐）樊绰：《云南志补注·卷十（南蛮疆界接连诸蕃夷国名）》，向达原校、木芹补注，云南人民出版社 1995 年版，第 131 页。

与南诏国的丽水节度相连接，是一个南诏国想控制而不得的地区。关于夜半国的地望，木芹注引方国瑜说："丽水节度所辖为丽水（伊洛瓦底江）上游，西与天竺（印度）接界。苍望城在今八莫，则夜半国在丽水城辖区之西南，惟不能确指今地名。"[1] 夜半国可能信仰具有萨满性质的宗教，因为"其部落妇人惟与鬼通，能知吉凶祸福，本土君长崇信之"[2]。就连附近的他族也都相信夜半国巫女，乃至"蛮夷往往以金购之，要知善恶"[3]。

女王国。"女王国去蛮界镇南节度三十余日程。其国去骥州一十日程，往往与骥州百姓交易。"[4] 镇南节度即南诏国的开南节度，在今天的景东县境内，而骥州属于唐朝的安南都护府管辖，地在今天越南河静省一带，因此木芹等人认为女王国在老挝桑怒省（今华潘省，省府为桑怒），辖境不是很大，南诏国虽然发动过对女王国的进攻，但是没有成功，大败而归，即"蛮贼曾将二万人伐其国，被女王药箭射之，十不存一。蛮贼乃回"[5]。

六　结语

第一，随着我国对外开放的不断深化，贸易通道特别是能源通道的安全保障日益引起重视，对于沿线地区的社会历史、民族文化等进行研究是必要的，而地接印度洋的南诏南部、西南部徼外正处于这样的区域。该地区在古代便是中国通往东南亚、南亚甚至是通往欧洲的通道，居处当地的诸多民族群体及文化就在这个通道中交往、交融。其间各国虽然有矛盾冲突，但是在友好交往、交融的过程中得到了双赢，一起促进了本区域的共同发展。

第二，在人类社会发展过程当中，民族之间的融合与分化应该是一个历史常态。[6] 南诏国时期，不但南诏就连唐朝也通过南诏与其南部、西南部外的国家和民族群体进行交流，这其中便有民族之间的融合，例如一些东南亚的民族人口被南诏国迁入其境内，因此肯定与南诏国境内的民族群体发生了融合。

第三，从历史文本书写的角度来看，中国历史文献中关于南亚、东南亚地区的民族志记述是今天人们研究当地民族与历史的珍贵文献，特别是对于这个地区的佛教传播与信仰情况来说，更是弥足珍贵。另外，在资料使用上本文依据的是中国汉文史料，下一步如果能与该地区考古、传说以及现代研究资料相结合，相信会有更深刻、更准确的发现。

---

[1]（唐）樊绰：《云南志补注·卷十（南蛮疆界接连诸蕃夷国名）》，向达原校、木芹补注，云南人民出版社1995年版，第131页。
[2]（唐）樊绰：《云南志补注·卷十（南蛮疆界接连诸蕃夷国名）》，向达原校、木芹补注，云南人民出版社1995年版，第131页。
[3]（唐）樊绰：《云南志补注·卷十（南蛮疆界接连诸蕃夷国名）》，向达原校、木芹补注，云南人民出版社1995年版，第131页。
[4]（唐）樊绰：《云南志补注·卷十（南蛮疆界接连诸蕃夷国名）》，向达原校、木芹补注，云南人民出版社1995年版，第132页。
[5]（唐）樊绰：《云南志补注·卷十（南蛮疆界接连诸蕃夷国名）》，向达原校、木芹补注，云南人民出版社1995年版，第132页。
[6] 王文光、朱映占：《两汉至三国时期朝鲜半岛"三韩"的历史》，《西南民族大学学报》（人文社科版）2018年第9期。

凉山彝族传统宗教的认同基础与符号边界*

张可佳**

摘　要　族群的宗教认同，基于不同的民族群体和宗教类型，会呈现不同的特点和运行机制。本文根据宗教认同理论，分析基于族群血缘身份和原生性宗教类型的凉山彝族（诺苏）传统宗教，其宗教认同的社会群体基础和符号边界，以探究少数民族传统宗教的认同特点。论文通过分析指出，凉山彝族的传统宗教认同，是在族群"血缘"身份的基础上建构起来的。血缘始祖"阿普笃慕"及"六祖"中"古侯、曲涅"分支的族群记忆，界定了这个群体的符号边界；阿普笃慕的子孙后代、生活在凉山地区的诺苏人，构成了宗教认同的群体基础；而以父系血缘为核心的家支社会结构，奠定了宗教认同的社会基础。血缘关系演化为对祖先的记忆、信仰与崇拜，导致对传统宗教的认同始终无法超越族群的边界而成为与其他群体共享的内容。而作为一种原生性的宗教类型，凉山彝族传统宗教嵌入、弥漫于社会结构与制度中，而使得宗教与族群的社会文化紧密结合，固守着诺苏群体的边界，直至社会文化变迁与群体互动频繁的今天，还有其重要的价值和意义。

关键词　凉山彝族；诺苏；原生性宗教；宗教认同；符号边界

DOI：10.13835/b.eayn.26.08

宗教，作为社会范畴的一类，是基于文化和价值认同的横向分类。[①] 宗教认同，指的是信仰主体在与他者的互动过程中，对自身及所归属宗教的独特品质或特征的认知、情感体验和行动承诺，是对该宗教系统的认可、归属和依附。[②] 而族群宗教认同，关注的是有族群认同基础的、族属特征明显且族群边界清晰的民族群体，及其宗教认同的基本特点。在社会认同理论中，任何一种认同都是建构起来的。[③] 宗教认同的建构，强调的是认同获得和维系的过程。宗教往往通过设定某种身份边界来建构和维系认同，如卡斯特所述，把握了认同建构的主体和目的，就能把握这一认同的基本模式，以及对于接受和不接受认同的人的意义。[④] 宗教认同不仅将神圣世界与世俗世界区别开来，而且是用这种区

---

* 本文为国家社会科学基金重点项目"宗教认同研究"（13AZJ002）阶段性成果。
** 张可佳（1983~），女，四川省民族研究所助理研究员，宗教学博士，研究方向为民族宗教理论。
① 张海洋：《中国的多元文化与中国人的认同》，民族出版社2006年版，第3页。
② 黑颖：《宗教认同的社会形塑、群体建构与个人体验——以临清回族宗教认同为例》，中央民族大学宗教学系2014年博士学位论文。
③ 〔美〕曼纽尔·卡斯特：《认同的力量》（第2版），曹荣湘译，社会科学文献出版社2006年版，第5~6页。
④ 〔美〕曼纽尔·卡斯特：《认同的力量》（第2版），曹荣湘译，社会科学文献出版社2006年版，第6页。

分建立社会身份的重要途径。① 本文通过对凉山彝族及其传统宗教的研究，呈现凉山彝族传统宗教认同的建构基础和特点。它回应的问题包括：谁是这一传统宗教共同体的成员，他们如何获得并维系这样的认同，他们通过什么样的符号来表达与呈现宗教认同，认同建构的基础是什么，它又呈现什么样的特点，对这一系列问题的回应，可以更好地认识少数民族的传统宗教，丰富宗教认同理论的内容。

凉山彝族，自称"诺苏"。② 诺苏的传统宗教，基于强烈的祖先崇拜，并在此基础上形成了以祖灵信仰与祖先崇拜为核心、祭司毕摩和巫师苏尼为神职人员、大量经典文献为宗教典籍的，并由丰富的、成体系的宗教仪式构筑而成的"毕摩宗教"③，它是典型的植根于族群社会文化的原生性宗教。④ 毕摩宗教作为与诺苏彝族群体伴生共长的文化体系，伴随着彝族群体的诞生、发展与演化，毕摩宗教的教义、神话、叙事等早已经融入彝族群体的社会制度和社会习俗、内隐于群体的社会生活中，在长期的历史发展过程中，通过惯例性和典范化的仪式行为，逐渐内化为一种特定的宗教思维模式，演化为诺苏彝人的行为，回应并解决着诺苏彝族人生命生活中所遭遇的如疾病、死亡、幸福与不幸等终极和非终极的问题，并通过特定的群体风格和社会表征呈现出来，体现出一种区别于其他群体的独特特质，维系并强化着诺苏群体的边界。

一 作为一种"元认同"的凉山彝族传统宗教认同

每一个个体，都出生、成长在特定的群体中，从而使得个体的生命印记打上了群体的符号与特征。个体出生就获得的特征集，可称之为个体的"元特征集"，它类似于格尔茨所述的"既定资赋"，即一个人出生成长在一个群体中，因此得到一些既定的血缘、语言、宗教、风俗习惯等，由此造成他与群体中的其他成员由一种根基性的联系（primordial ties）凝聚在一起。⑤ 而个体在其生命历程中对这些元特征集的认同建构过程，可称之为"元认同"（meta-identity）。⑥ 产生于族群特殊的自然人文环境中，与其伴生共长的，深植于族群传统社会、文化和习俗中的原生性宗教，就属于这样一种元特征或既定资赋的范畴（其他还有族群、血缘、地缘，性别等）。对原生性宗教的认同建构，也就属于元认同。这些元特征集的重要性，在诸多方面体现出来："它们是社会语境中分布最广泛的因子，是个体生命历程中最先学会和领悟的范畴以及文化'工具箱'中的重要资源。最重要的是，这些范畴身份（认同）的激活，是自动加工的。"⑦

---

① 何其敏：《宗教认同的边界建构与互动》，《西北民族大学学报》（哲学社会科学版）2013年2期。
② "诺"在彝文中为表示"黑""最""非常""格外"之意，"苏"为人。诺苏是彝族众多亚族群支系中的一支，主要分布于四川的西南部和云南的北部，是全国最大的彝族聚居区。凉山彝族属彝语北部方言区，又分为"义诺""圣乍""所底"三个土语区。
③ 关于是否能以"毕摩"来命名该原生性宗教系统，有过争议。其中肯定的一方坚持认为毕摩不仅是彝族原生性宗教的代表人物，还是彝族传统文化的代表，是传承彝族文化的核心和关键性人物。且近年来各地彝族为了复兴传统而打造"毕摩文化"，已经取得了不俗的成果和社会的共识，"毕摩"已经成为彝族的标志性符号。而反对的一方认为，毕摩及其传承的文化只是彝族文化中的一部分，彝族宗教也有多元丰富的内容，用毕摩名之不合适。笔者认为，在诺苏（凉山彝族）地区，毕摩的确能成为诺苏独特宗教文化的代表性人物，因而以之命名是可取的。本文毕摩宗教、传统宗教和原生性宗教都是指代凉山彝族的本土宗教形态。
④ 原生性宗教指产生于民族群体特殊的自然人文环境中，与该民族群体伴生共长的、植根于民族群体传统社会、文化和习俗中的宗教形态，它往往处于一个族群文化、信仰的底层。它通常以祖先崇拜、自然崇拜、鬼神信仰、巫傩祭仪为主要内容，具有原初性、底层性、弥漫性、嵌入性等特性。
⑤ 王明珂：《华夏边缘：历史记忆与族群认同》，社会科学文献出版社2006年版，第19页。
⑥ 方文：《学科制度与社会认同》，中国人民大学出版社2008年版，第79、162页。
⑦ 方文：《学科制度与社会认同》，中国人民大学出版社2008年版，第106页。

凉山彝族的传统宗教与其地理生态、社会、文化紧密相连。是大凉山特殊的自然地理生态环境与社会文化特性塑造了今天凉山彝族宗教的特殊样态。而凉山彝族家支血缘的社会组织也强化、延续了这种以"祖灵崇拜"为显著特征的彝族原生性宗教。作为与诺苏群体伴生共长的、植根于彝族传统中的宗教形态，它早已融入诺苏群体的社会制度和文化习俗中，沉淀为诺苏社会文化的"底层"[①]，内化为诺苏群体的思维模式和群体惯习，成为诺苏人之所以为"诺苏人"的重要部分。对毕摩宗教的认同，是诺苏成员出生之时就自然而然获得的"元认同"。它与族群认同一样，对于群体成员而言，是具有本质意义的原初范畴，是个体生命历程中最先学会和领悟的范畴。诺苏人在举行的年复一年的仪式活动中、在族群长者所讲述的祖先英雄的故事中、在日常的生活习俗中，逐渐意识到了我之为我、我群之为我群的独特性，并在与其他群体的交往互动中，确认并强化了这样的认同。

二 凉山彝族传统宗教认同的群体基础

美国宗教社会学教授罗纳德·约翰斯通（R. L. Johnstone）在研究社会个体宗教信仰的成长过程中指出存在两种内在化：一种是一生下来就能够使宗教观念和宗教群体的实践内在化，而另一种则是要在生命的某个时期经受一种皈依的过程才能实现宗教信仰的内在化。[②] 学者们指出，大多数人的宗教认同，是从家庭中获得的，"家庭是第一个引起宗教信仰体系形成的来源"[③]。对于凉山彝族的传统宗教而言，其成员个体在特定的"血缘、文化"共同体中出生、成长，自然而然地承袭这一群体的观念、价值观及行为。原生性宗教作为族群的文化根底，对它的认同，是族群成员出生之时就获得的"元认同"。因而，出生、成长在诺苏这一群体中，也就自然而然地归属于这个原生性宗教的范畴，成为它延续、发展与传承的群体基础。

作为诺苏中的一员，他/她的出生，就先赋着某些群体印记。在这样的群体印记中，最重要的首先是他/她属于某个"家支"中的一员。诺苏社会是一个典型的以血缘为核心的父系家支社会，血缘世系就是诺苏成员间的根基性情感联结。除此之外，就是一种原生性的宗教环境所赋予诺苏成员的某种宗教性。这样的环境包括每一个诺苏群体的成员，他们都在特定的宗教氛围中出生、成长，其生命过程中的每一个重要节点，都伴随着相应的宗教仪式活动。如出生时请祭司毕摩取名、念诵经文祈福的"洛依若"仪式（诞生礼，婴儿出生7~11天举行，以表明正式成为这个家庭的成员）、满月礼、成年之际的换筒裙（女孩成年礼）、换裤礼（云南西北部男子成年礼）、婚嫁之时的触水纳员仪式，病痛的时候有针对各种疾病的治疗仪式，而死亡的时候则有特定的丧葬仪式（指路、归魂），除此之外，还有依随季节转换的三大季节性仪式，如此等等。[④] 他们在特定的宗教氛围中出生、成长，在遭遇问题与危机时主动或被动地接受毕摩的宗教仪式。仪式的反复举行，灌输着毕摩宗教的意义系统，使得当地人习得并养成了一种特定的宗教思维方式：人生有魂—失魂为病—毕摩占卜—仪式招魂，人死有魂—或归祖或成鬼—归祖佑人、成鬼害人—毕摩占卜—送祖鬼灵。这种思考方式逐渐成为诺苏人的思维逻

---

① "底层"是一个语言人类学的概念，指的是一种语言尽管历经变迁，但是其基本规则及一些基本词汇始终会在一种语言的构成体系中留下深刻印记，形成"底层"现象，在某个合适的时机依然会被调动出来，显示一种语言本身的强大生命力。详见张咏《世界各民族宗教的分类与分布》，载牟钟鉴主编《民族宗教学导论》，宗教文化出版社2009年版，第355~367页。
② 〔美〕罗纳德·L. 约翰斯通《社会中的宗教——一种宗教社会学》，尹今黎、张蕾译，四川人民出版社1991年版，第75页。
③ 梁丽萍：《中国人的宗教心理》，社会科学文献出版社2004年版，第70页。
④ 摩瑟磁火：《美姑地区毕摩宗教活动简介》，《美姑彝族毕摩调查研究》1996年版，第23~76页。

辑，而信仰与仪式内化成为成员的意义系统和行为习惯。在这样的过程中，对传统宗教的认同确立并建构起来。

凉山彝族的传统宗教，是一种封闭的原生性宗教系统。它的封闭性表现在它很少影响诺苏群体之外的其他族群，同时，在相当长的一段历史时期内，它也几乎没有受到过外来文化的影响。凉山地区最大的特点就在于地缘上的封闭性，凉山彝族在自然地理上，被东南西北的高山、河流所阻隔，形成了与周边区域隔离的封闭孤立的自然环境，"独立罗罗"、"文化孤岛"都是对凉山地区的这种封闭性和孤立性的描写。这样的长期封闭的状态，造成了中央集权和外界势力很难进入凉山。加上特殊的政治生态和制度生态，造成了人口大规模流动与交融的禁区。因而，它的群体基础在一定时期内是稳定的。①

毕摩宗教的原生性使得它与诺苏社会文化紧密结合而长期延续，并且使得宗教与文化习俗融为一体。也因为其封闭性使得这个原生性宗教难以受到外来文化的影响而保持了较高的同质性且难以轻易影响到诺苏之外的其他群体。应该说，这个原生性宗教的群体基础在相当长的一段时期内是稳定的。我们今天依然看到毕摩宗教及其仪式活动在当地的盛行，就可以证明这一点。但是，我们需要特别注意的是诺苏群体本身的复杂性与多样性，以及随着时代变迁而产生的深层次互动。凉山彝族至今存在着"腹心（高山）—边缘（平坝）"的地缘边界和"诺伙—节伙"的血缘边界②，特别是由地缘边界带来的腹心地区的封闭与孤立，使得这一区域历来就是"诺伙"（黑彝）的势力范围，在社会制度和文化表征上与边缘地区存在差异。诺苏的语言、婚姻制度与习惯法在腹心地区都保存完好，特别是毕摩宗教及其仪式活动，至今仍然兴盛，而在边缘地区则时不时地被打破。这种边界的存在一方面使得诺苏的原生性宗教具有较为稳定的群体基础，另一方面也造成了诺苏群体对原生性宗教在认同面向、认同程度和认同表现上都存在着差异。同时，随着时代的变迁发展，全球化和文化融合趋势的加剧，这样的边界早晚会被打破和改变，原生性宗教及其认同群体亦将随之改变。

三 凉山彝族传统宗教认同的社会基础

宗教认同与地方情境，即结构、制度和文化密切相关。既定的社会结构与制度作为一种宏观层面的"他人在场"，对宗教认同的建构、塑造与维系有着重要的作用。③诺苏以"祖灵信仰与崇拜"为核心的原生性宗教系统，是连接诺苏个体与群体、死者与生者的重要机制，它的社会基础是以父系血缘为核心的家支组织及制度。制度化是宗教传承与延续的重要保障，也是宗教认同稳固传承的重要保障。正是因为家支组织的强大影响力，以及社会制度的长期性、稳定性，诺苏传统宗教认同本身呈现稳固的特性。

父系家支（cytvie），是诺苏传统社会的根基与核心。其背后是根深蒂固的血缘根性意识，也是使得以"祖"为信仰核心的毕摩宗教长期延续存在的坚实基础。家支是"家"与"支"的总称，是对彝

---

① 值得注意的是，诺苏群体本身还是多元的、变动的，特别是人口掠夺和族群的迁徙，但是外来的人口无论通过何种途径进入凉山，都只能成为彝族等级社会（传统社会）中的奴隶阶层。诺苏彝族的血缘家支和等级内婚制度，使得诺苏族群的纯粹性得到很好的保存。也使得属于彝族传统的毕摩宗教，其总有稳定的群体基础。自然，也不可否认的是，即使在腹心区域，也无可避免地发生社会与文化的变迁，人口的流动带来的边界模糊与文化混合问题，21世纪才成为了大凉山腹心地与外界深层互动的开始。
② "诺伙"即汉语境中称的"黑彝"，"节伙"即汉语境中理解的"白彝"。详见巫达《社会变迁与文化认同》，学林出版社2008年版，第162~165页。
③ 方文：《学科制度与社会认同》，中国人民大学出版社2008年版，第136页。

族传统组织形式的称谓。家支制度是凉山彝族父系氏族社会的产物，建立在凉山地区奴隶社会基础之上。同一个父系祖先的后代、互不通婚所形成的血缘集团，就是"家"，彝语称之为"措家"或"措西"。而家之下分为许多分"支"，彝语称"此杰"，支的规模大小不一，其下由"房"组成，也即小家族，而小家族的最小单位是个体家庭"户"（一夫一妻制的父系个体小家庭）。① 家、支、房、户逐层结构就是诺苏彝族社会的家支。诺苏的家支组织及其制度经历了一个漫长的历史发展与演变过程，从最初原始公社的血族组织，发展为奴隶社会的诺伙和曲伙两大家支体系，长期以来，成为诺苏传统社会结构的牢固基石。它作为一种基本社会组织管理体系一直延续到民主改革前奴隶制度废除之际，但作为诺苏传统社会的支柱与核心，关于家支的观念与意识、情感与行为则一直延续到今天。

以血缘亲情为主要内容和特征的家支型社会关系和社会结构，成为诺苏彝族最重要和最独特的社会特征，生成了一种根深蒂固的血亲家支意识，形成了一种无所不在的强调"血缘根性"的家支文化。每一个生活在诺苏社会中的个体，其最重要的认同和身份都与家支息息相关，正如彝族尔比（谚语、格言）有述："人类生存靠亲友、彝族生存靠家支……鱼靠水活着，蜂靠岩活着，猴靠林活着，人靠家支活着。"这种对血缘祖先的情感和眷恋，对家支的依赖和归属，表现在宗教上，就是对祖灵的记忆、信仰与崇拜，促使诺苏的传统宗教围绕着对"祖灵"的信仰与崇拜展开，并通过祖灵与其他信仰与习俗结合，成为彝族社会文化中最具稳定性和共同性的部分。② 总之，以父系血缘为核心的家支组织及其制度，塑造了诺苏宗教以祖灵为认同核心的特征，成为诺苏传统宗教坚实的社会基础。家支组织的长期延续以及家支文化的深厚传统，使得对传统宗教的认同延续至今。

四 凉山彝族传统宗教认同的符号边界

边界（boundary），是一种差异/区分的界限。③ 边界的存在，一方面是为了表明自我与他者的差异和不同；另一方面也是防止一层层的外在威胁，以维护一种安全的界限。挪威人类学家弗里德里克·巴斯从认同的角度提出了著名族界理论，把"边界"的概念引入族群的定义中，强调群体通过强调或选择某些特定的文化特征，来限定我族群的"边界"以排除他人。④ 现代社会中，认同日益趋于多元和复合，"边界"在社会认同中具有重要的"区别"、"调整"和"联系与交往"的功能。

边界是有实体性的，比如国界线，但更多是无形的、想像的，如巴斯所称的"社会边界"。无形的边界需借符号进行表达，符号作为表征方式会被行动者不断地生产与再生产。而社会群体需要通过符号来构建自身边界，表征个体的归属，维系认同的持续。⑤ "符号边界"（symbolic boundary）这一概念，就是通过某种标记/符号来表示这一无形的、概念上的区分界限。就群体的层次而言，边界的存在预设了人类关于我群与他群的分类和范畴化过程，社会分类/范畴化的结果，就是依照特定的品质或维度形塑我们－他们（我群－他群、内群－外群）之间的群体符号边界，以表达和呈现我－他之间的不同，以限定边界来排除他人。群体间的符号边界在社会比较的过程中不断形成，并通过典范性的社会行动，承载历史记忆的群体文化、风格等群体标识不断地被强化。宗教认同作为社会认同的一类，其

---

① 苏克明：《凉山彝族哲学与社会思想》，四川人民出版社 1999 年版，第 321 页。
② 巴莫阿依：《彝族祖灵信仰研究》，四川民族出版社 1994 年版，第 1 页。
③ 边界是人与物的限度或边缘的界线，是自身与其他人或他物得以区分并表明差异的刻度。
④ 〔挪〕巴斯：《族群与边界——文化差异下的社会组织》，商务印书馆 2014 年版，第 5 页。
⑤ 蒋雨樨：《试析"边界"在宗教认同中的作用及意义》，中央民族大学宗教学系 2015 年硕士学位论文。

认同边界的存在和表现具有重要的意义。

(一) 宗教认同的符号边界

宗教认同的符号边界，是决定宗教成员资格的标准和标志成员资格及排除他者的方式。符号边界的存在，是为了确认、表达、巩固和强化自身所属宗教的认同。当宗教群体普遍地与他群互动之时，需要一套标记和规则，去决定成员资格和区别他者。不同的宗教群体会使用各不相同的标志和记号相互区别，以划开彼此的界限，这些标志和记号构成了一套符号，代表着某个宗教群体所特有的一套信仰价值、规范和行为体系等。这些独特的标志和记号，构建了宗教群体的符号边界。这样的边界不仅使得信仰群体能够更加清晰、准确地定位自己，还成为信仰者获得群体资格或规范自身行为、维系宗教认同的重要途径。

每一个宗教群体都有某种符号边界以表达自身的特性。对于基督教（新教）而言，基督徒意味着信奉上帝和耶稣的群体。而穆斯林则信仰独一的真主安拉，信穆罕默德是真主的使者。从宗教认同的角度来看，这样的符号边界通常是通过信仰特征（教义、教规）和宗教行为来界定的。而就大部分的情况而言，进入某个宗教群体的边界之内，都需要某种"入会仪式"，如皈依和洗礼等。同时，我们需要注意的是，边界不是静止不变的，而是动态变迁的，随着群体特异性（区别于外群的独特特质）的变动，边界会随之改变并被重新定义。随着边界的变动，某些人被纳入宗教群体内，而某些人可能就会被排除在边界之外。

(二) 凉山彝族传统宗教认同的符号边界及其特点

对于凉山彝族的传统宗教而言，作为一种与制度性宗教所不同的原生性宗教类型，它的特殊性在于并没有独立于族群之外的信仰群体。它的成员，只是诺苏族群中的成员，它传承、发展和延续的群体基础在诺苏族群本身，社会基础在以血缘为核心的家支社会体系。这一特殊性使得诺苏传统宗教认同的符号边界与其他宗教相比，具有自身的特点。

这样的特点首先表现在诺苏原生性宗教的成员资格，典型地体现在其族群身份之上。诺苏的宗教认同建基于族群的血缘身份之上，导致宗教认同始终无法超越族群的边界而成为与其他群体共享的宗教内容。来自共同的血缘祖先、出自共同的血缘世系、只在族群等级内部通婚，是一组代表着诺苏群体内聚性与独特性的重要标志。这样的标志反映在宗教信仰上，就是对家祖 - 族祖 - 先祖的记忆、信仰和崇拜。诺苏的原生性宗教，以祖灵信仰和祖先崇拜为核心，血缘始祖"阿普笃慕"及六祖中"古侯、曲涅"的祖先记忆，作为从祖界地"恩木普古"（云南昭通）迁徙到凉山地区生息繁衍的古侯、曲涅的后代，界定了诺苏群体的符号边界，同时也成为诺苏传统宗教成员的"入会条件"[①]。边界之内，凝聚着诺苏群体作为古侯和曲涅后代的血缘情结，而边界之外，则是一张由其他彝族支系（纳苏、能苏等）以及汉族、尔苏藏族等他群所编织的他者/异域世界网络。

根据彝族《西南彝志》所述："武乍二长子，居楚吐以南；糯恒二次子，往洛博而北；布默二幼子，实液中部漫。天上布满星，地上布满人，六祖的后裔，各处去定居。"[②] 古侯和曲涅是凉山彝族有

[①] 入会条件类似"门槛"的隐喻，代表这一宗教只属于这一边界之内的成员。
[②] 根据彝文古籍记载，六祖是传说中洪水后再生始祖笃慕的六个儿子，后发展成为武、乍、糯、恒、布、默六大支系，分布于西南广大地区。详见毕节地区彝文翻译组编《西南彝志（选）》，贵州人民出版社1982年版，第33~34页。

家谱记载的第一个世祖"阿普笃慕"的后代,也即彝族"六祖"中的糯(诺)和恒部落,被认定为今云南昭通和川、滇、大小凉山等地区的彝族之祖。在凉山彝经《招魂经》和《指路经》的记载中,曲涅和古侯是从云南录善县渡金沙江而进入凉山的。到达凉山腹心地——今美姑县的利美莫姑村之后分左、右两路迁往凉山各地,"左边是曲涅路,右边是古侯路,曲涅、古侯二路走"。根据相关史料记载,凉山地区的所有彝族支系,主要都是这两大支系的后裔,"古侯兹起,后兹之后木阿武,木阿武算第一代",至今已下传40代,而曲涅支系也代代下传"伙阿生九子",至今已下传44代。通过"祖源和历史"来凝聚内群及区别外群,并强调群体内核心成员与边缘群体间的区分,是族群认同的常态。如王明珂所述,族群边缘环绕中的人群,以"共同的祖源记忆"来凝聚,个人或人群经常借由着改变原有的祖源记忆来加入、接纳或脱离、排斥一个族群,而造成族群边界的变迁,也即认同的变迁。对祖源及历史的"诠释权",通常是强势群体的特权。诺伙(黑彝)成员坚信所有的诺伙均源于古侯、曲涅两兄弟,并是从昭通地区迁入凉山,与"节伙"(非黑彝)是不同的。无论历史事实如何,如今的凉山彝族都认同"诺苏"族群,认同古侯、曲涅的祖先记忆。

诺苏的族群边界限定了其宗教认同的符号边界,同时也带来了诺苏原生性宗教与其他彝族支系在传统宗教上的差异,体现出自身的特性。比如彝人死后的归属,诺苏彝族强调死后回归祖先发源地,而其他彝族则既有人死后亡魂随鹰祖而去,又有祖灵转化为各种动物的记载,还有投胎转世的说法。如云南罗平、宣武一带的经书就都有此类说法。在节日上,凉山彝族的腹心地——义诺彝族地区也不过"火把节",诺苏并不像其他支系一样特别强调山神崇拜,如此等等。这些区分和边界的存在和共识引导着群体的文化展演与社会行动。以祖灵为核心的信仰与崇拜体系、以祭司毕摩掌握的大量宗教典籍以及毕摩和苏尼所主持的大大小小近200多种宗教仪式活动,构成了诺苏传统宗教的全部,深深嵌入诺苏人的日常生活中,成为他们生命和生活中不可或缺的一部分。而各种人生礼仪如诞生礼、成年礼、婚礼,彝族年"枯史"、星回节等节日和请毕摩、送祖灵、赶鬼怪、招灵魂等宗教仪式活动,成为诺苏原生性宗教的群体风格和重要特征,呈现了与周边汉族、尔苏藏族宗教活动完全不同的宗教特性,突显了诺苏传统宗教的符号边界。

宗教认同符号边界的呈现与表达,在诺苏地区,典型地体现为"仪式化"的信仰实践,这是它的一个重要特点。诺苏彝人在婚丧嫁娶等人生中的重要时刻,都会请毕摩占算并举行相应的仪式活动。在当地彝族人的心目中,广泛存在着"不信毕摩,赶不走鬼;不请毕摩,治不好病"的信念,但凡遇到疾病和灾难,首先想到的就是请毕摩作仪式。季节性仪式(春季晓补反咒、夏季吉觉转咒、冬季依次赎魂),在诺苏的腹心地区美姑,已俨然成为人们一年中习惯性、必行性的年中行事,用当地人的话来说,"不做仪式就不像这家人","不做仪式就不像一个家"。在凉山地区,即使经历了原有社会体系的瓦解、外来群体与文化的互动,传统社会与文化的变迁,在今天的腹心地区,依然能观察到它的存在并发现它以某种新的方式复苏与发展。

总之,通过这些"惯例性和典范性行为"的演绎,从外显的意义上不断生产和再生产可觉知的群体标志,突显了宗教认同的符号边界,群体资格的显著性被不断地激活,这样的符号边界在行动中不断地生产和再生产。然则,我们需要注意的是,与族群认同所不一样的是,在诺苏腹心地区更为隆重和繁复的仪式行为,并非是为了刻意去突显差异和"边界",认同的表达和呈现更像是"无意识"的方式,这也是作为原生性宗教在认同上所突显的特点。

五 结语

任何社会语境下，都存在着既定的社会分类或社会范畴化，这些分类和范畴化把人们分割为各种各样的群体，秉承着群体共认的价值和信念。任何个体，都不仅仅归属于某一个群体或范畴，而是禀赋多元的身份与认同。对于诺苏群体而言，则禀赋着族群与传统宗教的双重认同，它们的边界重合。同时，它们还都属于元认同、既定资赋或者所谓原初、先赋范畴。这种认同的重要性，如前文所述，从许多方面体现出来。而最重要的是，它是个体在出生之际就在生命印记中打上的群体符号与特征，并在个体的成长过程中，通过文化氛围和习俗活动将这种认同内化为思维模式、情感意志和行为习惯。

宗教认同建基在一定的群体和社会基础之上，并围绕着神圣/终极这一认同核心得以形成并巩固。宗教认同的群体基础研究关注宗教认同的载体，探讨的是共同体的成员边界。之于凉山彝族而言，建基于族群特性和原生性的宗教类型基础之上的宗教认同，其群体基础和符号边界都有着不同于其他宗教认同的特殊性，包括宗教认同边界和族群边界的重合以及由此而带来的宗教的原生性、封闭性以及族群认同与宗教认同乃至文化认同之间的复杂关联，如此等等。凉山彝族宗教认同所具有的种种特性，也即血缘群体的身份边界限定了宗教认同的边界，带来的是宗教保持较高的同质性，并拥有稳固的认同群体。而原生性的宗教类型，其所具有的底层性、弥漫性、嵌入性等，因与族群社会文化层面紧密结合，从而使得这种宗教性内化为群体的思维模式和生活习俗而具有更高的稳定性，不轻易受到外部因素的影响而出现认同解构的情况。由此，宗教认同的边界及其所限定的群体基础在过去相当长的时间内是稳定的。

然则，随着现代化、世俗化及文化融合浪潮的冲击与影响，传统宗教不可避免地出现衰落和重新诠释的走向，比较明显的就是仪式的变迁以及传承人问题。特别是近年来随着青年群体外出打工增多，对传统宗教的质疑也增多，青年群体基于信靠之上的仪式实践开始减少，更多的是"随俗"。因而，时代的变化、传统的变迁以及群体特异性的变动都将重新定义边界的内涵。随着"边界"的变动，凉山彝族原生性宗教的认同群体发生着变化，某些人被纳入其内，而某些人可能就会被排除在边界之外。

从祭灵、撵鬼到造神：20世纪以来基诺族宗教文化变迁研究

何点点　高志英[**]

摘　要　20世纪以来，受国家权力及汉文化的影响，基诺族宗教文化先后形成了三个颇具时代性的理解和实践——祭灵、撵鬼、造神。1950年代以前的祭灵时期，基诺族以自然之灵与祖先之灵为主要崇拜对象的传统宗教，建构人与自然和谐关系的努力；1958年至1978年的撵鬼时期，先有"破四旧""文革"等摧毁传统宗教文化的撵鬼运动，后有由其引发的基诺族为重建社会秩序、迎合外界主流意识而自发举行的撵鬼仪式，建构人与自然、人与基诺族（内外）社会的和谐；1978年以来的造神时期，基诺族在民族精英和政府的主导下，进行了一系列传统宗教文化的再生产实践，融主动性与世俗化于其中。本文通过对百年来基诺族传统宗教文化变迁路径的系统梳理，探讨以"祭灵""撵鬼""造神"为表征的宗教文化变迁及其动因，并分析其崇拜对象"乃"在三个历史时期的汉语译介与其功能的适应性变迁，同时也对文化再生产等相关理论进行回应。

关键词　基诺族；崇拜对象；宗教文化；适应性变迁

DOI：10.13835/b.eayn.26.09

一　研究缘起：崇拜对象"乃"的一词三译、三用

位于西双版纳傣族自治州景洪市的基诺山，旧称攸乐山，方圆600多平方公里，为无量山余脉，山峦连绵起伏，沟壑纵横，海拔在900~1600米；属亚热带气候，年平均温度在20℃以上，常年高温多雨，日照充足，历史上原始森林遮天蔽日，珍禽异兽穿行其间。因此，游耕[①]兼游猎[②]、采集[③]，一直是基诺山基诺族长期沿袭的生计方式。基诺族以"长房"为其主要的饮食起居空间，其内居住着整个父系氏族。长房成员有同一祖先，内部禁止通婚，并基本保持土地公有制。每一长房有家长一人，

---

[*] 本研究为2015年云南省民族研究院课题"云南跨境民族民生改善问题研究"（项目编号：MY2015ZD003）中期研究成果，同时获云南大学民族学一流学科第三批建设规划招标项目"三崇寺里的陌生神——'极边'腾越乡村社会的历史、信仰与权力变迁"的资助。本文所用资料，除注明出处的文献资料外，均来自笔者于2015年三次田野调查资料。

[**] 何点点（1991~），女，清华大学社会学系博士生；高志英（1964~），女，云南大学民族学与社会学学院教授，博士生导师。

① 庄孔韶：《基诺族"大房子"类型剖析》，《中央民族学院学报》1981年第2期；石奕龙：《基诺族是游耕民族而非游居民族——与周新文、陶联明同志商榷》，《民族研究》1995年第5期。

② 龙春林等：《基诺族传统文化中的生物多样性管理与利用》，《云南植物研究》1992年第2期；杨知勇、陈平：《基诺族狩猎仪式与血缘婚遗存的融合互渗》，《云南民族学院学报》1993年第5期。

③ 王洁如、龙春林：《基诺族传统食用植物的民族植物学研究》，《云南植物研究》1995年第2期。

领导长房成员的生产生活[1]，以及从元代以来各历史时期与外界的政治、经济交往[2]。《普洱府志》记载："旧时武侯遍游六山，留铜锣于攸乐，置芒于莽芝，埋砖于蛮砖，遗木梆于倚邦，埋马镫于革登，置撒袋于曼撒，因此名其山。"[3] 攸乐山因诸葛亮留铜锣于山内而得名，显然不符史实，但此历史记忆的重构，正是华夏边缘民族试图攀附内地中央王朝的一种史实映射。[4] 正是这种从元代以来，尤其是20世纪以来在外界力量影响下的基诺族社会变迁，使其宗教观念也发生剧变。对此，更多的学者关注的只是当下基诺族宗教文化在旅游场景中的世俗性变迁，如宋延雷[5]、吴兴帜[6]等对当下大鼓舞流变的研究，而系统性梳理20世纪以来基诺族宗教文化变迁的研究成果却至今未见。

实际上，世界上大多数民族都曾经历过万物有灵的崇拜阶段。其中，包括对超自然力量之"灵"的崇拜，对此称呼也各不相同。中国西南氐羌系统民族多将超自然力量称为"灵""鬼""魂"等[7]，而且从其功能看，"灵""鬼""魂"还兼有职能神乃至至上神的意义[8]，并无汉语意义上的鬼、神（灵）二元对立的说法。基诺族的万物有灵信仰与其社会紧密结合，将超自然力量称为"乃"[9]，可直译为灵、魂，是基诺族最为重要的崇拜对象。万物有灵信仰产生于历史上基诺山基诺族的自然环境以及与之相适应的狩猎采集与刀耕火种生计方式，并形成了一整套狩猎与农业祭祀仪式来构建人与自然之间的和谐关系。[10] 20世纪50年代以来，基诺族从游耕农业发展为定居农业，近三十年来橡胶、茶叶等经济作物的大规模单一化种植，更使其传统宗教文化的自然生态与文化土壤不复存在。其间还经历了1957～1958年和"文革"时期的宗教文化空白期，基诺族不得不通过举行"攮鬼仪式"来构建"鬼"存在的合理性，从而迎合当时的国家民族宗教政策。20世纪80年代以后，国家与民间双重力量共同参与了宗教文化的颇具现代性的"神"的重构实践，并使崇拜对象"神"越来越具有了旅游场景下的文化资本意义，"神"是国家话语、市场行为以及学界对基诺族文化的再解释，体现了其对基诺族理解自身文化和表述自我所产生的影响。纵观信仰主体百年来对"乃"的态度和与之相关的宗教实践的历时性变迁，以及祭灵、攮鬼、造神三个历史时期外界与文化主体对基诺语"乃"的三种汉语表述，如果将中国自民族识别以来常用的"鬼""神"直接对译各少数民族万物有灵信仰对象，就会发现存在着概念上的名实不符或似是而非的问题，此乃忽略了其情境性的文化意义差异所致。而基诺族宗教实践中的"祭""攮""造"三个动词，则是对崇拜对象的三种施力方式，蕴含着其背后不同的权力结构、文化环境和社会态势。可以说，"祭灵""攮鬼""造神"这三个相继发生的行为实践体现着基诺族对"乃"的理解以及"乃"与社会结构关系的变化，亦是研究百年基诺族社会变迁的理想窗口。

布迪厄的"文化再生产"理论避免把文化视为客观存在来研究，而是强调个体实践与文化（结构）的关系。该理论认为文化通过不断的"再生产"维护社会结构，并推动文化、社会的进步，且文

---

[1] 汪宁生：《基诺族的"长房"》，《社会科学战线》1982年第3期；郑晓云：《基诺族长房的社会性质》，《社会科学战线》1995年第2期。
[2] 朱映占：《村社组织变迁中的基诺族长老》，《思想战线》2012年第1期。
[3] （清）郑绍谦：《普洱府志》，清咸丰元年刻本。
[4] 参见王明珂《华夏边缘：历史记忆与族群认同》，允晨文化1997年版。
[5] 宋延雷、张静嘉：《试论场域变迁中的基诺族大鼓舞》，《贵州民族研究》2016年第12期。
[6] 吴兴帜：《舞蹈类"非遗"旅游符号化消费边界研究——以基诺族大鼓舞为例》，《北京舞蹈学院学报》2017年第6期。
[7] 参见吕大吉、何耀华主编《中国各民族原始宗教资料集成》，中国社会科学出版社1996年版。
[8] 参见蔡家祺《论原始宗教》，云南民族出版社1988年版。
[9] "乃"是对基诺语发音的汉译，参见杜玉亭《基诺族文学简史》，云南民族出版社1996年版，第19页。
[10] 朱映占：《基诺族农业祭祀礼仪及其变迁研究》，《楚雄师范学院学报》2012年第1期。

化再生产是一个既有冲突也有矛盾的个人和制度的关系网络。① 基诺族宗教文化的变迁是文化不断"再生产"的过程，但其"再生产"的动因与结果除了延续社会结构的主脉外，还有在1950～1970年代社会转型和传统宗教信仰空白期给文化持有者带来恐惧、慌乱情绪时的心理安抚功能。这正如《野鬼的年代》所描述的：驱鬼仪式的直接目的是超度和安抚当时非正常死亡的人变成的野鬼，深层目的是修复被国家机器碾碎的宗教世界，排解直苴人被暴力伤害的压抑、苦痛、恐惧的情绪。② 由此视角研究基诺族宗教文化的研究成果，至今未见。

二 20世纪以来基诺族宗教实践概述

田野调查发现，村民们已经很习惯在"祭灵""撵鬼""造神"这三个概念的影响下描述他们自20世纪以来的宗教文化变迁，他们对崇拜对象的不同态度耐人寻味。

（一）祭灵：20世纪上半叶的仪式与生活

1. 基诺的"乃"

20世纪上半叶，基诺族的社会形态尚处于父系公社制阶段，以村寨为单位，由氏族长老（家长）主持村寨事务。因此，在氏族长老向傣族土司缴纳银两，民众以茶叶与傣族、汉人进行物物交换之外，村寨受外界影响甚小，村寨内完全讲基诺语，阐释和理解世界也是基于母语的表达思维。于是，基诺族对超自然存在的称呼"乃"——也是对所有信仰对象的统称便长期保留下来。在基诺族看来，除了造天地的阿嫫腰白、造人的丕嫫等属于"乃"之外，山、箐、森林、动物、去世的人等自然事都有"乃"。而且，"乃"影响着人们的生产生活和个体安康，因而需要通过相应的祭祀仪式来祈求其庇护或化解消极影响。这样的传统信仰体系被人类学家泰勒称为万物有灵的信仰体系，也被称为泛灵论。③ 涂尔干把世界分为神圣世界和世俗世界两类，并且强调两者的二元对立。④ 然而在基诺族传统社会中，神圣与世俗并不是完全分离的，而是可转化的，世俗世界中的自然万物可以在特殊场域下因为与人产生联系而转化为神圣事物。可以说，通过世俗意义和象征意义的区分，神圣与世俗成为同一事物的两面。就如同谷物，既是日常食物，又具有谷魂可被祭祀，在其他仪式中也作为祭品使用而有了神圣性。基诺族的"灵"是一种超自然的存在，因此，既包括了汉语意义里的"鬼"，也包括了"神"，而且主要指代的是超自然存在，可解释为精神、魂。在基诺族万物有灵的概念里，"灵"指所有生物的灵魂，这些灵魂在"肉体死亡或消失之后能继续存在"，且"影响或控制着物质世界的现象和人的今生和来世的生活"⑤。因此，用汉语中通常使用的具有正负功能的"鬼"或"神"来直译、理解基诺族的"乃"，难免会词不达意，只有从文化持有者的语言体系和思维模式理解其文化内涵，才能接近基诺语的"乃"的本意，并理解文化持有者的宗教观与宇宙观。

2. 祭灵的基诺族社会

20世纪上半叶，基诺山还是大片的原始森林，各个寨子深处密林，延续着刀耕火种和狩猎采集的

---

① 熊浩：《北京大学百年校庆——一个文化生产事件的分析》，《文化研究》（第二辑），天津社会科学出版社2001年版。
② Erik Mueggler, *The Age of Wild Ghosts: Memory, Violence, and Place in Southwest China*, Berkeley: University of California Press, 2001.
③ 参见（英）爱德华·泰勒：《原始文化》，连树声译，上海文艺出版社1992年版。
④ 〔法〕爱弥尔·涂尔干：《宗教生活对基本形式》，渠东、汲喆译，上海人民出版社1999年版，第46页。
⑤ 〔英〕爱德华·泰勒：《原始文化》，连树声译，上海文艺出版社1992年版，第414页。

生计方式。生产活动高度依赖自然环境，或者说人们屈服于自然压力之下，因而产生了万物有灵的原始宗教，以理解与处理人类与自然之间的关系。除了自然崇拜和祖先崇拜涉及的灵，基诺族还认为活着的人也有汉语表述的魂①，男人有九个"乃"，女人有七个"乃"。而且，人的"乃"的组成与自然界和男女分工有关，如男性因承担打猎的责任而被认为拥有鼠魂、鸟魂和兽魂，女性则没有。可见，基诺族的"乃"的观念与其生存环境与生产生活密切相关。

在基诺族社会，能与灵沟通的主要是巫师、祭司和铁匠，司职不同的宗教仪式和治疗仪式。此外，村寨长老、各家的男性家长也能独立完成和辅助一些仪式活动。巫师、祭司和铁匠的传承体系较为特别，即当人间男性意外得到被公认是"巫师乃"或"祭司乃"，抑或"铁匠乃"的定情礼物，再经巫师占卜确认后，择日与之举行宗教性结婚仪式。仪式后，这位男性便依据结婚的对象获得相应的身份。② 实际上，基诺族就是通过一个与有不同职能的"乃"的"结婚"仪式，构建与"乃"——超自然力量的密切关系，可见其思维与宗教实践模式的独特性。

基诺族认为，灵（"乃"）影响着生产生活和个体健康，因此一系列祭灵仪式贯穿于人们的生产生活中。在祭灵仪式中，巫师或祭司借助媒介（如祭词、祭舞等）把个人或群体筹集的粮食、牲畜、花环、竹编物等祭品献给灵，以人神互惠的方式讨好、纪念、追忆灵，以达到祈福消灾的目的。如村落和个体的各项节日祭祀（如特懋克、洛莫洛③等）、生产祭祀（如叫谷魂)④、生命礼仪（如成年礼、婚礼、葬礼）构成了基诺族独特的宗教文化系统，可以统称为祭灵仪式。生前，人们只有通过参与和完成这些仪式完成社区中自然人到社会人的身份转变，在死后才能够对应在人间的不同身份进入不同的寨子生活。基诺族认为阴间是与阳间相似的空间场所，有丕嫫居住的寨子，有祖先居住的寨子（司杰卓密），也有非正常死亡的人居住的寨子。如此映射式的死后世界——"灵"世想象，不断强化着现实世界的结构与秩序。

除了上述以祭祖和祈福禳灾为主要目的的祭灵仪式，还有一种重要的祭灵仪式是与疾病有关的治疗仪式。维克多·特纳在对恩登布人的研究中，就记录了治疗妇女不孕的伊瑟玛仪式："如果一个女人生性爱吵架拌嘴，或是有一群爱吵架拌嘴的亲属，而且'肝中'（我们会说'心中'）忘记了她祖先（她逝去的祖先或外祖母或其他已经逝去的母系长辈）的阴影，那么她就有被冒犯了的祖先阴影'扎起'她生育能力的危险。"当受到祖先阴影的危害时，恩登布人认为"祖先阴影所加给人的不孕是一个暂时的情况，只要举行合宜的仪式就能够除去"⑤。可见，恩登布人认为的"阴影"与基诺族的"乃"一样，都是灵类。在基诺族的习俗中，当人的身体出现疾病症状时，便会请巫师或者祭司诊断病因，即确定疾病是由哪一个灵引起的，主要有看卦、占卜、立贝、摸脉、做梦、念咒语六种"诊断"方式。待病因确定后就举行相应的祭灵仪式，以求灵不要再来打扰患者。一般是由患者亲自去找巫师，如果患者病重不便时，就由家人拿患者衣服代替。弗雷泽把这样的巫术行为称为"接触律"——"物体一经接触，在中断实体接触后还会继续远距离地相互作用"⑥。巫师通过接触患者穿过的衣服与患者产生关联，从而为其诊断疾病，从此例可以看出将疾病归因于"灵"的疾病观。而灵

---

① "魂"是当地人在表述"鼠""谷"等动植物时等习惯性汉语称呼，与灵是一个意思，都是万物有灵的信仰对象，本文主要使用"灵"来表述"乃"。
② 参见何点点《基诺族宗教文化变迁研究》，云南大学 2016 年硕士学位论文。
③ "特懋克"译为"盛大的打铁节"，是基诺族的年节；"洛嫫洛"是纪念传世母亲阿嫫腰白的祭祀活动。
④ "叫谷魂"是在每年旱谷收割入仓时举行的仪式。
⑤〔英〕维克多·特纳：《仪式过程：结构与反结构》，黄剑波、柳博赟译，中国人民大学出版社 2006 年版，第 12~13 页。
⑥〔英〕弗雷泽：《金枝》，徐育新等译，大众文艺出版社 1998 年版，第 19 页。

("乃")实际上是各种自然压力的幻化物,因此其背后就是基诺族的宇宙观,即认为一旦世界万事万物各处其位、各安其命的结构、秩序被打破、失范,人就会不适、生病,村寨就会降临灾难。

可见,基诺族的信仰对象、宗教师与仪式是在其"乃"观念下的一套宗教文化体系,而祭灵便是这一时期基诺族宗教文化的主要表征,与自然环境、生计方式、社会结构有关。杜玉亭把这一时期基诺族社会的特点总结为社会神圣化:[①] 体现了基诺族宗教与社会的高度整合、围绕生产生活展开的丰富的祭灵仪式是社会神圣化的直观反映,而最终根源便是原初社会中人们所承受的自然压力。[②]

(二)撵鬼:1957~1978年宗教空白期的"鬼文化"重构

1. "鬼"概念的建构

1950年代到1980年代,杜玉亭等民族研究者与工作者深入基诺山进行了多次社会历史调查,并完成基诺族民族识别工作。这一时期的一些调查资料把基诺族万物有灵的信仰对象称为"鬼"[③]。《说文解字》中载:"人所归为鬼","鬼阴气贼害"[④],基诺族认为的灵("乃")所具有的危害人类生产生活、影响个体健康的属性,与汉文化中的"鬼"意思相近,这应该是以"鬼"概念代替"灵"概念原因所在,但忽略了基诺族"灵"概念的功能意义的积极一面。这些调查资料的表述方式成为主流文化,反过来又对基诺族在学习汉语和用汉语表达自我时产生了一定的影响,使他们对"乃"的认知扩大了其"凶"的一面,而淡化了其"善"的一面。

更值得注意的是,在1957年到1978年中国反"四旧"与"文革"期间,国家的民族宗教政策影响了基诺族对其传统信仰对象的态度:从被祭拜的"灵"转向被打倒的"鬼"。于是,传统宗教文化因被权力话语定义为"牛鬼蛇神"而打倒,引发了基诺族自发举行的,被学者和老人们所描述的"堵鬼门"的撵鬼仪式。时至今日,许多基诺人仍然把做仪式称为"搞迷信"或"做鬼事",可见这一时期的阴影延续时间之长、程度之深。

2. 撵鬼仪式及其社会背景

调查发现,这一时期的撵鬼活动,可以根据施力者的不同而分为外力撵鬼和自发撵鬼两种形式。外力撵鬼,是指1950年代末到1970年代末,先后发生的"破四旧""文化大革命"等运动给传统文化贴上"封建迷信"的标签,导致宗教师受到摧残、宗教仪式被禁止、民族传统宗教文化被摧毁。自发撵鬼,是指在外力撵鬼导致基诺族原生文化失序、人们陷入恐慌的低谷,文化持有者期望重建稳定的秩序,以形成新的却又可纳入地方性知识的解释体系而举行的撵鬼仪式。缪格勒对这一时期楚雄彝族的鬼文化进行了研究,他遵照当地彝族直苴人的描述,把从1958~1960年的困难时期到1990年代称为"野鬼年代"(age of the wild ghost)[⑤]。缪格勒指出:"人们之所以用'野鬼'一词来标志这一时期,是因为在这一时期,由于直苴人独特的伙头制度被以仪式的方式'杀死'(kill)了,直苴人的祖

---

① 吕大吉、何耀华总主编,杜玉亭等主编《中国各民族原始宗教集成:彝族卷·白族卷·基诺族卷》,中国社会科学出版社1996年版,第798页。
② 参见蔡家祺《论原始宗教》,云南民族出版社1988年版。
③ 灵的另一种描述是魂,主要是用于人,如祖先的魂、男人有七个魂等情况。此外,还有鸟魂、鼠魂、谷魂等称呼,本文暂且不单独讨论魂这一用法。
④ (东汉)许慎:《说文解字》卷九,清代陈昌治刻本。
⑤ "野鬼的年代"(age of the wild ghost),缪格勒指从"大跃进"所导致的1958~1960年间的灾难性的饥荒一直延续到20世纪90年代的三十多年的时间段。参见:Erik Mueggler, *The Age of Wild Ghosts: Memory, Violence, and Place in Southwest China*, Berkeley: University of California Press, 2001.

先成为游荡在直菁的野鬼,报复着杀死伙头制度的人;同时由于这一时期死于非命的人很多,且长期无法举行仪式将其魂魄送到鬼的世界,于是这些魂也成为野鬼,诅咒或杀害自己的后代。"①

与缪格勒的研究不同,在基诺山,同样面对外力撵鬼,人们采用了更为彻底的方式。为了缓解以万物有灵为内核的传统文化的失序所带来的社会恐慌,为了重建稳定的社会,基诺族不但将"乃"称为鬼,而且在1958年4月,巴亚寨长老们联合举行了"堵鬼门"仪式。长老们通过该仪式堵住了巫师、祭司、铁匠和祖先鬼寨的门,寓意着基诺族传统宗教文化中最重要的鬼不再来到人间,人们不用再祭鬼也不再受到鬼的骚扰。杜玉亭详细记载了巴亚寨"堵鬼门"仪式:

> 在念完堵四个鬼门的仪式词和向寨鬼、杰主祖灵的求福词后,坐在篾桌上的长老们用竹笋勺舀酒,再向桌上祭酒,表示人与鬼进行了严肃的盟誓。此时二百余持火药枪的民兵们又打了第二次连续十多分钟的排枪。至此全部仪式结束,宣布散会时,民兵们又打了三次持续数分钟的排枪。②

至今,当一些老人被问起为什么许多传统的仪式在这个时期不再举行了,老人们就往往会回忆起这个"堵鬼门"仪式,并解释道:"鬼门被堵住了,鬼不会来人间了,也就不用祭祀了。"可见,文化持有者自发举行的撵鬼仪式,有效地缓解了人们慌乱压抑的情绪,并为其找到释放的出口。这是社会变迁或动乱、失范时,文化持有者主动利用地方性知识应对外界主流话语,以维护社会稳定、整合社会秩序的变通手段。其结果是,这种由外而内的自发撵鬼仪式直接导致了大量原始宗教仪式的结束,或者说是由一种新发明的颇有外界主流意识意义的祭鬼(灵)仪式取代了传统的祭灵仪式。这恰恰不是对崇拜对象"鬼"(灵)的否定,而是当时"人定胜天"思想下从屈从于"灵"到驱撵"鬼"的态度转变。由此可以看出,此时期的"鬼"与之前的"灵"并无二致,皆是对基诺族生产生活影响至深的各种超自然力量。

其次,基诺族对传统鬼灵的崇拜,使之不可能在朝夕之间彻底消除。究其根源,是因为刀耕火种和狩猎采集的生计方式一直延续到1980年代初期基诺山森林权属关系重新划定之时。③ 换言之,只要强大的自然压力仍然作用于繁衍生息于基诺山的基诺人,那么对超自然力量的崇拜就不会彻底消失。因此,从1956年开始的一浪高过一浪的外力撵鬼、内力撵鬼运动持续期间,少数宗教仪式依旧断断续续地进行着。这些仪式多以个体家庭为单位独自举行,如"祭兽鬼"仪式是在猎获大型猎物后,为感怀兽鬼("乃")对猎手的垂青以及对村寨的赐予而举行的祭祀活动。巴坡村的车杰回忆其七八岁(大概1974年左右)时,最后一次见过爷爷狩猎后举行的"祭兽鬼"仪式。但是,"撵鬼"时期举行的"祭兽鬼"仪式与以前的相比,仪式流程有所简化,甚至对于外界而言有所隐秘。用车杰的话就是,"不敢大搞,只是随便搞一搞"。看得出来仍然在自然压力下的基诺人在其文化传统与外界强势文化之间的尴尬处境。总之,1950年代末至1970年代基诺族的生产方式、社会环境和政治形态的变化改变了其文化生态,而"破四旧"等政治运动加剧了传统宗教文化的分解,民众自发的撵鬼仪式更进一步造成了宗教信仰的断层。但不得不说,由外力引发的自发撵鬼仪式是基诺族面临文化和社会失序时,为

---

① 汤芸:《从〈野鬼的年代〉看西南中国》,《西北民族研究》2006年第1期。
② 吕大吉、何耀华总主编,杜玉亭等主编《中国各民族原始宗教集成:彝族卷·白族卷·基诺族卷》,中国社会科学出版社1996年版,第982页。
③ 林地按户分配后,轮耕制度便难以存续了。

新发明的"鬼文化"构建合理性以稳定社会结构的策略。

(三) 造神：1978 年以来的"神文化"重构

1. 从被撵的鬼到被造的神

当下，基诺族内部依然使用基诺语，但在对外交流时不少人已经能够使用汉语。笔者在基诺山调查时发现，不同年龄阶段的访谈对象在用汉语描述宗教信仰对象时存在使用"神"和"鬼"的分类概念。他们把创世的"乃"称为神，如创世女神阿嫫腰白、造人女神丕嫫；把去世之人的魂以及一些在当下地位不高的灵称为鬼，而地位较高的灵，时而称为鬼，时而称为神，如兽神/鬼，山神/鬼，[①] 后两者常被认为是给人体带来危害的崇拜对象。调查发现，这样的分类，与外界学者的表述习惯变化有关，更与撵鬼时期之后的文化重构实践有关。

基诺族在 1979 年被认定为独立民族共同体后，恰逢改革开放后民族传统文化恢复高潮，基诺族民间开始自发恢复一些宗教节日和仪式。1988 年，特懋克作为民族法定节日被确定下来，这进一步唤起了基诺族的文化自信与文化自觉，政府和民间力量极大地推动了传统文化的复兴。在官方的文化重构中，上述归为神的"乃"借用汉语表达被定义为神，并成为重构的对象，这促使基诺族民间的效仿。随着基诺山旅游业的发展和频繁的文化展演活动，为迎合占大多数的汉族游客和观众，"神"的概念不断被强化。本文称此为"造神"文化重构，主要体现在基诺族民族精英和当地政府通过主持一系列旅游场景中的"仪式"实践，而把与基诺族传说中重要的神塑造为民族文化符号与认同对象。

2. 造神实践及影响因素

1978 年以来的"神文化"重构是一个文化再生产的过程，不是与 20 世纪上半叶的宗教文化完全断裂的义化重构，而是与过去相连续的；也不是对传统义化的全面复兴，而是更多地受到当下政策导向和经济行为的影响的文化重构。政策导向的影响，主要体现在自我表述时，如非物质文化遗产保护的相关政策引导着基诺族选择某些具体的文化事项作为申报和展演对象；经济行为的影响，则表现在基诺山旅游发展时，为了利用"民族文化"吸引游客，有选择性地建构文化符号和展演项目。这样主观性的、有选择的重构，直接影响着宗教文化传承的具体内容与形式，必然也导致了对部分"未被选中的文化"的被忽视，进而遗失。

1988 年，西双版纳傣族自治州人大常委会基于基诺族的意愿把特懋克定为基诺族的年节，规定于每年公历 2 月 6 日至 8 日举办。特懋克由此成为基诺族唯一的法定节日，也逐渐发展为其最具代表性的节日。每年 2 月 8 日前后，乡政府会举办隆重的庆典，各村寨也会在这一时期先后过节。其实，在申报法定节日时，基诺族精英面临过"洛嫫洛"与"特懋克"二选一的困境。"洛嫫洛"是纪念创阿嫫腰白的忌日举行的节日，在每年农历七月举行，连续 13 天的纪念活动十分隆重。因此，在基诺族民众心目中，"洛嫫洛"的重要性和"特懋克"不相上下，甚至更有神圣性。试想，如果当时基诺族精英选择"洛嫫洛"为基诺族的代表性节日，那么较为完整的"洛嫫洛"仪式就可能延续下来，而非只存在于老人的记忆里。同样，20 世纪上半叶，当下被称为阿嫫腰白、男女祖先玛黑和玛妞、巫师神女、祭司神女、铁匠神女[②]、兽神的灵都是十分重要，且常被祭祀的灵。在造神实践中，这些灵也经历了不同的重构历程。阿嫫腰白、玛黑和玛妞在各个场合被着重强调，在景区也建造了塑像；兽神传

---

① 也有用"魂"来表述的情况，如谷魂。
② 即上文提到的"巫师乃""祭司乃""铁匠乃"。

说在传统乐器奇科、布姑的申遗过程中被重新挖掘和传播，也常被视为可侵犯人身体的成本对象，在治疗仪式中要被祭祀。但是，与宗教师有关的三位神女却没有被重构，传颂她们的古歌也已失传，只能从前辈学者的记载中见到部分汉语译文。由此可以看出，当下非遗与旅游背景下的民族宗教文化重构的不完整性。总之，有的"灵"被造成了"神"而被整个民族祭拜，同时还有游客共享祭神文化；而有的"灵"却被遗忘了，就如传统的刀耕火种与采集狩猎生计方式一样，逐渐远离基诺世界。

另外，如同众多西南少数民族传统宗教文化所面临的现代性挑战一样，基诺族的造神实践也表现出显著的世俗化特点。宗教世俗化，是宗教的观念、仪式和组织在社会中的重要性、神圣性被逐渐降低的过程，在基诺族中，主要体现为信仰淡化和仪式流失后，宗教与日常生产生活的分离，而且，通过神圣性信仰和仪式维护村落权威的地位和稳固村落共同体的作用逐渐淡化。与此同时，当下被构建为民族符号，被商业化的宗教文化，又对基诺族社会发挥着新的功能，主要表现在它作为民族符号构建和强化了民族认同、巩固了集体意识，以及为基诺山旅游经济的发展提供文化支撑。尤其是后一因素，致使当下基诺族的"造神"显示出明显的世俗性特征。以特懋克中的打铁仪式为例，铁器是基诺族传统社会中的重要工具，铁匠身份具有神圣性，并不是每个人都能获得，打铁仪式的神圣性从意为"盛大的打铁节"的特懋克名称本身就能看出。2015年1月，笔者参与的特懋克仪式中，铁匠房是临时搭建的，铁匠也是临时任命的，打铁仪式当天，外来的记者、摄影爱好者、游客的人数远多于当地人，铁早已不是稀缺品，重构的打铁仪式已经不能唤起基诺族的共鸣，其神圣性逐渐被商业性和展演性取代。

总的来说，1978年以来，以民族精英为主导，全民参与的"造神"实践是原始宗教存在的场域发生变化后，基诺族通过世俗的手段建构神圣范畴，重塑族群身份，并与过去保持一定程度的延续的文化再生产行为；是政策性指令、市场经济与基诺族的文化自觉共同作用的产物，体现了宗教在世俗化转向时人的主体性。从此过程也可以得知，"造"虽然是主要的行为方式，但并不意味着传统宗教神圣性的完全消解，万物有灵的观念依旧根深蒂固地延续着。因此，人们仍会在正门上挂祛鬼的达纽①，过年时会在厨房里摆上祭祖先的酒和饭菜，特别是招魂驱鬼治疗仪式作为现代医学的补充，仍然是基诺族现代医疗的主要内容之一。

三 结论与讨论

综上所述，"祭灵""攆鬼""造神"是20世纪以来基诺族宗教文化变迁的三个历史阶段，与基诺族社会的百年嬗变密切相关，呈现文化主体理解和处理宗教文化的历时性特征与其动因、影响。

之所以出现"祭灵""攆鬼""造神"三个时期的宗教文化变迁，是因为基诺族宗教文化赖以萌发、延续的自然环境和社会环境的急剧变化。祭灵时期，基诺族所崇拜的"灵"，是以自然崇拜与祖先崇拜为主的万物有灵之灵——"乃"，是其建构人与自然、人与社会和谐关系而创构的超自然力量。攆鬼时期，基诺族的崇拜对象从兼具恶性与善性的"灵"变为汉语意义里主恶的"鬼"，恰恰是以迎合时代主流意识的"攆鬼"仪式来表达宗教信仰的现实存在。到了造神时代，以同时满足文化主体与游客心理的，并且是经选择的"神"取代了前两个时代的"灵"与"鬼"，但其神圣性却前所未有地淡化了，更多意义上只是一个作为文化资本的"神"，同时又起着民族象征符号的功能。因此，基诺

---

① 一种竹篾编织的有孔物体。

族的崇拜对象"乃",从"灵"到"鬼",再到"神"的汉译变异,所反映的不仅仅是其宗教观念的场景性变迁,更主要的是文化主体施力方式的变化。换言之,从"祭"到"撵",进而到"造"三个动词,是依次发生的文化主体对待其宗教文化的三种施力方式,体现了文化主体面对崇拜对象从被动到主动的态度变化,也是受自身文化逻辑和地方性经验影响的变通性行为策略。

  20世纪以来基诺族宗教文化的变迁,其实是一个文化不断再生产的过程,对社会延续具有重要意义。撵鬼时期,文化主体面对失序自发举行,撵鬼仪式正是其主动利用地方性知识,通过对祭灵文化的再生产来对应外界主流话语,变通性地维护社会稳定。造神时期的文化再生产,又是对传统祭灵文化有选择性的再"发明"。可见,不同场域下,文化再生产始终联系过去,因而基诺族文化的内核——祭灵文化始终在延续着,并作为推动每一次文化再生产的惯习,促使其社会不断发展,从而保持其"基诺性"。而撵鬼时期的"堵鬼门"这一文化再生产仪式,则如同缪格勒描述的安抚亡灵仪式[1],有缓解人们压抑、恐慌情绪的功能,而使其时的文化再生产具有了失范社会中的心理塑造意义。因此,在对布迪厄"文化再生产"理论进行补充时,一是要注意自始至终在延续着的文化内核,即基于其自然环境与社会环境的区域性与民族性兼备的"民族传统文化";同时还应关注社会变迁,尤其是外界力量对文化主体心理层面上的影响,即对文化持有者"情感"的关注或许也应该更多地应用到文化变迁研究中。

---

[1] Erik Mueggler, *The Age of Wild Ghosts: Memory, Violence, and Place in Southwest China*, Berkeley: University of California Press, 2001.

个人权责与地方管理知识：基于佤族"梅"的研究

陈明君

摘　要　"梅"是建构和强化佤族关于"管理"的基本观念和行为准则的独特媒介。沧源县某镇新村"梅"的民族志研究表明，"梅"的信仰与仪式维系着地方"人—家—寨"的社会秩序，强调着个人责任和权力范围。由"梅"信仰和仪式反映出来的地方管理性知识，一方面固化了管理层及其权责，影响了其他人参与地方管理的积极性；另一方面又强化了人与人之间的平等、分工与合作，在一定程度上维系了稳定的社会秩序。在我国基层农村管理过程中，要有效地提高管理地方的能力和效率，就要充分尊重和利用地方性管理知识。

关键词　"梅"崇拜；个人权责；地方管理；佤族

DOI：10.13835/b.eayn.26.10

"佤族村民虽对国家政权有着高度认同感、信任感和深厚的感情，其自身政治认知能力、政治参与能力却较为薄弱和欠缺，这在一定程度上制约和束缚了他们广泛参与政治的主动性和实效性。"[1] 到底是怎样的政治文化导致人们形成这样的政治行为？佤族人民对权责的认识有严格的划分，对那些被界定为不是自己"分内事"的活动，他们参与的积极性就会降低。关于权责的观念和行为则是由文化建构的。掌握佤族社会传统的政治文化，就需要对佤族人民关于管理角色及相对应职责、特定社会结构的朴素分类有所了解。卢埃林说过："超自然的东西比各种纯粹的信仰要厚重得多，它对政治行为来说是不变的背景幕。"[2] 本文旨在通过对"梅"崇拜及相关祭祀仪式进行民族志描述，来建构区域性[3]佤族对管理的根本认识。"梅"的信仰与仪式是佤族传统政治文化赖以体现的机体，也是家庭与村寨不同管理者权与责的展示平台。本文一方面为佤族人民的政治行为提供人类学解释，另一方面也呈现了佤族优秀的传统政治文化，为实现传统政治文化的现代转型提供基础资料。

本文是基于新村的田野调查展开的论述。新村系云南省沧源县勐角民族乡下属的一个自然村，居住在那里的人99.8%是佤族，他们信奉着原始宗教。当地的原始宗教信仰体系在历史上虽经历了一些

---

* 本文基于教育部人文社会科学重点研究基地重大项目"西南边疆民族政策实施结果的人类学研究"（项目号：14JJD850008）。感谢云南大学民族学与社会学学院白志红教授对本文的悉心指导。

** 陈明君（1986～），女，人类学博士，中共云南省委党校、云南行政学院公共管理教研部讲师，研究方向为民族政策与社会管理。

[1] 马国芳：《社会治理进程中云南边疆民族地区社会组织活力研究》，《云南社会科学》2015年第6期。

[2] 〔英〕特德·C. 卢埃林：《政治人类学导论》，朱伦译，中央民族大学出版社2009年版，第82页。

[3] 由于不同地方的佤族会存在明显的文化差异，文化差异会导致人观的不同，故特此声明，本文就个案研究出来的结果，不能代表所有地方的佤族。

波折，但较为完好地保存下来。本文所关注的"梅"崇拜在当地也呈现三种不同的祭祀仪式，即"梅聂""梅登哈""梅登尚"。当地人的权责观念与行为可以通过"梅聂""梅登哈""梅登尚"的信仰与仪式来支撑。

一 "梅"的解析

"梅"崇拜是佤族独特的文化要素之一。在佤学研究中，"梅"的表述方式较为多元，如汉字记音为"梅依格"[①]、"梅吉"[②]、"木依吉"[③]、"莫伟"[④] 和"梅"[⑤]，国际音标记音为 mouik 等。

(一) 司岗里中的"梅"

佤族创世神话"司岗里"回答了"人从何而来"的问题。"司岗里"无疑是探索佤族人观的第一关卡。神话传说告诉我们：人是天神达西爷和地神咩西雍共同创造的，但二者造的人几乎丧生于洪水中，唯独剩下一个善良的人，其受到神的旨意，在之后通过不同的途径完成了后代繁衍的任务，如种葫芦、与母牛交媾生葫芦。在多种版本的"司岗里"故事中，有一个叫"梅"的角色是不可或缺的。

关于"梅"的神话传说，有不同说法。首先，关于"梅"是救世主、是万物之主的传说就有两种。一种认为"梅"是救了造物主达西爷而免遭洪水灭顶的人，在他种的葫芦里走出了佤族和其他几个民族的祖先；在另一种传说中，"梅"又是大地之神，他让人类和母牛合体，生下了葫芦，佤族和其他几个民族的先民才从中走出。[⑥] 其次，"梅"助人为乐，且舍己为人。一则故事说到"梅"是帮忙破葫芦的神，各族人民从葫芦里走出来之后，"梅"教他们如何寻找水源，以便生存；另一则故事则说"梅"和众生一起在葫芦里，当神破葫芦时，"梅"为保全众生而牺牲自己，让神朝自己身上劈。[⑦]

在"司岗里"的故事里，"梅"是人还是神的说法不一。在现实生活中，人们对"梅"的具体定义也是含糊不清的。如历史调查中提到"梅"，说"它不是某神某鬼，而是巨大力量的统称"[⑧]；"它是神的总称，还是具体某个神，都是难以判定的"[⑨]。但可以确定的是，对佤族而言，"梅"是与人类生产、生活密切相关的佤族的守护力量。

(二) 研究中的"梅"

在一些学者看来，"梅"是佤族各支系[⑩]、村寨、家庭[⑪]的保护神；是家庭、氏族、部落、村寨、

[①] 魏德明：《佤族文化史》，云南民族出版社2001年版，第172页。
[②] 《中国少数民族社会历史调查丛刊》修订编辑委员会编《佤族社会历史调查》（三），民族出版社2009年版，第17页。
[③] 《佤族简史》修订本编写组编《佤族简史》，民族出版社2008年，第72页。
[④] 吴晓琳：《翁丁佤族交换体系》，云南大学出版社2014年版，第50页。
[⑤] 杨学政：《云南原始宗教》，云南人民出版社2000年版，第42页。
[⑥] 赵明生：《临沧少数民族口传文学》，云南民族出版社2013年版，第44~48、57~61页。
[⑦] 吴晓琳：《翁丁佤族交换体系研究》，云南大学出版社2014年版，第48、50页。
[⑧] 《中国少数民族社会历史调查丛刊》修订编辑委员会编《佤族社会历史调查》（二），民族出版社2009年版，第77页。
[⑨] 《中国少数民族社会历史调查丛刊》修订编辑委员会编《佤族社会历史调查》（三），民族出版社2009年版，第17页。
[⑩] 魏德明：《佤族历史与文化研究》，德宏民族出版社1999年版，第118页。
[⑪] 李新华：《沧源佤族宗教信仰多元化成因探析》，沧源佤族自治县中国佤文化研究会编《佤文化研究论文集》（第一辑）2012年版，第203页。

其他民族，甚至国家的保护神。① 不同地区的佤族因为社会发展程度不同而对"梅"的保护范围有不同看法。"佤山内部地区的社会组织是由几个氏族联盟组成一个部落，也有一个部落就是一个氏族。"② 史料中也记载，在已经形成部落的班洪，其梅吉不仅管班洪一寨，还管整个班洪部落③；而在其他还未形成部落的地方，如糯良大寨，梅吉实际上就是社神④。由此可见，社会发展程度影响了共同体的大小，从而左右了各个地方的佤族对"梅"的认识。然而，"梅"是其他民族甚至国家的保护神等观点，还缺乏田野资料的支撑。王斯福认为"神祇是国家这一权力体系的隐喻"。⑤ 而佤族"梅"的信仰和仪式从家庭、村寨走向地区、国家的过程，正是神祇被打造成国家权力体系隐喻的过程。

司岗里中对"梅"的描述定义了"梅"的守护职能。前人研究成果中对"梅"的论述则揭露了"梅"与空间概念的相关性。换言之，"梅"是佤族土地崇拜的表现，是不同地盘及地盘上各种资源的神秘保护力量。从目前关于佤族"梅"的研究来看，概述性研究较多，民族志研究较少，将"梅"背后隐含的当地人关于"管理"的基本认识和行为规范揭示出来，并将其结合地方管理问题进行讨论的研究则更是阙如，这为本文提供了一定的讨论空间。

二 "梅"的信仰与仪式

（一）家的守护力量：梅聂

"梅聂"是以家庭为单位，在叫魂⑥前或过年前一两个月择吉日举行的祭祀"梅"活动，其中"聂"是房子、家的意思，"梅聂"则是家的守护力量。

每个家庭有各自的"梅聂"，新村村民家中客厅靠里的墙角悬挂着的"藤椅"是"梅聂"坐的地方，十分神圣。⑦ 以家庭为单位举行的仪式活动一定要在"藤椅"下方举行，祭祀"梅聂"亦不例外。

祭祀"梅聂"是一个家庭办两类大事的前提。一是家庭成员需要举行叫魂仪式。在叫魂之前要做饭给父母亲吃⑧和祭祀"梅聂"。父母亲是个体生命的授予者；"梅聂"作为家屋的守护力量，家里的一切都由它管，包括生活在这个家屋里的每一个个体。因此，人们要叫魂前必须孝敬父母和"梅聂"，祈求得到他们的帮助，让人的魂顺利地回到它该在的地方。二是各家各户凭借自家过去一年的情况来定夺是否需要祭祀"梅聂"。判断是否有祭祀需要的标准五花八门，各家不同。有的人说经常有陌生人进错家门，就说明"梅聂"没有看好家，所以要祭祀"梅聂"（达J，73岁）；有的人说家里的鸡长不大，所以要祭"梅聂"（达G，64岁）；还有的人说"梅聂"管不好家里的东西，让别人家的鸡跑

---

① 杨学政：《原始宗教论》，云南人民出版社2000年版，第167页；罗世明：《临沧佤族原始宗教诠释》，载鲁颖《司岗里揭秘——沧源佤文化研究文集》，远方出版社2004年版，第152~153页；魏德明：《佤族历史与文化研究》，德宏民族出版社1999年版，第118页。
② 《中国少数民族社会历史调查丛刊》修订编辑委员会编《中央访问团第二分团云南民族情况汇集》（下），民族出版社2009年版，第190页。
③ 《中国少数民族社会历史调查丛刊》修订编辑委员会编《佤族社会历史调查》（三），民族出版社2009年版，第17页。
④ 《中国少数民族社会历史调查丛刊》修订编辑委员会编《佤族社会历史调查》（四），民族出版社2009年版，第110页。
⑤ 王斯福：《台湾的家庭和公共祭拜》，载武雅士《中国社会中的宗教与仪式》，邵铁峰、彭泽安译，江苏人民出版社2014年版，第133页。
⑥ 佤族村寨中经常举办叫魂仪式，需要举行叫魂仪式的多种多样，如叫个人的魂、叫全家的魂、叫新车的魂等。
⑦ 佤族有婚后分家的习俗，对于一个家庭而言，其正式成为独立单位的标志是拥有属于自己家庭的藤椅。这个藤椅一定是最先进入新家庭的，并长期挂在客厅墙角之上，任何人不得触碰。
⑧ 白志红、陈明君：《互惠型孝敬馈赠：佤族敬老宴的人类学研究》，《云南社会科学》2015年第6期；陈明君：《少数民族孝文化的现代转型——以佤族敬老宴为例》，《广西民族研究》2017年第6期。

来吃自家的谷子，所以要祭"梅聂"（陈 FQ，47 岁）；等等。虽无硬性要求家家户户每年都祭祀"梅聂"，只是说"有条件就办"，但实际上当地家庭每年都会举行至少一次该仪式。

祭祀"梅聂"的组织者必须是家中的男主人。作为一家之主的男人，有责任挑起家庭生产、生活重担，维持好家庭内部事务秩序。男主人的职责与"梅聂"相似，因此，只有他们才有资格祭祀"梅聂"。通过对"梅聂"的祭祀进而强化他们在家庭中的重要地位，也为他们在社区层面的地位奠定基础。

与小儿子同住的达 M（65 岁）说："这个家的'梅聂'只管我和我小儿子、儿媳、孙子四个人，我整饭给'梅聂'吃，就是叫它保佑明年家里样样好。小儿子和我在，我一天不死，这个家都是我说了算，所以我要保他们了嘛！我死了，才轮到我小儿子拜'梅聂'，到时候就是他说了算了。分家出去的那两个儿子，就由他们自己当老大，他们拜自己家的'梅聂'，我管不了嘛！"

具体祭祀的日子，由男主人向寨子里负责算日子的老人问取。男主人会在祭祀前一天约上自己的舅舅前来做念经人，邀请其他几位寨中较有威望的男性老人（一般是男主人的邻居、朋友，较为年轻的男主人则会请他们父辈的朋友）前来参加仪式，通知自家姑爷前来杀猪（自家没有姑爷的可以请别人家的姑爷代劳），以及家族里的年轻男性（大多为男主人的旁系兄弟）前来帮忙煮饭。①

一家的男主人和前来作客的人都要献礼物给"梅聂"，以表敬畏之情。主人的礼物除了与客人一样的一碗米和几元钱之外，还要准备茶叶和盐巴。仪式开始时，念经人会根据主人家的情况，将家里的所有方面都念到，人、畜、车、田、林等一样不少，请求"梅聂"照顾好这个家里的所有人、事、物；告诉"梅聂"主人家今天为其准备了什么祭品，希望"梅聂"接受，并应允好好看家。

佤族人十分重视仪式的成效，他们会通过占卜的方式来掌握祭祀对象对仪式的满意程度。年轻的男性将小母猪杀好后，取其肝和脾给老人看卦。从猪肝的色泽、光滑程度可以看出家庭来年是否会大丰收，是否会顺利和平安；从猪脾上的气泡长短、偏左或右，可以看出"梅聂"是否接受这餐饭，是否愿意保佑家，钱财是否能够赚到并且存得下来。

无论是主人还是客人，大家对"梅聂"的敬畏之情贯穿于祭祀仪式的始终。看完猪肝卦后，念经人便告诉"梅聂"，主人家开始煮饭给它吃。给"梅聂"做的饭菜也有严格的烹调讲究，如饭菜中只能放盐，不能有别的佐料，而且，煮的过程中不允许试味。因为，人们认为，让"梅聂"吃人类的口水是不敬的行为，会惹他们生气。待一切就绪，念经人告诉"梅聂"饭菜已经煮好了，现在给他吃。负责切肉的人，切上猪的各个部位一样一点肉放在荷叶上，由念经人献给"梅聂"吃。"梅聂"吃完后，仪式参与者才能用餐。只有男性老人具备用餐的资格，人们认为若是女人和年轻男人吃了祭祀"梅聂"的饭菜，会生病。

（二）庄稼的守护力量：梅登哈

佤族村寨上方都有一片神林，神林中有一间小草棚，该草棚就是"梅"的住处。② 新村中也有专门供给"梅"居住的房子，被称为"聂梅"，意为梅的家。"聂梅"位于寨子的上方（当地人依水流方向判断上位和下位），在公路边的山坡上。"聂梅"有一房一厅，对着大门的小房间是"梅"吃饭

---

① 人们认为"梅"不喜欢女人。在各种与"梅"相关的仪式中，要是有女人出现，则会得罪"梅"，从而使家、庄稼或寨子无法获得它的庇佑。一个女人若不小心碰见男人在祭祀"梅"，则要献上一碗米、5~10 元钱、一包烟、一瓶酒，以此求得"梅"的原谅，否则就会遭到"梅"的惩罚，导致自身生病或诸事不顺。
② 陈国庆：《中国佤族》，宁夏人民出版社 2012 年版，第 7、195 页。

的地方，只有念经人和他的两个副手可以进入，其他参加祭祀仪式的人只能在大厅活动。新村人在"聂梅"举行的仪式，一年只有两次，"梅登哈"的仪式就是其中之一。

农业是新村家庭最为重要的生计方式。如今，传袭下来的对"梅登哈"的信仰及仪式正是与生产息息相关的一年一度的盛大活动。"梅登哈"直译是佤历五月①的梅，而实际上人们所说的"梅登哈"就是"梅顶"，即庄稼的守护力量，"顶"是庄稼的意思。新村人在祭祀完"梅登哈"之后，才开始播种新谷，人们认为只有这样，庄稼才能长得好、卖得好。

每年，集体都要在播种之前祭祀"梅登哈"。人们认为，只有这样才能得到"梅登哈"的祝福，播下的种子才能茁壮成长。具有参与"梅登哈"祭祀仪式资格的人有新村的组干部、男性老人和家家户户的男主人。抓好村寨的生产工作是组干部日常工作中重要的组成部分，村寨的生产祭祀又是寨中男性老人重要的宗教活动。对他们来说，祭祀"梅登哈"的仪式活动是他们身为寨子日常、宗教主事者的责任所在。对于各家的男主人而言，身为一家之主的他们若得不到"梅登哈"的庇佑，其顾家、养家的能力也会大打折扣。

身为一家之主的陈 K（男，54 岁）说："每年祭祀'梅登哈'，我都参加，不管当时我在哪里，在做什么重要的事情，都必须回来。如果我不去，我家种下的谷子就不知会遇到什么灾害了，我家不知又会有谁碰着车（撞车）了。"

与小儿子同住的达 M（65 岁）说："虽然，现在是儿子去苦钱（赚钱），但是只有等到我死了，才轮到我儿子代表这个家去拜'梅登哈'，到时候就是他说了算了。分家出去的那两个儿子，就由他们自己当家，他们代表自己的家庭去拜'梅登哈'，我管不了嘛！"

新村每年都会召开两次老人会，分别是在祭祀"梅登哈"和"梅登尚"的祭祀活动之前。会议由村民小组长召集，"达翁"（祭祀"梅"的老人）主持，村寨其他年满 60 岁的男性老人参与，组上其他年轻干部负责做记录、端茶倒水递烟、听从组长和老人的安排。在筹备祭祀"梅登哈"的会议上，寨中专门负责算日子的老人"达旺"会选定祭祀"梅登哈"的具体时间。老人们还要讨论仪式的具体分工，比如祭品的准备（经费筹备、采购、会计等），念经者、抬猪上山者、杀猪者、后勤者等人员的确定，以及商定要告诉"梅登哈"的话（念经涉及的内容）。组长在会议上还会强调饮食安全、环境清洁以及经费使用和管理等问题。

仪式当天早上九点，大家来到"聂梅"。一家的男主人都要献礼物给"梅登哈"，以表敬畏之情。基本的礼物由一碗米、几元钱、茶叶和盐巴等组成。有些人还会根据自己的喜好，给"梅登哈"送水果、烟酒等礼物。礼物中的米和钱由担任保管职务的组干部收集，由担任保管职务的老人出纳。祭祀当天，会煮一部分米，还会分一两元钱给念经人。剩下的米留到之后的集体活动使用，剩下的钱则用来在之后的老人会上买烟、酒和茶。

仪式中，念经人会有意识地用特定的语调和节奏将要告诉"梅登哈"的话用"念经"的方式表达出来。比如，会对"梅登哈"说大家今天来打扰它的目的——播种的日子到了，让"梅登哈"保佑来年没有虫灾、洪灾和旱灾；保佑家家户户种什么得什么，如谷子、玉米、蔬菜等（凡是新村所种之作物都要念一遍）长得好；保佑大家能将自家种的东西卖个好价钱……以及告诉"梅登哈"，寨子的人给他带来了些什么祭品，为表心意，寨子的人还会唱歌、跳舞给他看。这些话语共同体现了人们对

---

① "佤历年表"参《中国少数民族社会历史调查丛刊》修订编辑委员会编《云南少数民族社会历史调查资料汇编》（四），民族出版社 2009 年版，第 190 页。

"梅登哈"的敬畏、感激、依赖和信任等态度。

之后，大家也会通过占卜的方式来掌握"梅登哈"是否接受这餐饭，是否愿意保佑庄稼，作物能否卖到好价钱，以及钱财是否能够存下来。在"梅登哈"享用完圣餐后，仪式参与者一同享用圣餐。圣餐的烹调、分配、食用等禁忌与祭祀"梅聂"相同，故不赘述。

（三）寨子的守护力量：梅登尚

祭祀"梅登尚"也是寨子一年一度的重要宗教活动。"梅登尚"直译是"十二月的'梅'"，当地人认为祭祀"十二月的'梅'"是寨子的守护力量，因此，又将"梅登尚"称为"梅荣"，"荣"是寨子的意思。新村人会在祭祀完"梅登尚"之后，才开始举行取新火和打歌等欢度新年的活动。

"梅登尚"与"梅登哈"分别是村寨与庄稼的守护力量，二者的关系是平等的。这首先表现在两个仪式的祭祀空间同一，即在"聂梅"举行；其次，祭祀二者的准备工作无异，寨子都要召开老人会，商讨具体的祭祀细节；再次，祭祀"梅登尚"和祭祀"梅登哈"的仪式祭品、流程和注意事项也都大致相同。

"梅登尚"与"梅登哈"又存在仪式上的区别，分别表现在祭祀时间、参与祭祀的人数和祭祀目的等方面。首先，祭祀"梅登尚"的时间必须是新年前的几天。其次，祭祀寨子守护力量"梅登尚"的人数仅有十余人，这远远少于祭祀庄稼守护力量"梅登哈"的人数。当地人认为寨中的管事者有村民小组的干部和个别传统权威老人，如"达节"（寨主）、"达旺"（算日子的老人）、"达翁"（祭祀"梅"的老人）及其副手等。基于他们管理村中事务的职责，人们认为由他们去祈求寨子的守护力量"梅登尚"赐福是最为合理的。然而，并不是说只有寨中长老才有祭祀"梅登尚"的资格，其他男性也有参加的自由。问题在于，对非寨中长老的男性而言，他们缺乏参与此项祭祀的动力。原因有二：一是他们觉得寨子事务与他们无关，因此没有去拜"梅登尚"的责任与义务；二是因为他们觉得有老人在，自己去祭祀"梅登尚"，便有挑战老人权威的嫌疑。"梅登尚"庇护的范围要比"梅登哈"的庇护范围广泛，前者包括所有属于寨子的人、事、物。念经人在仪式上所念的经文内容也随之变化。念经人不仅要念到在祭祀"梅登哈"时涉及的人畜平安、五谷丰登等传统内容，还要向"梅登尚"汇报关乎寨子发展的重大事件，如近年来建设生态旅游村的情况，仪式参与者都要祈求"梅登尚"保佑寨子的建设工程顺利执行。

"梅登哈"与"梅登尚"这两个不同的仪式分别是不同方面的秩序建构，前者是各自"小家庭"管理者权责的明确；后者强调的仅是集体中少数人，即村寨管理者的权力和义务。寨子管理者身份在祭祀"梅登尚"的仪式中获得确认。该仪式反过来又明确和强化了他们身为"寨中长老"的职责。

> 达 BL（男，81 岁）说："我们老人一到过年过节就忙得不得了，有时忙到病倒，但这是我们身为老人的责任，我们要帮大家向'梅'祈愿求福。"
>
> 组干部陈 ZM（男，48 岁）说："过去一年我们寨子搞生态村建设，没有时间祭祀'梅'，估计它是生气了，搞得我们工程都不顺利。我向乡上申请了资金，重建了'梅'的房子，我们现在也重新祭祀它，让他住好的，吃好的，希望它保佑我们村的旅游搞好。"

借助"梅登尚"祭祀活动的平台，寨中管理者的角色及与角色所赋予的职责得到"合法化"。

三 "梅"与人的权责分明与固化

(一) 各司其职的"梅"

"梅"是一切与资源领域相关的、神秘力量的统称。祭祀"梅"并不是独立的仪式活动,它是其他重要宗教活动的前奏。这标志着"梅"在佤族人心中至高无上的地位。"梅聂"、"梅登哈"和"梅登尚",它们分别是家庭、庄稼和村寨的保护力量;是佤族人举行家庭仪式、播种新谷及全寨开展辞旧迎新活动的必要前提;也是佤族土地崇拜的具体民俗,即几个人群——以家庭或村寨为单位的共同体,各自谨守及保护自身的资源领域,彼此区分资源领域,并合作保护共有资源领域的表现。[1] 在新村,三个祭祀仪式除了时间、部分参与者和经文内容存在不同之外,约定俗成的仪式的禁忌与礼节等都没有区别。三个祭祀仪式之间界线的模糊,正是佤族对不同"梅"的力量和地位平等性认识的表现。佤族文献也曾记载,鬼神有大小之分,所谓大者就管辖大的事情,小者管小事。大小鬼神之间没有什么统辖关系,各自为政,各司其职。[2] 可见,对佤族人民而言,各种权力力量虽有大小之分,但无隶属关系,各种力量各就其位、各尽其职,形成一种协作模式,社会便可有序运作——这是他们关于权力最初的设想和期待。

吴晓琳在她研究的佤族个案中曾提道:"在翁丁,就没有围绕共同祖先而产生的宗族观念和仪式,仪式单位从家庭直接上升到了村寨,人们因宗族关系松散面临的社会关系和矛盾,必须由一个超越家族神的地方监护神的形象来整合这个社区,形成社区认同意识。"[3] 在新村,亦不存在家族神,但"梅"就是超越家族神的地方监护神。"梅"作为一种精神存在力,具备一定的品性,即权责分明、在其位谋其职。新村人所信仰的"梅聂"、"梅登哈"和"梅登尚",它们管辖的范围不同,有不同的分工,但当中并没有统属关系。祭拜"梅聂"是为了祈求家的守护力量的帮助,使家里的人和物都不受外界不利影响;祭拜"梅登哈"是为祈求庄稼的守护力量的帮助,预先制止它有可能引发的灾害;祭拜"梅登尚"则是为了祈求寨子的守护力量帮助他们解决寨子事务,实现寨子全方位的发展。不同职责的"梅"各就各位,各司其职,它们为个人、家庭和村寨撑起了保护伞。"梅"的品性在周而复始的仪式展演中得到强化,并且影响了当地人对权责的根本看法,最终形塑了地方自我管理的知识体系。

(二) 各司其职的人

"梅"的本原不仅是一种精神存在力,也是一种道德力,其让村寨共同体中的成员观念与行为在被约束的同时也被形塑,进而成为一个道德共同体。通过新村对"梅聂"、"梅登哈"和"梅登尚"祭祀的民族志描述,我们掌握了该文化语境下人们关于社会赋予个人的权力及责任的根本看法。

祭祀"梅"的资格使不同年龄阶层和不同职务的男性在村寨和家庭的身份得到认可,通过仪式的反复实践,他们明确了自己的责任和义务。"梅聂"使"一家之主"的身份及其职责得到确认和强化。祭祀"梅登哈"还体现了一个个家庭是如何纳入社区的过程中,每个家庭在一家之主的代表下,向"梅登哈"献祭并祈福,这不仅是一家之主身份在集体的见证下取得"合法性",同时也加强了原本内

---

[1] 王明珂:《反思史学与史学反思:文本与表征分析》,上海人民出版社 2016 年版,第 86 页。
[2] 《中国少数民族社会历史调查丛刊》修订编辑委员会编《佤族社会历史调查》(一),民族出版社 2009 年版,第 52 页。
[3] 吴晓琳:《翁丁佤族交换体系研究》,云南大学出版社 2014 年版,第 52 页。

化于他们行为中的准则，即家庭的好坏、兴衰和顺逆乃自身之责。寨子的"长老"身份和职责也在祭祀"梅登尚"的仪式中获得确认。祭祀"梅登尚"的仪式则说明了超越家庭单位的事务，对绝大多数人而言并没有介入的必要性，因为那是寨中管理者的责任和义务。人们认为在集体层面，赋予个人的角色和道德规范仅适用于集体中的少数人，因此，绝大多数人在集体事务中是缺少责任感的。"梅"崇拜实际上阐释了一种地方行事原则，即个人是家庭或是寨子的"管事者"，就有必要去祭祀负责保佑家庭的"梅"或是负责保佑寨子的"梅"。总而言之，各司其职的"梅"对应着各司其职的"人"。

不同的"梅"赋予了不同管事者合法性，使他们在日常生活中也有管理相应领域事务的合理性。反之，不是他们管辖范围内的事务，他们都觉得没有参与的必要。这里说的不是一种人们自私自利、处事冷漠的态度，而是符合当地人对权责的期待，对他们认为真正具有管理该事务资格人的权力和权威的尊重。正是由于个人的权责相对固化，也就给当地人不积极参与公共事务提供了解释文本。个人权责是"点"上的固化，在明确个人权责范围的同时，也使"人—家—寨"的结构达到"面"上的固化。从"梅"的信仰与实践中窥见的从点到面的权力固化，在一定程度上，是阻碍佤族人民积极主动采取政治行为的重要因素。然而，"梅"作为佤族标志性的传统文化，也并不是完全不可取的，其对人与人之间的平等、分工与合作，对当地社会的有序、稳定、和谐也起到了积极作用。

四 "梅"：一种道德力的体现

（一）管理者在宗教事务中的分工与合作

佤族的各种"梅"之间缺少等级观念，且强调分工和合作。神性和道德力是相辅相成的。[①] 道德力对特定人群起到约束作用，导致在这一人群中也强调能力范围不同，责任不同，以及平等、协作的人际关系。佤族传统政治文化中的精华主要表现在宗教仪式和重大事件方面、村寨里传统权威和现代权威的分工合作。

以专事祭祀"梅"的男性老人——"达翁"这一角色而言，其并没有因为具有祭祀"梅"的资格，而在村寨里拥有与众不同的地位和权力。

身为"达翁"的魏YD（男，83岁）说："我不是年纪最大的老人，只是年纪大的，又能动的，只有我了。他们就叫我来帮忙祭祀'梅'。"

其他人对"达翁"这一特殊角色的认识和评价与魏YD的自我认识和评价相同，大家说道："只是因为他适合祭祀'梅'，所以就叫他祭祀。""达翁"的角色赋予了魏YD祭祀"梅"的责任，而没有赐予他高于其他任何人的地位，他和其他人的地位是平等的。而对于其他男性，当他们步入老年（一般是60岁），社会便赋予其特殊地位，使其成为能接近"梅登尚"和"梅登哈"，并与它们沟通的人。

如今，男性老人作为传统权威已经不再是村寨唯一"合法"的管理者，相比之下，村组干部更有号召力。不过，传统权威并没有因为现代权威力量的介入而退出历史舞台，二者分工合作，各自维持着自身话事的资格，发挥着自己在社区中的影响力。

魏YD说："我们老人要搞仪式，也要得到组长同意，由他组织大家参加。"

组干部陈GX（男，39岁）说："虽然集体会议是我们组织的，但我们组干部只是帮老人通知大家

[①] 爱弥儿·涂尔干：《宗教生活的基本形式》，渠东、汲喆译，上海人民出版社1999年版，第255页。

来开会。会议上还是老人做主，他们告诉我们要准备什么，我们就配合他们。"

在仪式过程中，大家都十分注重人与人之间的平等关系，在努力弱化自身特殊性的同时，也很强调对方的重要性。大家的观念和行为均表现出对"各司其职的人"的深度认可和极力维护。仪式实践，也促使和强化了村寨不同管事者之间的合作。这一现象既体现出佤族人关于"管理"的基本认识和行为规范，反过来又加强和巩固了这种认识和行为规范。

个体在仪式中确认并不断强化相应的权力和责任，如男人当家做主的责任与男性老人和干部管理寨务的责任。不过，我们看不到女性在祭祀"梅"当中所扮演的角色。"梅"的仪式在一定程度上折射出当地女性在公共事务管理中的缺位，但即便如此，我们也不认为她们在宗教仪式中被边缘化，或者说她们在家庭、社区中没有地位。①

地方性管理的知识，即家庭、寨中宗教与日常事务管理者之间的分工合作、协力管理的理想模式在对"梅聂"、"梅登哈"和"梅登尚"的信仰与祭祀体系中得以明确和强化。家庭、社会秩序的维持需要发挥各种人物角色的功能。"在维护和巩固群体价值方面，仪式具有特别作用。"② 仪式实现了家庭、寨子这两个不同组织中的秩序建构，培养了特定人物角色的家庭感和集体感。每个人的能力范围不同，只要各自在其位、尽其责、办其事，便能为村落内部结构的维持和社会整合机制的有效运作奠定基础。

（二）管理者在重大事件中的分工与合作

佤族传统政治文化对平等、分工与合作的宣扬还体现在村寨做出决定一般都要各个层次的管理者参与协商这一传统上。这里的"管理者"是基于"人—家—寨"的地方性管理知识划分的一家之男主人、男性老人和小组干部等。新村的地方管理通常是以村民小组为单位，自行管理经济、治安、民俗等方面事务。村民在做任何重要事情之前都要得到组长的许可，接受组长的管理。以寨中重要的活动，如各家庭的婚礼、丧礼、乔迁或村寨管理活动、重大风俗活动等来说，小组干部有责任和义务来组织和安排相关事项。

> 组长陈 ZM 说："遇到好日子，家家户户办喜事，一天之内，我要赶去很多家。不去坐坐不行，人家会以为你看不起他，不支持他。除了人情的考虑，我主要是去听听一家之主的安排，比如仪式活动谁主持，请了谁参加，具体分工安排——谁负责买菜、煮饭、后勤等。之后，还要提醒他们注意食品安全、不要醉酒闹事和保持村寨卫生等事项。"

除了小组长有权力和义务管理村寨事务之外，权威老人在村寨事务管理中也扮演着重要的角色。比如家庭在办大事之前，一家之主除了向小组长汇报之外，还要请寨中男性老人吃一餐饭，一方面对他们主持仪式表示感谢，另一方面也给老人提供一个商量仪式具体操作方式和准备仪式必需品的空间。

村民比较容易认可、接受的是小组干部和寨中男性老人在日常事务的管理。这还表现在当政策、项目由村及村以上政府部门干部来宣传、执行，村民的理解、接受能力就会有所降低。更有甚者，若小组干部带头对相关政策、项目有抵制、不满情绪和行为，那么，无论上级干部如何推进，寨子的事

---

① 陈明君：《养老的逻辑与实践——云南沧源一个佤族村寨的实证研究》，云南大学 2016 年博士学位论文，第 122~123 页。
② 〔英〕特德·C. 卢埃林：《政治人类学导论》，朱伦译，中央民族大学出版社 2009 年版，第 15 页。

务也不会得到进展。

2015年底，新村的生态旅游项目面临停滞不前的危机，根本原因是规划内容从住房、景观、产业协会的设置等与当地人的需求不匹配。规划者虽然也有过实地考察，但他们没有认识到地方性管理知识的重要性，没有与一家之主、一寨之主（尤其是权威老人）沟通、互动，没有调动他们参与规划的设计、实施的管理，只是与行政村及以上的干部精英交流，征求他们的意见，让他们来负责工作的推进，然后，凭借自己的主观臆想，设计和实施了一个当地人并不认可、不适应和不接受的蓝图。

"一切文化都有自己的一套政治操作规则。"[①] 在分工明确、责任体系固化的新村落实项目或政策，需要项目、政策的落实者和实施者充分认识、利用地方性管理知识，即权力操作规则，制定与地方文化配套的管理办法。只有在满足村民自我管理的心理需求和利益诉求的基础上，发挥当地人自我管理和服务的功能，才能实现、提高地方管理的成效。

五　结语

通过分析"梅"的这一超自然的分类系统，探讨佤族关于管理的思考模式问题。本文从神话传说入手，结合实地的田野调查，对"梅"进行描述和分析。"梅"是不同对象（以空间与资源来划分）的守护力量。在新村，"梅聂"、"梅登哈"和"梅登尚"分别是家庭、庄稼和村寨的守护力量，它们也分别是家庭、社会责任体系的映射。不同"梅"的祭祀仪式维系着不同方面的秩序，各个仪式反映、强化了个人的社会角色、道德准则和行为规范。"梅"的信仰与实践一方面固化了管理层及其权责，影响了其他人参与地方管理的积极性；另一方面又强化了人与人之间的平等、分工与合作。这在一定程度上维系了稳定的社会秩序。

维持社会有序运转是国家和地方的共同愿望。地方的、传统的、民族的观念文化是社会团结的灵魂。通过对佤族"梅"的管理范围的认识，我们可以得知个人的管理责任范围是如何规划的。面对佤族人民参政议政、参与社会管理欠缺主动性的问题，若只是相对简单地将其归结为滞后的社会发展现状、依附型的政治文化和盲从的个人心理等原因，则无法从根本上解决问题。要提高佤族人民参政议政和参与地方管理的积极性，就要了解当地人"人—家—寨"的人观[②]，强调参政议政、地方管理与他们个人、家庭的相关性，才有可能调动人民的主观能动性。现代社会治理机制在具体的运作过程中，若是忽略社会角色及其责任和"管理"的地方文化，有可能收到事倍功半的结果。此外，佤族传统政治文化中平等、分工与合作的精华可以穿越"人—家—寨"的权力区分，对政治行为发挥积极作用。实际上，这种尽量让所有当事人都有所参与、有所承担、有所收获或者各得其所的地方性管理知识也可以融入、适应、转化为新时代的社会治理创新方式。

---

① 〔英〕特德·C.卢埃林：《政治人类学导论》，朱伦译，中央民族大学出版社2009年版，第119页。
② 参见黄应贵《人观、意义与社会》，中研院民族研究所1993年版，第503、505、506页；〔美〕乔治·E.马库斯、米开尔·M.J.费切尔：《作为文化批判的人类学——一个人文学科的实验时代》，王铭铭、蓝达居译，生活·读书·新知三联书店1998年版，第71页；〔美〕克利福特·格尔兹：《文化的解释》，韩莉译，译林出版社2014年版，第424~483页。

花腰傣村寨传统公祭仪式的文化内涵及现状研究

周晓红[*]

摘 要 在云南省新平县的花腰傣村寨中至今仍保留着一些与传统信仰相关的公祭仪式，这是花腰傣族群民间信仰的历史沉淀，发挥着实现族群凝聚力和所属成员身份认同的作用。对这些村寨公祭仪式进行深入研究有助于深入理解花腰傣族群的传统文化特征和民族心理等。随着当今社会的快速发展，花腰傣的传统文化与生活方式都发生了很大改变，作为其民族文化核心组成部分的信仰民俗及其表征的花腰傣村寨公共祭祀仪式也面临着众多变化和困境，更需要予以积极重视和深入研究以实现有效的保护。

关键词 花腰傣；公祭仪式；信仰民俗

DOI：10.13835/b.eayn.26.11

花腰傣作为傣族的一个古老支系，其历史源远流长，现分布于世界上十多个国家。在我国境内主要集中于红河上游的元江河谷地区。云南省新平县是花腰傣群体最主要的聚居地，素有"花腰傣之乡"的美誉。花腰傣有着独具特色的文化特征，除了服饰、建筑等方面与其他傣族支系有着明显区别，花腰傣并不信仰佛教而依然保留着以万物有灵、自然崇拜为核心的具有浓厚原始宗教色彩的民间信仰和祭祀仪式，这也是其与信仰南传上座部佛教的其他地区的傣族支系在精神信仰方面最重要的差异。"在今天的花腰傣中，传统原始宗教的主要活动仍然保留着，但主要是对自然的祭祀活动……需要特别指出的是，红河上游的这些对自然的祭祀活动在整个傣族地区属于保存较完整的。在其他傣族地区，尤其是信仰佛教的傣族地区，传统的原始宗教也存在着，但是从内容到形式上都不能和花腰傣相比较了。"[①]

经历20世纪五六十年代的"破四旧"等运动、改革开放后对传统文化的恢复，新平县的花腰傣村寨今天仍保留着一定的传统民间信仰，每年仍会举行一些传统祭祀仪式，村寨中仍然活跃着一批在祭祀仪式中各司其职的神职人员。我们在近几年进行的田野调查中发现，虽然有些花腰傣群众对这些传统祭祀耗费时间、财物及影响个人收入等也有一定看法，但大多数人仍然认为只有举行这些仪式才能得到神灵护佑而生活顺利。

人类学家莫斯曾言："在研究祭祀的过程中，我们逐渐意识到仪式的真实性质。在我们看来，它的

---

[*] 周晓红，云南大学西南边疆少数民族研究中心、民族学与社会学学院副教授，硕士生导师。
① 郑小云：《花腰傣的文化与前景》，载陶贵学《中国云南新平花腰傣文化国际学术研讨会文集》，民族出版社2003年版，第106页。

普遍性，它的恒常性，它的发展逻辑——所有这一切都赋予了仪式一种必然性，这种必然性远远超越了仪式作为合法性习俗迫使人们服从它的那种权威，正因为如此，我们认为一般的仪式与作为其分支的祭祀都在社会生活中扎下了深厚的根基。"①花腰傣传统祭祀仪式已深深地扎根于花腰傣村寨的日常生活，至今仍在花腰傣村寨和村民中发挥着深刻的影响力，而通过分析花腰傣村寨传统祭祀仪式中的社会文化内涵，调查它们现在保留的状况并探讨其中发生很多变化的原因，我们也可以更好地了解花腰傣的历史和当今社会生活与族群心理。

一 花腰傣传统祭祀仪式简介

花腰傣的传统民间信仰中有自然崇拜、万物有灵、祖先崇拜等内容。他们认为家有家神、寨有寨神，天上的日月星辰，地上的山、河、树、石、风、雷、雨、电、火及屋、灶、谷、田等自然物和人类自身都有灵魂，必须适时祭祀，才能祈福禳灾，所以花腰傣常年祭祀各种"批"，即世界上各种鬼神，包括天神"批法"、水神"批南"、田神"批那"、山神"批辽"、谷神"批南考"等。

虽然各村寨在祭祀的时间、地点和形式上会有所差异，但都可将其祭祀活动分为集体祭祀和家庭祭祀两大类。集体祭祀主要为每年进行的规模不等的祭竜、扫寨子、撵寨子、跳喃咪等全体村民参加的祭祀仪式；家庭祭祀有祭家神、天神、田神、水神、山神、谷神、喊魂、送鬼（驱白虎）以及婚丧嫁娶和日常生活中的其他祭祀仪式等，两类祭祀活动都是花腰傣人生活中的重要组成部分，现列举几种主要集体祭祀加以说明。

"祭竜"是花腰傣村寨中最重要的一项集体祭祀活动，"竜"的傣语意为"神林"，在新平县每一个花腰傣的村寨都有各种各样的神树，当地村民以汉语通称为"竜树"，不同的竜树分管不同的事项，如当地傣语称"登色"的寨鬼树，"登甘宛"的寨心树，"登披很"的家庭鬼树，"登会"的鬼树等。②每年要在不同的时节祭祀不同的竜树以保佑不同的事项，如作为寨神的主竜（牛竜树）是最重要的祭祀对象，主管全寨人的生老病死、五谷收成、鸡禽家畜，所以每年一般要举办两次最为隆重的祭竜仪式。第一次为农历二月的第一个属牛日，献祭品一般为大猪和鸡，主要是春耕时节祈求风调雨顺，人畜兴旺；第二次为农历六月的一个吉日，主要是在七八月稻谷成熟之际，用以感谢神灵保佑田地丰收，通常要杀水牛或黄牛加小猪、鸡等，由竜头献祭，祭祀时间两至三天不等。在祭竜仪式的献祭之后，全体村民都会聚餐，吃献祭的牺牲和其他准备的食物。除此之外，根据不同时间祈求神灵保佑的对象不同，一年中祭竜的对象还有猪竜树、狗竜树、羊竜树、鸡竜树等，所献祭的牲畜不同，祭祀过程也不完全相同，贝玛所念的祷词也不尽相同。

在每年"祭主竜"之前，还要由村里的竜头组织全体村民参加"扫寨子"祭祀仪式，意为将寨子里的鬼撵出去，保证全村人畜平安，迎接新年的到来，可视为祭竜的前奏。该仪式一般也要进行两天到三天，具体日子由管寨贝玛选定。扫寨子的当晚，由负责祭祀的小竜头（傣语称"华刷"）分别牵着羊或狗走在前面，村里的青少年背着篓筐跟随其后，队伍走过每户人家时，各家都用树叶包着一点肉和米饭扔进篓筐里，意味着把不干净的东西清扫出去。扫寨队伍绕完整个寨子后，竜头把羊、狗牵

---

① 〔法〕马塞尔·莫斯、昂利·于贝尔：《巫术的一般理论——献祭的性质与功能》，杨渝东、梁永佳、赵丙祥译，广西师范大学出版社2007年版，第13页。
② 崔明昆：《象征与思维——新平傣族的植物世界》，云南人民出版社2011年版，第44页。

到靠近河边的竜树下杀掉，滴血献祭竜树，由竜头夫妇将煮熟的狗肉或羊肉与黄糯米饭（寓意稻谷丰收）、酒等祭品及点上几支香献祭竜树后，村民们就在竜树周围一起吃献祭的狗肉或羊肉及各种菜肴。

除祭竜外重要的祭祀仪式还有"祭田神"，一般在每年春节过后举行，当地村民也用汉语称为"出勤""出工"，即春天来了开始下地栽秧的日子。每年的具体时间不同，要由管寨贝玛决定，多在正月初八到正月十六期间。村民下田栽秧之前要请管寨贝玛"念白"，并献祭鸡、饭菜、汤圆、酒等物品。全村各家要在村边的竜树放一根松树枝，点燃三炷香，送上一些祭品、饭菜给管田地的竜神，以保佑今年的稻谷顺利生长。

二 祭祀仪式中的神职人员

在花腰傣的祭竜仪式中主要有两类神职人员负责主持相关活动，一是当地傣语所称的"伙色"，"伙"汉意为头，"色"汉意为神或鬼，即祭祀的领头人。当地人也多用汉语称为"竜头"，"竜"汉意为神树，竜头即负责祭祀神林的人，主要负责一年四季中的几次非常重要的公共祭祀仪式，其职责近似于一般宗教祭祀仪式中的"祭师"。"竜头"是花腰傣村寨公共祭祀活动中必不可少的组织者与协调者，并非终身履职。在花腰傣的传统习俗中，竜头（伙色）是由竜神选定的，必须由夫妻双全的家庭中的男性家长担任，村中凡是夫妻健在、有儿女的家庭都要参加竜头的挑选。选竜头的方法是称米的重量，先将全村男性家长的衣服装上米统一称好重量后（通常为一公斤），第二轮再称时如果谁的衣服重量超出众人的就当选竜头（其妻子也成为相应竜头，如称重时有几个人的衣服都超重，则再次称量，最重的为竜头，村里还有几个小竜头的也依此法选出）。一般是几年选一次，如当了竜头后，夫妻中有一方去世、家庭或村中有不幸的情况发生时可改选。不同的村子竜头人数也不一样，通常是四对，按东南西北四个方向，四个竜头各负责一方，在全年不同的祭祀活动中各有具体分工。大竜头主要是统筹各类祭祀活动，其他小竜头的职责主要是协助大竜头，并在不同时间和不同祭祀对象（牛竜树、猪竜树、狗竜树、羊竜树）的祭祀活动中担任主祭之职。

另一种是当地傣语称为"雅摩"，当地汉话中称为"贝玛""师娘婆"的巫师，多为中老年妇女，也有极个别为男性（称"布摩"）。"雅"傣语意为奶奶，"摩"为巫，其主要职责为平日里为村民消灾祛病、婚丧嫁娶中的求福祈祷等。

管寨贝玛也是村寨祭竜仪式的重要成员。在花腰傣的一个村寨中常会有多位贝玛，一般的贝玛只是负责在各种家庭祭祀活动中吟唱念咒（当地村民称"念白"）、撵鬼、喊魂、看病消灾等。贝玛在不同的仪式所念白的内容不同，管寨贝玛念白的内容主要是祈求竜神保佑整个寨子的人平安等。确定管寨贝玛的人选也有严格的程序，如有的是由管整个镇子的大贝玛以一定方式推测后指定村子里的一名贝玛担任，有的是将村中家庭完好的贝玛衣服统一称量后，根据重量的不同区别出来的，即也要遵照神灵意愿选出。

三 花腰傣村寨祭竜仪式存续原因

（一）传统民间信仰的历史沉淀

花腰傣的祭竜仪式是一种在长期历史发展过程中形成的处于神灵崇拜观念、行为习惯之下的相关集体祭祀仪式，是其民间信仰的重要组成部分。在我们近几年的调查中发现，随着当代中国社会基础文化教育和科学观念在乡村中的普及，如今花腰傣村民的传统民间信仰已经发生很大改变，但仍有不少花腰傣人尤其是中老年人认为传统祭祀活动在今天很重要，必须保持下去。如 2016 年 2 月在戛洒大槟榔园扫寨子时，主持祭祀活动的竜头之一刀某祥（男，49 岁）说："我也不相信这些东西，我还是相信科学呢，但是搞这些是我们花腰傣的传统，不搞我们就不是花腰傣了。"

有研究者认为："中国民间祭祀中的心意信仰一旦形成就具有顽强的生命力。而心意信仰的传承主要是一种认知心理的传承，处于一种心意信仰势力范围内的个人，往往被这种信仰习俗所同化而最终变成它的传承者。在漫长的历史进程中，心意信仰在人们的头脑中留下了深深的心理痕迹，一旦条件允许，这种心意信仰便会强烈地表现出来。它是历史积淀的一种延续，这种需求在当今社会中仍具有一定意义。"① 由此也可以理解为什么即使是在"文革"期间，在花腰傣村寨里各种传统祭祀活动被视为封建迷信而严加禁止时，有些村民还在私下里继续进行一些祭竜活动。如有的花腰傣村寨有祭祀"登色朗惊"（意为偷吃的鬼树）的习俗，"文革"时期为了躲避村干部的监视，一些村民就将祭祀地点从寨子里转移到寨旁的树林里另选一棵竜树祭祀，在偷偷吃完祭品后才返回寨子②。改革开放以后，随着国家关于尊重少数民族宗教信仰自由政策的实施，花腰傣村寨的祭竜仪式不再偷偷举行，而成为公开、有序、固定的集体祭祀活动。

（二）族群身份认同与情感交流的重要途径

花腰傣主要生活在红河上游的元江、哀牢山的河谷地带，这里地理环境较为封闭，交通不便，所以花腰傣村寨形成了较为独立的小群体社区，这些小社区主要由一些具有血缘和亲缘关系的家庭组成。"血缘是稳定的力量，在稳定的社会中，地缘不过是血缘的投影，不分离的'生于斯、死于斯'把人和地的因缘固定了。"③ 这正是当地花腰傣村寨中传统文化较为稳定的基础，也是古老的民间信仰、祭祀仪式及相关民俗在其民间得以长期留存的重要原因之一。加之傣族为历史悠久的稻作民族，"远在两千多年前，即已种植水稻，在云南各民族中，成为植稻最早的民族"。④ 稻作文化的特征就在于需要劳动上的分工协作和家庭生活的稳定，家庭的和睦与集体合作对于包括花腰傣在内的傣族群体生产、生活的意义都十分重要，因此尊老爱幼、相互扶持、团结友爱成为傣族社会生活中重要的伦理和道德规范，并且至今仍在花腰傣村寨中得到相当程度的保留。花腰傣对集体生活的重视在参加公祭仪式中尤为突出地体现，公祭活动不仅是花腰傣村民进行集体情感交流的场合，而且至今也是他们进行群体身份资格确认的重要方式之一。"由于人类作为个体是渺小脆弱的，因此能够转变为仪式的并非个人的和私己的情感，而是公共情感，即由整个部族或社区所共同体验并公开表现的情感。"⑤ 因为在社会的现代化冲击下参加祭竜仪式可以为花腰傣人提供一种获得自我身份确认和集体归属感的途径，所以今天不少在外打工的花腰傣村寨中青年人仍会尽量赶回来参加最隆重的两次祭主竜活动。

关于献祭食物的礼仪性质，如马林诺夫斯基所言："人世的礼的所有功能，是使传统神圣不可侵犯；关于食物的礼，因圣餐与献祭人天一体，使人与产物丰饶的势力合为一体；图腾制度使人对于环

---

① 张琪亚：《民间祭祀的交感魔力——中国民间祭祀文化研究》，贵州民族出版社 2003 年版，第 6 页。
② 崔明昆：《象征与思维——新平傣族的植物世界》，云南人民出版社 2011 年版，第 62 页。
③ 费孝通：《乡土中国》，北京大学出版社 2012 年版，第 115 页。
④ 《傣族简史》编写组：《傣族简史》，云南人民出版社 1986 年版，第 35 页。
⑤ 〔英〕简·艾伦·哈里森：《古代艺术与仪式》，刘宗迪译，生活．读书．新知三联书店 2016 年版，第 37 页。

境所有的唯用是视的选择趣意步调整齐,有则例可寻。"① 在花腰傣村寨举行主祭竜仪式时一般会组织全体村民聚餐,每家每户须派一个人作为代表参加,而当祭竜仪式中举行规模较小的聚餐时则会将祭祀中作为牺牲的牛肉、猪肉分给各家一点作为分享。分肉时要依照"争生不争熟"的原则(意为每家在分配献祭的生肉时都要绝对公平,保证一两不差,大家一起聚餐吃牺牲熟食时则可不计数量)。虽然各家所分的那点肉食对于现在基本上达到温饱甚至有的已达到小康的花腰傣人家不算稀奇,但每次能吃上公祭仪式中的食物则是一种对所属成员身份认可的表现。并且在花腰傣的祭竜仪式中,集体聚会所分享的这种"圣餐"不仅具有与神灵沟通的神圣性,还是群体成员之间形成感情共鸣的物质载体,"在任何情况下,每当个体食用与文化传统相关的特殊食物时,他们都会在象征意义上咽下与确定的社会认同相关联的共鸣性物质"。②

(三) 超功利性精神价值的体现

人类学家马塞尔·莫斯认为:"祭祀中的神圣事物并不是构建了一个飘渺的幻象体系,它所构成的乃是一个社会体系,因此也是真实的体系。最终我们发现,神圣事物被当成了一个无穷无尽的力量之源,它们可以产生极其特殊而又变化多端的效应。"③ 由此我们可以理解花腰傣公祭仪式续存的另一个重要原因,即在现代市场经济观念影响下,当地的花腰傣村民在追求经济利益之际也在传统和现实之间寻找着超功利性的精神价值,而这在祭竜仪式中得到一定的体现。在花腰傣村寨公祭中,花腰傣村民构建了一种超功利的持久的性情倾向,这甚至成为一种个人德行的表示,使大家保持了长期的自觉自愿的参与行为,成为花腰傣民间信仰和公祭活动在这些村寨中存在至今的基本动力。

布迪厄认为:"德行的可能性问题可能归结为领域可能性的社会条件问题,在这些领域里,超功利的持久的性情倾向可能得以构建,而一旦构建成,这些性情倾向就能获得不断加强的客观条件,就能成为经常实践德行的原则。"④ 美国社会学家乔纳森也认为:"一旦群体的关系被赋予情感和符号化,这些符号的神圣品质就会增加群体的道德意义。"⑤ 所以即使现在一些花腰傣村寨中负责祭祀的人员受现代社会观念影响而出现了一定消极态度,但村民们由对传统民间信仰的敬重感和祭祀仪式的神圣感所构建的道德感和责任感,仍在促使他们在仪式活动中尽可能完成其神圣使命。另外,村寨公祭活动的具体组织者——村干部们,在当今提倡民族文化保护的社会环境下,也认识到了民族传统文化对形成集体凝聚力的重要性,他们不仅会与村民共同参加活动,而且还会负责祭祀活动资金、劳动力的安排,成为当今公祭仪式中不可缺少的重要成员。正是他们以世俗管理手段努力平衡各方利益冲突,才保证了祭竜等花腰傣传统公祭仪式得以照常进行。他们也在村民共同的期待下完成了自己的道德责任,在这类重要集体活动中实现村民群体对其身份地位的情感确认。

"不要寻求仪式的单独的或简单的解释,因为仪式是多方面的,仪式通常使参与者陷于身体运动或行为被动、主动的交流方式(言语的和非言语的)、秘传的和众所周知的知识之中,经常处于增强的情感状态的背景下。"⑥ 也正是由于在花腰傣传统公祭仪式中构建起了一个集体情感交流的场域,所以

---

① 〔英〕马林诺夫斯基:《巫术科学宗教与神话》,李安宅编译,上海文艺出版社1987年版,第48页。
② 〔美〕理查德·鲍曼:《作为表演的口头艺术》,杨利慧、安德明译,广西师范大学出版社2008年版,第93页。
③ 〔法〕马塞尔·莫斯,昂利·于贝尔:《巫术的一般理论献祭的性质与功能》,杨渝东等译,广西师范大学出版社2007年版,第14页。
④ 〔法〕皮埃尔·布迪厄:《实践理性——关于行为理论》,谭立德译,生活·读书·新知三联书店2007年版,第143页。
⑤ 〔美〕乔纳森·特纳、简·斯戴兹:《情感社会学》,孙俊才、文军译,上海人民出版社2007年版,第66页。
⑥ 〔英〕菲奥纳·鲍伊:《宗教人类学导论》,金泽、何其敏,中国人民大学出版社2004年版,第177页。

尽管现在花腰傣村寨的各个家庭已经出现了经济上的差异，在村里举行祭竜等公祭活动时，村民们仍不论贫富贵贱都要一起分工协作，男人们杀猪宰牛，妇女们洗菜备饭，在共享劳动成果的同时实现情感交流，成为村民们仍愿意参加公祭的原因之一。

四 花腰傣祭竜仪式面临的困境

进入 21 世纪以来，各级地方政府日益重视少数民族文化保护，提倡尊重少数民族的风俗习惯和宗教信仰自由，制定了一系列民族文化保护的法规。新平县在 2013 年 5 月 1 日起颁布施行的《云南省新平彝族傣族自治县民族民间文化保护条例》第三条中将具有民族民间特色的传统节日、礼仪、节庆活动、民俗活动、宗教文化、民族体育和民间游艺活动等列为需要加以保护的民族民间文化。[①] 但现在花腰傣的民间信仰与祭祀仪式在各种因素影响下仍面临很大的困境。

（一）了解花腰傣本民族传统文化的人员大量减少

近年来随着全国各地出现民族文化旅游开发热，新平县也将发展民族文化旅游作为重要的支柱产业，如戛洒镇作为新平县打造的"花腰傣之乡"的重点乡镇，先后获得了"国家经济综合示范镇""全国全省重点小城镇""云南省省级建设示范镇""云南省旅游小镇""云南省省级文明风景旅游区"等殊荣。花腰傣独特的风土民情吸引外来旅游者的大量涌入，外面的生活观念和消费方式也渗入当地花腰傣人的生活。村民们尤其中青年人受到外来文化的很大影响，他们对民族传统文化活动虽也有所参加，但对各种祭祀仪式的文化内涵却往往不知其所以然。此外，当地花腰傣村民对本民族语言的运用和了解也日趋退化，中青年村民大多听不懂贝玛念白（祭词）中的意思，所以在每次祭竜仪式中，能坚持坐在贝玛身边听她长时间念白的只有村中几位六七十岁的老年妇女。

（二）祭祀人员的动摇与更替

近年来中国社会经济快速发展，农村一系列土地改革政策的实施，带来了花腰傣村民生产、生活方式的巨大转变，强化了村民们家庭个体经济的独立性和对个人利益重视的同时，弱化了他们传统上对集体利益的重视和对集体活动的参与意识。过去花腰傣村民被选为竜头会非常自豪和荣幸，现在村民们则认为当竜头事情多、责任大，付出远大于回报，所以选上了也大多不愿意担任竜头。

"某些人从事巫术活动是社会对待其身份的态度的结果，所以巫师（他们并不属于一个特殊的阶层）必然统统都是强烈的社会情感的对象，而且就是这些情感的一部分，这些情感指向了那些专职的巫师，指向了那些跟在已经论及的所有我们具有巫术力量的阶层有相同性质的巫师。"[②] 从本质上说，被选为主持公祭仪式的竜头、贝玛不仅有某种神圣意义，更反映了村民集体的意愿。作为群体情感聚焦的对象，花腰傣村寨中的竜头、贝玛们（祭师、巫师们）身上寄托着村民们强烈的趋吉避凶的愿望，他们所要真正为之尽职服务的对象非为鬼神而是村民们，他们在祭祀仪式中的行为及所产生的影响（控制吉凶的能力）会受到村民们的评价，这既是一种精神动力也是一种无形的责任和压力。现在

---

① 新平彝族傣族自治县人大会常委会：《新平彝族傣族自治县民族民间文化保护条例》，2013 年 3 月。
② 〔法〕马塞尔·莫斯、昂利·于贝尔：《巫术的一般理论献祭的性质与功能》，杨渝东、梁永佳、赵丙祥译，广西师范大学出版社 2007 年版，第 42 页。

花腰傣村寨中选出的龙头多为改革开放后成长起来的人，大多接受过现代文化教育，对自然神灵的传统敬畏感已大为减弱，而且他们的自我意识和小家庭观念比其前辈强烈，因此不少人开始逃避那些传统意义上的神圣职责所带来的社会责任和压力。

（三）仪式消费与利益冲突

在仪式中的经济消费也对村寨公祭活动有较大影响。过去在花腰傣村寨主持祭龙的龙头和贝玛们都会得到一定的报酬，通常各村在献祭时所杀的牲畜会留一份给他们，村民们还会每家交一点钱和稻谷作为他们的酬劳。在戛洒镇的关龙和新鱼塘等村寨还有专门留给大龙头的一点田地供他们自己耕种，每年的收获作为祭祀报酬归其所有。① 这种报酬当年曾是一笔令人羡慕的经济收入，但如今随着当地花腰傣村民们家庭经济条件的普遍提高，这些报酬已显得微不足道。在各类公祭仪式中，龙头往往还要自备献祭用的饭、菜、肉、酒、香等，这些物品虽然每次花费不算太多，但常年累积起来就是不小的开支，且随着物价上涨，每年的花费都在增加，所以现在各村被选为龙头的人村里会给予数百元至上千元不等的经济补助，即便如此也还是收效甚微。

过去花腰傣村寨每逢祭龙仪式时，所杀牲畜和所用食材的花费都由村子里的各家各户平均分摊。现在花腰傣村寨中的集体祭祀活动多由各村的集体收入支出，但由于物价快速上涨，经济负担也在加重。以每年保持公祭仪式较为完整的平寨村为例，一般全年要举行 6~7 次祭龙仪式，需宰杀牛、猪、羊、狗、鸡等大小不等的牲畜进行献祭。近年当地单只牲畜的基本价格为，水牛 5000 元以上、黄牛 6000~8000 元、大猪 2000~2500 元、小猪 800~1000 元、羊 800~1000 元、狗 500~700 元、鸡 10 元以上，集体聚餐时还要购买蔬菜、佐料、酒水等，村子全年祭龙仪式花费需要两万至三万元不等。过去祭祀费用由全体村民平摊，现在公祭的经费从村里部分土地被附近企业征用或出租的费用中划出。因村集体收入很大一部分耗费于此，村干部也有缩减公祭次数并简化形式的想法，但是村里大多数中老年人反对，所以每年这类仪式仍旧举行。

（四）生活方式及村民身份的转变

近年来，中国农村广泛出现了土地使用权自由流转，大多数花腰傣村民也将自己承包的土地出租给外来农业生产商家种植香蕉、水果等经济作物，反而能获得比自己种植粮食更多的收益。这一方面解放了村寨中的大量劳动力，使许多花腰傣青壮年村民可以自由外出打工挣钱；另一方面，也降低了作为稻作民族的花腰傣村民对土地的依赖性。在花腰傣的传统信仰和祭祀仪式中有很多内容都与祈求田产丰收直接相关。当原有生态环境和生活方式发生巨大改变后，含有大量自然崇拜、土地崇拜性质的花腰傣传统民间信仰的衰退与祭祀仪式消减已成为必然。

此外，随着中国城镇化进程的快速发展，更多的农村青壮年劳动力走向相对发达的城市谋求生活的改善，现在很多地方政府积极推进城镇化建设的一种方式是将城镇附近的村寨村民户口直接转变为城镇户口，如戛洒镇周边的花腰傣村民的户籍基本已按相关政策改为城镇居民。由于上述社会条件影响和当地村民生活方式和身份性质的转变，包括花腰傣村寨祭祀仪式在内的许多传统习俗和信仰所赖以生存的土壤随之发生很大改变，这也使民族文化传承和延续面临更多的困难。

---

① 吴乔：《宇宙观与生活世界——花腰傣的亲属制度、信仰体系和口头传承》，中国社会科学出版社 2011 年版，第 229 页。

五 花腰傣村寨公祭仪式的研究意义

花腰傣村寨中的公祭仪式具有信仰民俗的特征,正如乌丙安先生所指出的,"这些渗透在人们生活中的具有信仰色彩的事项,既不属于经济的民俗,又不属于社会的民俗。它们都是从人类原始思维的原始信仰中不断传承变异而来的民间思维观念的习俗惯例,这些民间思维观念的习俗惯例,受到人们的信奉,甚至成为支配人们物质生活与技术生活的重要因素"。[1] 周星认为在很多涉及生活信念和行为规范的俗信中,内涵着丰富的"民俗知识","这些知识既有以经验积累形成的智慧,又有各种误会、误解和想象的成分,更有民众对生活的期许和希冀。研究民间信仰中的俗信,并不是要从科学立场出发去判断真伪或正误,而是要说明不同社群或时代的人们何以会有这些知识,何以会有如此思考或判断的逻辑,并由此了解民众的心性和文化的奥秘"。[2] 可见,深入认识一个民族的文化就必须重视对其民间信仰及与之相关仪式的研究,而只有了解其中所包含着的深刻社会文化内涵,才能更好地理解其在族群成员的社会生活和精神文化中所发挥的作用。

叶春生提出:"对民间的信仰、仪式和象征的研究,不仅可以提供一个考察中国社会-文化基层的角度,而且对于理解中国社会-文化全貌有重要的意义。"[3] 少数民族文化是中华文化的重要组成部分,在现代社会迅速发展变迁的情况下,各少数民族如何守护自己的文化传统和精神家园,对少数民族的民间信仰习俗及相关仪式活动的现状加以调查和研究是其中非常重要的环节,通过这类研究也有可能为民族文化的传承保护找到一些有针对性的、更为积极有效的方法。

---

[1] 乌丙安:《中国民俗学》,辽宁大学出版社1985年版,第267页。
[2] 周星:《民间信仰与文化遗产》,《文化遗产》2013年第2期。
[3] 叶春生:《民间信仰的升华与超越》,《广西民族研究》2001第3期。

漂泊到融合

——从巴塘关帝庙看汉藏互动下的身份认同

翟淑平

摘　要　四川省甘孜藏族自治州巴塘县关帝庙的生命史，呈现出汉人进入巴塘并逐渐与当地藏人互动的历程，"巴塘城"的文化复合性和"巴塘人"的身份认同也在"内外、上下、前后关系"中逐渐形成。巴塘地处汉藏文明的交汇地带，其城镇史一方面源自文明交互下的政治、军事逻辑，另一方面也具体地由民间社会的贸易、通婚等文化事项形塑。杂糅的"巴塘人"正是基于历史、文化、地域等方面形成了较为统一的身份认同。面对当今不断涌入巴塘的"新移民"，他们感受到空间挤压和资源竞争带来的焦虑，并以其文化和身份的"统一性"来抵抗这种焦虑并试图建构起边界。然而，其悖论在于，这种"统一性"来自不同群体的互动和对于文化边界的打破。因而，将"巴塘人"的身份认同放置于具体的历史、政治、社会情境中进行动态分析，不但能够消解其焦虑与悖论，还能在现实与历史的交汇中把握巴塘的文化复合性特征。这为文明结合地带的市镇研究提供了具体的经验案例，也为理解中国民族地区的城镇带来了一个新的视角。

关键词　融合；文化复合性；身份认同；生命史

DOI：10.13835/b.eayn.26.12

引子：焦虑与悖论

巴塘县隶属四川省甘孜藏族自治州，位于川西青藏高原南缘、金沙江中游东岸。作为川、滇、藏三地接合部及川西边陲的咽喉和门户，巴塘在历史上见证了三地在政治、经济、文化等方面的互动和交汇。尤其在明清两代，中央王朝为了阻断西藏和北方蒙古势力的联系，加大对川藏线的经营力度，在原有驿站制度的基础上，完善其建制、管理及功能。康熙末年，川藏线南线被确定为进出西藏、行军遣吏、钱粮周转的"正驿"。而位于南线的巴塘经过康熙、雍正、乾隆、嘉庆四朝的经营，成为内地与西藏相互沟通的咽喉要地，伴随着二者的政治和军事互动，内地的汉商、回商、垦户、匠人、文人也陆续进入巴塘，带来丰富多元的文化，与本土文化不断交汇，形成了巴塘独特的人文-区位格局和文化风貌。

---

* 本文为教育部人文社会科学重点研究基地重大项目阶段性成果，项目批号：14JJD840005，项目名称："西部地区城镇化进程中的文化格局变迁：'藏彝走廊'多个地点的历史-人文区位学考察"。
** 翟淑平，女，北京师范大学社会学院博士后，研究方向为历史人类学、藏学人类学。

如今，巴塘城虽然在区位上呈现出"老街"与"新城"的大致划分，而"老街"直接承袭旧有的人文-区位格局，但从建筑、服饰、语言、饮食、节日庆典、仪式风俗等方面来看，巴塘城区整体上的复合文化特征已经超越了"老"与"新"的分立。正是由于历史上不同外来文化的共同塑造，才形成了巴塘城多元混融的文化形貌和社会生活特征，造就了融合汉、回、纳西等在内的"巴塘人"，进而营造了他们自认为是"老巴塘"（或"本巴塘"）的自我身份认同。他们在历史、地域、文化、身份等多重认同的引导下，生发出一种"共同体"的认知。因而，面对当前源源不断进入巴塘的"新移民"（他们多用"老乡""牛场娃""乡下的"等称谓将自己与"老巴塘"区分开），这些"老巴塘"的焦虑感油然而生。一方面，"老乡""牛场娃""乡下的"多以挖虫草、捡菌子挣的钱来巴塘买房置地，"老巴塘"祖祖辈辈经营的田地许多都流入他们之手；同时，越来越多的内地人来到巴塘寻求商机，空间挤压和资源争夺带给"老巴塘"的焦虑日积月累，生发出"巴塘已经不是巴塘人的巴塘了""巴塘的巴塘人就像面里的葱子一样少"诸如此类的感慨与悲鸣。另一方面，"老巴塘"觉得"这些老乡不懂规矩"，敬神拜佛等诸多风俗习惯、生活方式也与他们格格不入，文化上的不融洽也带来了"我们是老巴塘的最后一班车"甚至"巴塘已死"的悲凉论调。

然而，若是回到历史中去梳理这些"老巴塘"身份的构成，就会发现，他们多是汉藏、回藏结合的后裔，都在一定程度上了解自己的家族迁至巴塘的大致历史，甚至到现在还于自己的藏名前冠以族姓。他们既接受了藏传佛教信仰和巴塘本土的民间信仰，又延续着自身的文化传统，在二者之间进行调适，使其共同指导日常社会生活的顺利进行。他们的"巴塘人"身份和认同是在动态的历史情境中形成的。不同文化群体相遇在巴塘，文化边界无形地树立起来，随着不同群体的互动和共生，文化边界也不断地被打破，经过一系列"外部的内部化"、转"生"为"熟"的过程，"巴塘人"这一共同体逐渐形成。然而，在面对新的外来者之时，一条新的文化边界又在共同体之外形成，进而出现一种基于自然与文化上的双重排斥。这就是"老巴塘"焦虑的根源，但又充满了悖论：现在的这些"新移民"与数代之前的他们，何尝不都是同一种意义上的"外来者"？

正是"老巴塘"的焦虑与悖论引发笔者去思考其背后的逻辑，只有不断地回到历史情境，追溯正在逝去的是那一个"巴塘"，才能在"巴塘已死"之中看清巴塘是如何"生成"的。在"死"与"生"的循环交替中，巴塘获得了其文化复合性的特征，形成今日的格局与风貌。作为一个完整的有机体，其生命史是立体、丰厚且绵延不绝的，因而探究当下的现实格局必然要回到历史情境中去寻求渊源。此外，要想把握构成其整体性的多元面相，也须通过具体的侧面切入。正是基于这样的思考，本文通过对关帝庙生命史的梳理来呈现汉人进入巴塘且在文化与生活方面融入其中的过程，以此为切入点厘清巴塘城汉藏交融的历史脉络，希望在现实和历史的交汇中，更加深入地认识和理解这座处于汉藏文明接合地带的市镇，为民族地区的城镇研究提供一个具体的经验案例。

一 "外来者"造就的城：巴塘城生命史

巴塘城北扎金顶的石棺墓考察结果显示，早在战国时期，巴塘已是非常活跃的人类聚集区。[①] 但巴塘建城的历史却晚至明代，由当时占领巴塘的纳西木氏土官所建。"城"之历史由"外来者"开启，在随后的岁月中，也不断地被多元的"外来者"所塑造。

---

① 甘孜考古队：《巴塘石板墓》，《巴塘志苑》1984年第3期，第15~20页。

明隆庆二年（1568），云南丽江土知府纳西木氏攻占巴塘后，在巴塘修建官寨"巴托卜雪城"并遣官兵驻守，开启了巴塘"城"之历史。当时的城主要发挥军事功能，而随军迁入巴塘的纳西土民将其农耕技术带入巴塘，在木氏管理巴塘的七十多年时间中，巴曲河东岸开垦了大量农田。纳西土民与本地藏人在生计方式、宗教信仰、文化习惯等层面相互交往，共同塑造着巴塘城的早期模样。

明崇祯十二年（1639）底，青海蒙古族和硕特部首领固始汗入康灭掉白利土司，南下打败木氏土官，结束其在巴塘七十多年的统治，巴塘由此归青海和硕特部固始汗管辖。先前的城被固始汗接管，继续驻兵扎寨。随后，固始汗与五世达赖结盟，为得到中央朝廷的支持、与其他教派相抗衡，五世达赖进京觐见清顺治帝。同时，清廷也有意通过佛教信仰来管理蒙古各部，故对五世达赖和固始汗册封，并将西藏划归达赖喇嘛管理。地处藏边的巴塘，起初并不为达赖喇嘛重视，一直由蒙古族和硕特部经营，达赖喇嘛仅在顺治十年（1648）派西藏高僧来巴塘，仿照哲蚌寺洛色林学院修建格鲁派寺院一所，命名为噶登彭德林寺（今康宁寺）。高僧在打卦选址时，选定官寨所在地方，于是高价买来修寺。

康熙四十二年（1703），五世达赖从西藏派两名第巴（地方管理官员）管理巴塘。[1] 第巴新修官寨，属民则围绕官寨而居，第巴的家庙逐渐变为其属民共同敬奉的公庙，称"阿琦孔"，里面供的家族护法神"翁图阿琦"也逐渐成为城区的保护神。这一时期，噶登彭德林寺、城区保护神庙阿琦孔、第巴官寨及属民居所，共同构成了巴塘的整体空间格局。而第巴管理之下的属民至少包含了巴塘本土藏人，留下来的纳西人、蒙古人，以及随第巴而来的西藏人，他们混居一处，渐渐形成孔打伙、坝伙、拉宗伙、泽曲伙四个区块，为如今巴塘老城的四大村落奠定了历史的基础。在这一时期，纳西木氏所建的"军事之城"已经发生了重要转变，军事意味逐渐向生活意味转换。巴塘本土藏人、西藏人、纳西人、蒙古人等群体共居一城，城区保护神的出现、格鲁派寺庙的建成、四大聚落的形成巴塘城的整体性和多元性奠定了历史的基础。

康熙五十六年（1717），西藏第巴结桑加措的属下勾结蒙古族准噶尔部策旺阿拉布坦入侵西藏，杀死固始汗的后代拉藏汗，西藏大乱。次年，康熙帝会陕、川、滇三军征剿准噶尔，命噶尔弼为定西将军，其副将岳钟琪于康熙五十八年（1719）五月二十四日抵达巴塘。时任巴塘第巴的陀翁图投诚，清廷授予其巴塘第一任宣抚司（或称正土司，民众俗称大营官），授其弟扎西次仁为副土司（俗称二营官），委其继续管理巴塘。同时，得荣、盐井、中甸、维西（包括阿墩子）等地，也一并被划拨给两位土司管辖。[2] 随后数年，巴塘在四川、云南、西藏三地之间经历了数次划归，最终于雍正五年（1726）确定境域，以宁静山为界，南墩以西至硕板多被划给达赖喇嘛，南墩以东的巴塘、理塘等地划给四川，以南的中甸、阿墩子划给云南。川、滇、藏三地的界线正式划定，巴塘纳入四川版图，隶属于雅州府打箭炉厅。[3] "巴塘于雍正六年设立粮台，以供支应。乾隆九年，随师卷撤。十一年五月，征剿瞻对案内，设而复裁。迨十三年五月，重设粮台至今仍旧。"[4]

从"第巴"到"土司"，虽在名称和形式上发生了改变，但"夷人制夷"的羁縻管理模式仍延续下来，清廷的粮台与土司政权并存，共同参与巴塘地区的管理与统治。清廷与西藏的联系更加密切和频繁，川藏南线被定为"正驿"，在行军、遣吏、朝贡的不断往来中，陆续有汉、回客商随军进入巴塘。巴塘城区气候温暖、平坦开阔，渐渐吸引一些外来者定居下来，他们在业已形成的四大片区中穿

---

[1] 四川省巴塘县志编纂委员会：《巴塘县志》，四川民族出版社1993年版，第54页。
[2] 四川省巴塘县志编纂委员会：《巴塘县志》，第54页。
[3] 四川省巴塘县志编纂委员会：《巴塘县志》，第54页。
[4] （清）钱召棠：《巴塘志略》，中央民族学院图书馆编印1978年版，第10页。

插散居，形成了巴塘市镇的萌芽。为了在异乡安居，他们积极营造能够使自身团结和聚集起来的公共空间，来应对初来异乡可能遭遇的排斥和困难。在与当地人经济交换的同时，他们还借助通婚参与进巴塘的社会生活中，并一度形成"八十家汉商"（实际上也包括回商），实现了城内藏、汉、回多元融合的格局，促进了市镇的蓬勃发展。

清末，赵尔丰在巴塘实行"改土归流"，内地大量的商人、垦户、工匠、士兵、文人被招募到巴塘，在鼓励与本地人通婚的政策下，这些外来者很快就融入当地，为早期已经形成的藏、汉、回相互融合局面又增添了更多的外来力量。经过社会生活的不断积淀、市场贸易的兴盛、各个群体的密切关联，先前自上而下、行政性的"被动"造城局面逐渐发生了改变，活跃的民间生活让不同的文化群体不断融合，并在数代的繁衍生息中产生了历史和地域的认同，"巴塘人"共同体渐现雏形。

民国元年（1912），藏军图谋康区，于5月13日攻抵巴塘（当时已更名为巴安）。临时大都督顾占文率军御敌，联结民房、筑以墙壁、构以垛堞，四角连碉楼，以构建巴塘（巴安）城墙，并设城门六座。[①] 官员、商户、士兵、机关与"土民"共处一城，汉民、回民、藏民甚至西方传教士所建的社区，都处在相互关联之中，书写着巴塘城的社会生活史。他们的庙宇形成了各自的公共空间，通过周期性的聚集、供奉和祭祀，富有生命力的城市生活就此展开，一种多元文化的复合与联结也铺陈开来。

从巴塘城生命史的脉络来看，其人文-区位格局是伴随着外来者的不断进入逐渐被塑造出来的，漫长的历史过程不但见证了不同文明在巴塘的互动与交流，更见证了不同文化群体进入巴塘、成为一个共同体的融合过程，正是他们的相互交织与关联，才形成了巴塘城的整体现状。

为了更具体和清晰地理解这座"外来者"造就的城，下文以汉人进入巴塘的具体情境为例，呈现其文化复合性是如何在历史过程中沉积而来的。

二 汉人入巴：关帝庙生命史

如前所述，汉人进入巴塘基于西藏与内地的不断沟通，也得益于川藏大道的逐步通畅与完善，其背后是一种政治军事逻辑，即中央政权逐渐将西藏纳入自身的直接管理和统治之下，通过道路的打通以及粮台、台站、塘汛等机构的设置，联结内地和藏地。正是在这种政治和军事的主色调之下，民间社会的移民、商贸、通婚等互动与交流也随之发生。为了在异乡安定下来，这些漂泊的外来者通过建造庙宇等公共空间，强化自我群体团结，以应对在异乡可能遭遇的排挤。汉人融入巴塘的过程可以通过关帝庙的生命史来呈现。关帝庙在巴塘的建立经历了几个不同的阶段。

（一）"财神会"

"财神会"是重要而普遍的汉族传统，它在巴塘的出现是伴随着外来汉族人口进入巴塘而发生的。因早期来巴汉人多以经商为生，讲信用、重义气的"武财神"关羽便被他们视为自己的守护神，而被设坛供奉，以保佑其生意兴隆、团结互助。另外，关帝属于全国通祀之神，常常是人们联络乡土关系的精神纽带。

内地汉商最早进入巴塘经商驻留的时间，已难以考证，目前关于他们在巴塘活动的文献记载，最早见于清康熙末年。康熙五十五年至五十六年的（1716～1717）《藏程纪略》称："至巴塘，气候温

[①] 四川省巴塘县志编纂委员会：《巴塘县志》，四川民族出版社1993年版，第61页。

暖，地辟人稠，花木繁茂可观，且集市之所，内地汉人亦寓此贸易。"①康熙五十八年（1719），准噶尔部蒙古入侵西藏，清廷派定西将军噶尔弼进驻打箭炉。他的副将岳钟琪率部西征至巴塘时，清军有一部分原在康定的陕西客商随军西行。客商到巴塘后，被这里的温暖气候和肥沃土地所吸引，遂停留驻巴经商。雍正年间，清政府为加强对西藏的控制，便苦心经营川藏南线，沿途设置粮台、驿站，巴塘也是一个重要的站点。粮台和官员的设立，是巴塘正式纳入中央王权管理体系之始，这为内地汉商和垦民大规模入巴提供了制度上的便利和可能。根据巴塘县志及档案馆资料记载，雍正五年（1727），从陕西、云南、四川随驻防巴塘制营官兵来到巴塘的商贩、艺匠已达 40 余人。到了乾隆年间，定居于巴塘城区的外来户已有二三十家。这些远离故土、身处异乡的人，在一个异文化氛围中，难免会遇到各种各样的困难，如生意上的不顺、文化习俗上的隔阂，甚至还有当地人的排挤。为了相互之间有所照料，共同防止由于立足异乡而可能受到的当地人歧视与排斥，进而能够在巴塘站稳脚跟，这些外来户就发起组织了一个"财神会"。他们择定会址，修建庙坛，供奉关羽，宣扬"有福同享、有难同当"的"桃园义气"，意图以此为基础，形成内聚力量，共同对付可能来自外界的排斥与欺侮。②这些外来人口绝大多数从事商业活动，而关羽在民间往往以"武财神"的形象出现，他忠义诚信的秉性恰好又与民间的商贸交易准则丝丝相扣。

"财神会"成员基本上以客居巴塘的外来户为主，主要是汉族。他们在会员中推举办事能力强、颇具威望、人们信得过的一两个人担任会首。其职责，一是处理外来户与当地人，尤其是汉人与藏人可能发生的摩擦和冲突。二是在每年农历三月十五日筹办"财神会"活动。每年"财神会"，会员都须齐聚会址，在关羽父子牌位之前，用三牲（指牛、羊、猪）祭祀，顶礼膜拜。祭祀结束，摆"九大碗"，共宴同饮，借以联络感情、促进团结、加强认同。"财神会"的基金是会员根据自己家庭的经济状况自愿捐助，集中后由专人监管，放债生息，并拿利息来办理当年的"财神会"与团拜聚餐，没用完的又悉数列入基金。③

这一时期的"财神会"主要服务于外来的"他者"，他们与巴塘本土社会基本上处于一种"内外分立"的格局之中，相互之间除商贸上的来往外，在社会生活的其他层面交往有限。这些外来者更是紧紧依附于"财神会"的乡土情怀和地域联结，小心翼翼地在异乡讨生活、过光景。

（二）关帝庙

随着清政府进一步加强对西藏地区的经营和控制，内地与西藏之间交往日益频繁，行军和经商在川藏南线更为活跃，移居巴塘城区的商户数量也出现了较大规模的增加。乾隆十三年（1748），面对数量大增的内地移民，原先成立的小范围"财神会"已经不能有效地满足他们的社会生活需求。因而，"财神会"成员联络驻巴绿营官兵，协同外来商户，共同筹措修建规模更大、功能更齐全的关帝庙。3 人被推选为会首，主持建庙事务。④他们在"财神会"早期奠定的经济基础上，通过会员捐助、官商募捐等方式筹集经费。最后选址在城东门附近，这与道光年间钱召棠在《巴塘志略》所言一致，"关帝庙在堡东，乾隆十三年汉民公建。魁星阁在关帝庙内，观音殿在关帝庙后"。⑤之后，人们从内

---

① 焦应旂：《藏程纪略》，载吴丰培编《川藏游踪汇编》，四川民族出版社 1985 年版。
② 四川省巴塘县志编纂委员会：《巴塘县志》，四川民族出版社 1993 年版，第 432 页。
③ 财神会的详细情况，参考巴塘县档案馆保存的《巴塘县城区八十家汉商的由来及其演变》资料第 23 卷，1983 年 5 月 30 日。
④ 巴塘县档案馆：《巴塘县城区八十家汉商的由来及其演变》，第 2 页。
⑤ （清）钱召棠：《巴塘志略》，中央民族学院图书馆编印 1978 年版。

地雇请泥水匠、木匠、石匠、砖瓦匠和雕塑技工等，于乾隆二十九年（1764）建成占地一万多平方米的关帝庙，内含神殿、戏台、钟鼓楼、会馆等建筑，雕梁画栋，十分美观。庙内二殿，外殿塑关羽、关平、周仓、轩辕黄帝、鲁班、嫘祖、孙膑等神像；内殿塑南海观音像，左右两边是汉藏各种神佛塑像。

出资修建关帝庙的会员，除外来商户80家（就是现在巴塘人总会提到的"八十家汉商"）以外，还有绿营官兵83名。他们的姓名均被铸在关帝庙内的铜钟上，以兹纪念。由于资助者分为商人和官兵两派，此时的"财神会"组织也相应地分解为"汉商公会"和"单刀圣会"。前者属于商人团体，继续在每年三月十五日到三月十八日，沿旧例举行"财神会"。届时会员们都聚集于会址，摆"九大碗"，共同欢聚，借以联络感情，促进团结。而后者属绿营官兵，在每年的九月十三日，也就是关羽单刀赴会日，聚集办会。此外，每年的清明节、孟兰节、寒衣节，会员也要抬城隍出驾巡游，由县知事亲临主祭，读祭文，并为阴魂烧纸钱、寒衣，撒水饭；每年的观音会也要念经一天。

关帝庙的钟鼓楼上设有铜铸大钟一口、大型鼙鼓一面，每月初一、十五的正午十二点和夜间十二点整，鸣钟击鼓，提示会员这两天是敬神的日子。[①] 庙内除塑有关羽、关平和周仓神像外，还有轩辕黄帝（农业）、鲁班（木工）、嫘祖（缝纫）、孙膑（从武者）和财神的塑像，可供职业不同的会员在平时敬香祭拜。

关帝庙除了为汉人提供宗教生活上的便利外，也在日常生活的各个方面较为全面地满足着他们在异乡的社会生活。节庆方面，除了要操办上述三月十五日的"财神会"和九月十三日的"单刀圣会"，每逢新春佳节，还要按照汉族的传统习俗，组织耍狮子、龙灯、马灯、船灯，共同庆祝新春，以增进团结。在农业生产方面，为避免自然灾害，祈求丰收，关帝庙也会组织会员演唱忠孝节义之类的戏剧，以求天神降恩；若遇到丰收之年，也会搭台唱戏，感谢菩萨保佑。此外，若会员有生活困难，关帝庙也会出资帮助其渡过难关；对会员中的婚丧嫁娶，也帮忙料理，还特意制备碗盏家具、孝衣素服，为婚丧之家提供方便；若是会内成员相互有纠纷，或者他们和当地藏人有了龃龉和冲突，关帝庙也会出面协调解决，以维持社会生活顺利进行。[②]

从"财神会"到关帝庙，是外来人口逐渐建立起自己的社会生活共同体的过程。尤其是关帝庙不断完善和成熟之后，已经成为一种具备社区功能的组织，为这些远离家乡的人们提供了社会生活的全方位便利，其社会功能在圣俗两方面都有完备体现。"八十家汉商"的称号更加强了这一社区组织在巴塘的社会基础，尽管它绝不是一个封闭的社区，而是不断与本土社会处在沟通和交流之中。而且，从"财神会"组织到关帝庙的建成，这些外来商户也在不断地吸纳一些新的力量，例如，绿营官兵的进入为这些外来户提供了某种制度性的庇护，这些由清廷派驻巴塘的军队，代表的是中央朝廷的权威，有了他们的加盟，外来商户在巴塘的生活会变得更容易些，当地藏人也会因为对朝廷的归顺而更容易接纳这些来自外部世界的"他者"。但这一时期，关帝庙更多是自成体系，与巴塘本土社会的"内外分立"仍较为明显。

（三）"庙宇-会馆"

同治九年（1870）三月十一日，巴塘发生7.25级大地震，关帝庙建筑与全城房屋毁于一旦。震后

[①] 巴塘县档案馆：《巴塘县城区八十家汉商的由来及其演变》，第3页。
[②] 四川省巴塘县志编纂委员会：《巴塘县志》，四川民族出版社1993年版，第433页。

军粮府委员吴福同与"汉商公会"召集全体会员共商兴庙之策，得到川、康、藏各地官府资助，同时，巴塘正副土司、头人和寺院喇嘛等，纷纷慷慨解囊。由于筹款顺利，当年便迅速动工，同治十三年（1874）修缮完成，新庙规模较之前更为宏大。此次参加修复关帝庙的会员，籍贯基本上属川、陕、滇三省，因此便将原关帝庙改名为"川陕滇三省会馆"，并在戏台正面悬挂一块"川陕滇三省会馆"的红漆金匾。① 自此，一座兼具庙宇性质的联合性同乡会馆便形成了，本文称之为"庙宇－会馆"结合体。

"庙宇－会馆"所勾连起来的乡土之链②已经不仅仅局限于一地一乡，而是笼统地把来自内地的川、陕、滇归为一个整体。他们在汉人社会的通祀之神关帝的"神性光辉"之下，结合成一个共同体，并从中寻求神圣与世俗生活的双重保障。

然而，这一时期，原先那种颇具"社区"色彩的共同体已经悄然改变了"内外分立"的格局，与当地社会的融合已经全方位地展开。地震后重修关帝庙，参与主体除了外来汉商、绿营官兵外，巴塘的土司、头人、喇嘛也积极地伸出援手。同治十年（1871），巴塘宣抚司（正土司，又称"大营官"）捐建关帝庙、城隍庙的《功德文约》称："立功德文约巴塘大营官罗宗旺登，今与阁街乡约总、值会首公众名下，为出字据事情。因同治九年三月十一日陡遭地震，已将关帝、城隍庙宇尽行倒塌，覆从修建，首事人等现在修理，自愿将城隍对门菜园一所，以及树木作银一百两外，青稞、麦子共三百克，作银一百两，以捐功德，街永远管业，并不差毫……今恐人心不古，特立字约，永远存照。"③ 巴塘土司作为当时巴塘地区最重要的地方首领，为重修关帝庙提供的土地、钱粮等帮助，意义重大，因为这势必引导着本土社会的其他力量去接纳和包容在这片土地上已经生活了相当一段时间的外来者。

为了向巴塘本土社会文化生活靠拢，关帝庙重修之时，还把藏区著名的格萨尔作为护法神供奉起来。为迎合当地藏人的宗教信仰，还借关帝庙内供奉的关羽、关平和周仓三尊神像，编了"蛮三国"（又称"藏三国"）的故事，称关羽为藏族史诗中的格萨尔王，关平是格萨尔的弟弟，周仓是格萨尔的叔叔。④ 此外，还在庙内供奉21尊度母画像，并设煨桑炉、嘛呢杆。这样一来，巴塘的喇嘛寺也积极行动，不但在重修关帝庙时派出喇嘛前去帮忙，还在关帝庙建成之后派出两名扎巴常驻庙内，供养护法神格萨尔。⑤ 在三月城隍会游城隍时，关帝庙与三省会馆还要敦请喇嘛寺的僧人前去念经、火供、丢朵玛，以超度亡灵。⑥

土司和喇嘛寺在外来者同当地藏族的社会衔接之中，起了非常重要的引导作用。本土的藏人不仅在"三省会馆"办会、巡神、唱戏时前去看热闹，甚至还学着汉人的样子，到关帝庙的土地殿内抽签算卦，借这种来自内地的民间信仰活动卜问凶吉。庙内陈设签筒、竹签、卜筊、签谱等用具，抽签的程序与内地大致相仿，签文都是汉文，藏人抽签后由住庙人员当场解卦。当时，外来汉商与本地藏人的通婚已时有发生。据当地人介绍，这些汉藏结合的后裔都要去关帝庙抽签卜卦，而那些"纯藏族"则去喇嘛寺打卦，但是仍然会有"纯藏族"，甚至喇嘛，前往关帝庙求签问凶吉。⑦ 可见，本土藏人除

---

① 《巴塘县城区八十家汉商的由来及其演变》，第4页。
② 王日根：《乡土之链：明清会馆与社会变迁》，天津人民出版社1996年版。
③ 《四川地震资料汇编》编辑组：《四川地震资料汇编》（第1卷），四川人民出版社1980年版。
④ "蛮三国"的故事在巴塘城区较为普遍，很多人都能讲上几段。
⑤ 石硕、邹立波：《汉藏互动与文化交融：清代至民国时期巴塘关帝庙内涵之变迁》，《西南民族大学学报》2011年第6期。
⑥ 巴塘县档案馆：《巴塘县城区八十家汉商的由来及其演变》，第4页。
⑦ 在访谈巴塘老街居住的格旺、田扎西等老人时，他们对于小时候到"三省会馆"吃"九大碗"、看大人抽签、阎王巡街等事情还有很深的记忆。

了参与外来汉商的各类公共娱乐、聚礼活动之外，也不断参与关帝庙的宗教活动。汉藏双方的社会接触便围绕着关帝庙这一原本属于外来汉商的公共空间而展开。

不可忽略的另一方面是，虽然"庙宇－会馆"的建成源自外来人口要在巴塘寻找一种乡土情怀和归属之感，但他们仍旧属于皇权体制下的臣民，因此还要举行一些尊奉皇道、宣扬神道的活动。例如，在会馆正中的大堂上，悬挂有"当今皇帝万岁、万岁、万万岁"的金字吊牌，以示对清王朝的忠顺；会馆还为光绪皇帝驾崩举行祭奠，为宣统皇帝登基举行庆典。与此同时，驻守巴塘的朝廷官员也对会馆有相应的支持。[1] 清末至民国，巴塘的历届县吏都对会馆和庙堂的修建给予了直接帮助，并亲自参加祭神活动。例如，会馆主办三月城隍会时，要组织马队仪仗，将泥塑城隍抬至县衙，以示对县太爷的参拜；之后出驾游街至南门外的架炮顶坟地，在那里，城隍要受县太爷三跪九叩的大礼回拜；正是借此双向互拜，来宣扬人间地狱、阴阳两界的统治者的相通性和互助性。同时，官府对关帝也非常崇尚，大小官员也常常拜谒关帝庙，并刻碑题匾，清末卸职后的驻藏大臣有泰途经巴塘时，仍要"至关帝庙叩谒，仍与来时无异，新悬匾数块，有马介堂军门、吴聘三直刺"。[2]

这一时期，汉藏通婚频繁，"汉商公会"和"单刀圣会"的人员多在巴塘娶室置产，立业世居，而"三省会馆"又以关帝信仰为基础，进一步拉近了汉藏双方的距离，其融合程度甚为深切。清廷官员、巴塘土司头人、寺庙喇嘛等各方势力，均不同力度地与这个"庙宇－会馆"体系发生关联，加上民间社会汉藏双方早已以通婚、贸易等方式往来密切，因而这些不断进入巴塘的外来汉人已经摆脱了那种"外部他者"的"陌生人"形象，成为巴塘社会中不可分割的组成部分。自此，他们已经完成了"由外而内"的身份转型，融入当地社会文化逻辑之中，而昔日的庙馆体系已经成为巴塘城的一个民间社会组织，不断塑造着其城市文化格局。

此外，"八十家汉商"还以男女之别为依据，同本地藏人联合建立起"朋友会"和"拈香姊妹会"等组织，[3] 盛行于当时的巴塘城区。老年人、中年人、青年人都有各自的朋友会，人数至少二十人，自愿参加。朋友会的具体活动，一是在会员遇到红白喜事时，大家凑钱帮助，共同出力办事；二是每逢年节，举办"打平伙"，组织弦子队，出街表演，一同欢娱。有人结婚时，会员按照自己的家庭经济情况捐助资金，名为"喜钱"，作为朋友会的基金。朋友会也轮流推举出会首，其在三年任期内负责经管基金，通过放利生息来承担每年"打平伙"的开支。女性的朋友会统称"拈香姊妹会"。而男性的朋友会种类繁多，解放前比较出名而又比较活跃的有两个：一个叫"巴塘青年会"，其会员多数是"八十家汉商"的子弟，少数是当地藏人子弟；另一个叫"巴塘乐群会"（"乐群"是藏语译音，意思是青年），其会员多数是旧贵族的子弟，少数是"八十家汉商"的子弟。朋友会的会员之间团结互助，不仅促进了解、加强友谊，还推动了藏汉关系的加深。

（四）在衰落中融入

民国以降，在国族观念的引导之下，关帝庙和三省会馆又一次发生了内涵变化，使其诞生之初以及相当长时期内所具备的庙馆特征完全消失，彻底成为一种新政治制度下的地方社会组织。

民国十三年（1924），康区政局陷入动乱。为利于自卫，经呈准地方官府，"川陕滇三省会馆"改

---

[1] 巴塘县档案馆：《巴塘县城区八十家汉商的由来及其演变》，第3页。
[2] 石硕、邹立波：《汉藏互动与文化交融：清代至民国时期巴塘关帝庙内涵之变迁》，《西南民族大学学报》2011年第6期。
[3] 四川省巴塘县县志编纂委员会：《巴塘县志》，四川民族出版社1993年版，第435页。

为"华族联合会",次年又更名为"西康巴安国民协进会",除了三省官商子弟之外,凡属巴塘的男性民众,不分族别均可参加此会。民国三十一年(1942),它被正式更名为"巴安协进会"。至此,它完全成为没有民族界限的地方性社会组织,参与着巴塘政治、经济、文化等方面的社会活动。同年农历三月十五日,在早期"财神会"的例行活动之日,"巴安协进会"举办了第222次年会,会上确定了协进会的新章程,推举了会长、副会长、会老、执委、监委、书记、总会首、值年会首,并纳新一批会员,人数达403人。[①]

1951年3月,"协进会"又发展新会员49人;1952年报经巴塘县人民政府,转报西康省藏族自治区人民政府和西康省人民政府备案,改名为"巴塘县人民互助协进会";1957年10月,前进、团结两乡民主改革后,该组织自行解体,活动终止。[②]

自此,这个历经了数次流变的体系终结了其生命历程。甚至到了20世纪80年代,在各种宗教活动陆续复兴、大量寺庙恢复、重建之时,关帝庙却一直未见复兴之势,"三省会馆"也没有重启的苗头。

三 以"庙"观"城"

巴塘关帝庙的彻底衰落并不是一件需要哀伤的事情,正是因为庙馆的衰落,才成就了"外乡人"在巴塘的彻底融入,经过数代的不断努力,他们终于将最初的"移民祖先"所依依不舍的"乡土之链"彻底挣断,融入一种新的"乡土"——与巴塘本土文化实现了链接。他们无须再像其祖先那样,在遥远的异乡,苦苦寻求一种血浓于水的乡土情,或者在"寻根之旅"中,聊以慰藉漂泊的身心,因为他们已经"由外而内"完成了一种文化社会生活层面的全面"内化",成了"巴塘人";他们无须到关帝庙周期性团拜,借会馆同乡会的形式,去寻求一种"共同体"的归属感;他们的宗教生活诉求,已经转向了藏传佛教寺庙康宁寺。昔日的关帝庙仅仅成为一种符号化而存在,成为"老巴塘"追忆自身来路时的模糊路标,但这样的"向后回顾"绝不意味着一种异乡的哀愁,或许仅仅是一种对自己过往的集体记忆。而且,在当今的旅游经济刺激之下,巴塘出现的复兴和重建关帝庙的呼声,更加显示出其符号化特征,因为它只需要矗立在那里,标识出一种历史的过往,仅仅需要让游客感受到一种历史的深度,而无须去探究其过往究竟埋藏了多么鲜活和丰厚的故事。

然而,我们并非游客。

纵观巴塘关帝庙的生命史,其萌芽于"财神会",逐渐获得"移民会馆"特征,再以"庙馆"形式发展壮大,聚集"外乡人",最后成为一个社会功能完备的"汉人社区",这时的"内外之分"比较明显。随着庙馆在宗教信仰层面向当地藏人靠拢,以及官府、土司、头人、僧人群体参与重建,巴塘的藏、汉交融进一步加深,"内外分立"呈现弱化之势,加之民间社会的通婚、贸易,汉人全面融入本土社会生活和文化逻辑,关帝庙已基本失去其原有的社会功能。清王朝覆灭,以国族观念为核心的全新政治制度加快了其衰竭过程,最终使之沦为一种符号化的存在。

这一庙馆的完整生命周期折射出巴塘城生命史的某个片段:一群人来到巴塘,与当地人互动交流,在内外交互的过程中,小城的文化格局被持续不断地营造着,"巴塘人"的认同也伴随这个过程渐渐

---

① 四川省巴塘县志编纂委员会:《巴塘县志》,四川民族出版社1993年版,第433页。
② 四川省巴塘县志编纂委员会:《巴塘县志》,四川民族出版社1993年版,第433页。

形成。实际上，通过关帝庙的生命历程来看汉人逐渐融入巴塘并成为"巴塘人"的过程，这种视角和逻辑也同样能够应用在巴塘曾经的清真寺以及现在仍在发挥作用的"阿琦孔"的历史中，这同样见证了回民和西藏人进入巴塘的过程。

只不过，不同的庙宇在巴塘经历了不同的命运。如今已成为巴塘城区保护神庙的"阿琦孔"实际上是早期来巴塘实行管理的第巴官员的家庙，第巴供奉的家族保护神"翁图阿琦"也不断被塑造为巴塘城区的保护神。由"私"到"公"的转换，尽管是源于自上而下的制度性力量，但是巴塘本土社会尤其是底层民众强大的吸纳和包容力量，也是重要原因。巴塘与西藏在文化和宗教上的亲和性使"文化并接"更易实现。

因而，以"庙"观"城"，能够在时间的累积与叠加中看清一种复调的区域历史；但历史的书写永远离不开"人"，不同的"外来者"转换成"巴塘人"，进而成为现在叹息不已的"老巴塘"（本巴塘），他们不仅塑造了巴塘城的生命史，也在其中不断营造着自我的身份认同。

四　谁是"巴塘人"：持续的认同

文章开头所呈现的"巴塘人"的叹息与焦虑，恰恰表明他们共享着一种不言而喻的身份认同，我们能够从几个不同的层面对之进行分析。

首先是地域认同，外来者和本土人在同一空间相聚，他们发挥着共同生活的智慧，在同一片土地上劳作、生活，外来者不断地"转生为熟"，而本土人也努力地"化外为内"，双方最终达至一种共享的"地方感"，进而形成一种地域认同。这种感知和认同源自日积月累的共同生活实践，一旦认同形成，一系列关于"地方"的神话和传说也就随之出现，而它们又会反过来强化人们的地域认同。

其次是文化认同，在不同文化群体的共处和交流之中，他们在生活习俗、婚姻、祭祀、仪式、节庆、信仰等方面相互吸收与融合，形成一种复合性的文化特征，这些特征共享于这些群体之间，久而久之就成为其共同遵循的文化逻辑。

最后是民族认同，这与国族观念的进入，尤其是20世纪的大规模民族识别有关，基于较长时段而逐步形成地域认同和文化认同的"巴塘人"经历了一次彻底的身份认同变革，民族身份的获得使其在国家语境之下形成了对藏族、中华民族、中国多民族国家认同的统一。

以上不同层面的认同也是循序渐进的历时性过程。从"物质"到"文化"再到"制度"层面，"巴塘人"的身份认同逐渐深化，一种"共同体"的感知在他们之间形成。当国家话语进入巴塘后，藏族身份的获得在一定程度上掩盖了历史进程中"巴塘人"身份的差异性和动态建构性，才会出现文章一开头所说的"巴塘人"的焦虑。如果跳出民族身份而进入更长的历史情境，以动态的眼光去看这些"巴塘人"的身份认同形成过程，那种焦虑和悖论就会更容易得到消解。

同时，认同也是"自上而下"和"自下而上"两个过程相互关联与互动的结果，共同书写着"巴塘人"的身份历史。如果说早期巴塘的移民是在"自上而下"的整体背景下发生的，但是到了巴塘后，移民们的本土融入依靠的是"底层力量"的具体生活实践，因而就更在具体的生活中发挥作用。从"零星"到"整体"，对地域和文化的认同被漂泊者以"选择性"的认知构建起来，成为"地方"不可分割的部分，因而才有"巴塘人""老巴塘"的一种"身份自觉"。当国家意志进入、族群身份被强调，"我是藏族人"的自觉又进来，让自我认同变得多元和复杂。

因而，身份认同也是一个统合了内部因素、外部因素和主观因素、客观因素的综合过程。外来移民进入巴塘，对漂泊状态的厌倦、对定居的渴望和实际生活的需求促使他们主动融入本土；而对于本地人来说，存在从"排斥"到"接纳"（通婚）的过程。尽管自上而下的力量在发挥作用，但最终依靠的还是双方群体在实际生活层面更为具体的互动。从某种程度上来说，认同的本质在于确立位置，划分出内外边界，区分自我与他者。巴特（Fredrik Barth）的"族群边界"理论也强调边界对于族群划定的重要作用，但族群的边界不是固定的，其流动性造成了很强的相对性与模糊性。尽管巴特注意到了不同族群在接触地带的互动和交流，但他对于"边界"的强调在一定程度上让这种交流变得暗淡，其关注点仍在于"边界"带来的分立。巴塘处于汉藏接合的通道位置，虽然也存在巴特所说的"边界"，进而带来人们对于位置和身份进行确立的需求。然而在频繁的人口流动和持续的文化接触之中，"边界"更是作为一个交汇的通道或者地域而存在的，人们并不绝对按照分立的状态确立各自的身份，而是具备融合成为一个共同体的可能性，"巴塘人"的身份确认和认同建构就是在这种融合中完成的，这个持续的动态过程也带来了巴塘城区的"文化复合性"特征。

王铭铭以文化复合性概念指称"自我与他者关系的结构化形式，表现为同一文化内部的多元性或多重性格"，任何文化都无法作为自生、自称的孤立单体而存在，总是处于同其他文化的不断接触和互动之中，不断地将外面的世界进行着"内部化"。[①] 从前文的历史梳理来看，巴塘城的生命正是由不同的"外来者"在前赴后继地书写着，因而，"巴塘人"的身份认同也在动态地变化着，其内涵与外延随着时代的变更也呈现出不同的面貌。正如王铭铭以"内外上下关系"来认识文化复合性的构成，对于"巴塘人"的理解，也要放在这种关系主义的视野下进行把握，除了关注汉藏互动这种"内外"关系之外，还要在时间的前后关系中具体地厘清这种互动如何叠加性地塑造着巴塘城的文化格局，更要认清这种持续性的变动永远不会停息。

随着社会变迁的急剧发展，新的"外来者"正在涌入这座"移民城市"，在地域认同和文化认同交叠下的"地方"，新的边界又要随之形成，融合与排斥也要同时发生。"新移民"努力融入，再次打破这历时性建构的弹性边界，将"外部"转化为"内部"后，新的"共同体"会在新的"认同"下形成。在这样一次次的"打开"与"融合"中，地域认同、文化认同在不断地调适与更改，人与地的关系在巴塘也不断地展开与变动，巴塘又形成了它独特的风貌，展示着其文化复合性的本质特征，而这也是其城市活力的根本源泉。

然而，当"巴塘人"在反思"巴塘已死""老巴塘的最后一班车"时，他们是一种矛盾的心态：若不是巴塘的边界时时在关闭和开放之间循环，动态地建构着认同，他们也不可能融入巴塘。一种对于"历史被遗忘"的深深恐惧，说明"巴塘人"一方面洞悉这段"融合""互动"的历史，视之为巴塘的根本，对"历史"的认同，呈现出他们对于"地域"的认同和情感，对自身过往的缅怀和珍视；另一方面，面对现在的"新的融入""新的互动"，他们却坚守着"巴塘人"的界限。诚然，这表示着他们对"地域"认同的坚定，但是，"不遗忘历史"到"不敢面对新的历史"，同样是一种内心的矛盾。明明知道在遥远的过去，如果巴塘没有"包容"和"开放"地接纳他们，他们不可能成为"巴塘人"，然而，一旦确立了地域认同、文化认同，最后是身份认同，他们反而害怕"新的融入"，因为这种"新"是要打破，或者至少要改变这种地域共同体、身份共同体的"整体情境"。这说明认同都具有边界和排他性，然而正如相克与相生的关系，在相克中相生，是一个漫长的、需要去"努力"的过程："我"的努力、"他"的接纳，双边的、相互的塑造。新的共同体产生，又开始了新的排他性，

[①] 王铭铭、舒瑜编《文化复合性——西南地区的仪式、人物与交换》，北京联合出版公司2015年版，"导论"第9页。

"新移民"的到来，需要新的努力、新的路径、新的方式，才能在边界上有所突破，开始新的融合。认同是动态的，边界是活跃的、弹性的，它在那里，承载着互动、摩擦，见证着持续不断的冲突、融合，但它永远不会消失，人们在结构化的"记忆"和"忘记"之中，用"民间智慧"书写历史，也在书写着自身的生活。

多元组织合作动力机制与民族互嵌型社会结构构建

——以新疆玛纳斯县为例*

蒋志远**

摘　要　本文从系统动力学的角度，剖析了民族互嵌型社会结构构建的主体要素、辅助要素和环境要素三大动力结构，认为经济互嵌、社会互嵌、文化互嵌和制度互嵌是民族互嵌型社会结构构建的四大动力，提出了目标一致、优势互补和合作协同三大动力原理。通过新疆玛纳斯县旨在建构民族互嵌型社会结构的多元组织合作案例，对多元组织合作的动力机制进行了实证分析。最后提出有助于民族互嵌型社会结构构建最终实现的多元组织合作动力机制的优化措施，即优化提升合作动力机制中各要素的质量；完善多元嵌入式组织的合作机制，增强其协作能力；注重各民族成员的实际需求，实现具有针对性的"民族互嵌"目标。

关键词　多元组织合作；动力机制；民族互嵌型社会结构构建

DOI：10.13835/b.eayn.26.13

一　问题的提出

2014年5月26日，中共中央政治局会议首次提出"推动建立各民族相互嵌入的社会结构和社会环境，促进各民族交往交流交融，巩固平等团结互助和谐的社会主义民族关系"，[①] 以及同年9月中央民族工作会议上正式将"推动建设各民族相互嵌入式的社会结构和社会环境"确认为全国性民族工作方针，[②] 标志着以往以行政型力量为主导的民族关系整合策略开始向多元组织协同治理的方向转型。按照这一方针指向，行政型、教育型、科研型、企业型、社会结合型[③]等不同性质的多元组织都应成为促进和谐民族关系建设的重要力量，并倡导不同组织在彼此信任、长期合作、互利互动的基础上共同推进民族互嵌型社会结构构建。然而，由于不同组织的性质差异较大，如何促进多元组织在民族互嵌型社会结构构建上的彼此沟通与合作成为值得关注的话题，因此研究与民族互嵌社会结构构建相关

---

* 本文获中山大学历史人类学研究中心田野调研资助计划、国家社科基金一般项目"新疆牧民流动人口就业问题研究"（14BMZ083）、新疆农业大学干旱区农村发展研究中心课题"新疆牧民定居转型与发展研究"（XJEDU030114Y03）经费资助。

** 蒋志远，新疆大学人文学院讲师。

① 《中共中央政治局会议研究进一步推进新疆社会稳定和长治久安工作》，《人民日报》2014年5月27日。

② 《中央民族工作会议暨国务院第六次全国民族团结进步表彰大会在北京举行》，《人民日报》2014年9月29日。

③ 社会结合型组织是指不同民族成员之间结合的纽带、方式及功能，文中所指的社会结合型组织，包括有利于维持民族和谐关系的民间正式组织和非正式组织。有关社会结合的定义，参考麻国庆《家与中国社会结构》，文物出版社1999年版。

联的多元组织合作动力机制有着重要的理论价值和现实意义。

在当前学术界，有关各类组织参与民族互嵌型社会结构构建的研究成果较多，为本文所涉及的有关民族互嵌工作方面的多元组织合作研究提供了丰富的案例经验和现实依据。例如，高永久、张金国以新加坡的组屋为例，分析了以建屋发展局（HDB）为核心的政府组织如何通过以组屋为代表的公共住房规划和建设来实现民族互嵌型社区建设，显示了行政型组织对于民族互嵌型社会结构构建的推动作用。[1] 裴圣愚、唐胡浩通过对武陵山片区民族互嵌式建设的研究发现，当地民间一种独特的、各民族共同参与遵守的"合款"组织形式，有效协调了当地的民族关系并维持了社会稳定，实现了社区内外不同民族主体之间在制度上的相互嵌入，同时也表明社会结合型组织在民族互嵌型社会结构构建方面具有强大的功能。[2] 陈纪以社区资源为视角分析了天津市的民族互嵌式社区建设，指出由政府、企业、社会团体等多元组织共同分担了民族社区经济资源的供给，是民族互嵌型社区建设的重要基础，显示了政府型、企业型、社会结合型组织在当地民族互嵌工作中的作用。[3] 来仪、马晓玲通过成都市民族互嵌型社区建设的研究发现，成都市各级政府、西南民族大学、民间社会文化团体等各方都通过各自的努力维持着各民族之间的互动和交往，表明行政型、教育型、社会结合型组织可以成为民族互嵌型社区环境建设的重要资源。[4]

然而，当前研究多关注各方在参与民族互嵌型社会结构构建过程中自身的特点和功能，而对多元组织的合作问题尚未完全展开，特别是关于不同组织间合作的动力要素、动力原理等方面还有待进一步探讨。有鉴于此，本文从组织合作动力机制的角度出发，[5] 对民族互嵌型社会结构构建过程中多元组织合作的动力结构、动力功能、动力原理进行归纳和总结，然后通过新疆玛纳斯县案例对民族互嵌型社会结构构建的多元组织合作体系进行实证分析，并提出相关结论和建议。

二 民族互嵌型社会结构构建过程中多元组织合作的动力结构

民族互嵌型社会结构构建过程中多元组织合作的系统动力结构包含了各个要素及其构成方式。动力要素涵盖了主体要素、辅助要素和环境要素。[6] 具体来看，行政型、教育型、科研型、企业型和社会结合型等组织构成民族互嵌型社会结构构建的主体要素；辅助要素包括资本要素和能力要素；环境要素包括政策环境和外部环境。

（一）主体要素

作为一个系统，由行政型、教育型、科研型、企业型、社会结合型等在内的多元组织构成的主体

---

[1] 高永久、张金国：《民族学视野下的"新加坡经验"及其启示——以组屋"族群比例"政策为中心》，《广西民族研究》2016年第1期。
[2] 裴圣愚、唐胡浩：《武陵山片区民族社区互嵌式建设研究——以湖南省苗族侗族自治县为例》，《中南民族大学学报》（人文社会科学版）2015年第2期。
[3] 陈纪：《社区资源：民族互嵌式社区建设的社会支持研究——天津市"两县三区"的调查报告》，《西南民族大学学报》（人文社科版）2016年第6期。
[4] 来仪、马晓玲：《我国城市民族互嵌式社区建设研究——以成都市为例》，《西南民族大学学报》（人文社科版）2016年第11期。
[5] 实际上，有关组织组织合作动力机制的概念和指标较多，本文根据研究的实际情况，主要参考了高启杰等学者有关农业推广组织合作动力机制的部分概念和指标，具体参考高启杰《农业推广组织创新研究》，社会科学文献出版社2009年版；高启杰、姚云浩、马力《多元农业技术推广组织合作的动力机制》，《华南农业大学学报》（社会科学版）2015年第1期。
[6] 高启杰、姚云浩、马力：《多元农业技术推广组织合作的动力机制》，《华南农业大学学报》（社会科学版）2015年第1期。

要素是民族互嵌型社会结构构建的行为主体，是推动民族互嵌工作开展的主动力。民族互嵌型社会结构构建的各主体要素的合作问题，主要涉及各类组织如何在嵌入式民族关系问题上形成有效的交流和互动，以及它们各自所涉及的民族互嵌工作展开的途径和目标（见表1）。正是由于各主体要素拥有不同的民族互嵌工作开展的途径和目标，才能更好地实现各组织在民族互嵌型结构构建过程中的相互支持和补充，从而达到各主体要素的合作目的。

表1 民族互嵌型社会结构构建涉及主体的嵌入需求及其目标

主体要素	民族互嵌工作展开的途径	目标
行政型组织	制定并推行有利于民族交往交流交融的政策；运用行政手段对民族关系进行积极调控，维护多民族社会结构的稳定；提供有利于民族交往的优质公共服务	实现对于和谐民族关系的宏观调控，推进民族互嵌型社会结构构建和社区环境建设
科研型组织	提高有关民族互嵌型社会构建的科研成果的数量，加深关于"民族互嵌"科研成果的基础和应用研究；实现科研成果转化，实现成果的社会效益	促进关于"民族互嵌"议题的教育和科研发展，促进民族互嵌型社会结构构建的科研效益
教育型组织	培养有利于和谐民族关系建设的人才；积极推进有关民族团结的教育，培养学生的民族团结意识；鼓励学生参与到与维护民族团结相关的社会实践中来	培育民族互嵌型社会结构构建的教育氛围，培育青年一代民族团结的集体意识
企业型组织	促使各民族成员共同劳动致富，为民族互嵌打下坚实的经济基础；通过业缘关系沟通各民族的交往；建立有利于民族互动的企业管理模式	为民族互嵌型社区建设提供经济资源，实现各民族在"经济互嵌"基础上的交往交流交融
社会结合型组织	通过共同地域、共同兴趣等性质的社会网络构建来促进民族间的互动；通过文化交流来增进彼此之间的了解；培育共享型文化来增进各民族之间的相互认同	促进各民族成员的文化互嵌，培育各民族主体在文化交流基础上的共同体建构

（二）辅助要素

辅助要素作为主体要素所需管控的对象，是保证民族互嵌型社会结构构建目标实现的重要因素，具体来看就是推进民族互嵌型社会结构构建的各种资本和能力，主要包括以下两点。（1）辅助资本要素：包括民族互嵌型社会结构构建所需的社会资本、文化资本与人力资本。多元组织在合作的基础上，通过对不同性质的资本要素的挖掘、管理和配置，来共同促进各民族在社会、文化、经济等方面的相互嵌入。如有利于嵌入式组织发展与合作的社会网络资源的扩展、良好的文化制度与氛围的培育、高层次的人力资源配置等。（2）辅助能力要素：主要是与民族互嵌型社会结构构建相关的能力，如构建民族互嵌型社会环境的能力、与其他组织沟通与交流的能力以及组织自身的环境适应能力。总体而言，不同组织所拥有的资本和能力存在显著差异，如政府拥有较为完善的人力资本和行政调控能力，高校则具备较多的文化资本以及实地调研能力。因此，不同组织间在资本和能力上的优势互补，形成促进和谐民族关系的多元组织合作体系，则有利于推进民族互嵌型社会结构构建。

（三）环境要素

多元组织合作体系是一个开放的系统，与内外部环境进行物质和能量的交换是其实现发展演变的必然途径。[①] 环境要素包括以下两点。（1）政策环境：涉及与民族互嵌型社会结构构建相关的政治与法

---

① 张会新：《资源型产业集群的系统动力机制分析》，《生态经济》（学术版）2009年第1期。

律环境，如政府制定有利于民族相互交往的经济政策、文化政策等来激励嵌入式组织的合作。（2）外部环境：涉及与民族互嵌型社会结构构建相关的社会环境、文化环境、经济环境等。多元组织在民族互嵌方面的合作涉及各民族主体的切身利益，因此合作前要对其所处的外部环境有清晰的认识，尤其在合作过程中需要注意所涉及区域各民族的经济水平、文化素质、社会交往程度、地理分布状况等方面的实际情况。同时，鉴于民族互嵌型社会环境建设的复杂性和长期性，多元组织合作与外部环境间的关系既表现为环境对于涉及民族互嵌型社会结构构建的多元组织合作的影响，也表现为各组织合作对于环境的适应。

三 民族互嵌型社会结构构建过程中多元组织合作的动力功能

民族互嵌型社会结构构建的主体要素只有对辅助要素进行合理配置与运用，充分调动各主体的资本和能力，才能在良好的内外环境下促进相关民族互嵌工作的顺利开展，并最终实现合作的目标。主体要素是民族互嵌型社会结构构建的"主动力"，不同组织基于各自的利益诉求与最优目标达成的目的产生合作的需求；辅助的资本和能力要素是民族互嵌型社会结构构建的"原动力"，它是主体要素所需管控的对象，是保障相关民族互嵌工作顺利开展的客观条件；环境要素是民族互嵌型社会结构构建的"助动力"，为相关民族互嵌工作提供良好的氛围和支持作用，同时相关民族互嵌工作的开展也受环境要素的制约和影响。

具体来说，政府型组织可以通过运用行政手段对民族关系进行调控，并为民族互嵌型社会结构构建创造具有针对性的政策环境，对民族互嵌工作提供必要的政策性指导和物质支持；教育型组织和科研型组织在文化资本、意识培育和科研开发能力上具有较强优势，可以从教育与科研层面形成促进民族互嵌型社会结构构建的强大推动力；企业型组织可以为民族互嵌型社会建设提供必要的经济资源，并通过各民族在职业上的流动来促进其彼此间的社会互动；社会结合型组织以地域、兴趣等关系为纽带，促进各民族之间的社会文化交流、相互了解和认同。不同动力要素相互联系、相互作用，促使在多元组织的合作动力下实现民族互嵌型社会结构构建目标的最终达成。

在系统内部/主体要素所构成的合作体需要在辅助要素和环境要素充分支持的基础上，才能发挥好促进民族互嵌型社会结构构建的整体功能，其功能主要包括以下几点。（1）经济互嵌功能，指促进各民族成员以合作互利的形式共同参与产业发展，以实现共同富裕的嵌入式功能。[1]（2）文化互嵌功能，指促进不同民族文化的相互影响、相互借鉴，并在相互认同的基础上形成文化共享与共有的功能。[2]（3）社会互嵌功能，指促进各民族在彼此尊重的基础上实现有效的社会互动，以及彼此间实现互助、互爱、互赖的功能。[3]（4）制度互嵌功能，指促进不同民族在组织上、政策上形成友好团结、相互作用关系的功能。

总之，民族互嵌型社会结构构建的"主动力""原动力""助动力"相互影响和共同作用，形成了民族互嵌型社会结构构建的三大主要动力来源，促使多元组织在合作的基础上发挥与各民族嵌入式发

---

[1] 裴圣愚、唐胡浩：《武陵山片区民族社区互嵌式建设研究——以湖南省苗族侗族自治县为例》，《中南民族大学学报》（人文社会科学版）2015年第2期。

[2] 裴圣愚、唐胡浩：《武陵山片区民族社区互嵌式建设研究——以湖南省苗族侗族自治县为例》，《中南民族大学学报》（人文社会科学版）2015年第2期。

[3] 蒋志远：《贵州人口结构的民族特征及其嵌入式问题分析——基于"六普"数据的分析》，《西北人口》2016年第6期。

展相关联的功能，并最终推进民族互嵌型社会结构构建（如图1所示）。

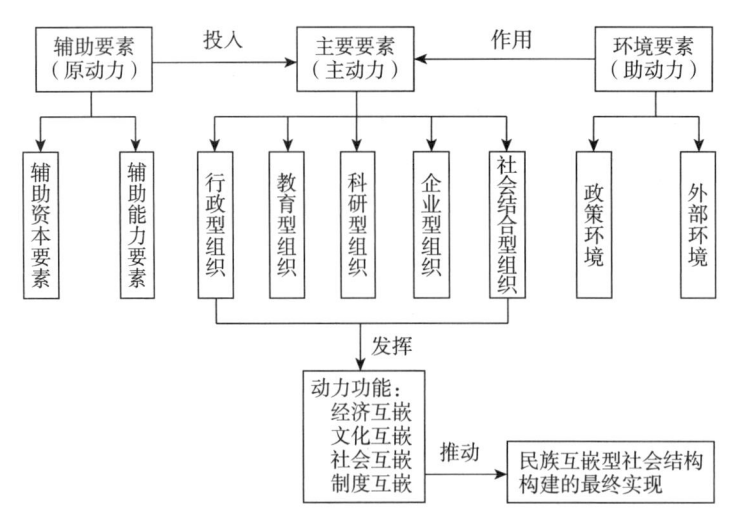

图1 推进民族互嵌型社会结构构建的多元组织合作动力机制

四 民族互嵌型社会结构构建过程中多元组织合作的动力原理

动力原理是动力机制得以有效运转的重要基础，本文将动力原理分为三个层面——目标一致原理、优势互补原理和合作协同原理。首先，涉及民族互嵌型社会结构构建的多元组织按照目标是否一致来选择是否合作以及所需要合作的内容；其次，根据优势互补原理来对不同组织的辅助要素进行优化配置，并与合作对象在资源共享的基础上建立起完善的合作机制；最后，在合作中实现有效的互动与协同，通过组织间有效的联系与协作来保障合作机制的顺利运作，从而确保民族互嵌型社会结构构建的目标得以实现。

第一，目标一致原理。不同组织虽然在民族互嵌工作方面的手段和所要达到的目标上有所差异，但是其最终目标都存在共同性，即最终实现民族互嵌型社会结构构建。同时，这一共同目标也成为各嵌入式组织合作得以实现的理由和基础。第二，优势互补原理。由于涉及民族互嵌型社会结构构建各组织的构成性质和运作方式存在显著的差异性，所拥有的资本和能力也各不相同，因此，通过互利合作的行为来进行彼此间的优势互补，可以产生单个组织所不具备的资本、能力要素，同时通过辅助要素的相互补充可以发挥多元组织协同的整体优势。而组织间建立在优势互补基础上的合作关系，也可以减少民族互嵌型社会结构构建中的不确定因素，因此也是其有效合作的保障。第三，合作协同原理。组织结构中各要素在相互协调的基础上形成分工协作、资源互补、责任共担的主体协同关系，这样既能发挥各组织的优势，又可以实现优势互补，从而保障民族互嵌工作的顺利开展。涉及民族互嵌型社会结构构建的多元组织合作的动力机制得以有效运转离不开三大动力原理的基础性作用，只有在各种必要条件同时具备的情况下，多元组织合作才能在民族互嵌型社会结构构建当中发挥出最大功能。

五 案例分析：新疆玛纳斯县民族互嵌型社会结构构建的多元组织合作体系

玛纳斯县位于天山山脉北坡中段，准噶尔盆地西南缘，玛纳斯河东岸，是昌吉回族自治州最西端的一个县。全县总面积11067平方千米，总人口254141人。从民族结构来看，玛纳斯县是一个民族多元化的县，其中汉族占比 85.26%、哈萨克族占比 7.78%、回族占比 3.68%、维吾尔族占比 2.49%、其他民族占比 0.10%。① 从民族分布来看，传统上以游牧业为主的哈萨克族多分布于该县的南部山区，其他习惯于农耕、经商的汉族、回族等民族则分布于山前冲积平原区。

自新疆和平解放以来，中国共产党领导下的玛纳斯县各级政府以及社会各界都十分重视县内各民族的交往交流与团结，因此当地的民族关系一直比较和谐。改革开放以后，随着社会经济的发展以及人口流动的加快，各民族之间的互动明显增加，同时民族关系也变得日趋复杂。面对这一形势，当地政府改变了以往以政府政策调控为主的民族关系调控策略，转而与其他直接或间接涉及民族关系的多元组织进行合作，逐渐形成了由政府、高校、企业、民间非正式组织等共同构成的合作组织体系，共同推动了当地的民族互嵌型社会结构构建和社会环境建设。

首先，2010 年玛纳斯县政府积极与福建省三明市政府合作，在"高标准""高配置"的前提下，合力在旱卡子滩哈萨克族乡建设由哈萨克族定居牧民与外来汉族移民共同居住的"闽玛生态村"，并积极完善定居新村与玛纳斯县城的公交系统，方便居民向外流动。这一政府间的合作不仅有效改善了哈萨克族牧民的生活环境和出行条件，也改变了以往牧民逐水草而居、与外界交往相对闭塞的局面，促进了牧民与其他民族的交往互动。其次，当地政府积极与石河子大学合作，积极配合该校在玛纳斯县进行民族关系的调研，同时在政府的支持下，石河子大学也加大了对该县民族关系及相关社会问题的科研投入力度。如 2012 年，当地政府与石河子大学政法学院合作，由政府协助安排住宿、提供人员协助和资料，帮助该校师生下乡进行民族关系的实地调研，共同推进了后续有关该县民族关系问题研究的科研产出。② 再次，当地政府还重视与企业的合作，通过就业来促进各民族的经济互嵌。主要措施为当地政府在大力引进劳动密集型产业的基础上，积极鼓励、引导少数民族与汉族共同入厂工作。如位于旱卡子滩哈萨克族乡的宏富工业园区，每年都能吸收大量的定居牧民入厂与汉族员工一同工作，不仅改善了定居牧民的经济状况，也促进了其与汉族等其他民族的交往，增强了其对于民族团结致富的认同感。最后，当地政府积极与各类民间非正式组织合作，通过以地缘为纽带的社会结合关系来增强各民族之间的互动。如政府鼓励各民族成员组成各种广场舞组织，并定期在各乡镇举办广场舞表演比赛，吸引更多群众共同参与进来，在丰富人民精神生活的同时还促进了各民族之间的文化交流，取得了较为良好的效果。综上可以看出，在合作动力结构和动力功能方面，各组织的动力要素及其构成方式虽然存在差异性，但是在合作的基础上就会产生多元化的强大动力来共同助力民族互嵌型社会结构的构建。

在合作动力功能方面，玛纳斯县各级政府、企业、高校和民间非正式组织成为推动民族互嵌型社会结构构建的"主动力"。政府在与企业型、教育型、科研型、社会结合型等不同性质的嵌入式组织在合作的基础上实现优势互补，如以高校为代表的教育科研机构借助政府的力量来深入进行民族关系调研，而政府在调控民族关系的时候会在借鉴高校相关科研成果的基础上制定科学的决策。推动民族互嵌型社会结构构建的各种客观条件为合作的"原动力"，如政府拥有较强的行政力量并掌握相关的社会资源，能为其他组织创造良好的环境和便利条件，而其他类型的组织也分别在经济、文化、科研等方面拥有丰富的资源，可以为各民族的相互嵌入工作注入多元化的动力。环境要素是民族互嵌型社会结构构建的"助动力"，政府积极与其他组织合作，并给其提供相应的便利，为多元组织在民族互

---

① 玛纳斯县地方志编纂委员会办公室：《玛纳斯年鉴》，新疆生产建设兵团出版社 2016 年版。
② 笔者当年以石河子大学政法学院研究生的身份也参与了玛纳斯县的调研。

嵌工作上的合作创造了良好的政策环境，而新中国成立以来各民族在相互交往过程中所打下的感情基础，各民族在文化、经济等方面的相互结合，又给其民族互嵌型社会建构创造了良好的外部环境。

在合作原理方面，政府与其他组织的合作有利于实现民族互嵌型社会结构构建这一共同目标，并满足各方组织的实际需求。对于政府而言，和谐的民族关系有利于其维护当地社会的长治久安；对于高校而言，通过调研可以不断扩展其在民族关系研究方面的新视野，产出科研成果；对于企业而言，和谐的民族关系有利于其生产环境的稳定，创造更多的经济效益；对于民间正式或非正式组织而言，组织内部民族成员的多元化有利于促进组织的活性，民族间的交流也有利于增进彼此间的信任与互助，为各民族成员的日常生活交往打下良好基础。此外，不同组织在资本、能力上存在着差异，通过合作可以实现组织间的资源优化配置，提升其在民族关系调控上的能力。由玛纳斯地方政府与其他组织共同构成的多元组织合作体系，可以将各组织载体的资本、能力等辅助要素集中起来合力支持民族互嵌型社会结构构建。

六　结论与建议

多元组织合作的动力机制与民族互嵌型社会结构构建存在着紧密的联系。基于民族互嵌型社会结构构建系统动力学的多元组织合作动力机制就是行政型、企业型、教育型、科研型、社会结合型等组织作为合作主动力，以投入并促进民族互嵌的资本和能力为原动力，在政策环境和外部环境的助动力条件下，通过目标一致性原理、优势互补性原理、合作协同原理，推进了民族互嵌型社会结构的构建。涉及民族互嵌型社会结构构建的多元组织合作动力机制的优化措施主要包括以下几点。第一，优化提升合作动力机制中各要素的质量。各组织在做好组织定位的基础上积极发挥各自的主体优势，通过合作来加强组织间的互动与交流，吸收彼此的优质资源，不断提升各自的能力，从而建立起协调而有效的合作关系。鉴于我国民族互嵌型社会结构构建的复杂性和紧迫性，建议政府应当制定涉及民族互嵌型社会结构构建的多元组织合作战略规划和有关政策，并积极与其他有利于促进民族关系和谐发展的组织进行接触与合作，共同保障民族互嵌的顺利推进。第二，完善涉及民族互嵌型社会结构构建的多元组织合作机制，增强其协作能力。各组织在民族互嵌工作上的合作虽然有各自的需求，但最终目标是一致的，只有组织间不断实现优势互补，建立起完善的合作机制，才有利于各组织在民族互嵌型社会结构构建过程中发挥出更好的功能，并满足各方自身的需求和目标。由于各组织的资本与能力存在差异，因此应当在平等互利的基础上促进组织间的资本流动与能力互补，以保障持久稳定的协作关系。第三，注重各民族成员的实际需求，实现具有针对性的"民族互嵌"目标。各民族之间的团结与相互友爱是民族互嵌型社会结构的根基，涉及民族互嵌型社会结构构建的多元组织合作要以各民族成员的诉求和实际需求为基准，才能提升合作组织体系的整体调控能力，提高各民族成员的人力资本，从而达到促进民族互嵌型社会结构构建的最终目的。

倡乐活动视角下的"倡乐晏胡"策略

岳洋峰

摘 要 西汉时期,逐渐兴盛起来的倡乐活动,为处理胡汉关系的"倡乐晏胡"策略提供了动力支持。随着汉民族综合势力的发展,"胡强汉弱"的局面被打破,"倡乐晏胡"策略由设置之初"坏其耳"的政治意图,转变为使胡人"娱耳目、乐心意"的娱乐活动之一。"倡乐晏胡"的策略所经历的漫长阶段,体现着胡汉民族之间的心理认知与接受程度。

关键词 倡乐活动;倡乐晏胡;策略认知

DOI:10.13835/b.eayn.26.14

汉朝初期,北方匈奴各部落与西域各族日渐强大起来,并不断侵扰汉王朝边境地区,使得胡汉问题日渐复杂。在如何处理胡汉民族关系的问题上,可谓是言人人殊。汉文帝时期,贾谊提出了以"倡乐晏胡"策略来改善日益严峻的胡汉关系。前辈学者在以胡汉关系为焦点进行研究之时,多将和亲、交流以及双方势力等作为研究点,忽略了"倡乐晏胡"这一策略在胡汉关系中所起到的作用。本文将以梳理西汉时期倡乐活动的繁荣与兴盛作为研究起点,进一步分析"倡乐晏胡"的策略沿革以及胡汉各民族对"倡乐晏胡"策略的心理认知状况。

一 西汉倡乐活动的兴盛

倡乐,颜师古认为:"倡,乐人也。"[1]"倡乐"即用来供享乐主体享用的一系列以乐人为主所进行的歌舞、杂谐之戏等表演活动,享乐主体既有处于上层社会的帝王公卿,也有处于下层社会的普通百姓。西汉时期,倡乐活动有了进一步发展,主要表现在倡优艺人庞大的规模、上层人物(以帝王将相为主)对倡乐之风的引领以及乐府建制的日益完善几个方面。

(一)倡优艺人规模庞大

早在秦始皇时期,倡乐艺人的数量就已达到盛极。据《说苑·反质》载:"关中离宫三百所,关外四百所,皆有钟磬帷帐,妇人倡优。……今陛下奢侈失本、淫泆趋末。宫室台阁,连属增累;珠玉

---

* 本文为教育部人文社科基金项目"乐经形态研究"(17YJZH005)成果。
** 岳洋峰(1988~),女,河南南阳人,陕西师范大学文学院中国古代文学专业2016级在读博士生,从事国学经典研究。
[1] (汉)班固撰,(唐)颜师古注《汉书》卷五十一《贾邹枚路传》第二十一,中华书局1962年版,第2366页。

重宝，积袭成山；锦绣文采，满府有余；妇女倡优，数巨万人，钟鼓之乐，流漫无穷。"① 皇家蓄养的倡优艺人数量之庞大，倡乐活动之繁盛，也在一定程度上为汉代倡优活动的发展奠定了基础。

据《太平御览》载《汉书》："孝惠帝葬安陵，徙关东倡优乐人五千户以为陵邑。"② 汉惠帝时，函谷关东倡优乐人数五千户，按最少人口来算，也有上万人，足见倡优乐人的发展颇具规模。《汉书·外戚传》载："宣帝立，乃改葬卫后，追谥曰思后，置园邑三百家，长丞周卫奉守焉。"颜师古注曰："葬在杜门外大道东，以倡优杂伎千人乐其园，故号千人聚。"③ 汉宣帝时，使倡优杂伎千人于园邑中倡乐，从表演人数之多，场面之宏大足见倡乐在持续发展。汉哀帝时，乐府官的人数"大凡八百二十九人"，④ 足见乐府机关的中从事倡乐活动人数之多。倡优艺人规模庞大，为"倡乐晏胡"策略的提出提供了原始动力。

（二）上层人物对倡乐风尚的引领

汉景帝十三王之广川惠王孙刘去，喜好方技、博弈、倡优等。汉武帝"颇俳优畜之"，⑤ 并"设戏车，教驰逐，饰文采，聚珍怪，撞万石之钟，击雷霆之鼓，作倡优，舞郑女"。东方朔由此谏武帝曰："（武帝）上为淫侈如此，而欲使民独不奢侈失农，事之难者也。"⑥ 东方朔敏锐地观察到帝王对倡优艺人的崇尚，必然会使普通百姓仿效。即便如此，却不能改变倡乐活动日益发展的情况。除了"作倡优，舞郑女"之外，武帝亦有其身及父母兄弟皆为故倡的李延年、以倡而进的李夫人、滑稽不穷的幸倡郭舍人等，这些人均擅倡乐。汉武帝之子燕王刘旦、广陵厉王刘胥均喜爱倡乐逸游之事，丞相田蚡"所好音乐狗马田宅，所爱倡优巧匠之属"。⑦

元帝、成帝时期，倡乐活动发展可谓到了顶峰阶段。元帝喜鼓琴瑟，吹洞箫之曲，甚至于"自度曲，被歌声，分刌节度，穷极幼眇"。⑧ 成帝在诏书中如此描述："方今世俗奢僭罔极，靡有厌足。公卿列侯亲属近臣，四方所则，未闻修身遵礼，同心忧国者也。或乃奢侈逸豫，务广第宅，治园池，多畜奴婢，被服绮縠，设钟鼓，备女乐，车服嫁娶葬埋过制。吏民慕效，以成俗。"⑨ 哀帝时，"黄门名倡丙疆、景武之属富显于世，贵戚五侯定陵、富平外戚之家，淫侈过度，至与人主争女乐"，⑩ "（张）禹将（戴）崇入后堂饮食，妇女相对，优人筦弦铿锵极乐，昏夜乃罢"。⑪

《孟子·滕文公章句上》载："上有好者，下必有甚焉者矣。"⑫ 帝王将相与公卿列侯对倡优之乐如此喜爱，身处下层的黎民百姓必然会大肆仿效，正如《盐铁论·崇礼》所载："夫家人有客，尚有倡优奇变之乐。"⑬ 可以说，在上层阶级对倡乐活动风尚的引领之下，倡乐游艺之事有了更为广阔的发展空间，这在一定程度上刺激了西汉时期倡乐活动的兴盛。

---

① （汉）刘向撰，向宗鲁校证《说苑校证》卷二十《反质》，中华书局1987年版，第517页。
② （宋）李昉等：《太平御览》卷五六九《乐部》七，北京：中华书局1960年版，第2571页。
③ （汉）班固撰，（唐）颜师古注《汉书》卷九十七上《外戚传》第六十七上，第3950~3951页。
④ （汉）班固撰，（唐）颜师古注《汉书》卷二十二《礼乐志》第二，第1074页。
⑤ （汉）班固撰，（唐）颜师古注《汉书》卷六十四上《严朱吾丘主父徐严终王贾传》第三十四上，第2775页。
⑥ （汉）班固撰，（唐）颜师古注《汉书》卷六十五《东方朔传》第三十五，第2858页。
⑦ （汉）班固撰，（唐）颜师古注《汉书》卷五十二《窦田灌韩传第》二十二，第2389页。
⑧ （汉）班固撰，（唐）颜师古注《汉书》卷九《元帝纪》第九，第298页。
⑨ （汉）班固撰，（唐）颜师古注《汉书》卷十《成帝纪》第十，第324~325页。
⑩ （汉）班固撰，（唐）颜师古注《汉书》卷二十二《礼乐志》第二，第1072页。
⑪ （汉）班固撰，（唐）颜师古注《汉书》卷八十一《匡张孔马传》第五十一，第3349页。
⑫ 杨伯峻译注《孟子译注》卷五《滕文公章句》上，中华书局2010年版，第104页。
⑬ 王利器校注《盐铁论校注》卷七《崇礼》第三十七，中华书局1992年版，第437页。

(三) 乐府建制逐渐完善

随着汉代社会的发展以及上层统治阶级对倡乐优游生活的向往和追求，倡乐活动受到更多人的喜爱，乐府机关建制也在逐渐完善起来。

汉武帝时期，乐府机关广采"赵代之讴，秦楚之风"，"广为收罗各地的'乐倡'（即民间歌唱家和演奏家）到乐府中来。这些乐倡既来自各方，自然熟悉当地的声乐、歌谣。乐府因可从中挑选适合肄习演唱的歌乐，供朝廷祭祀、娱乐所需"，[1]并设置有少府、乐府倡监、黄门倡等官职，专门掌管宫廷中的倡乐乐人，以供王室阶层享乐之用。对这些来自各方的倡乐乐人实施有序的管制，是乐府机关建制发展和进步的体现。

桓谭《新论·琴道篇》载："昔余在孝成帝时为乐府令，凡所典领倡优伎乐，盖有千人之多也。"[2]结合哀帝罢乐府官的具体情况，可以知晓这些"倡优伎乐"包括各类鼓员、乐器工员以及各地倡员、讴员、倡优、俳优、俳倡、女乐、歌者等。孝成帝时，这些"倡优伎乐"颇具规模，且由乐府令这一官职所典领，即在乐府令的统一管理下进行歌唱、舞蹈等表演活动，这是乐府机关建制更加完善的体现。除了乐府机关进行管制的一些倡乐乐人，还有其他一些在当时社会中出身低微的倡优艺人，如私家蓄有的女乐、歌伎、倡优等，这些比较松散的倡乐游艺人群，满足了下层社会普通百姓的享乐生活。

二 "倡乐晏胡"策略

"倡乐晏胡"是汉王朝以倡乐活动来接待胡人，使其在音乐歌舞与倡乐艺人表演中感受到和乐与美好，从而改善胡汉关系的重大策略。"倡乐晏胡"这一策略自汉初贾谊提出之后，经历了较为漫长的实践阶段，在汉元帝时期才得到了真正的实施。随着倡乐活动的发展和汉王朝综合国力的不断增长，"倡乐晏胡"这一策略的目的性也在逐渐发生着变化。

(一) "倡乐晏胡"策略的提出

汉高祖刘邦被匈奴围于平城后不久，与匈奴之间达成约定，"使刘敬奉宗室女翁主为单于阏氏，岁奉匈奴絮缯酒食物各有数，约为兄弟以和亲，冒顿乃少止"。[3]汉惠帝、高后遵行高祖时所定的和亲政策。

汉文帝时期，贾谊在《新书·匈奴》篇提出以"三表五饵"之法对抗匈奴的侵扰。其中第三饵即为"倡乐晏胡"策略，具体的内容为："降者之杰也，若使者至也，上必使人有所召客焉。令得召其知识，胡人之欲观者勿禁。令妇人傅白墨黑，绣衣而侍其堂者二三十人，或薄或撎，为其胡戏以相饭。上使乐府幸假之倡乐，吹箫鼓鼗，倒絜面者更进，舞者蹈者时作，少间击鼓舞其偶人，莫时乃为戎乐，携手胥强上客之后，妇人先后扶侍之者固十余人，令使者、降者时或得此而乐之耳。一国闻之者、见之者，希盱相告，人人忣忣唯恐其后来至也，将以此坏其耳。"[4]贾谊明确提出"使乐府幸假之倡乐"，即由乐府机关中的人员进行倡乐表演，倡乐乐人使用的乐器有箫、鼗、鼓等；使用的道具有假面和偶人；具体的表演有"倒絜"（即"翻筋斗"）、舞蹈、舞偶人、奏戎乐、携手扶侍上客等；表演人员有

---

[1] 潘啸龙：《汉乐府的娱乐职能及其艺术表现的影响》，《中国社会科学》1990 年第 6 期。
[2] （汉）桓谭撰，朱谦之校辑《新辑本桓谭新论》卷十六《琴道篇》，中华书局 2009 年版，第 70 页。
[3] （汉）班固撰，（唐）颜师古注《汉书》卷九十四上《匈奴传》第六十四上，第 3754 页。
[4] （汉）贾谊撰，阎振益、钟夏校注《新书校注》卷四《匈奴》，中华书局 2000 年版，第 136 页。

倒絜面者、舞者、蹈者、击鼓者、为戎乐者、妇人等，均以弹奏乐曲以及击鼓跳舞等活动来宴乐胡人，从而麻痹匈奴降者的耳目，达到"五色令人目盲，五音令人耳聋"[1] 的效果。

贾谊的这一观点可以看作"倡乐晏胡"策略的最初构想，从东汉班固对贾谊的赞词"追观孝文玄默躬行以移风俗，谊之所陈略施行矣。及欲改定制度，以汉为土德，色上黄，数用五，及欲试属国，施五饵三表以系单于，其术固以疏矣"[2] 中可以知晓，贾谊没有被孝文帝特别重用，因此，他为汉王朝用心规划出的宏伟策略计划也没有得到真正的实施，贾谊的这一策略也就宛如空中楼阁。

（二）"倡乐晏胡"策略的搁置与实施

汉武帝时期，和亲政策不行，汉王朝与匈奴之间争战不断，胡汉关系日趋紧张。据《史记》载："况乃以中国一统，明天子在上，兼文武，席卷四海，内辑亿万之众，岂以晏然不为边境征伐哉！自是后，遂出师北讨强胡，南诛劲越，将卒以次封矣。"[3] 汉王朝伐大宛，以武力震慑西域诸国。"自贰师将军伐大宛之后，西域震惧，多遣使来贡献，汉使西域者益得职。"[4] 汉王朝对胡作战，双方均伤亡惨重，在受到重创的情形下，和亲政策更加不能解决双方的矛盾，汉初所制定的"倡乐晏胡"策略也由此遭到了搁置。

汉元帝竟宁元年（前33年）春正月，匈奴呼韩邪单于前来朝贺，表明自己愿意"婿汉氏以自亲，元帝以后宫良家子王嫱字昭君赐单于"。[5] 东汉蔡邕《琴操·怨旷思惟歌》载："后单于遣使者朝贺，元帝陈设倡乐，乃令后宫妆出。"[6]《艺文类聚》与《太平御览》中均有此记载。刘师培言："《琴操·怨旷思惟歌》云：'后单于遣使者朝贺，元帝陈设倡乐，乃令后宫妆出'，此汉以倡乐晏胡之证也。"[7] 逯钦立先生辑校《先秦汉魏晋南北朝诗·琴曲歌辞》中亦遵循了蔡邕《琴操》中的记载，认为确有汉元帝陈设倡乐之事。这就使得汉代初期所提出的以"倡乐晏胡"的策略得到了真正的实施，这一历史性的记载，标志着"倡乐晏胡"策略在汉元帝时期成为历史真实。

（三）"倡乐晏胡"策略的演变

西汉初期，胡人叩边频率颇高，边人的生活以及朝廷的稳定统治均受到了不同程度的影响。处于"胡强汉弱"的局势下，贾谊提出"倡乐宴胡"策略，主要是为了麻痹胡人的耳目，从而达到改善胡汉关系的目的。这一策略发展到汉元帝时期，最初"坏其耳"的用意已被淡化，演变成为接待胡人来朝时必不可少的娱乐活动之一。

《后汉书·东夷列传》载："武帝灭朝鲜，以高句骊为县，使属玄菟，赐鼓吹伎人。其俗淫，皆絜净自憙，暮夜辄男女群聚为倡乐。"[8] 在与高句骊的民族关系上，汉武帝将乐府鼓吹乐器以及乐人赐予高句骊，使其内附。这一举措不仅增进了汉民族与东方高句骊民族之间的文化交流，也使得汉王朝在

---

[1] （魏）王弼注，楼宇烈校释《老子道德经注校释》上篇第十二章，中华书局2008年版，第27页。
[2] （汉）班固撰，（唐）颜师古注《汉书》卷四十八《贾谊传》第十八，第2265页。
[3] （汉）司马迁撰，（宋）裴骃集解，（唐）司马贞索隐《史记》卷二十《建元以来侯者年表》第八，中华书局1959年版，第1027页。
[4] （汉）班固撰，（唐）颜师古注《汉书》卷九十六上《西域传》第六十六上，第3873页。
[5] （汉）班固撰，（唐）颜师古注《汉书》卷九十四下《匈奴传》第六十四下，第3803页。
[6] 吉联抗：《琴操》（两种），人民音乐出版社1990年版，第19页。
[7] 刘师培：《刘申叔遗书》之《贾子新书校补》卷上十三，江苏古籍出版社1997年版，第995页。
[8] （宋）范晔撰，（唐）李贤等注《后汉书》卷八十五《东夷列传》第七十五，中华书局1965年版，第2813页。

对外关系上的处理方式更加成熟起来。汉宣帝元康元年（前65年），龟兹王绛宾与夫人第史前来朝贺，"王及夫人皆赐印绶。夫人号称公主，赐以车骑旗鼓，歌吹数十人，绮绣杂缯琦珍凡数千万"。[①] 汉宣帝将中原的车骑旗鼓、歌吹数十人等赏赐龟兹王及其夫人，汉朝的乐器、乐人流入龟兹国。元康二年（前64年），"天子自临平乐观，会匈奴使者、外国君长大角抵，设乐而遣之。"[②] 宣帝又以大角抵戏、汉乐来招待胡人，有助于改善胡汉之间的关系。

随着汉王朝国力的不断增强，"胡强汉弱"的局面发生了变化。汉元帝时期，匈奴民众困乏，呼韩邪单于上书求助于汉。后匈奴呼韩邪单于来朝，在"汉强胡弱"的局势之下，汉元帝"倡乐宴胡"，陈设倡乐，并使后宫佳丽精心打扮，其主要目的由汉初的"坏其耳"转变为"娱其耳目、乐其心意"。"倡乐宴胡"这一策略的演变，一方面与西汉时期日益兴盛起来的倡乐活动有关，另一方面与汉王朝的综合国力有着紧密的联系。总体上来看，通过"倡乐宴胡"这一策略，紧张的胡汉关系得到了一定程度的缓和，胡汉之间的娱乐活动被提升到了人文精神的层面，体现出了汉代时期胡汉民族热爱生活与交流的精神风貌。

三 "倡乐晏胡"策略认知

在大一统政治制度的前提下，汉王朝实施的"倡乐晏胡"策略，在维护其中央集权统治的同时，对增进胡汉民族之间的交流起到了一定的作用。汉民族热衷于以倡乐活动来向胡人展示本民族充满朝气的精神面貌，这在一定程度上影响着胡人的心理认知以及对倡乐活动的接受程度。

心理认知层面，汉王朝在循序渐进地推进"倡乐晏胡"策略计划之时，胡人对这一计划也并非毫不知情。匈奴老上稽粥单于在位时，汉廷使者中行说背叛朝廷，成为汉朝在匈奴的一大祸患。中行说破坏汉朝给匈奴精心准备的赐礼："今单于变俗好汉物，汉物不过什二，则匈奴尽归于汉矣。其得汉缯絮，以驰草棘中，衣袴皆裂敝，以示不如旃裘之坚善也；得汉食物皆去之，以示不如重酪之便美也。"[③] 中行说对汉朝的和亲政策是十分了解的，他在瓦解胡汉关系的同时，将汉朝对胡的政策意图向匈奴和盘托出，成为胡汉和睦局面的强大阻力。胡人加重了对汉王朝的戒备之心，汉民族的倡乐活动自然也不如其本民族的美酒和歌舞更能让人身心愉悦。

胡人对汉民族的文化认同是处理胡汉关系的重要节点。汉王朝"倡乐晏胡"策略实施的初期在很大程度上以怀柔夷狄为目的，但在后期甚至东汉时期，"倡乐晏胡"已经逐渐演变成接待胡人来朝的诸多仪式中必不可少的一项娱乐活动。据蔡质《汉仪》载："公、卿、将、大夫、百官各陪位朝贺。蛮、貊、胡、羌朝贡毕，见属郡计吏，皆陛观，庭燎。……两倡女对舞，行于绳上，对面道逢，切肩不倾，又蹋局出身，藏形于斗中。钟磬并作，倡乐毕，作鱼龙曼延。小黄门吹三通，谒者引公卿群臣以次拜，微行出，罢。"[④] 安帝时，"诏太常、大鸿胪与诸国侍子于广阳城门外祖会，飨赐作乐，角抵百戏"。[⑤] 顺帝时，"（夫余国）王来朝京师，帝作黄门鼓吹、角抵戏以遣之"。[⑥] "倡乐晏胡"在东汉时

[①] （汉）班固撰，（唐）颜师古注《汉书》卷九十六下《西域传》第六十六下，第3916页。
[②] （汉）班固撰，（唐）颜师古注《汉书》卷九十六上《西域传》第六十六上，第3905页。
[③] （汉）班固撰，（唐）颜师古注《汉书》卷九十四上《匈奴传》第六十四上，第3759页。
[④] （宋）范晔撰，（唐）李贤等注《后汉书》志第五《礼仪中》注引，第3131页。
[⑤] （宋）范晔撰，（唐）李贤等注《后汉书》卷八十九《南匈奴列传》第七十九，第2963页。
[⑥] （宋）范晔撰，（唐）李贤等注《后汉书》卷八十五《东夷列传》第七十五，第2812页。

期的战略色彩已明显减弱，胡汉双方的距离在精彩的娱乐活动中变得越来越近。

接受程度方面，胡人也乐于学习和推崇汉王朝的音乐。汉宣帝时期，"乌孙公主遣女来至京师学鼓琴"，[1] 汉朝的琴艺必定在乌孙有所传播，乌孙公主之女特地前来汉朝京师学习鼓琴，足见乌孙一族对汉朝音乐的敬仰和爱慕之心。又龟兹王"数来朝贺，乐汉衣服制度，归其国，治宫室，作徼道周卫，出入传呼，撞钟鼓，如汉家仪。外国胡人皆曰：'驴非驴，马非马，若龟兹王，所谓蠃也'"。[2] 龟兹王对汉朝大驾卤簿等车马仪仗之下的"出入传呼"之仪有所吸收，这不仅维护龟兹国统治者的无上尊严，更是对汉家礼仪的学习和借鉴；在对待汉朝音乐方面，龟兹王对钟鼓之乐的接纳，充分说明了他对汉乐的喜爱之情。从其他国家胡人对龟兹王的嘲讽之语来看，他们对汉王朝的音乐活动却是持有怀疑态度的，然而这并不能影响汉王朝音乐之风的广泛传播。

胡人对"倡乐晏胡"策略虽有些许认知，却也顺势而享，饱闻汉王朝的礼仪制度。汉高祖采用刘敬和亲政策，推动了胡汉文化进一步交流。汉武帝时期，强大的军事力量使得胡人愿意率众归义。此后，历代君主对匈奴采取送往迎来策略，胡汉双方友善相处，边境少事，国中稍定，出现了文帝时就希望的"少者得成其长，老者得安其处，世世平乐"[3] 的局面。胡汉关系趋向稳定的局面并非仅有"倡乐晏胡"一策之功，而是由汉王朝与胡人各族共同努力的结果，是历史中各项大大小小的因素共同造就的。"倡乐晏胡"策略从提出到实施经历了漫长的等待，其出发点虽然是为了麻痹胡人的耳目心窍，我们仍旧不可否认，在促进胡汉关系稳定的过程中，"倡乐晏胡"起到了不容忽视的策略作用。正如《礼记·乐记》所载："是故审声以知音，审音以知乐，审乐以知政，而治道备矣。"[4]

"倡乐晏胡"策略是在西汉倡乐活动兴盛的情况下产生的，活动本身包含了有汉一代的时代特色。在对胡战略上，"倡乐晏胡"可谓成功的尝试，不仅使胡人对汉王朝的礼仪制度有了新的认识，也使得汉王朝的精神文化得以展现出来。随着汉王朝经济实力的不断增强，汉代初期所奉行的和亲、晏胡等政策逐渐发展为军事对抗，并在对抗之中积攒了诸多经验，对胡人侵边问题有了掌控全局的把握。"倡乐晏胡"不仅具有娱乐的功能，同时也上升到了国家统辖的高度，胡人"慕义而贡献，则接之以礼让，羁縻不绝，使曲在彼，盖圣王制御蛮夷之常道也"。[5] 就改善胡汉关系而言，这一策略有力地推动了胡汉关系向前发展。

---

[1] （汉）班固撰，（唐）颜师古注《汉书》卷九十六下《西域传下》第六十六下，第 3916 页。
[2] （汉）班固撰，（唐）颜师古注《汉书》卷九十六下《西域传下》第六十六下，第 3916～3917 页。
[3] （汉）班固撰，（唐）颜师古注《汉书》卷九十四上《匈奴传》第六十四上，第 3757 页。
[4] （清）阮元校刻《十三经注疏》（清嘉庆刊本），《礼记正义》卷三十七《乐记》第十九，中华书局 2009 年版，第 3313 页。
[5] （汉）班固撰，（唐）颜师古注《汉书》卷九十四下《匈奴传》第六十四下，第 3834 页。

彝语转用汉语的渐变规律

——以峨山彝族自治县大龙潭乡为例[*]

罗江文[**]

摘 要 本文通过对云南峨山彝族自治县大龙潭乡的调查，归纳出彝语转用汉语的渐变规律：彝语单语·汉语成分借用→彝语兼用汉语（偏重双语）→彝汉双语（同等双语）→汉语兼用彝语（偏重双语）→转用汉语。彝语传承意识的淡化、社会交际功能的减弱，是转用汉语的内因；长期的语言接触、社会经济文化和学校教育的发展，是转用汉语的外因。

关键词 语言接触；渐变规律；双语；语言转用

DOI：10.13835/b.eayn.26.15

不同民族、不同社会群体社会经济文化的交流和接触，会促使其所使用的语言互相影响，伴随而来的是语言成分借用、双语兼用，甚至是语言转用，这已经是一种共识。语言转用是指一个人或一个群体不再使用自己的母语而换用另一种语言的现象。在民族大杂居、小聚居的环境中，语言转用在一个渐变过程中逐步完成，是语言长期接触的结果。其渐变的机制、原因如何，是接触语言学需要深入讨论的一个问题。

大龙潭乡是峨山彝族自治县一个典型的彝族聚居山区乡，由于彝语与汉语接触的范围和程度不同，形成了三种语言社区类型：彝族聚居的彝语社区、彝汉杂居的双语社区和转用汉语方言的社区。本文采用社会语言学的调查方法，通过对这一局部地区不同语言社区语言使用情况的调查分析，了解乡民语言能力、语言态度的变化，探寻语言接触带来语言使用变化的不同机制和原因，总结语言转用的渐变规律。

一 彝族聚居的彝语社区——单语向双语兼用变化

大龙潭乡位于峨山县北部，距县城 90 公里，是一个以农业为主的山区乡镇。乡内居住有彝、汉、哈尼等多个民族，少数民族占全乡人口的 79.83%，彝族占 62.3%。

---

[*] 本文为教育部人文社会科学基金项目"多语言的接触对边疆少数民族地区汉语方言的影响——以峨山彝族自治县为调查对象"（10XJA740005），也是国家社会科学基金项目"基于《云南方言词典》编纂为目标的云南方言词汇调查与研究"（17XYY024）阶段性成果。

[**] 罗江文（1965~ ），男，云南玉溪人，云南大学国际学院教授、滇池学院文学院教授，主要从事汉语言文字学研究。

彝语社区是指大龙潭乡的土嘎、以他斗、橄榄甸、峨腊、觅许鲊、鱼都母等山区村寨，一个自然村即是一个语言社区。乡民基本上是彝族，只有极少数汉族或哈尼族杂居。彝族文化是乡民的共同文化，迁徙或联姻进入村寨的其他民族，也融入了彝族文化。

（一）语言使用情况

彝族聚居村寨，处于相对偏僻的山区，彝族人口占绝对优势，彝语使用的社会环境比较好。乡民家庭日常生活和村寨社会活动均使用彝语，村委会领导向群众传达上级精神、宣传党和政府的方针政策也都使用彝语。与外来人交流也能使用汉语方言，不同年龄段乡民汉语掌握情况有差异，具体如下。

50~70岁年龄段：60岁以上的老人基本没有接受过学校教育，且从未离开过自己生活的彝语环境，一些人甚至没有去过乡政府所在地"乡上"，基本不会讲汉语；50~60岁的受访者，多数能用汉语方言与外来者进行简单的交流，但受彝语影响明显，彝腔彝调突出，语序常依照彝语语序。

19~49岁年龄段：受访者至少读过小学，也有上过初中、高中的，使用汉语交流基本没有障碍，但使用汉语方言也仅限于与外来人交流、到"乡上"赶集购物、就医，且汉语方言的语序仍常常受到彝语的影响。

6~18岁年龄段：由于当地已经普及九年义务教育，学龄儿童都到大龙潭中心小学和中学就读，学校鼓励讲汉语，汉语使用能力随着年级递增而提高。

（二）语言使用变化机制

彝语是乡民的第一语言，社区内部成员包括儿童都在学习、使用彝语，家庭内部、社区社会活动主要使用彝语，彝语生态环境好，代际传递顺畅，未出现语言断层现象；彝语活力强，使用仍然属于全民型，在短期内其母语不会丢失，呈现相对稳定的语言特征。但随着汉语影响逐渐增大，乡民的语言生活在逐渐变化。

1. 汉语借词进入彝语不断增多

乡民日常谈论农事、科技、政治、教育、健康、天气等一些话题时，常出现汉语借词，如"春耕""生产""电视""手机""共产党""县政府""新彝乡""扶贫""义务教育""卫生所""天气预报"等。一些日常生活用语出现转用汉语词，如学童回家对父母的称呼已用汉语"爸爸""妈妈"，而不用原先的"阿波""阿嫫"，这也影响到父辈。

2. 彝语、汉语双语兼用逐步成为趋势

多数乡民或多或少能用汉语与外来者交流，随着年龄递减、受学校汉语教育程度递增，汉语水平相应增高，年轻一辈不会成为只讲汉语的单语人而成为双语人是趋势。由于多数乡民汉语水平不高，彝语对汉语方言影响明显，"彝腔彝调"和彝语语序的特征常见，形成特殊的汉语方言变体。

（三）彝语维持的原因

该社区彝语维持比较好，其原因在于村寨均位于地势较高的山区，90%以上乡民是彝族，彝族在人口比例上有优势，形成相对集中的彝语使用环境。民族文化传统保持比较好，对母语有着深厚感情，乡民认为彝语是民族的象征，不讲彝语就失去了彝族的特色，他们需要用彝语来讲述村寨的历史，传授生产生活经验，教育子女；家中有红白喜事、生病等，要请贝玛（巫师）来念经作法，不用彝语不会做；过年过节要跳乐、唱彝调，不用彝语不会唱。加之以农耕经济为主，社会经济发展相对滞后，

与外界交往不多，彝语与汉语接触频率低，受影响的范围、程度有限。

（四）语言使用变化的原因

彝族山区的社会经济文化也在发展变化，带来了乡民语言生活的变化。

1. 语言交际的需要，促使对汉语的借用

聚居山区村寨的彝族，祖祖辈辈都使用本民族的语言，虽然汉语是外来语言，但由于外部环境的影响和交际的需要，彝族人不可避免地需要吸收一些汉语的成分，弥补本族语言的不足，甚至直接借用汉语，以保证语言不断适应实际生活交流需要。

2. **民族教育的发展，提供了系统学习汉语的机会**

随着民族教育的发展，山区村民的教育普及程度并不低，一些交通相对便利的村寨脱盲率达到90%以上。乡民对学校教育日益重视，大部分家长表示，只要孩子愿意读书，家里再困难都要支持。加之农村义务教育减免、补贴学费等鼓励政策的实施，乡民积极送子女入学，80%以上的学龄儿童都能完成九年义务教育。年轻一辈汉语的获得方式已经从自然习得转向系统的学校教育。

3. **山区经济、文化、交通等基础条件的改善，加速了语言影响的进程**

受自然条件、历史文化、生产能力等因素的制约，彝族山区长期处于贫困状态。近些年来，随着一系列扶贫工程的实施，贫困山区基础设施和生产生活条件都有了较大改善，村村通公路、通电、通电话，科学种田水平明显提高，卫生、文化、教育等社会事业得到较快发展。这不仅改变了乡民落后的生产生活，也改变了封闭的思想意识，他们积极吸收新的科学技术和思想文化，与外界交流逐渐增多，接触汉语、使用汉语的机会不断增加，汉语的影响逐步增大。

二 彝族和汉族杂居的双语社区——双语兼用向转用汉语变化

双语社区主要是大龙潭乡的上下塔竜、各雪、玛腊依、绿溪、麦冲箐、波思甸、大木箐、土库房等半山区村寨。大木箐、上塔竜等村寨彝族人口仍然居多，绿溪村、下塔竜村等村寨彝族人口只占50%多，是典型的彝族、汉族杂居村寨。虽然人口比例有差异，但这些村寨彝语和汉语双语兼用现象普遍。

（一）语言使用情况

1. 不同年龄段彝语、汉语使用情况

为了解乡民掌握彝语和汉语的情况，我们从三个年龄段随机抽出7位彝族、汉族乡民进行了400常用词测试，词汇量的大小是评估一个人语言能力的重要参数。

彝语词汇量测试结果如下。

50~70岁年龄段：乡民1、2两位彝族老人彝语词汇量大，彝语使用流畅，会唱彝调，常在文艺表演活动中参与表演"跳花鼓"等，最远去过"乡上"。乡民3是汉族，因妻子是彝族，婚后学会一些彝语，掌握少量彝语词。

19~49岁年龄段：乡民4是当地教师，彝语是从小跟父辈所学，掌握较多彝语词，彝语表达通畅。乡民5是汉族，虽然与彝族杂居，但没有受彝语影响，完全不懂彝语。

18岁以下年龄段：乡民6、7在大龙潭乡中学读初中，两人均表示不会说彝语，乡民6能听懂个别彝语词，主要是亲属称谓词。

表 1 彝语 400 词测试结果

序号	民族	年龄	教育	掌握程度							
				熟练	百分比	一般	百分比	略懂	百分比	不会	百分比
1	彝	70	文盲	389	97.3	3	0.8	6	1.5	2	0.5
2	彝	68	文盲	380	95	11	2.8	5	1.3	4	1
3	汉	53	小学	0	0	0	0	48	12	352	88
4	彝	43	高中	229	57.2	105	26.2	36	9	30	7.5
5	汉	20	初中	0	0	0	0	0	0	400	100
6	彝	16	初中	0	0	12	3	0	0	388	97
7	汉	16	初中	0	0	0	0	0	0	400	100

汉语词汇测试结果如下。

50~70 岁年龄段：由于乡民 1、2 两位老人没有读过书，使用 400 词测试不便，表中未显示两人汉语词汇掌握情况。从对话情况看，两位老人能用汉语简单交流。乡民 3 上过小学，汉语掌握较为熟练，限于文化水平，少部分词不熟悉。

19~49 岁年龄段：乡民 4 受教育程度较高，日常工作和生活中使用汉语的频率高，汉语使用熟练。乡民 5 接受过初中教育，有外出打工经历，会上网，对网络用语和一些新词也较为熟悉。

18 岁以下年龄段：乡民 6、7 从小接受汉语教育，虽然掌握的汉语词汇量相对不高，但是仍处在学习阶段，词汇量会继续增多。

表 2 汉语 400 词测试结果

序号	民族	年龄	教育	掌握程度							
				熟练	百分比	一般	百分比	略懂	百分比	不会	百分比
1	彝	70	文盲	-	-	-	-	-	-	-	-
2	彝	68	文盲	-	-	-	-	-	-	-	-
3	汉	53	小学	348	87	0	0	30	7.5	22	5.5
4	彝	43	高中	395	98.8	5	1.2	0	0	0	0
5	汉	20	初中	348	87	36	9	0	0	16	4
6	彝	16	初中	337	84.3	0	0	0	0	63	15.7
7	汉	16	初中	329	82.3	11	2.7	0	0	60	15

可以看出以下两点。①不同年龄段彝族均能使用汉语，仅仅程度有差别，随着年龄的递减、受教育程度递增，汉语词掌握越多、汉语能力越强。②彝族乡民彝语的熟练程度，已经不如彝族聚居区，中老年掌握彝语情况较好，年轻一辈彝语已经衰退，随着年龄递减、受教育程度递增，彝语词掌握越少、彝语能力越低，直至消失；中老年汉族在日常生活中也习得了一些彝语，青年一代汉族虽然与彝族杂居，但已不再习得彝语。

2. 不同场合语言使用情况

双语兼用也有一个渐变过程，为了观察彝汉双语兼用现象是否稳定，我们进一步走访乡民，针对不同场合下的语言使用情况进行调查。

（1）家庭内部

乡民 1、2 自幼讲彝语，嫁到村中后才逐渐学会一些汉语，在家庭内部交流、与族内亲友交谈时通常说彝语。乡民3因族际通婚，生活中学会一些彝语，但平时使用彝语不多。乡民4对父辈讲彝语，对子女则不说彝语，子女已不会彝语。20岁以下被访者，在家庭内部大多都讲汉语。

广播、电视是乡民家庭文化生活的重要部分，峨山县广播电视台部分节目会用彝语播出，乡民很少会选择收听，多选择汉语节目和频道。

（2）公共场所

所调查村寨，村中都有小卖部，乡民购物时一般使用汉语；到"乡上"赶集、就医时，不分年龄段都使用汉语；开会时，村干部都讲汉语。此外，谈论农事、科技、政治、健康、天气、学习，以及与陌生人交谈、提供信息（如指路、时间），受访者一般使用汉语。

从调查来看，彝语在家庭内部、本族亲属朋友间仍在使用，但使用范围和频率已经不如彝族聚居山区，公共场所基本上已经使用汉语。可见，彝语已经退居次要地位，只是在家庭和亲友之间使用，汉语正在成为社会交际活动中的主要使用语言，双语兼用已经不稳定，这种变化往往是语言转用的开始。

3. 语言态度的变化

语言态度决定着语言的选择和使用，为了解彝族语言态度的变化情况，我们对6个村寨的42个彝族乡民进行了语言态度调查。

多数人认为彝语的维持已经在弱化，对母语的感情在降低。但64.3%的人认为掌握彝语的目的是便于同族人交流；73.8%的人不希望彝族人成为只讲汉语的单语人，希望彝语能够传承下去。同时，对成为彝汉双语人多数人持顺其自然的态度；对外出学习、工作回到家乡不再说彝语，大都采取宽容的态度。可以看到，对彝语的态度在变化，对彝语的重视已经不如山区彝族。所调查42人均不懂彝文。出于找工作、升学、与外人交流等原因，59.5%的人认为汉语很有用，40.5%的人认为有用；都希望干部在开会时说汉语，标语、路牌、匾额使用汉字。可以看出彝族人对汉语、汉字持肯定态度。

表3 对汉语、汉字的态度

学习和掌握汉语有用吗	很有用（25人，占59.5%）	有用（17人，占40.5%）	没有用（0人）
学好汉语最主要的目的是	找到好工作，收入更多（19人，占45.2%）	升学需要（15人，35.7占%）	便于同外族人交流（8人，占19%）
干部开会时，你希望他们说哪种语言	汉语（42人，占100%）	彝语（0人）	无所谓（0人）
希望标语、路牌、匾额使用什么文字	汉字（42人，占100%）	彝文（0人）	彝文和汉字（0人）

表4 对语言传递的态度

孩子学说话时，您最先教给他哪种语言	汉语普通话（0人）	彝语（11人，占26.2%）	当地汉语方言（31人，占73.8%）
您愿意把子女送到什么学校学习	汉语授课学校（39人，占92.9%）	彝语和汉语授课学校（3人，占7.1%）	汉语和英语授课学校（0人）
家里的孩子不再说彝语	反对（0人）	有点别扭（9人，占21.4%）	无所谓（33人，占78.6%）

彝语的代际传递出现断裂，家长普遍认为应该面对现实，顺应社会发展，希望自己的孩子学习汉语，73.8%的家长孩子学说话时，就教给汉语方言；92.9%的家长愿意把子女送到汉语授课学校学习；78.6%的家长对孩子不再说彝语觉得无所谓。

（二）语言使用变化机制

布龙菲尔德在《语言论》中提出双语标准为："同时掌握两种语言，熟练程度和本地人一样。"[①] 这是一种理想的双语，现实生活中双语使用能力达到同样熟练的双语人并不多，个体之间存在差异，群体之间也会存在差异。个体双语能力差异原因多样，而群体之间的差异很大程度上体现出语言接触程度不同。

1. 社区彝语的社会交际功能在衰退，汉语在增强

从使用范围看，汉语是社会交际活动的主要语言，使用是全民性的；彝语只是中老年人用于家庭和与本族同龄人交流，使用是局部的，已经退居次要地位。从使用程度看，彝族兼用汉语普遍较熟练；使用彝语已经大多不太熟练，年长者较年轻人使用熟练，儿童不再学习使用彝语。

2. 社区成员双语能力存在差异

50~70岁年龄段，两位彝族老人彝语使用流畅，能用汉语简单交流，属于彝语兼用汉语；乡民3主要使用汉语，因与彝族通婚，学会一些彝语，属于汉语兼用彝语。19~49岁年龄段，乡民4可以说是"理想双语人"，自幼习得彝语，系统的汉语教育使之汉语使用流畅；乡民5未受彝语影响，属于汉语单语人。18岁以下年龄段，乡民6、7都不能使用彝语，也属于汉语单语人。

3. 双语兼用已经不稳定，转用汉语已成为趋势

随着彝语的社会交际功能不断衰退，汉语社会交际功能不断增强，社区双语兼用已经不稳定。同时，彝语的代际传递已出现断裂，彝语始终停留在自然习得状态，加之彝族乡民语言态度的变化，年轻一辈不再学习和使用彝语，语言断层明显；而通过学校学习获得汉语能力，汉语使用能力不断提高，年轻一辈成为汉语单语人已是趋势。

（三）语言使用变化的原因

杂居社区彝语的使用已经不具有优势，但仍有一定语言活力。虽然汉文化不断融入，但只是丰富了彝族文化，并非代替，乡民仍然保持着相对稳定的生活习俗和传统文化，家中红白喜事、生病等也要请贝玛来用彝语念经作法，节日同样要"跳花鼓"、唱彝调。尽管乡民的语言态度有了变化，但不少乡民仍然表示彝语是他们的民族传统，希望彝语传承下去，对母语还有感情，相互能使用彝语交流倍感亲切，彝语仍然是民族情感沟通的桥梁。

半山区村寨社会经济文化发展水平高于山区彝族聚居村寨，加上与汉族长期杂居，语言接触频繁，汉语影响的广度、深度都较高，带来了不同的语言变化。

1. 彝语与汉语长期接触

明清时期就有大量汉族进入到大龙潭乡镇中心及周边村寨，与当地民族交融发展，彝语与汉语的接触由来已久。语言接触有直接接触和间接接触，直接接触多发生在交通便利、经济文化较为发达的城镇中心，彝汉杂居社区虽然并非城镇中心，但地理上与乡政府所在地距离较近，一些村寨汉族人口已经接近50%，乡民日常生活、生产、经济活动中都常需与汉族人交流，与汉语的直接接触是无法回避的。随着广播、电视等媒介的普及，各种媒体在用汉语传播着源源不断的信息，是当地彝族了解国家大事、学习科学文化的重要渠道，也使汉语的接触更为广泛。

[①] 布龙菲尔德：《语言论》，袁家骅等译，商务印书馆1997年版，60页。

2. 开放的语言态度

语言态度反映社区成员对某种语言的主观认同或者抵触的态度,是语言选择和学习的趋向和动因。20世纪五六十年代,一些老年彝族女性通过族际通婚而学会汉语,成为双语使用者,对语言的选择主要看是否利于交际,可以认为是出于生存的需要而学习汉语。在今天,更多是属于发展的需要,社会经济文化的发展,使汉语影响越来越大,多数乡民认为要发展就必须能熟练使用汉语,选择使用汉语是不可抗拒的潮流,后辈不再使用彝语也无所谓,语言态度更加开放。

3. 学校教育的重视

杂居社区乡民教育普及程度都在90%以上,乡民的教育意识不断增强,家长为了孩子的前途和未来,越来越重视学校教育。随着九年义务教育的全面实施,彝族适龄儿童的入学率、巩固率已达100%。年轻一代彝族的汉语教育伴随他们从小学到中学,甚至直至大学,使其更为直接地接触汉语和汉字。

4. 社会经济的发展

20世纪五六十年代,人口变迁、族际通婚为语言接触创造了条件,生活交流的需要促使彝族学习汉语,只是汉语水平普遍不高。70年代后,一些汉族人到彝族村寨销售烟、酒、肥皂等生活用品,也有彝族到汉族聚居村从事烧砖瓦、盖房子等劳作,彝族与汉族接触增多。改革开放后,当地彝族人不再满足仅仅是将自给有余的产品拿到"乡上"的集市销售,而是开商店、经营招待所、跑运输、开办乡镇企业等,个体工商户和私营企业逐步增多。特别是近几年来,当地政府持续不断地推进"新彝乡"建设,基础设施和生产生活条件不断改善,科技、卫生、文化、教育等各项社会事业快速发展,乡民学习科学文化知识,引进新品种、新技术,促进生产,增收致富,都为他们提供了更多接触和使用汉语的机会。为了谋求更多发展机会,外出打工的彝族人也在增多,他们进入到大中城市,新的环境促使他们更好地学习和掌握汉语。

三 彝族转用汉语的社区——语言接触的最终结果

以大龙潭乡政府驻地为中心,沿大龙潭乡公路主干道2~3公里的范围被当地人称作"乡上",街道两侧是乡党政机关、乡中心小学和中学,以及商铺、饭店和乡民住所,是大龙潭乡政治、经济、文化中心。居民既有汉族也有彝族,且彝族占多数,彝族乡民已普遍使用汉语方言作为日常交际语言。

(一) 语言使用情况

1. 不同年龄段的语言使用情况

为了解"乡上"彝族人使用彝语和汉语方言的具体情况,我们随机抽查了三个年龄段的8位彝族乡民,进行了400常用词测试。

彝语词汇测试结果如下。

50~70岁年龄段:3位老人彝语词汇量都已经很小,熟练程度较低,只能听懂部分词语,使用彝语交际已困难。其中,乡民2能听懂10%的词,掌握词汇相对还多一点,这与她没有上过学有关;乡民3用彝语数数已经不能数到10;乡民1年龄最高,但对彝语词比较生疏。

19~49岁年龄段:3位受访者已经几乎不会说彝语。乡民4自幼父母就教她汉语,略懂的几个彝语词是从祖母辈学来的。接受过较高学校教育的乡民5、6，已完全不会说彝语，他们的同辈人中也没有会说彝语的亲友；乡民5仅会的3个彝语词是"酒""爸爸""妈妈"，是他从祖父母辈听来的。

18岁以下年龄段：2位受访者从小就接受汉语教育，已经完全不会彝语，乡民7能听懂的两个彝语词也是从祖父母辈听来的。

表5 彝语400词测试结果

序号	民族	年龄	教育	熟练	百分比	一般	百分比	略懂	百分比	不会	百分比
1	彝	70	小学	0	0	0	0	22	5.5	378	94.5
2	彝	69	文盲	0	0	0	0	40	10	360	90
3	彝	58	初中	0	0	0	0	31	7.8	369	92.2
4	彝	41	小学	0	0	0	0	16	4	384	96
5	彝	25	中专	0	0	0	0	3	0.8	397	99.2
6	彝	21	高中	0	0	0	0	0	0	400	100
7	彝	16	初中	0	0	0	0	2	0.5	398	99.5
8	彝	12	小学	0	0	0	0	0	0	400	100

汉语词汇测试结果如下。

50~70岁年龄段：乡民1、3汉语词汇熟练程度均在97%以上，这与两人都接受过学校教育有关，特别是乡民1当过会计，还在报纸上发表过文章，汉语的使用能力较强；未受过学校教育的乡民2熟练掌握的汉语词汇量相对少一些，但仍达到85.5%。可见该年龄段汉语的使用已相当普遍，与彝族聚居社区和彝汉双语社区同年龄段的老人差距很大。

19~49岁年龄段：汉语词汇量最高的乡民4达到98.8%，乡民6最低也达到95%。受访者接受过较完整的学校教育，日常生活、工作都使用汉语作为交际语言，熟练掌握的汉语词汇量都较大。

18岁以下年龄段：能够熟练掌握的汉语词汇量相对较小，因为正处于语言习得的关键期，随着年龄增长，他们的词汇量可能会持续增加。

表6 汉语400词测试结果

序号	民族	年龄	教育	熟练	百分比	一般	百分比	略懂	百分比	不会	百分比
1	彝	70	小学	398	99.5	2	0.5	0	0	0	0
2	彝	69	文盲	342	85.5	16	4	38	9.5	4	1
3	彝	58	初中	397	99.3	1	0.3	2	0.5	0	0
4	彝	41	小学	395	98.8	2	0.5	3	0.8	0	0
5	彝	25	中专	389	97.3	3	0.8	6	1.5	2	0.5
6	彝	21	高中	380	95	11	2.8	5	1.3	4	1
7	彝	16	初中	277	69.3	33	8.3	61	15.3	29	7.3
8	彝	12	小学	271	67.8	43	10.8	79	19.8	7	1.7

可以看出：①对彝语的掌握，老年人已经很低，随着年龄递减，受教育程度递增，彝语使用能力趋于丧失；②对汉语的掌握，老年人和中青年的程度都比较高，学龄儿童与汉族儿童一样随着年龄、学习时间的增长，词汇量持续增加，汉语使用能力将越来越强。可见，彝族乡民已经发生语言转用。

2. 不同场合语言使用情况

为了了解社区语言转用是不是普遍性现象，我们对彝族乡民不同场合下的语言使用情况做了调查。除上面 8 位受访者外，又对 12 人进行了调查。

(1) 家庭内部

所调查的 20 人，无论是长辈与晚辈之间，还是同辈人之间，家庭内部均使用汉语方言。随着电视的普及，汉语节目是乡民日常收看的主要内容，看新闻、电视剧、电影，也看湖南卫视的娱乐节目；乡民普遍表示不会选择收看峨山县电视台的彝语节目。

(2) 公共场所

经济活动用语：乡政府周围地区有几十家商店和饭馆，是全乡商品交易的中心，经营者有外地人，也有当地的彝族和汉族，做生意都用汉语。每到赶集日，不同村寨、不同民族的乡民都聚集于此，也都使用汉语方言做买卖。

学校用语：乡小学和初中课堂用语都为汉语，而且由于推广普通话，老师讲课、师生互动都尽量使用普通话；课下老师、学生之间的交流都用汉语方言。来自山区的彝族学生担心讲彝语会被同学看不起，也讲汉语方言，有求同心理。

工作用语：乡干部宣传上级文件、政策都说汉语方言，"用彝语没办法说"，工作交谈、跟村民商量事情也用汉语方言。卫生所、邮电所等工作用语也都是汉语方言，如有必要也能使用普通话。

路牌、政府机关、企业大多都采用彝文和汉字两种文字做牌子，乡民表示从来没有学过彝文，不会认，只看上面的汉字。

此外，打招呼，聊天，给陌生人指路，谈论农事、新闻、天气等不同场合，乡民都使用汉语方言。

可以看出，在不同的场合，汉语方言都是日常交际用语，一些场合乡民还能使用普通话，语言转用已经普遍、稳定。

3. 语言态度

彝族乡民的语言态度较双语社区单一，我们采用访谈的方式，主要了解乡民对彝语使用能力丧失的态度。

(1) 乡民对彝语使用能力丧失，总体表现平静

有乡民说："汉话是从小就说习惯的，很不会说彝话，很难改。"还有乡民说："我们虽然是彝族，但是只是挂着彝族的名，只会说汉话了。"当问及彝族学生"你觉得学习彝语有用吗"和"如果学校开设一门彝语课程，你愿意学习吗"，回答都是否定的。

(2) 少数乡民对失去彝语使用能力，感到遗憾

也有乡民对不再会说彝语感到遗憾，觉得自己祖宗的东西丢失了。学校彝族教师多表示不愿意看到彝族后辈放弃彝语，担心文化传统丢失，但工作职责要求他们必须使用汉语，而且要努力提高学生的汉语水平，考评、升学率的压力让他们感到无奈。

(二) 语言使用的特点

语言转用是语言持续接触的结果，语言接触可以带来社区双语形成，也可能引发语言竞争，引起社区语言使用状况的改变，最终导致整个社区转用另一种语言。

从语言使用范围来看，语言转用还可以区分为个别成员转用、局部群体转用和一个民族整体转用等不同类型。群体语言转用是在一个局部语言社区，绝大多数成员不再使用本族语而改用另一种语言

的现象，大龙潭乡"乡上"语言社区即属于此类型。其特点总结如下。

1. 绝大多数社区成员已经不使用彝语，汉语使用无代际差异

除少数年长者还略懂彝语外，随着年龄的递减，乡民已不再使用彝语，彝语的社会交际功能已基本丧失；从老人到儿童都能熟练使用汉语方言，青少年与外来人交流还会主动使用普通话。

2. 社区汉语转用已基本完成

汉语方言已经取代彝语成为当地日常的交际工具，中老年人的汉语水平都明显高于彝族聚居社区和双语社区的同龄人，乡民使用汉语方言交流是常态。社区内汉语生态环境好，汉语传承方式自然和谐，社区成员基本为汉语单语人，汉语转用已经稳定。

可见，长期的语言接触，使大龙潭乡"乡上"语言社区彝族乡民整体放弃彝语而转用汉语。

（三）群体转用汉语的原因

1. 彝族传统文化和自我传承意识弱化

虽然"火把节""跳花鼓"这些民族文化传统并未改变，但外来文化不断冲击彝族传统文化，使当地彝族人的民族自我意识、文化传承意识在下降，不少人已经不把彝语看作自己的文化传统、民族特征，不再希望通过彝语来了解和传承本族文化，彝语的传承意识已经淡化。虽然也有老年人表示身为彝族人不愿看到彝语的消失，但能接受后代转用汉语的事实；大多数中年人表示无所谓，只要孩子学好汉语，能上大学、找到好工作就可以；而青少年大多认为彝语没有用，不愿多学一种语言。民族自我意识的弱化、母语感情的失落、语言实用目的的增强，是自愿放弃彝语的内因。

2. 社会经济文化的发展，加速语言影响进程

在语言接触和竞争过程中，哪一种语言成为胜利者，不一定取决于人口比例的大小，很大程度上取决于政治、经济、文化水平的高低。明清时期，进入大龙潭乡的汉族移民融入彝族的不少，相当多成为彝汉双语者，甚至转用彝语，成为彝语单语者，彝族在该地区经济文化的优势影响了汉族移民的语言选择。当代，"乡上"是全乡的政治经济文化中心，交通便利，社会经济相对发达，汉文化普及广泛，而且人口流动量大，彝族人接触、使用汉语的机会多。特别是改革开放以来，经济、文化、交通、教育等基础条件得到更大的改善，加速了语言影响的进程，选择使用汉语成为潮流。

3. 民族教育的发展，影响年轻一代语言趋向

相对而言，"乡上"居民受教育条件要更好一些，从幼儿园到小学、初中，教育体系完善，彝族人从小就获得了学习汉语的机会，不仅接受了中小学教育，还出了不少的本科生和研究生。学生家长更多考虑孩子未来发展的需要，重视学校教育，支持孩子学好汉语，汉语的社会功能和地位影响了彝族人语言传承和使用的方向。

而且，乡民家庭内部、社区社会活动，普遍使用汉语，形成了比较好的汉语环境，有利于年轻一辈学习和使用汉语，语言环境的变化，也加快了转用汉语的进程。

四 语言转用的渐变规律

通过对大龙潭乡三个语言社区语言使用变化的调查和分析，可以看出在一个局部地区彝语转用汉语的渐变轨迹：彝语单语·汉语成分借用→彝语兼用汉语（偏重双语）→彝汉双语（同等双语）→汉语兼用彝语（偏重双语）→转用汉语。

双语兼用是彝语转用汉语的重要环节，随着人口迁徙、文化交融，彝语与汉语持续接触，彝族人在学习和使用本族语的同时，逐渐学会汉语，成为双语兼用者。由于不同语言社区社会经济、文化发展水平的差异，彝语与汉语接触的范围、程度不同，双语兼用呈现出不同的类型和发展阶段。第一，彝族聚居山区乡民日常使用彝语，在一些场合或多或少也能使用汉语，总体属于彝语兼用汉语的偏重型双语，而随着年轻一辈汉语能力提高，正在向同等双语方向发展。第二，彝汉杂居的双语社区彝族老年人仍然属于彝语兼用汉语；一些中年人彝语和汉语使用能力均等，熟练程度基本没有差异，属于同等双语类型；年轻一辈彝语使用能力已经下降，有的属于汉语兼用彝语的偏重型双语，有的已经转用汉语。第三，"乡上"语言社区的彝族乡民已经基本不再用彝语，不再具备双语兼用能力。

当然，并非所有双语兼用都会发生语言转用。张兴权把双语又区分为积极双语和消极双语："积极双语是稳定的双语，本族语和外族语保持共存并用，长期都作为平等的交际工具使用；消极双语是不稳定的双语，本族语和外族语实际上处于不平等的地位，本族语处于弱势地位，使用范围有限，其社会交际功能有局限性，甚至导致语言转用，由外族语替代本族语。"[1] 就大龙潭乡三个语言社区整体发展变化情况看，彝族聚居山区彝语维持好，乡民汉语使用能力逐步提高，彝语和汉语将长期作为平等的交际工具使用，其发展方向属于积极双语，短期内不会发生语言转用；彝汉杂居的双语社区属于典型的消极双语，彝语和汉语已经处于不平等的地位，彝语的社会交际功能不断缩减，汉语将成为第一交际语言，年轻一辈发生语言转用已成趋势，社区正在向转用汉语方向发展；"乡上"语言社区已经转用汉语，可以说是消极双语发展的结果。就社区个体成员的情况看，即使是在消极双语社区，个体成员之间也存在差异，彝族老人和部分中年人双语兼用稳定，没有语言转用的趋向，属于积极双语；但多数中年人和年轻人则属于消极双语，双语兼用能力呈下降趋势，甚至不少人已转用汉语。

通过对大龙潭乡这一局部地区的调查，可以看到在少数民族语言和汉语长期接触过程中，经过语言成分借用，双语兼用，逐步走向转用汉语，语言转用是一个动态发展过程，是在一个渐变的过程中完成。

虽然乡民的语言使用在变化，但语言生活是和谐的，汉语是不同民族的共同选择，汉语对边疆民族团结与稳定、民族地区社会经济文化发展将发挥越来越重要的作用。

---

[1] 张兴权：《接触语言学》，商务印书馆 2012 年版，163 页。

临沧南美拉祜族债权习惯法对其社会治理的影响

徐建平

摘 要 临沧南美拉祜族的债权习惯法，内容丰富，是其民族习惯法的重要内容。它不仅是地方性知识和本土法治资源，也是族群法治知识，还是民族文化的组成部分，已经融入人们生活的方方面面，在现实生活中发挥着作用，是国家法律的重要补充。在社会治理中，这一重要本土法治资源和文化资源的利用路径和模式，以及与国法的调适，需要进一步探讨。

关键词 拉祜族；债权法；社会治理

DOI：10.13835/b.eayn.26.16

临沧南美拉祜族地区的债权习惯法较完整地保留了下来，对其村落社会的商品交易和人们的日常生活发挥着实际的调节作用。在习惯法与国家现行法律双轨并行的社会现状中，尽管两者在价值、目标、具体规范等方面都存有一定冲突，但后者往往只停留于理论和概念上，而前者才是人们日常生活中直接、具体的规则和指引。这是临沧南美拉祜族地区商品经济欠发达的表现，也是相对封闭的边疆民族中，传统民族文化深刻影响社会进程的典型。本文通过社会调查的方法，在介绍临沧南美拉祜族地区债权习惯法的基础上，分析其对民族社会治理的影响。

一 临沧南美拉祜族债权习惯法的主要内容

临沧市南美乡的拉祜族现有3200多人，属于拉祜族中的拉祜纳支系，其族源为远古时代生活于甘肃、青海地区的古羌人，后来南迁入云南，生活于金沙江南岸，唐代称为锅挫蛮。10世纪以后分东、西两支大规模南迁，于明代初期逐渐定居于此，明代中央政府设傣族土司进行统治（勐缅长官司），而土司只依靠其民族上层进行间接统治，并没有深入其民族社会，故其民族传统习惯保留较完整，受外界影响甚微。其习惯法既有拉祜纳支系的特点，加之该地区交通不便，长期与外界隔绝，故同时受其居住的特殊地理环境影响，又体现出区域性特征。

（一）合同习惯法

临沧南美拉祜族社会经济发展落后，商品经济的发展十分滞后，因而债权行为主要体现在交易和

---

* 本文系2018年教育部社科规划基金项目"集体土地制度改革背景下少数民族地区用地习惯于国家法的调试研究"（项目号：18XJA850003）的前期研究成果。
** 徐建平，男，云南大学法学院副研究员，主要从事民商法学研究。

借贷方面。

1. 交易习惯

在交易方面因商品意识淡薄，临沧南美拉祜族还处于为生活所需而进行简单交易的阶段，没有出现职业商人，都是交易双方直接进行交易；同时因其生活仍主要依靠自己自足，所产物品又很有限，所以交易关系、交易内容都较为简单。族群外交易一般仅限于出售少量的猎获物和山货，自家所产的鸡、花椒、草果和制作简单的部分家庭手工制品等；而购买的物品主要是酒、食盐、针、线、布、粮之类的必需品。这些交易都在赶集日按交易习惯进行，交易过程十分简单，不会讨价还价，通过一个简单的"要约－承诺"行为交易即告完成。

2. 借贷习惯

在借贷方面，临沧南美拉祜族只能寨内借贷，不得到寨外借贷。借贷主要是借粮，也有借钱的。借贷都不得加收利息，也无须担保。当寨中村民向自己借粮时，即使自己的余粮也仅够全家人几日的口粮，也不能拒绝对方，并不是留够自己一家人的全年粮食后根据余粮数量酌情出借。不过受传统诚信意识的影响，债务人须按时偿还，如果届时不还，债权人也可以邀请双方熟悉的村民出面催告；同时如果借贷数额较大，债务人又过于迟延履行的，债权人可以邀约数人到债务人家中拉猪、拉牛来抵债。①

3. 互助互济思维下的特殊债权习惯

临沧南美拉祜人中，存在着以下特殊的债权行为。

当有农户缺粮时，他可以主动去为寨子内有粮的农户家舂米，舂好后自己可以按全家人一天的吃粮数量拿一些粮食回家，不需要偿还。这并非雇佣关系，而是一种以劳务充抵债务的传统债权债务习惯。

另一种情形是，当有农户缺粮时，他可以到寨中不缺粮的农户家就食，并且不需要偿还。这是一种深受互济思想影响的传统债权债务习惯，尽管是无偿的，但有粮户一般不能拒绝，同理，该缺粮户待他年有粮时，其他缺粮户前来就食时，他也是不能拒绝的，这是民族债权习惯法使每户人家负有的一种特定义务。如果有粮者拒绝缺粮户就食，会受到指责，而在这一特定区域内，这种指责具有习惯法上的约束力。受到指责的人，是很难在这一社会中立足的。

此外，还存在着这种习惯：对于同一寨子中地里的粮食、蔬菜等农产品，不管是谁家种植的，同寨村民在自家没有吃的时，都可以不经过所有者借予或赠予而直接取食。

这些现象是拉祜族平均主义观念和传统互济互助习俗的体现，也是其债权习惯法中缺乏等价有偿这类现代债权法基本原则的体现。

4. 民间高利贷借贷关系

近年来，临沧南美拉祜族地区民间借贷关系中出现了以下现象：一些缺粮缺钱群众为维系生活只得向有钱有粮户借钱借粮，也有人因无钱买酒而借钱或借粮换酒，归还数则是按借贷数的一倍、二倍甚至更多；或者借钱后，以来年收获的粮食、农产品折价偿还，折价标准仅为市场价的一半、三分之一等。②

就社会发展来看，由无偿借贷发展到体现等价有偿原则的有偿借贷，是经济发展的正常结果，也是人们债权观念提高的体现。但临沧南美拉祜族社会中出现的由无偿借贷跳跃式地发展到非法高利贷

---

① 罗承松：《拉祜族习惯法及其变迁》，《思茅师范高等专科学校学报》2005 年第 2 期。
② 苏汉林：《临沧南美拉祜族发展研究》，云南民族出版社 2007 年版，第 107 页。

借贷的现象，是不正常的，并非经济发展的当然结果。这种现象，恰恰是当地拉祜族群众因生活贫困与经济基础薄弱在市场博弈中不得已的选择，也是其传统的债权习惯法无法应对市场经济的冲击而表现出来的畸形现象。

（二）侵权行为习惯法

临沧南美拉祜族的侵权习惯法，主要是针对人身权、集体财产和个人财产的保护。

1. 人身权的保护

双方为一点小事吵架、打架，只要不打伤，经批评教育，无理方给对方赔礼道歉，互相递一支烟就算和解了，以后也不记仇。如果将人打伤的（指一般轻伤），则要求赔偿医药费和误工费。

发生婚外性关系，是对他人婚姻家庭关系中身份权的侵犯，按旧的习惯法，要将相关当事人逐出寨外，任其自生自灭。现在的习惯法的惩罚方式发生了变化，具有了侵权行为赔付的意义，具体做法是：由有过错的一方向受害人（与之发生婚外性关系者的妻子或丈夫）给付一定的赔偿款，并要杀猪请全寨人吃酒，有时需连请三日。除了承担这些财产债务外，有过错的一方还将终生受到寨人的谴责，是一种"良心债"，在特定的人际社会场域和空间区域内，这种"良心债"有其习惯法上债的色彩。

2. 集体财产的保护

根据"万物有灵"观念，以及由此产生出的对大自然的崇拜，拉祜族村寨将一些山、石、树、崖、洞、沟等列为神山、神石、神树、神地等，全寨人共同崇拜敬奉和保护；同时对村寨里大家共有的山林、水源、坟地自觉保护，不允许任何人进行破坏。如有违者，要受相应惩罚。

3. 个人财产的保护

如果放牲畜践踏别人的庄稼、茶苗的，要进行赔偿；如果牲畜吃了别人的庄稼、稻谷的，要赔偿。而且，临沧南美拉祜族人非常忌讳狗到庄稼地里拉屎，如果地里有狗屎，则狗屎周围的一片粮食就不能要了。因此，如果有人养的狗到别人家庄稼地里拉屎，就是一种侵权行为，要进行赔偿。

有偷盗行为的，对偷盗者必须按祖宗传下来的规矩进行处罚：第一次偷盗者，按偷一罚二的原则进行处罚；第二次偷盗者，按偷一罚三的原则进行处罚；偷盗者还要承担查找失物的工时费及相关费用。[①]

在山上发现野马蜂、山蜜蜂、药材的，只要在周围做一个醒目的标记即可，等可以收取的时候再去收取。山林中有相中的木料，也是做个标记即可，等需要时再去砍伐。别人看到记号就知道已经有主，不会侵占，如果侵占，就会遭到惩罚。在土地使用权方面则存在"号地"习惯，[②] 人们按该习惯获得的土地使用权，也是财产权，也受保护，人们都严格按照习惯法，互不争夺，如有侵占，也要受到惩罚。

此外，人们在山上砍柴后，都是就地放在山上晒，等晒干后再慢慢运回家使用。该财产权也受到保护，他人看到后，就知道是别人准备的，不会去取拿。如有取拿者，要受惩罚。

（三）其他

1. 劳动力互助

农忙时如收粮、采茶中相互换工、互助生产，建房时互相出工帮助，农闲时组织上山狩猎，这些

[①] 需要注意的是，在无粮时，取食别人地里的粮食并不视为偷盗。自家地里无蔬菜时，取食他人地里的蔬菜，也是沿用"见者有份"的习惯，而不视为偷盗。

[②] 详见徐建平：《南美乡拉祜族物权习惯法对其社会土地利用的影响》，《西南边疆民族研究》2013年第11辑。

都是无偿的。其中，农忙时的互助现象，在云南的其他农村地区也曾经存在，[①] 只是近几年随着商品意识的冲击，目前这些农村地区的无偿互助换工或帮工行为已经转变为有偿的雇工形式，具有了现代法律上的意义。而临沧南美拉祜族人中仍然还保留着无偿的互助行为，这正是其商品经济意识仍然薄弱和经济发展水平仍然不高的反映。尽管不具有国家法律上的效力，但就其民族习惯法而言，这仍然具有债权习惯法的意义，对整个区域内的群体而言，是有约束力的，受益人需要以同样的方式还给对方，体现习惯法意义上的对待给付。当然，这种约束力，依靠的是民族传统习惯和道德的力量，而这种力量，在特定的民族区域和群体内，往往具有强大的效力，成为群体每个个体自觉遵守的默示规则。

2. 婚礼中的礼物习惯

在临沧南美拉祜族人的婚礼中，宾客的贺礼有两种类型，一种是无偿的，是亲戚送给的现金，不需要回礼，具有法律意义上赠予行为的性质；另一类是村民所送，多为实物，如黄豆、大米之类，这是有偿的，是暂助性质的，以后要找机会回礼。婚礼中送物品的行为，据笔者调研，在云南楚雄地区的彝族、苗族、傈僳族等民族中也存在，多为送活鸡、活羊，只是这类送物品的行为与临沧南美拉祜族人暂助性质的送礼不同，因为这其实是随礼行为，是用以代替金钱的，之所以送现物，是因为自家就养着这些家禽和牲畜，比较方便，如果将这些家禽和牲畜拿到集市变换成金钱的话，一来集市离家较远且交通不便，二来乡村集市赶集有固定的日子，因而交易比较麻烦，不如直接送现物省事；同时，婚事的主办方也需要大量的鸡、羊等动物，如果去集市购买同样不方便，因而以现物代替货币，是主客两便的随礼行为。此外，在笔者的记忆中，早些年楚雄州的部分汉民族地区，在婚礼中也有个别人会给事主家送某些需要量较大的物品（主要是自制豆腐或某些蔬菜）以资协助的，但同时也会按常规标准随礼，而且愿意送物品协助的往往是村里平时两家关系比较好的，因而这一类现象具有偶然性和个别性。而临沧南美拉祜族婚礼中村民的送物品行为，往往具有普遍性，而非个别人的偶然行为，且具有历史传承性。而且，尽管这类暂助性的互助行为不具有法律意义，但正如劳动力互助行为一样，在这个特定的群体内，仍然具有民族习惯法意义上的债权习惯法的效力。

3. 礼物互赠行为

临沧南美拉祜族中，逢年过节时，亲戚之间有互赠礼物的习惯，一般是晚辈先向长辈赠送，然后长辈再向晚辈赠送。这类亲戚间的礼物互赠行为，在大多数地区都存在，但不同之处在于，大多数地区的礼物互赠行为，并不具有法律意义，而是一种人际交往和人际关系维护的方式，是情谊行为而非法律行为，其赠送行为不需要遵循什么规则和模式，也不受约束，赠送行为不需要有延续性；赠送的对象也不具有固定性，而表现为随意性，往往视关系的远近而定；同时，赠送行为往往具有较大的现实功利性，更多体现为单方性，而且礼物的类型也具有多样性。而临沧南美拉祜族人的礼物互赠行为，遵循着固定的、严格的规则，赠送行为具有较强的延续性和双向性，赠送的对象和礼物类型也具有相对的固定性，因而互赠行为往往是象征性、礼节性的，而非功利性的。因此，临沧南美拉祜族人的礼物互赠行为尽管也具有维系人际关系的功能，但它已经根植于其民族文化中，作为其民族文化和民族习俗的一项重要内容而传承下来，具有固定的规则和模式，对这一区域内的群体，具有约束力，是人们认可并自觉遵循的。如果谁不愿遵守，其实是难以在这一区域内立足的。因而，这种礼物互赠行为，具有民族传统债权习惯法的意义。

由此可见，一些在法律上没有意义的日常生活中的行为，在临沧南美拉祜族地区这样一个特定区

[①] 据笔者调研，在楚雄地区，十多年前农忙时（春耕和秋收时）存在这种互助换工行为。

域内，也具有了债权习惯法的意义和功能，成为其民族习惯法的有机组成部分。其债权习惯法的调整范围，显然大于国法层面债权法的范围。同时，其债权习惯法对人们日常生活的各方面，都有规范作用或产生了影响，因而债权习惯法在其社会中，往往对其他民事习惯法如婚姻家庭法、物权习惯法等都产生了影响。

（四）债权债务纠纷的处理方式

在临沧南美拉祜族地区，一般的债权债务民事纠纷传统上都是由村寨头人通过调解的方式处理的。拉祜族传统的头人称为"卡些"，即部落首领，"卡些"制度大约在唐代中期已经形成。[①] "卡些"制度产生后，传统上一直作为拉祜族社会管理的组织而存在，临沧南美拉祜族的土地历史上属于傣族土司，但土司不可能进行直接治理，而是通过"卡些"来进行间接治理，这和中央政权对边疆民族地区通过建立土司制度而进行间接治理的模式类似。正因为"卡些"在拉祜族社会中发挥着社会管理各方面的职能，故人们对"卡些"比较信赖和尊敬，对"卡些"的裁决也服从和遵守。因而，"卡些"制度是其习惯法中重要的社会管理制度。同时，因为傣族土司没有直接介入临沧南美拉祜族社会，故傣族文化及其传统习惯法对拉祜族社会的影响微乎其微，而"卡些"制度对临沧南美拉祜族人的影响则极为深远。"卡些"在其社会中的权威地位，一方面来自"卡些"处事的能力和处事的公正，另一方面也受其传统的民族宗教的影响。

新中国成立后，传统的"卡些"制度逐渐消失，当然，这只是"卡些"制度名称的消失，人们对"卡些"的尊崇，已转化为对村寨干部的尊崇，即在人们的潜意识中，今日的村干部，其实就像昨日的"卡些"，名称变了，但作用和职能没变。尤其是对有文化、有见识、处事公道的干部，人们都会遵守其调解纠纷的决定。其中，复转军人因有一定的文化水平、见过世面、懂国家的政策并且处事往往干脆果断，具有一定的威信，最容易被群众推选为村寨干部，不但干部本人，连其家属（妻子、儿女）都较受群众尊敬。[②] 当然，村干部处理的债权债务纠纷，都是一般的民事纠纷，如果是犯罪的行为，则要及时报政府和公安处理。不过，在临沧南美拉祜族地区，社会纠纷一般也只限于普通的民事纠纷，包括村寨内部和本村与外村村民之间的民事纠纷，刑事案件则极少发生。笔者调研时了解到，多年前，南美地区坡脚村曾发生过一件罕见的恶性刑事案件，一少年放火将自家房屋烧毁，他的奶奶也被烧死。该案件由村干部及时报公安处理，后经鉴定，该少年患精神病，系无民事行为能力人，故没有追究其刑事责任。

村干部调处债权债务纠纷，一般依照其民族传统习惯和村规民约，村规民约是在国家法律和政策的框架下制定的，具有明显的时代特色，也体现拉祜族社会的发展现状。

二 临沧南美拉祜族债权习惯法的性质

"法律就是地方性知识"[③] 的理念，对法学研究具有重要意义，推动了从社会学、人类学视角对法

[①] 王瑛、戴双喜：《少数民族习惯法中的公共事务管理权利》，《贵州民族研究》2009年第10期。
[②] 徐建平：《南美乡拉祜族物权习惯法对其社会土地利用的影响》，《西南边疆民族研究》2013年第11辑。
[③] 〔美〕克利福德·吉尔兹：《地方性知识：事实与法律之间的比较透视》，邓正来译，载梁治平《法律的文化解释》，生活·读书·新知三联书店1994年版，第126页。

学的研究，对于民族习惯法的研究有深远影响。苏力先生提出了本土法治资源的概念，[1] 这对中国法人类学的研究影响甚大。谢晖先生则认为，法律不仅是地方性知识，而且是族群性知识，这一观念是对"法律一元意识形态论"的一种否定，以法律多元的立场开启了一种新的法律意识形态。[2] 有学者进而提出了"族群法治知识"的概念，认为这是一种介于地方性知识和本土法治资源之间的中性概念表达，指族群在日常生产活动中所自发建构的有关公平、正义的法的观念。[3] 这些认识，对于研究探讨民族习惯法很有启发。就民族习惯法而言，从地方性、本土性、族群性的角度考察，无疑具有更大的合理性。民族习惯法其实也是该民族传统文化的组成部分。

临沧南美拉祜族的债权习惯法，与其物权、婚姻家庭、社会管理等方面的习惯法一道，构成了完整的民族习惯法体系。该民族习惯法，既不是制定法意义上的法律，也不完全等同于习惯，"习惯法是独立于国家制定法之外，依据某种社会权威和社会组织，具有一定的强制性的行为规范的总和"[4]。可见，只有上升到靠一定的强制力量保障其效力并要求人们共同遵守的那一部分习惯，才能称为习惯法。如果把人类的制度、法律看作是一种文化，那么满足（人类）基本需要和派生需要的手段是"组织"（或"机构""制度"），组织的总和构成文化。[5] 就拉祜族债权习惯法而言，它是在其民族社会发展中为了调整交换和财物流转中的共同准则而逐渐形成的，并随着社会的发展而不断选择和沉淀，随着社会的变迁而变迁，伴随其传统文化的传承而传承下来的。

三 临沧南美拉祜族债权习惯法对其社会治理的影响

（一）临沧南美拉祜族社会治理的基本目标

党的十八届三中全会审议通过的《中共中央关于全面深化改革若干重大问题的决定》，提出了"创新社会治理体制"，以"社会治理"代替了"社会管理"，这是政策理念的一个重大变化。并且，对推进社会治理体制改革的目标、路径进行了具体阐述，强调了社会治理中的社会发展和社会和谐的统一，提出了要创新有效预防和化解社会矛盾体制等一系列重要决定。[6] 这是根据我国社会发展的现状而提出的社会治理的系统化综合性政策，也是构建社会治理的中国模式的指引，是我们探讨区域社会治理的重要理论依据。

对于临沧南美这样一个社会发展水平仍较落后的地区而言，按其社会发展的实际，其社会治理的要点应该主要围绕以下两点展开：一是社会稳定，二是社会发展。这两者又是互为依托和支撑的，这是我们思考问题的着眼点。同时，社会治理是一项综合的任务，需要政治、经济、文化、教育、法律、政策等多方面的共同合力。而其中，不能忽略的是其民族习惯法在社会治理中的作用，这往往影响着其他方面作用力的发挥。

---

[1] 苏力：《法治及其本土资源》，中国政法大学出版社2004年版。
[2] 谢晖：《族群—地方性知识、区域自治与国家统一——从法律的"普适性知识"和"地方性知识"说起》，《思想战线》2016年第6期。
[3] 廉睿、高鹏怀、卫跃宁：《由"乡土中国"到"国家在场"——族群法治知识在民族地区社会治理中的运行机制研究》，《社会科学战线》2017年第10期。
[4] 高其才：《中国少数民族习惯法研究》，清华大学出版社2003年版，第8页。
[5] 宋蜀华、白振声主编《民族学理论与方法》，中央民族大学出版社1998年版，第43页。
[6] 《中共中央关于全面深化改革若干重大问题的决定》，人民出版社2013年版。

苏力先生提出的本土法治资源的概念，强调的是中国的法治建设应在本土语境中汲取养分。[1] 这其实是对法人类学研究中一贯的"西方视角"进行的纠正。通过充分汲取本土资源的养分，探寻适合我国国情的法治构建模式，对于突破法治构建中对西方模式的盲目崇拜，改变法学研究中西方话语权的垄断性地位，构建我国本土化的法律体系具有重要意义。对临沧南美这样一个具有典型习惯法传统的特定区域而言，其社会治理更离不开对本民族法律文化资源的充分发掘和利用。

（二）债权习惯法对临沧南美社会治理的积极影响

临沧南美拉祜族债权习惯法作为调整人们的交易行为、交易方式和财物往来的重要规范，在社会治理中，其积极作用主要体现在以下几个方面。

1. 维护社会秩序

由于拉祜族社会中发生刑事案件的情况极少，人们之间的纠纷几乎都是民事纠纷，因而其有关侵权行为方面的习惯法，对该区域内的社会秩序起到了规范和调处作用，维持着社会生活秩序的正常运行。因此，尽管这种习惯法并非国法意义上的法，但在维持地方社会秩序方面，却与"国家法"具有高度的目的契合性，因而对国家法具有补充效应。

2. 规范商品交易规则

拉祜族商品经济不发达，但也存在交易行为。其区域外交易行为主要按交易地的交易规则和习惯进行，而区域内的交易和交换行为则遵循其债权习惯法。

3. 规范人际交往

临沧南美拉祜族区域社会中的人际交往和人情往来，在其民族社会生活中，是有特定规则并具有约束力的，绝非一般的生活习惯，因而其族内物品往来有其习惯法上的意义，也受其债权习惯法约束和影响。

4. 引导和约束人们的行为

拉祜族债权习惯法，与其民族习惯法一道，具体规定了区域社会生活秩序和人们的行为规则，对人们的行为起到引导作用。当然，习惯法与国家法是密切联系的，当发生犯罪行为时，是要及时报政府和公安处理的。这表明习惯法不仅不排斥国家法，而且在该区域社会中，人们对国家法的权威具有高度的认同。可见，其习惯法历经变迁，将国家法奉为不可触犯的准则，为人们的生活秩序规范了一种行为模式。这是国家加强社会管理的一个反映，正如学者梁治平所言，"政治国家便无所不为，社会则越来越成为一个抽象的存在"[2]。因此，民族习惯法也要随着社会的发展而变迁和改良，从而在国家法框架下找到其存在的空间。

5. 纠纷调处方式利于化解矛盾

在临沧南美拉祜族地区，一般的债权债务民事纠纷都是通过村干部调解的方式处理，这一化解矛盾的方式和机制在社会治理中有积极作用。面子观念是传统社会治理中的内在约束力，[3] 而在临沧南美这样的熟人社会区域内，"面子"是人们在这一特定场域生存的前提。这种经由大家信赖的中间人（村干部）进行的调处，使双方都不伤和气，也不伤面子，避免引发社会矛盾。这种在心平气和的状

---

[1] 苏力：《法治及其本土资源》，中国政法大学出版社2004年版。
[2] 梁治平：《"民间"、"民间社会"和 CIVIL SOCIETY——CIVIL SOCIETY 概念再检讨》，《云南大学学报》（社会科学版）2003年第1期。
[3] 胡美术、黄建荣：《情理与规法：民族地区社会治理中的民间智慧运用》，《湖北民族学院学报》（哲学社会科学版）2017年第3期。

态下，使矛盾彻底消弭于无形，而不是暂时的捂、压而累积爆发的有效机制，既在其社会治理中不可或缺，也是其他地区社会治理中可资借鉴的。

6. 互助习惯有利于共同目的的构建

拉祜族债权习惯法中的互济互助习惯，对于社会发展中的相互帮扶和共同富裕有借鉴作用。同时，在其社会治理中，对于区域内不同群体的多元化要求，需要共同发展目标的激励和引导，而共同目标需要有共识，其习惯法中的互济互助习惯，有利于"达成对社会发展目标的共识和社会基本价值的认同"①。

7. 对国法的尊重

高其才认为民族地区习惯法与国家法制定之间，既有法的目的等方面的一致性，也在法的规范、法的实施、法的价值等方面存在着矛盾和冲突，习惯法对国家制定法在调整范围、功能方面有一定的补充作用。② 就临沧南美拉祜族债权习惯法而言，它也对国家法起补充作用，其所规范的只是族内债权债务方面的具体规则和习惯，这些规则和习惯只适用于特定区域的族内，族际的交换则按国法进行；同时，其内容也只限于一般债权债务方面，一旦犯罪的，都报公安机关处理，体现了对国家法的尊重。可见，临沧南美拉祜族的民族习惯法是以国家法作为其最后保障的，即国法是其后盾。

（三）债权习惯法对临沧南美社会治理的消极影响

拉祜族债权习惯法受平均主义观念的影响甚大，因而其债权习惯法中缺乏等价有偿这类现代债权法的基本原则，"一户杀猪，全村帮吃""一户种菜，人人采食"等见者有份的现象，正是这种平均主义观念的体现。笔者在调研中体会到该地区部分群众的"等、靠、要"思想，其实也根源于这样的平均主义观念。其债权习惯法中的互济互助习惯，显然也是受这种观念的影响。尽管互济互助的债权法习惯，在其社会治理中有积极的一面，但这是一把双刃剑，对其社会发展的消极作用也不能忽视。同时，因债权习惯法缺乏等价有偿的观念，因而在市场经济浪潮的冲击下，显得无力还击。其社会中存在的高利贷现象，尽管与经济落后的状况密切相关，但债权习惯法面对市场经济冲击时的束手无策，也是造成这一现象的原因之一。传统债权习惯法的消极面，又影响到其物权习惯法和其他民事习惯法，这是在社会治理中应着力思考的问题，不然再好的政策和举措，都难以发挥预想的效果。正如梁治平所言，"任何一种法律，倘要获得完全的效力，就必须使得人们相信，那法律是他们的，而要做到这一点，则不能不诉诸人们对于生活的终极目的和神圣的意识，不能不仰赖法律的仪式、传统、权威和普遍性。最能够表明这一点的乃是传统"③。不唯法律如此，我们推行的任何政策，其实际效果的发挥，又何尝不是如此？然而，传统也不是一成不变的，而是随着社会的发展而不断变迁和沉淀的。因此，推进其债权习惯法中消极内容的演进与改良，使之渐变成既适应时代发展的需要又能为人们自愿遵守的"新的习惯"，成为其传统文化的新内容，才能潜移默化地影响人们的生活和行为，而简单地以国家法生搬硬套，往往适得其反。

四 小结

债权法是社会生活中最为活跃的法律之一，调整着社会商品交换，影响着人们的交易行为、交易

---

① 孙力：《社会治理需要核心价值的中轴》，《思想理论教育》2014 年第 7 期。
② 高其才：《试论农村习惯法与国家制定法的关系》，《现代法学》2008 年第 3 期。
③ 梁治平：《法辩——中国法的过去、现在与未来》，中国政法大学出版社 2002 年版，第 289 页。

方式和日常生活。同时，在不同的地区和民族的社会发展进程中，受地域文化、民族传统文化、社会经济发展水平等因素的影响，形成了各具特色的债权法律文化。而随着社会化的进程和商品经济的发展，在国家法与区域性、民族性债权习惯的冲突与调适中，后者逐渐为前者所借鉴、吸收和取代，而后者中的一些内容则以习惯的形式存在于现实生活中，作为前者的有益补充。这也正是法律的继承和发展的必然结局，法律正是在这样的选择与扬弃中一步步发展的。临沧南美拉祜族的债权习惯法，是其民族习惯法的重要内容。它不仅是地方性知识和本土法治资源，也是族群法治知识，还是拉祜族民族文化的组成部分。同时，因拉祜族债权习惯法保留较为完整，其对婚姻家庭和物权等方面的民事习惯法有重要影响；其内容也比国法层面的债权法更为具体、细微和宽泛。因此，拉祜族债权习惯法对于人们日常生活的影响更加具体，而且这种影响是潜移默化的，更是根深蒂固的，并且具有先天的优势，已经融入人们生活的方方面面，是非常重要的本土法治资源和文化资源。所以，在社会治理中，如何在国法的框架下为其留下存在的空间，既发挥其积极作用，又在国法的引导下，推动其改良与变迁，以避免其对社会发展的不利影响，是应深思的问题。

盗亦有"道"

——湘西土家族"偷梁"习俗的文化逻辑

彭秀祝*

摘 要 "偷梁"是湘西土家族建房过程中一个重要的环节。木房建造需要偷梁，部分砖房起顶同样需要偷梁。偷，通常被视为一种违反社会秩序和法律道德的行为，并应该受到处罚。人类学研究常将"偷"置于当地知识体系中，以此分析其文化意涵。通过对湘西保靖县夕铁村偷梁习俗的考察，可以发现：偷梁中"偷"并不能从一般法理意义理解，它事实上是一种礼物互惠的文化表达和一种特有的社会整合方式。

关键词 土家族；偷梁；礼物；社会整合

DOI：10.13835/b.eayn.26.17

一 问题的提出

一般而言，"偷盗"常被视为一种犯罪行为，并应受到法律惩罚和道德谴责。意大利学者贝卡里亚在《论犯罪与刑法》中认为，偷盗是因为贫困而产生的一种犯罪，它是通过牺牲别人的利益的方法发财致富，应该受到奴役惩罚。[1] 而在现代刑法体系中，对于偷窃罪的对象不加特殊限定，一切具有价值之动产均可成为被盗物。[2] 在我国刑法分则体系中，第五章规定"盗窃罪属于财物损害型犯罪"。刑法第二百六十四条对盗窃罪分为五种情形：盗窃公私财物、多次盗窃、入户盗窃、携凶器盗窃、扒窃。由此可见，在法理层面上，"偷"通常是一种可耻行为，并被付诸法律惩戒。然而，从"偷"的字源来看，它有着"愉悦"的意思。清人段玉裁就曾对"偷"做过考证，并在《说文解字注》中写道："偷者，愉之俗字……偷盗字古只作愉也。传曰：愉，乐也。笺云：愉读曰偷，犹取也。"[3] 而且在民间社会中，"偷"有时也具有正义性，不论是西方的"罗宾汉"，还是中国的"梁山好汉"，都因有着劫富济贫的色彩而被人们称颂。

在人类学研究中，"偷"在某些前现代部落社会中，也具有一定的社会文化意义。埃文斯-普理查德经典之作《努尔人》，便提到努尔人有时会通过"偷牛"以达到社会整合。在努尔人看来，盗取

---

* 彭秀祝，中山大学社会学与人类学学院博士研究生，主要从事文化人类学研究。
[1] 〔意〕贝卡里亚：《论犯罪与刑法》，黄风译，中国法制出版社2009年版，第17页。
[2] 刘柱彬：《中国古代盗窃罪的产生、成立及处罚》，《法学评论》1996年第6期。
[3] （清）段玉裁：《说文解字注》，成都古籍书店1981年版，第933页。

其他部落的牛，是一件值得称赞的事。① 赫茨菲尔德也认为，"偷"能成为社会整合的一种方式。他在 The Poetics of Manhood 中指出，"偷羊"是格冷迪奥特人男孩变成男人的一项成年礼。② 通过"偷其他人，不偷自己人"建立友谊和结成盟友。③ 而且在道德准则之内的偷，甚至还是一种互惠的行为。④ 偷不仅实现了人们的互动，而且是族群边界维系的手段。在詹姆斯·斯科特研究的东南亚山地民族中，偷被看成"弱者"抵制强权政策的一种日常手段。⑤ 琴黄（Cam Hoang）延续了斯科特的分析路径，她认为越南西北地区的农民偷伐森林的现象是越南政府推行森林资源国有化导致的。⑥ 在国内的人类学研究中，对偷的研究很少，能检索到的论文寥寥无几。其中，代启福在对凉山彝族的偷矿现象研究中强调，"偷"不仅是一项族群内外有别的社会事实，从人类文明史上看，它还是一个国家之间和文明之间的差异性问题。⑦ 訾小刚、赵旭东则从产权角度对偷树进行过研究，他们指出"偷"与"不偷"背后有着当地人的分类体系，例如"家"与"野"的区分。⑧

综上所述，学者们均将"偷"置入当地文化体系中理解。不论是结构功能论，还是无政府主义视角，偷窃行为多发生于不同群体之间，它是族群边界维系的方式和社会整合的途径。偷，作为一种成人礼也好，作为对抗国家的弱者武器也罢，都是一种冒险性的行为。但是，笔者在湘西土家族地区调查时发现，当地的"偷梁"行为，不但不受到道德伦理谴责和法律制裁，反被视为一种吉利的活动。偷梁不在陌生群体之间发生，而是在熟人社会内部进行。那么，当地人是如何理解"偷梁"？"偷"的文化意义到底何为？"偷"又是如何实现人与人之间的互动呢？

二　田野点描述

夕铁村是一个行政村，位于湖南省湘西土家族苗族自治州保靖县，下辖夕铁、兴隆、猛科三个村民小组。人口1786人，其中土家族1756人，苗族21人，汉族9人。当地有向、周、彭、罗等姓氏。长期以来，夕铁村与外界接触较少，直至2014年才修通县级公路。村民进城的交通工具主要是摩托车或三轮车。另外，还有一辆城乡公交车，每日进城一次。夕铁村以山地、丘陵为主，林业资源较为丰富，人均林地面积1.3亩，农业以水稻种植为主，人均耕地面积0.8亩。

夕铁村的房屋多为木瓦结构。据老人回忆，在20世纪90年代之前，还存在不少茅草屋和石屋，只有富足人家才建得起瓦房。随着当地生活水平的提高，砖房呈现出递增趋势。根据2018年2月调查统计，夕铁村共有房屋317栋，其中木瓦结构的209栋，占比65.93%；砖房105栋，占比33.12%；石屋3栋，占比0.95%。木瓦房建造必须偷梁，如果不偷的话，会被视为一种不吉利的现象。笔者入

---

① 〔英〕埃文斯-普理查德：《努尔人》，褚建芳等译，华夏出版社2002年版，第60页。
② Michael Herzfeld, *The Poetics of Manhood: Contest and Identity in a Cretan Mountain Village*. New Jersey: Princeton University Press, 1988, pp. 163–164.
③ Michael Herzfeld, *The Poetics of Manhood: Contest and Identity in a Cretan Mountain Village*. New Jersey: Princeton University Press, 1988, p. 165.
④ Michael Herzfeld, *The Poetics of Manhood: Contest and Identity in a Cretan Mountain Village*. New Jersey: Princeton University Press, 1988, pp. 182–183.
⑤ 〔美〕詹姆斯·C. 斯科特：《弱者的武器》，郑广怀等译，译林出版社2011年版，第3页。
⑥ Cam Hoang, "Forest Thieves: The Politics of Forest Resources in a Northwestern Frontier Valley of Vietnam," Seattle: University of Washington, 2009, p. 200.
⑦ 代启福：《"偷"的逻辑：四川凉山G县彝区矿产资源的分割与重构》，《上海大学学报》（社会科学版）2017年第1期。
⑧ 訾小刚、赵旭东：《偷与林权——以赣南某村落林权状况调查为例》，《云南大学学报》（法学版）2007年第6期。

户统计时，发现所有木瓦房的梁木均是偷来的，无一例外。

而在砖房建造中，同样也存在大量偷梁的现象。笔者开始对此抱有疑惑，砖房以钢筋混凝土建材为主，为何还存在偷梁呢？后来发现，当地的砖房主要分为两种。第一种为平顶结构，此类建筑多是在20世纪90年代末建成，砌顶时主要采用水泥和砖块，而非梁木，因此不需要偷梁。第二种则是三角形房顶的，这类需要一定的木材作为支撑，也需要架梁。但是砖房"偷梁"中，仪式感并不强，多是房主自发性的。

三 何以为梁？

"偷梁"不仅在湘西土家族地区广为流行，在长阳土家族自治县、恩施土家族苗族自治州、重庆市[①]以及沅陵县瓦乡[②]等地都有存在。土家族对于建房尤为重视，房屋不仅是遮风避雨的场所，也是一个家庭延续与子孙兴旺的象征。建屋讲究颇多，民间谚语有云："做事三年讲，起屋三年想。"又如"男儿三十六，不打官司就起屋"，或是"上屋盘下屋，都要三担谷"等。但在建房过程中，土家族有一个别样的风俗，即偷梁。所谓偷梁，指的是堂屋正上方横搁的大梁需要从别家偷来。这根梁又被称作"栋梁"、"顶梁"或"中梁"，可以说是房屋中最关键的一个部件。此梁架好，才能上瓦，新屋也才算正式落成。然而，树变成梁木，需要一系列的"加工"（仪式表达）。大体可分为三个阶段：选梁、砍梁和上梁。

（一）选梁

房主在筹备建房时就会去别处寻找合适的梁木，所选之树不会离家太远，但也不能太近，二里路左右最为适宜。在选择过程中，常会挑选生长位置高、笔直粗壮、枝繁叶茂的，尤其是几棵长在一起的树被视为极佳（如三、五、七丛之树）。笔直粗壮代表家风端正、百邪不侵，兴业发家、顺顺利利；枝繁叶茂代表子孙兴旺、奋发有为；而选几棵长在一起不选单棵独苗（即使长得再好）的，则因为这样的树代表着后继有人、层出不穷，一代更比一代强。选址也有禁忌，树的生长之地需要"洁净"，用当地的话讲是树要"索丽"。墓地边的"坟山树"首先被排除，梁树要选生长在人不常去、牛不擦、狗不拉屎撒尿的地方的。梁树品种的选择也有讲究，杉树为首选，因为它的树干较直，木质绵软，防腐效果好，使用期限长。如果没有合适的杉树，也可以用柏树代替。椿树则断不能作梁，因为当地人把它叫作"龙树"，一龙压百蛇，房主如果用椿树作梁，周围邻居就要"倒霉"，即使是上了梁，别人也要强行拿下来。当房主选好梁树后，便要观察好"逃跑"路线。

（二）砍梁

砍梁一般在半夜进行。房主会请四名舅家的男子（没有合适的也会找本村青壮男子），酒肉款待后，在木匠师傅的引领下开始"偷树计划"。偷梁者会带着锯子、斧头、砍刀等工具悄无声息地来到梁树所在地点。到达目的地后，木匠师傅先摆上祭品，点上三炷香，烧起三张纸，洒上酒，来敬奉一下地脉龙神，感谢他护佑梁树长大成材。接着，木匠师傅带领主人面向梁树作揖，并要念诵："一蔸杉

[①] 陈红：《土家族"偷俗"的文化人类学解释》，《三峡论坛》2014年第6期。
[②] 田光辉：《湖南武陵山片区少数民族传统村落建筑文化研究——以沅陵瓦乡人传统村落为例》，《怀化学院学报》2017年第10期。

树青油油，东主拿来做梁木，左砍三斧生贵子，右砍三斧出状元。"砍伐时先将周围杂草清理干净，然后迅速砍伐。砍树也有讲究，树要朝东方倒，不能朝西方倒。树快倒下时，木匠师傅会念道："砍得快，发得快，恭贺东主荣华富贵万万代。"树倒下时，不能着地，避免沾到邪气。截取合适的长度后，在树上缠上六尺红布，抬起便走，中途不得歇气，更不能换肩。梁木落地、树皮碰坏均为不吉利。跑出一里路左右，房主会将之前准备好的三尺红布或红纸封的钱，置于树蔸上，少则几十，多则几百块（但也有人不给）。接着放鞭炮"鸣谢"。给钱的人，常会给树主捎信，暗示他来取钱。但是留在树蔸上的红包，并不一定要让树木的主人来拿，谁先发现谁就可以拿去，这叫"捡喜钱"。树主听到鞭炮声，便知自家的树被偷，一般不会追赶。即便追赶，也无济于事，反会被"偷窃者"耻笑。梁树快被抬到家时，要鞭炮迎接。偷回来后不能扔在地上，要将其搁在门前空地的两个木马上。上梁之前不能沾染污物，小孩不得骑，女人不能跨，猪、狗、牛、羊不得靠近，也不能让鸡、鸭上跳。如若触犯以上禁忌，则偷梁失败。木匠师傅会根据房主的生辰八字重新算定吉日，再次偷梁。

（三）上梁

上梁非常隆重。先要择期，选出上梁的黄道吉日。然后请亲朋好友作客，客来必定送贺礼。上梁过程较为复杂，有"开梁口""画梁""启师""祭梁""升梁"等仪式。"开梁口"由木工掌墨师傅主持。它指的是在梁木的正中间用凿子凿一个三寸宽的四方眼，把木块挑出，将一粒朱砂放进四四方方的梁口里，再用木块封住，在四方口上面放木匠师傅竹笔、两块墨、一支毛笔、一本老皇历、一枚小铜钱和一绺五彩线，并用一块一尺二寸长的红布包好。红布的四角分别用一枚小铜钱钉进梁木里，还要用一双筷子平放在红布上，然后用红线将它捆紧。开梁口时则要念祝词："先开东，主东金银满堂中；后开西，主东骡马叫喜喜……"开梁口时所凿下的木渣，会被主人用衣襟装好，而且木渣不能被人践踏，更不能焚烧，而要将其抛入河中或溪流中，让水冲走，或者将木渣用布封好，珍藏于箱底。"开梁口"完成后，需要"画梁"，即在梁木的正中画一个"太极图"（红、黑两色），其用意是"红进黑出，以避邪气"。"太极图"的中心是一缕五色的丝线，梁木两端再各画一个"八卦图"，图后两端分别写上"福如东海""寿比南山""堆金积玉""富贵满堂"等。梁头梁尾分别写上"乾""坤"二字。然后主人还要从"太极图"向两头，按照辈分高低，将亲友送来的各种彩礼挂在梁上。

"启师"，是指木匠、泥水匠请本行祖师爷来"帮忙"，为新屋带来祥瑞之气。先将制作好的大梁"请"到堂中，搁在木马之上。另外，堂中还需置一方桌，桌上摆放木匠和泥水匠的尺、砖刀等工具。再放一斗谷，插上香烛，摆上糖果等供品。桌下摆一木盆水，水中放土砖1块、铜钱3枚，土砖上再置一灯盏，将12根灯芯分开点上，成12点火，合成金木水火土五行。每个火点要各烧些纸钱。然后，木匠、泥水匠师傅分别到"师桌"前，默默祈祷念咒，保佑此宅万载兴隆。

"启师"毕，要捉一只公鸡用鸡冠血祭梁，以镇邪避凶。掌墨师傅一边把鸡血淋到梁木上，一边唱祭梁歌："王母赐我一只鸡，生得头高尾又低；头戴凤冠配彩云，身穿锦缎五色衣。此鸡不是平常鸡，鲁班先师祭梁鸡；千年基呀万年基，红血宴梁大吉利。"紧接着是"升梁"，梁的两头牢牢拴好绳子，站在两侧的人慢慢向上拉。但在这个过程中，不能喊"拉"，要喊"发"。掌墨师傅要唱上梁歌："主家请我来上梁，走进堂屋四四方，脚踏云梯步步高，登上新屋亮堂堂，仙桃堂中累累挂，主家富贵万年长。上一步人气旺，上二步子孙强，上三步家道兴，上四步状元郎，上五步五谷丰，上六步六畜壮。"梁木安好后，有的还要踩梁，踩梁师傅脚穿主人家专做的新布鞋，手持三尺竹尺，边在梁上走边唱踩梁歌："一踩梁头，万里封侯；二踩梁腰，世代天骄；三踩梁肚，大展宏图；四踩梁尾，荣华富贵。"踩梁完毕，主人拿出事先准备好的糯米糍粑、硬币以及各色糖果，从屋梁上往下抛撒，同时鸣炮庆贺。众亲友齐声喝彩，抢糍粑、抢钱，上梁达到高潮。最后，主人会请木匠、瓦工掌班师傅及梁树主人上座，满堂宾客入席，主人——酌酒致谢，直至酒醉饭饱散席。

"选梁""砍梁"以及"上梁"的程序复杂、禁忌颇多，但也反映出了人们对于梁树的重视程度。梁树不只是一根无生命的木头，它实际上被赋予了灵魂。选择"多丛""分叉枝"的梁树，这是一种生育能力的象征，寄寓着当地人对于血脉延续、家庭兴旺的希望。"顶梁"之"顶"与"丁"谐音，更是一种人丁兴旺文化意义的表达。在一系列的仪式与禁忌中，梁木的神圣意义才得以表达，梁木的生命与灵魂也才得以展现。偷的仪式反映出的是一种"交感巫术"。梁树是有生命的，它的灵魂可以转到房子的主人家。① 可以说，在梁木架顶、房屋落成之时，人与梁之间实现了生命的交融，人与神灵、人与自然得以沟通。不仅于此，梁树作为他人之树，被据为己有，看似是"偷"却巧妙地实现了人与人之间的沟通。

四 礼物之梁

人类学对于礼物的研究一直有着浓厚的兴趣，马林诺夫斯基的《西太平洋上的航海者》，就是重点围绕"库拉"（kula）交换而写。库拉的交换中有两种实物：臂镯和项圈。前者顺时针在各岛间流动；后者逆时针流动。② 臂镯和项圈是实物，也是声望和名誉的象征物。当然，最具代表性的民族志当属莫斯的《礼物》，他确立了礼物的"整体馈赠"原则，以及给予、接受和回赠这样一个三阶段的"演进图式"和礼物交换的互惠关系。③ 萨林斯在此基础上提出礼物交换的三种互惠类型：交换的一般互惠、均衡互惠和否定性互惠。④ 另外，莫斯还将物的交换与"灵魂"联系在一起，比如波利尼西亚的"豪"（hau）——"礼物之灵"（the spirit of the gift）——把对物的研究引入人的精神领域和社会结构内部。⑤

礼物作为一种生活实物，或者声望、灵魂的代表，需要人与人之间互动才能得以交换。礼物的交换方式多样，或是通过远洋航行以物易物，或是通过举办夸富宴等方式进行。本文对夕铁村的"偷梁"研究发现，梁树事实上是被当作一种礼物而交换的。但是，梁木交换与以往的人类学礼物研究有所不同，因为它是通过"偷"这样奇特的方式进行的。

（一）鲁班与梁

夕铁村土家族偷梁由来已久，然而，偷梁又是从何而来呢？当地人很难道出具体原因。但却流传着这样一个故事：

> 木匠祖师爷叫鲁班。那个时候，找他修新房子的人特别多。这样一来，鲁班就抽不开身了，不可能帮每个人都盖房子。所以，他就把很多活计交给自己的徒弟们做，等他们做完了，鲁班再

---

① 陈红：《土家族"偷俗"的文化人类学解释》，《三峡论坛》2014年第6期。
② 〔英〕马林诺夫斯基：《西太平洋上的航海者》，梁永佳等译，华夏出版社2002年版，第77页。
③ 〔法〕马塞尔·莫斯，汲喆译：《礼物》，上海人民出版社2002年版，第22页。
④ Sahlins M, *Stone Age Economics*, New York: Aldinede Gruyter, 1972, pp. 191–210.
⑤ 〔法〕马塞尔·莫斯：《礼物》，汲喆译，上海人民出版社2002年版，第21页。

去新屋检查。

但是，有个徒弟不太上心。有一次，他忘记给主人架梁了。但是主人都准备好第二天要进新屋了，也给亲戚朋友都说好了。这怎么行？鲁班来检查时也看到少了根梁，这可要不得，非常头痛，但是想不到办法。这时，有人说在巴茅山上路过时，看到了一根大杉树。那根树不得了，有桶那么粗，笔直的。鲁班听了，眼睛一亮，那好，就用那根树。于是派人去找那根树的主人，但是哪个都不晓得是谁的？再说了，即便找到那个人了，人家也不一定愿意卖送你。主人也很着急，这个时候，他那个徒弟急中生智，想出了一个办法，那就是"偷"。后来，他们便选了几个身强力壮的后生到巴茅山把那根杉树砍了。走的时候，用红纸包了些银圆，放到那个树蔸上，就算是补偿树的主人。因为要赶时间，也怕被人看见，路上不敢歇气，轮着将那根杉树搬了回来。梁偷回来以后，鲁班就开始亲自动手画梁。在梁的中央画了个太极图。这是有讲究的，表示这栋新屋与日月同寿。然后，看了个吉时上梁。等全部都弄好了，杉树的主人也寻来了。他非常生气，准备要强行把梁撤下来。但是后面，看到房主出来，和和气气的，还把他邀进堂屋中间，安排主席位置给他坐。周围的人也都在称赞他家杉树怎么怎么好。树主人想了想，还是算了，毕竟偷树的人也给了钱，不想把事闹大……用杉树做的梁，非常好。那家人屋，屹立百年不倒。而且他屋子子孙孙，不是封侯，就是拜相。最后，这个事被一传十，十传百，大家也都认为偷的梁木才是好梁！[①]

从这个故事中我们不难发现，偷梁与木匠祖师爷鲁班有关，偷梁也是万不得已之事，并非出于一种贪婪之心。在偷的过程中，偷窃者与被偷者，是一种相互尊重的态度。这个故事强调的是偷背后的一种"礼"。房主虽为偷窃者，但给了树主钱。这虽然是不对等的交换，但树主却得到了面子上的满足。鲁班作为故事的主人公，他的出现，不仅赋予了该传说神圣性，也给当下夕铁村村民进行偷梁活动提供了"合法"依据。

这并不是说，村民就能容忍其他偷窃行为。在绝大多数情况下，偷仍然被视作一种可耻的行为而受人唾骂。偷梁虽然也是偷窃行为，可在当地村民看来，是一种吉利的事，并被众人视为一种习俗遵循。

(二) 盗可盗：以梁为礼

当笔者向村民问及偷梁时，他们通常会讲自己在山上随意砍的，看见哪根好便偷哪根。但事实上并非如此，如果你再追问一句树的主人是谁，他们常常能准确无误地将树主名字说出来。显然，偷树是经过一番思考的，选择的对象并非如村民口中那般随意而为。调查发现，偷梁通常是在本村范围内进行，偶尔才会去别的寨子偷。这说明，梁树的流动范围主要集中于村庄内部的熟人社会。然而，一般的偷窃行为多发生在陌生人之间，所谓"偷生不偷熟"。夕铁村的偷梁遵循的原则却恰好相反——"偷熟不偷生"。因为在这里梁木是一种礼物，即"你偷我，我偷你，互偷互助"，或是"你偷我，我偷他，他偷你，偷偷有偷"。虽然偷梁在熟人关系中进行，但是在具体实践中，仍然存在着区分。梁树通常在异姓之间流动，即便出现本家之内的偷梁，三代以内的血缘亲属关系也常被排除在外。周 CY 告诉笔者："既然是偷，就应该去别人家啊！自家内偷梁算什么回事？那不叫偷，那叫借。我们这里起屋架梁，讲的就是个'偷'字，偷梁图的是个吉利，要的就是外'柴'（财）入室！"从他的表述可以看到，"偷梁"事实上也是这个村寨熟人关系的一个区分要素。简言之，这是"亲"与"疏"、"本

[①] 根据村民向 ZQ（木匠）访谈整理而得。

家"与"外家"的区别。梁树被视作一种"外财",它的入室成了房主"发"的象征。

夕铁村的"偷梁"现象,与列维-斯特劳斯研究的通婚圈[①]很类似。梁树犹如新娘一般,在不同的人之间流动,也呈现出"一般性交换"和"普遍性交换"。根据调查统计,一般性的交换梁树56起,占比20%;普遍性交换224起,占比80%。这说明绝大部分梁树是在不同家庭之间流动的。

一般性的交换结构较为简单,多是对等性的。在偷梁中呈现出的状态则是"你偷我,我偷你"。以罗 DF 和彭 Y 两家为例,梁木交换如下:"罗 QZ—彭 JX—罗 DF—彭 Y"。彭 JX 是彭 Y 之父,其屋建于 1994 年,梁树从罗家偷得。在 2004 年,罗 QZ 的儿子罗 DF 又从彭家偷来梁树。2017 年,彭 Y 再从罗家偷回。两家人的梁树交换经历两代人,在偷梁过程中,实现了"你中有我,我中有你"。但这种交换结构并不稳定,笔者在 2018 年调查时发现,彭 Y 家的梁树又被田家偷走。彭 Y 就曾向笔者明言,他的儿子将来要去田家偷梁。这意味着,彭家在下一代建房时,其偷梁范围还可以延伸到田家,进而融入更大的偷梁圈之中。彭、田两家在近几代中并未有梁树交换的历史,田家偷梁事件也并不会遭到当地人谴责,但彭 Y 却觉得自家财产受到了损失,因此才准备让其儿子将来去偷田家的梁树。

普遍性梁树交换较为复杂,涉及的姓氏通常在三个或三个以上,但总体而言还是遵循着互惠互利的原则。以向 ZY 家为例,梁树的流动过程是:"罗 YM—向 HL—周 YJ—罗 QY—向 ZY"。向 HL 是向 ZY 的父亲,其房屋于 20 世纪 70 年代建成,当时的梁木是从罗 QY 的叔父罗 YM 那里偷得。其后,向家的梁树又被周家偷去,周家梁树被罗家偷去。2006 年初,向 ZY 在建房时,又从罗家偷梁。从中可以发现,梁树被"偷出"到"偷回",经历半个甲子,整整一代人的时间。当然,梁树的交换,并非一直按照固定的圈子流动。在一些特殊情况下,人们也会打破以往的交换原则。例如,对方家中没有合适的梁树,那么,房主则会另寻他处。

梁树的交换,通常是互惠互利的。但也会因为特殊情况而出现不对等现象,即一方受损,而另一方得益。人类学研究中,将之称为"否定性互惠"[②]。近些年来,夕铁村人口外流,部分村民去了城市谋生,长期不在家居住。而这些村民的树,也成为"偷梁者"的重点照顾对象。彭 WG 家便是其中之一,由于在外地安了家,他老宅附近的树被偷掉了几棵。一气之下,他竟将树全部砍光卖掉。用他自己的话来说:"我将来不可能在这个地方建新屋,家里的树常被人偷掉,有的是做梁,有的被人当作了柴火。这种只出不进的买卖,谁愿意干?"梁树,作为私人财产,即便被他人偷掉,也得不到同情。彭 WG 显然处于受损的一方,他用较为极端的方法来阻止"偷梁"中所出现的不对等现象,也实属无奈。由此可见,随着时间的推移,当地人会对这类否定性互惠做出能动性的调适,以达到对等的互惠效果,或者是跳出偷梁圈结束原有的交换关系。

在上述的两种交换类型中,我们均可以看到梁树流动的圈子并不是很固定,而是因时而变、因人而异的。另外,作为外来户,"偷梁"也是他们融入当地社会的重要一步。刘 QS 一家便属此类情况。他本来是迁陵镇的汉族,由于娶了夕铁村的周氏,1991 年在当地安家,建造木房所用的梁树便是从一户向姓人家中偷来。据他所言,刚开始来到夕铁村时,并不知道建屋需要偷梁。"我当时也搞不懂,自己家起屋,要偷别人家树。本来都买好了梁木,但是我婆娘说那个不行。非要我去偷根梁,不偷的话,不吉利,办事不顺遂,人家会讲闲话。她不住没有偷梁的屋!没有办法,我只好去偷了根。"由此可见,当地人对于偷来之梁的重视程度,并且将之视为家庭未来发展是否顺利的因素之一。后来,刘 QS

---

① 〔法〕列维-斯特劳斯:《结构人类学》,谢维扬、俞宣孟译,上海译文出版社 1995 年版,第 220~222 页。
② Sahlins M, *Stone Age Economics*, New York: Aldinede Gruyter, 1972, pp. 191-210.

妻子为其产下三子，但其次子和幼子均因溺水夭折，家里仅剩一根独苗，周氏对此一直耿耿于怀。据当地人说，刘 QS 偷梁时没听从木匠师傅安排，胡乱选了棵独苗的杉树作为梁，所以他家只剩一个孩子了。2016 年底，刘 QS 的儿子结婚，修了一栋新房子。即便是砖房，周氏坚持要让其儿子去"认真"地偷根梁。不难发现，在当地人的文化观中，梁木具有神圣性，它不仅关乎房屋的建造，而且与家庭兴衰密切相关。

（三）非常"盗"：以偷化梁

在盗窃罪的界限认定中，盗砍他人房前屋后、自留地上种植的零星树木数额较大的，则构成盗窃罪。但是此地的偷梁却不然，偷梁过程中，梁树作为一种礼物在不同家庭之间流动。有时，偷梁甚至还能化解彼此之间的矛盾。彭 XM 和向 ZY 两家菜地毗邻，恰好中间长了一丛杉树，其中一棵笔直高大。但谁也说不清来源，两家各持己见，均认为是各自的祖辈种下的，互不相让。2000 年，还因为杉树之争，大动干戈。最后村中一位长者出面，道出了那棵树是向家祖辈种下的，并在村主任干涉下将该树划给了向家。但这并未解决两家的矛盾，彭 XM 一家很不服气，一直跟向 ZY 一家不来往，甚至两家的孩子都不说话。直至 2008 年，彭 XM 盖房（他仍未能释怀），决定将曾经划给向家的那棵杉树偷回来。偷梁时，向 ZY 一家并不知情，直到梁木架上房顶时，向家才反应过来自家的树被偷走了。而偷窃者恰恰是他的仇人——彭 XM。但结果却出乎意外，两家并未因此再起争斗，反而和解了。彭 XM 告诉笔者："那根梁木，既然不是我家的，那我就可以把它偷来。不过话说回来了，我跟他家结梁子好些年是不行的。毕竟一个寨子的，低头不见抬头见。明面上讲，我偷了他家梁，但是我可是在树蔸上包了 588 块钱的。礼我可是给足了，面子他也得给我。"据其他村民说，向 ZY 不仅拿到了喜钱，后来还被作为主客请到了彭家。席间二人相互致歉，向 ZY 更是把 588 元的偷梁钱又作为礼金送给了彭家。从中可见，彭 XM 在乎的是"面子"，当年的争树失败，使他颜面扫地。后来的偷梁，不过是他找回面子，并与向家和解的契机。

彭 XM 与向 ZY 两家因为梁树之争，结下了梁子。近十年中，两家关系紧张。但最后又因为"偷梁"而使得矛盾化解。这一个案表明，偷梁的意义不仅在于礼物的流动，更重要的是，作为礼物的梁树，在偷的过程中巧妙地实现了人与人、家与家之间的联结和沟通，成为村寨社会内部整合的一种方式。

五 结论

夕铁村的田野调查个案表明，"偷梁"已经深刻地影响了村民的日常活动。在偷梁过程中，仪式与禁忌的表达，使得梁树超脱了其自身的"物"性，而被赋予了灵魂与生命。房屋建成，更是实现了梁与人生命之间的交融。梁的灵魂，也被引入到人们的精神领域和社会文化之中。偷梁，从表面上看属于一种盗窃行为，但其背后蕴藏的却是一种礼物交换的文化逻辑。第一，偷梁选择的对象多为熟人，"偷"不过是村寨社会内部进行梁树交换的一种方式。第二，偷梁遵循着互惠的原则，梁树作为一种礼物，在不同家庭之间交换形成了"偷梁圈"。第三，礼物之梁，被他人偷去，"偷"实现了群体内部的社会整合。普理查德、赫茨菲尔德以及斯科特等人对"偷"的研究，虽然看到了"偷"的地方性知识以及"偷"在不同文化中的区别，但是他们仍然将"偷"视为一种富有风险的活动，"偷"是"我群"与"他群"之间的界限，其整合意义也是相对而言的。本文研究的意义，不仅在于扩展了对"偷"的文化观的理解，更重要的是，指出"偷"也能实现礼物的交换，并成为群体内部整合的方式。

家族变迁与村寨权威

——对云南石屏县 B 村李氏宗祠功能的研究

徐 超*

摘　要　宗族是传统中国乡村社会基于血缘与地缘关系而形成的组织，长期以来发挥着维持基层秩序的权威作用，宗祠是这种组织形式与权威作用的有形载体。云南省红河州石屏县 B 村是一个以彝族为主的偏远村庄，在不同历史时期，家族的命运与宗祠的结构和功能都随着时代变迁而发生变化，通过对上述变化的历时性研究，可以发现产生变化背后的不同乡村权威力量运作机理，以及血缘与地缘的统合与分离关系对乡村秩序的影响。

关键词　功能；权威；家族；宗祠；乡村秩序

DOI：10.13835/b.eayn.26.18

一　导论

社会由不同的部分组成，每个部分各具独特的功能，各功能之间虽然可能存在矛盾，却能维持各体系之间的稳定与一致性。社会每个组成部分的"功能"，是维持社会"结构"及其所产生秩序的内在机理："'功能'一词则是指任一社会活动的影响，这些社会活动有助于改建或调整一个假定结构或其组成部分……'功能'一词则是指结构中动态的过程。"[①] 社会活动的功能必须作用于他物才具有意义，对功能的研究，不仅是对社会组成部分物理属性的阐释，更是通过功能对周围环境的影响，来解析社会组成部分、社会活动与其他社会事务之间的关系图谱，及其反映出来的社会理论。权威，是特定主体借助其功能来实施社会活动所产生的具体影响，关于权威的经典论述，来自于马克斯·韦伯的《经济与社会》，其将权威划分为三种类型：传统型权威（traditional authority）、魅力型权威（charismatic authority）、法律型权威（legal-rational authority）。传统型权威与魅力型权威都建构在对"首脑、领袖"的服从之上，但区别在于：拥有传统型权威的首脑，"占据着由传统所认可的权威地位并受到传统的约束"[②]，人们对首脑的服从是源于对传统规范的敬畏，首脑扮演着"传统"代言人的角色；而魅力型权威则不同，人们所服从的是拥有超凡魅力的领袖本人，他因具备异于常人的品质和极强的社

---

* 徐超，男，云南大学法学院博士，主要研究方向为民族法学。
① 〔美〕史蒂文·瓦戈：《社会变迁》，王晓黎译，北京大学出版社2007年版，第51页。
② 〔德〕马克斯·韦伯：《经济与社会（第一卷）》，阎克文译，上海世纪出版集团2011年版，第322页。

会影响力，而为世人所服从。法律型权威是"在工具理性或价值理性或二者兼备的基础上"① 建构的，是一种"非人格的秩序"，并且这种秩序是有边界的。韦伯暗示着一条权威发展演化的进路，即社会朝着理性、法制的方向前进。同时，他也承认不同类型权威的混合存在，因为信仰产生服从意愿，但"信仰极少由单一因素构成。比如'合法权威'就绝不是纯粹法律意义上的权威。对合法性的信仰一旦得到公认并成为习惯，这就意味着它在一定程度上成了传统权威"②。

功能与权威之间具有显性关系，功能作为社会结构当中的动因与变量，决定了特定社会活动的影响范围、作用大小，而权威即是这些影响力、作用力在社会心理层面的具体表征。社会组织、成员个体在其所建构或参与的社会关系中的权威大小，与其作为社会组成部分所发挥的功能密切相关，良性的社会分工就是在各种社会组成部分之间实现高效、和谐的互动关系，从而树立起"良善"且"有力"的权威格局，以维护社会秩序与发展。近代以来，中国乡村社会在内外力量的作用下，经历着乡村秩序、家族结构的"解体与重构"，这个过程持续对乡村社会生态发挥着巨大的影响。云南省红河州石屏县 B 村李氏宗祠的建筑结构与社会功能的数次变化，成为受汉文化影响的民族偏远乡村社会转型的生动微缩景观。产生功能变迁的深层原因，是在乡村社会中维持秩序的"权威"格局的不断改变。透过对 B 村近代历史变迁、李氏家族兴衰荣枯、宗祠结构功能更迭的局部观察，可以梳理出小型乡村社会在大历史环境中所受到的影响以及发展变化的基本脉络，对理解古今中国的乡土文化和变化中的乡村社会结构具有积极的意义。

二 B 村李氏宗祠结构与功能的变迁

近代社会变革到来之前，在以血缘、地缘为纽带而形成的单族村落中，宗族势力发挥着乡村社会的整合作用，但需要注意的是，抽象的宗族组织由发挥作用的成员个体组成，乡绅就是其典型代表。乡绅在事业上的成功有利于提升宗族凝聚力，在落叶归根的乡土意识、同宗同源的宗族观念的影响下，乡绅会自觉地承担起宗族代言人角色，主持修筑宗祠的活动，体现出乡绅光宗耀祖、建构权威、回馈乡里的意识，而宗祠本身就是宗族意识、宗教观念、村寨权威相互混合形成的特殊思想的物理载体。虽然宗祠蕴含着乡村以农业经济为基础形成的群体性思维方式，但是如果乡绅在修筑宗祠过程中起到主导作用，就注定了宗祠的命运必然与乡绅个体、家庭以及村落宗族意识的存在与变化息息相关。随着社会变迁，当乡绅的权威逐步被取代后，宗祠的结构与功能也随着时代的发展呈现出不同的形态。

1. 历史背景

石屏山多地稀、山河相间、岭谷并列，③ 农业发展受到自然环境限制，这一现实激发了石屏人外出经商，办厂开矿的外向性格。据袁嘉谷《石屏县志》记载："屏民之性富于冒险，多喜办厂。"④ "屏商勤俭信实，沿边数千里土人乐与交易，有能夷语者或竟结婚。故迤南⑤一带俗谓有人烟处，必有屏人。"⑥ 石屏人拥有出众的经商智慧，涉足贸易的人员日益增多，"省城、蒙关及个旧锡场，近来商才

---

① 〔德〕马克斯·韦伯：《经济与社会（第一卷）》，阎克文译，上海世纪出版集团 2011 年版，第 322 页。
② 〔德〕马克斯·韦伯：《经济与社会（第一卷）》，阎克文译，上海世纪出版集团 2011 年版，第 376 页。
③ http://yn.yunnan.cn/html/2013-08/07/content_2834508.htm.
④ 袁嘉谷：《石屏县志》卷六《风土》，参见《中国地方志集成 云南府县志辑51》，凤凰出版社 2009 年版，第 544 页。
⑤ 迤南：迤南道，清朝设置的道，属于云南省。乾隆三十一年（1766）十月设立，驻普洱府，下辖镇沅府、元江府、临安府、永北府。民国时期改为滇南道。
⑥ 袁嘉谷：《石屏县志》卷六《风土》，参见《中国地方志集成 云南府县志辑51》，凤凰出版社 2009 年版，第 541 页。

多萃于此，资本劳力约二万余人"①，且形成一套实用的商业规则，"屏人有恒言，商家四宝，一算盘、二账务、三银水、四信用"②。由于地理位置便利以及地方政府在允许矿务民办方面采取的开放态度，加上石屏人敏锐的商业嗅觉，个旧丰富的矿产资源成为石屏人逐利的天堂，"乾隆中，屏人商于龙树脚（蒙自西百里村名，在今个旧厂外）开银矿、铅矿，有会馆"③。石屏人敢于冒险、善于经营的特质在开发个旧矿业的活动中体现得淋漓尽致，同乡人间彼此照顾、相互信任，逐渐形成独特的利益共同体，带动石屏经商风潮，"清嘉庆而后，银矿业衰，个旧老厂发现锡矿，屏之下四乡人，迁地为良，即移于老厂才办锡砂"④。19世纪后期，法国势力侵入东南亚地区，迫使原为"西南夷地"的云南，尤其是滇东南地区成为面对外部势力的窗口，从而催生了云南首个海关的设立。光绪二十九年（1903），中法签订《中法会订滇越铁路章程》，"法国殖民者修滇越铁路的目的之一就是为了个旧的大锡"⑤，1910年滇越铁路全线通车之后，法国殖民者"不时窥伺个厂，意图接修支线，以遂其侵略之野心"⑥。清末政治与对外政策的羸弱，却客观促成了云南贸易的快速发展，"蒙自开关，百货流通，锡价渐涨，中上两埧屏人视线集于个旧，逐渐到厂经营。自庚子以至今日，愈推愈广，屏人办厂年出大锡已占全市五份之二"⑦。"滇越铁路通车后，个旧锡业飞跃发展，宣统二年的产量为6000吨，民国6年增长到11070吨。"⑧ "出口锡值平均占全关出口货值之百分之八四点三七。"⑨ 个旧锡矿自此进入国际贸易网络，迎来采矿业大发展的黄金时机。⑩

B村是云南省红河州石屏县一个以彝族为主要民族构成的农业村落，村中李姓成员为村民主体，具有单族村庄的特征。B村虽然位置距离县城不远，但山河相间、岭谷并列、高低悬殊、垂直明显的地势特点，使之交通、环境较为闭塞。B村人李Z成为个旧锡矿红利的受益者，其充满传奇色彩的人生是那个特殊历史年代的景象的缩影，也为后人展现了清末民初中国汉彝文化共存的少数民族村寨的权威格局。⑪ 李Z自幼家境贫寒，不幸成为孤儿，在同村李氏宗亲的帮扶下长大成家。早年的清苦生活激发了他吃苦耐劳、善于经营的特质，加之身形高大、容貌俊伟，成年后经常帮衬族人，他在同乡中拥有了较高威望。然而，李Z在乡间威望的不断升高，引起了B村大户张ZT的警觉。张ZT早年烤酒为生，后到个旧挖矿致富，此时已然功成名就、富甲一方。由于李姓占据B村人口多数，担心李Z做大，威胁其在本地的权威，张ZT起初希望将李Z招致麾下，成为张家家丁武装成员。但李Z倔强的性格，以及不甘为人下的态度，导致张李接触过程当中发生矛盾，进而演变为两个家族的暴力冲突。李Z为躲避仇杀，背井离乡，外出流浪，辗转加入了驻扎在曲江的吴学显的地方武装。民国初年，地方军阀混战，吴学显乘机在滇南一带崛起，云南军阀唐继尧妥协让步，将其收编为国军，吴学显被委

---

① 袁嘉谷：《石屏县志》卷六《风土》，参见《中国地方志集成 云南府县志辑51》，凤凰出版社2009年版，第541页。
② 袁嘉谷：《石屏县志》卷六《风土》，参见《中国地方志集成 云南府县志辑51》，凤凰出版社2009年版，第541页。
③ 袁嘉谷：《石屏县志》卷六《风土》，参见《中国地方志集成 云南府县志辑51》，凤凰出版社2009年版，第542页。
④ 袁嘉谷：《石屏县志》卷六《风土》，参见《中国地方志集成 云南府县志辑51》，凤凰出版社2009年版，第542页。
⑤ 王玉芝：《从个碧石铁路看滇东南地区近代民营企业的成长》，《红河学院学报》2009年第3期。
⑥ 《续云南通志·长编》第五十五卷，转引自王玉芝《从个碧石铁路看滇东南地区近代民营企业的成长》，《红河学院学报》2009年第3期。
⑦ 袁嘉谷：《石屏县志》卷六《风土》，参见《中国地方志集成 云南府县志辑51》，凤凰出版社2009年版，第542页。
⑧ 个旧市编撰委员会办公室《个旧锡业志》，个旧市重工业局，1999年5月。转引自王玉芝《从个碧石铁路看滇东南地区近代民营企业的成长》，《红河学院学报》2009年第3期。
⑨ 苏汝江：《云南个旧锡业调查》，国立清华大学国情普查研究所1942年版，第55页。
⑩ "个旧大锡，普通一号锡多销英国美国日本。二号锡及三号锡多销日本。甲锡多销潮州。瓜红锡则运上海，转销内地。"摘自苏汝江《云南个旧锡业调查》，国立清华大学国情普查研究所1942年版，第56页。
⑪ 该部分内容为笔者对李Z后人以及巴窝村民访谈内容汇总而成。

任为第一游击支队队长,派往干海子驻防。吴学显因协助唐继尧击毙顾品珍有功,被委任为元武江防司令。① 李 Z 得到吴的赏识与信任,提拔至"六营统带"②官阶。与此同时,李 Z 利用从军经历,积累大量人脉,为日后赴个旧开矿奠定基础。而后,龙云在一场精心策划的"鸿门宴"中将吴击毙,吴军作鸟兽散③。李 Z 在吴学显被剿灭之前离开地方武装自谋生路,带领亲信随从,前往个旧开矿挖锡,免受龙云消灭地方武装的军事行动牵连。因为清末民初的混乱局面,"且云南地处边陲,交通不便,政令难达。地方主管官署,亦未能锐意整顿,严加监督"④,个旧锡厂呈现各种势力独霸一方、占山为王的局面,"厂商既多未经呈请核准及登记,故其探采经营,均未按照法理,任意行事"⑤。李 Z 此时得到命运的眷顾,在自己的矿场挖出优质大锡,迅速积累大量财富,广置田产,在昆明、个旧、曲江建堂设馆,摇身一变成为地方士绅,B 村的李氏宗祠与"上五间六耳一照壁三天井"的李 Z"故居"便兴建于此时。

2. 李氏宗祠的建立与变迁

1929 年,李 Z 回乡筹建宗祠,选址在石屏县 B 村村口一块凸起的高地上。"为了修建和管理宗祠,有许多方法可用来募集资金;其中最常用的方法是自愿捐助。"⑥ 李 Z 负担大部分筹建资金,其他李氏家族宗亲有钱者出钱,无钱者以谷物代替。宗祠建筑结构与中原传统院落结构一致,以院为中心,正殿(祀厅)、门墙两侧辅以夹墙,合围而成一个宽阔的天井,即内向、外封闭的空间形态,正厅后两侧各有一天井,共四耳室。根据《石屏县志》的记载,"(明万历)十七年,移中土大姓以实云南。按石屏之盛,由沐(沐英)军留屯,江南大族辟新天地始有今日。而其余之移至者,亦屡见之。故能大启文明,使土著之人同化于我华族,语言、文字、风俗、习惯、政令、条教、典礼、史书,彬彬郁郁比于中州"⑦。石屏地区虽然山势嶙峋、道路蜿蜒曲折,且历史上是以彝族为主体的少数民族聚居地,但得益于明朝开国后大量中原汉族的迁入,使之浸染中原风俗,即使 B 村这样的偏远边地,在汉文化影响下,也逐渐形成与江南地区类似的"宗祠"现象。仅《石屏县志》记载,就有各姓宗祠 182 座,其中李姓宗祠 21 座。宗祠的建成,是以男性为核心,"同心圆"⑧ 为结构的乡村"家族"意识的外在表现。

1950 年云南解放,一直保持"半自治社会"形态的 B 村被纳入中央政府的直接行政管辖体系当中。近代以来在该区域崛起的乡绅势力,多数都沿着"开矿办厂—回乡置业"的路径发家致富,从而成为乡村权力的实际拥有者。与此同时,由于清末民初土匪横行、流寇四起,地方安全往往无法得到保障。"常见城乡来往之公务人员,以及锡矿之老板等,均有卫兵护送,……大都荷枪持械。"⑨ 乡绅为保全个人家财,同时兼顾维护宗族利益,大多会拥有一定规模的家丁武装。如此一来,"许多不同的

---

① 参见肖荣华《云南四大土匪覆灭记》,《文史天地》2006 年第 2 期。
② 官名根据李 Z 墓志铭记载内容转录,据其后人描述,李 Z 也被授予"陆军少将"军衔,在宗祠修复过程中发现一块匾额记录上述内容,但因施工人员操作不当,遭到毁坏。民国地方武装有关资料,参见郭亚非、宋明彪《民国时期云南匪患及特点研究》,《学术探索》2009 年第 6 期。
③ 参见肖荣华《云南四大土匪覆灭记》,《文史天地》2006 年第 2 期。
④ 苏汝江:《云南个旧锡业调查》,国立清华大学国情普查研究所 1942 年版,第 64 页。
⑤ 苏汝江:《云南个旧锡业调查》,国立清华大学国情普查研究所 1942 年版,第 64 页。
⑥ 萧公权:《中国乡村——论 19 世纪的帝国控制》,张皓、张升译,联经出版事业股份有限公司 2014 年版,第 396 页。
⑦ 袁嘉谷:《石屏县志》卷三《沿革》,参见《中国地方志集成 云南府县志辑 51》,凤凰出版社 2009 年版,第 399 页。
⑧ 〔英〕梅因:《古代法》,沈景一译,商务印书馆 2015 年版,第 85 页。
⑨ 苏汝江:《云南个旧锡业调查》,国立清华大学国情普查研究所 1942 年版,第 22 页。

体系可以同时在一个人身上会聚"①，在同一个乡绅身上就可能体现多重身份角色：宗族族长、矿场场主、武装指挥、农田地主、宗教领袖、乡村权贵。在国家政治权力无法完全控制乡村社会之时，这种权力结构维护乡村秩序、宗族权威，实现经济资源与基层权力的集中、统合，在农业经济落后、单薄的封闭环境中，发挥了建设公共设施、维护公共福利的作用。由个旧锡矿主认股集资建设的个碧石铁路，就是典型例证。当政治权力真正进入基层乡村之后，具有上述身份的乡绅势力无疑成了新生政权的绊脚石。B村的乡绅们在面对此种情形时分别采取了不同的应对方式，一部分人抛售家产，逃避至泰国、中国香港、美国等地。而李Z却选择了不同道路，据其后人回忆，当其他乡绅抛售田产准备离乡时，李Z大规模地收购土地。在县城中学接受过现代教育的李Z的第五子李J表达异议，却遭到了李Z的斥责："你这个小孩子懂什么，有了土地，就算天上下刀子都不怕！"选择留下的李Z后来被以"土匪"的罪名镇压，曾经显赫而庞大的李氏家族就此瓦解，亲戚子嗣陆续离开家乡，亲属之间长期失去联络。

李氏宗祠的命运随之发生改变。家庙的内部器物被销毁，但整体建筑得以保留，并被改为乡村小学使用。1970年，与石屏相邻的玉溪市T县发生强烈地震，导致严重的山崩、滑坡以及大量人员伤亡、建筑毁坏，彝族地区传统土掌房抗震能力较弱，B村周围村寨的校舍受损严重。而李氏宗祠建筑由于采用更为坚固的砖木结构，在强震中得以幸存，几乎毫发未损。当地政府决定在宗祠原有基础之上，对乡村小学进行扩建，于1974年完成。扩建工程并未改动宗祠的原有结构，而是在门墙（照壁）以外加建校舍、教师宿舍、学生宿舍、厨房、卫生间等，加盖部分面积超过宗祠原有面积。扩建完成后，乡村小学达到一定规模，临近的四个村委会的适龄儿童都在此就学，部分较远村庄的学生甚至住在校内，人数最多时，共有600余名学生。笔者在B村访谈调查得知，村中的中年人基本都是在此完成小学教育的。后来，由于适龄儿童减少，以及新建的希望小学投入使用，学生相继搬离由宗祠改扩建而成的小学，该小学后续短期内用作乡村幼儿园，最终于2014年完全废弃。

李氏家族的兴衰与宗祠的命运之间保持着紧密的关系。李Z的离世标志着B村"小村故事"②告一段落，同时意味着B村乡村传统权威结构的瓦解，但当历史进入新阶段——以经济力量为驱动的时代的到来，再次对乡村权威结构与宗祠功能进行了重构。李Z的第三代孙李Y（李Z第四子的第二子），年轻时进入T县一家国有工厂，在国企经营困难、大量倒闭的艰难时刻，由于李Y敢于创新，把握住了改革开放初期云南烟草业快速发展的良机，引进数条生产线为大型烟草企业提供配套服务，使得工厂起死回生、快速发展。1983年，李Y被职代会选举担任厂长。2000年，工厂改制为民有民营的有限责任公司，李Y担任董事长，在其精心经营下，公司发展成为T县首屈一指的大型企业，涉及房地产、酒店、制酒、印刷、油墨等诸多产业。李Y富贵却不忘宗亲，将李Z仍然在世的第五子、第七子、第八子的李氏男性后代，以及没有论资排辈的其他家族成员，凡是可用之人都招至麾下，让他们进入企业工作。原本已经流散的家族成员，由于青壮年男性进入企业工作，再次得以重聚，家族活动次数不断增多、规模逐渐扩大，拥有血缘关系的各地亲属彼此间建立起牢固的依存关系，一个颇具规模的家族得以重构。近些年，李Y逐渐将企业经营管理权交给儿子负责。

2016年，在李Y的倡议下，B村李氏宗祠的复建工程得以开展，李Y出资五百万元，其他家族成员各自负担数万元。对原有的宗祠建筑，采取保持原有结构，更换损坏部件的方式进行翻新。颇为独

---

① 董建辉：《政治人类学》，厦门大学出版社1999年版，第145页。
② 朱晓阳：《小村故事——罪过与惩罚（1931–1997）》，法律出版社2011年版。

特的改造方案应用在1974年加建校舍的部分,李家与村民小组达成协议,拆除1974年加建的建筑,在原址上重建一座二层环抱式天井结构建筑,用作B村活动中心,这就造成同一座由新老建筑组合而成的建筑,以照壁为界,分割为二,各自拥有独立的空间和不同的风格,发挥着迥异的功能。在建筑外部正门上横竖悬挂了两块门牌,门顶木质横牌用书法体篆刻"李氏宗祠丙申年秋冬李氏全村合族共立"的字样,而门左侧则是一块金属门牌,刻有"石屏县B村村委会活动中心"(以下简称"活动中心")。

与宗祠重建同时恢复的还有一套内部约定俗成的家祭制度。李Z后人约定,每年清明节在B村举行祭祀活动,以第二代子嗣家庭为单位,轮流担当祭主,主持操办祭祀事宜。2017年清明节,第二辈成员当中最年长者——李Z的第五子李J成为宗祠重建后首轮家祭活动祭主。提前数日,李J家庭成员已开始准备祭祀活动所需祭品、聚餐食材等物。村民小组长李XR组织村中青壮男性成员负责杀羊、洗菜、生火等具体事务。其间并无明确的指挥人员,成员当中拥有自然的默契。李氏家族成员陆续从云南各地赶来,到达后的首要之事就是进入祀厅,在牌位前叩拜先祖。待全体家族成员集中之后,统一前往山上的祖坟扫墓。而后返回宗祠(活动中心),此时已经放置好十余张饭桌,聚餐活动在午间正式开始。值得注意的是,聚餐就座呈现三种类型的单元。一是以李Y为代表的男性第三代成员,包括企业当中的李姓成员,集中就座一张大桌,这也是整个就餐过程中唯一饮酒的单元。二是以李J为代表的第二代成员,包括具有姻亲关系的年长者,分坐两张饭桌,这个单元位于活动中心的最里侧,避风的区位。三是其他李氏后代以及本地村民,以各自独立家庭为单位就座。聚餐活动从中午持续至傍晚,家族成员在此过程当中相互寒暄、问候。晚餐结束后,从外地来的家族成员陆续驱车离开,组长李XR安排村民搬来音响设备,村中妇女不分长幼,身着"花腰彝"传统服饰,在活动中心内围圈跳起了彝族"烟盒舞"。此时,分割宗祠与活动中心的照壁上的两道小门已被关闭。笔者发现,整个家祭活动过程中,本地村民极少穿过照壁进入宗祠的领域。当笔者访谈时,使用到"宗祠"这一词语时,村民往往纠正其为"家庙",即使访谈对象多为当地李姓村民。由此可见,在村民心中,对"家"与"族"有着明显的概念区分和范围界定,"家为家,族为族。前者为一经济单位,为一共同生活团体。后者则为家的综合体,为一血缘单位,每一个家自为一经济单位"[①]。对于他们而言,由李Z兴建、李Y修复的宗祠只对其家庭成员具有宗教意义,并非村落的集体思想诉求和精神寄托,他们更多是以族人身份加入到家祭活动当中的。这个活动的性质,与他们平时利用"活动中心"这一公共空间所举办的各类婚丧嫁娶、红白喜事并无二致,他们基于对同姓族人的尊重、对村内人际关系的重视,甚至部分利益考量而参与其中。

宗祠的结构与功能在近百年历史中不断改变的意义,不局限于宗祠作为建筑的物理作用,更生动地展现了乡绅失势、宗族解体、家族重构的过程,以及人们对于宗族内涵的理解。在传统中国乡村,宗族、士绅、乡村三者之间的紧密关系,为构建乡村自治的稳定结构奠定了权威基础,因此我们需要对宗族组织与乡村权威的关系进行梳理。

三 宗族与乡村权威

传统中国士大夫"通过家族谱系、祠堂祭祀、宗族公产、墓地安排、参与地方行政等方式,形成

[①] 瞿同祖:《中国法律与中国社会》,商务印书馆2016年版,第5页。

以士绅为核心的宗族、宗族网络、地方社会"①。以宗族为纽带形成的血缘关系，是保持传统地方社会稳定的基本结构。"'族'是拥有一个共同祖先的群体，定居在某个地方或邻近地区……族的出现总会带给它们（村落）高度的凝聚力……所有村落组织都是由宗族关系直接或间接决定的……在这种情况下，把宗族视为'村落的中坚'，无可非议。"② 根据萧公权的论述，产生宗族群体需要具备两个前提：一是血缘，一个宗族必须基于共同的祖先而产生，经过人口不断繁衍，形成一个具有血缘关系的群体，并且只有当这种血缘关系被大多数人关注，通过文化解释形成特定的意识，再在宗族成员当中不断强化这种意识，方能形成意识层面的"宗族概念"。宗族成员对维护群体利益、确保家族团结，必须出于自发自愿，能够清晰地利用血缘、姓氏的工具，在"我者"与"他者"之间划清界限。二是地缘，"宗族只存在于村庄或小镇。在城市里根本没有宗祠，也没有族长"③。通过上述"族"与"家"的区分，传统中国乡村往往由单个或多个宗族构成，而每个宗族又由许多个经济单元——"家庭"组成。乡村地区经济成分单一、基础薄弱，家庭单元有利于集中有限资源，避免个体因丧失劳动力等原因而陷入困境。④ 而在城市当中，个人是社会生产的基本单元，相较于乡村地区，城市居民拥有更为可靠的社会保障，加上社会分工多元且精细，对家庭的经济依赖程度降低。维护城市秩序的是一套以法律为代表的制度体系，确保制度实施的是法律强制力所产生的权威。自由的人员流动，更加开放、频繁、广阔的社交活动，无法将个人限定在特定有形的地理位置与无形的意识空间之内，家族权威便失去了生存的土壤。这样城乡二元的格局，使得人们不但在时间的维度中，也在空间的维度中，经历着"从乡村到城市"与"从身份到契约"⑤的运动过程。

"宗族常常使村庄居民的凝聚力程度更高；单族村庄特别表现出一种凝聚的程度，是其他没有宗族存在或多个宗族存在的村庄所没有的。"⑥ B村属于典型的单族村庄，除了极少数因婚姻关系从外乡进入村庄的定居者外，很难发现李姓之外的村民。因为交通闭塞等客观环境限制，该村庄依然保持着部分中国传统村落的特色，少数民族的身份对保持它的封闭性也发挥着作用。在国家政治权力完全渗透进入这样的基层村庄之前，它始终保持着"半自治社会"的状态，从而在不借助外力的情况下，只要不发生自然灾害等人力不可抗现象，它依然能够自我控制、独立生存。"在单族村庄中，宗族群体和乡村庄区实际上是一致的，村庄领导就是宗族领导。"⑦ 由此可见，单族村庄最大限度地实现了"血缘"与"地缘"的高度重合，实现了对宗族的控制，就等于完成了对村庄的控制，由宗族公推、从家族成员中产生的领袖（宗长或族长）就是村庄权力的实际拥有者，他的权威能够深刻影响单族村庄区域当中所有基于"血缘"所产生的社会关系，同时维持"宗族"与"村庄"二者的内部秩序。如果从古代中国"家国同构"的角度分析，"家作为中国社会的基本细胞，国则变为家的同构放大"⑧，组成古代中国特有社会结构的就是一个个"族村同构"的基础单元。近代之前，国家政治权力没有渗透进入基层乡村社会的一个重要原因，就是村庄内部能够找到自我维持的权威体系，并且这种权威体系与"家

---

① 葛兆光：《历史中国的内与外》，香港中文大学出版社2017年版，第78页。
② 萧公权，张皓、张升译：《中国乡村——论19世纪的帝国控制》，联经出版事业股份有限公司2014年版，第380页。
③ Olga Lang, *Chinese Family*, 1946, p.180, 转自萧公权《中国乡村——论19世纪的帝国控制》，张皓、张升译，联经出版事业股份有限公司2014年版，第380页。
④ 这种情况正在发生改变，大量农村青壮年进城务工，逐渐成为城市生产体系的组成部分，从而导致农村家族体系的瓦解。
⑤ 〔英〕梅因：《古代法》，沈景一译，商务印书馆2015年版，112页。
⑥ 萧公权：《中国乡村——论19世纪的帝国控制》，张皓、张升译，联经出版事业股份有限公司2014年版，第434页。
⑦ 萧公权：《中国乡村——论19世纪的帝国控制》，张皓、张升译，联经出版事业股份有限公司2014年版，第385页。
⑧ 金观涛、刘青峰：《中国思想十讲（上卷）》，法律出版社2015年版，第55页。

国同构"的政治社会结构并不冲突，反而促成了"变迁的国家与稳定的社会、更迭的王朝统治者与不变的地方士绅之间的关系"①。

不难看出，维持基层乡村社会秩序的权威的来源、性质直接决定了乡村的政治生态与法律文化，尤其是近代以来中国进入"三千年未有之变局"②的时代，导致乡村发生了巨大的变化，这种改变从未停止，一致持续到今时今日。

四 李氏宗祠结构功能变迁与乡村权威的关系

李氏宗祠在不同历史时期被改造、扩建、再改造，其建筑结构的变化所反映的是人们对其建筑功能的认识，更是乡村社会权威的变化，建筑功能与乡村权威之间拥有内在的逻辑关联。

1. 宗教功能——传统型政治权威

"宗教是社会中的一种保守力量，正如迪尔凯姆所说，宗教是现存秩序的主要支柱，是维护现状的一个堡垒和社会系统的一项稳定性因素。"③传统中国社会中，没有出现一种完整意义上的宗教思想成为官方与民间所长期共同信奉的意识形态，儒学、道德实际代替了宗教④在思想领域的作用，这种现象在民间表现为普遍的尊崇祖先。宗祠是祖先崇拜思想的有形载体，它为宗教思想的表达提供了一个物理空间，只要进入到这个空间，就意味着进入了一个区别于世俗生活的秩序、道德、价值场域当中，正是由于宗教所拥有的超然于世的状态，使之对社会生活能够产生普遍性的影响。"法律与宗教都共同具有四种要素：仪式，传统，权威和普遍性。"⑤宗教的权威属性，不仅体现在信徒基于内在信仰而自觉的服从，也通过按照一定程序进行的仪式活动外化表现。"宗教仪式是社会团结的表现，它的功能表现在，通过对情感的强调来'重塑'社会或社会秩序，而这些情感是一个社会中团结和秩序的依靠。"⑥总而言之，宗祠所具备的宗教功能，在历史上的中国乡土社会里发挥着有形与无形的权威作用，尤其是在 B 村这样的单族村落当中，"血缘"与"地缘"重合统一，使得家族宗祠权威对整个村落都能施加影响。笔者在访谈期间发现，村中长者依然对李 Z 的恩惠念念不忘，据他们描述，李 Z 致富返乡后，每年送给村中每个家庭一套精致的瓷餐具，每年赠予村中 60 岁以上的老人一件棉服，李 Z 还对村中主要道路进行修缮，建造了一条坚固耐用的石板路，这条路在近百年的历史中发挥着效用。更为关键的是，村民普遍称呼李 Z 为"李统带"，这种姓氏与官阶（军衔）的称谓组合在传统文化背景下，是属于特定政治阶层人士的专利，也是拥有政治权力的身份象征。李 Z 所实施的普遍性的公益活动与公共建设，属于政府行政事项的范畴，也表明李 Z 实际代表着基层乡村的政治权力与传统权威。在 B 村的村口，李氏宗祠侧前方的村活动场地中，村民将一块字迹斑驳的石碑用作篮球架的压脚石，这是一块篆刻有"封山碑记"内容的石碑，从模糊的字迹中可以辨析出以下文字："小寨……以捕缉创始……族内人等……罚银叁……外人砍伐……东至寨子山……咸丰五年三月初五 李姓合族立石"，说明在清朝中后期，B 村已经存在李姓宗族组织，对公共资源实施控制管理，包括实施惩处手段来维

---

① 葛兆光：《历史中国的内与外》，香港中文大学出版社 2017 年版，第 79 页。
② 梁启超：《李鸿章传》，湖北人民出版社 2004 年版，第 2 页。
③ 董建辉：《政治人类学》，厦门大学出版社 1999 年版，第 118 页。
④ 梁漱溟：《人心与人生》，人民出版社 2014 年版，第 233 页。
⑤ 〔美〕伯尔曼：《法律与宗教》，梁治平译，中国政法大学出版社 2010 年版，第 13 页。
⑥ 〔美〕A. R. 拉德克利夫－布朗：《原始社会结构与功能》，丁国勇译，江西教育出版社 2014 年版，第 150 页。

护公共秩序，属于以家族为核心的中国乡村传统型政治权威。李 Z 所实现的是经济与政治上的个人崛起，但在乡村控制的维度仍然没有脱离传统权威的属性，由其出资修建的宗祠与广泛存在于中国乡土社会中的宗祠，不论在结构还是在功能上都没有本质的差别，依然是宗族对乡村控制权力的象征，是同姓势力掌握地方政治权力的外化表现。宗祠通过祖先崇拜在宗教领域所发挥的价值，是沟通历史与现在、联结抽象与事实的关键精神要素，使得乡土社会能从"有形"的传统中找到"无形"的权威力量，从而获得对地方控制的合法性基础。

2. 公益功能——丧失权威

"20 世纪的国家政权现代化运动迫使乡村领袖与传统文化网络逐渐脱离关系而越来越依赖于正规的行政机构。"[①] 民国以来，政府对乡村社会的渗透所导致的是中国基层社会的结构性变化，乡绅作为沟通政府与民众之间的缓冲部分，在政府权力向下渗透的过程中，成为权力延伸的直接障碍，这种情况也发生在 B 村这样的偏远边地，B 村乡绅当中具有代表性的要数巨富李 H。同样依靠在个旧挖矿致富的 B 村人李 H，尽管在乡村公益方面积极解囊，修建小学、街道、捐助战斗机等，但仍然被迫卷入因政府"铲烟"行动而引发的"汉彝民族矛盾"当中，被逼自尽身亡。[②] 然而，民国政权没能完成基层"国家政权建设"的任务，却使得"乡村中的政权内卷化造成一种恶性循环……'土豪'、'无赖'或'恶霸'……乘机窃取各种公职，成为乡村政权的主流"[③]。传统乡绅逐渐失去在乡村社会的政治权威，但拥有法制身份的国家政权却未能在基层社会建立，从而致使基层秩序出现混乱，从根本上动摇了民国政治统治的根基。

政治权力真正实现对乡村地区的完全控制，发生在新中国成立之后，"共产党政权的建立标志着国家政权'内卷化'扩张的终结，……共产党之所以能够如此，是因为它从基层开始建立了与国家政权相联结的各级组织"[④]。1946 年 6 月，抗战胜利后滇南的第一个中共县委员会——中共石屏县委员会成立，1948 年 10 月，"云南人民自卫军"第三支队在大桥河三树底大庙成立，有 200 余人枪。同一时间，党组织又在龙朋组织武装起义，成立了"云南人民自卫军"第四支队。[⑤] 石屏解放前，共产党组织已着手在乡村社会实施基层政权建设，武装力量的建立与武装起义，不可能脱离广泛的群众工作和基层动员的基础，中国乡村迎来政治权利的结构性改造。"中国共产党进行了彻底的社会革命后，……固有的家族、行会制度以及族绅、长老的权威被破坏殆尽。"[⑥] 新政权所开展的是对传统乡村社会的彻底改造，经济层面的土地制度、政治层面的族绅制度、文化层面的宗祠制度，由于其内在的关联性，都成为改造的对象。李氏宗祠因为其建筑功能而得以保留，但其中的内部具有"文化符号"功能的构件遭到彻底的消灭。宗祠被改造为校舍的过程就是其功能转变的过程，原有的乡村政治、宗教权威象征功能遭到废弃，新的教育公益职能得以确立，虽然宗祠的主体框架结构没有遭到破坏，但功能的改造就意味着它在社会结构当中的原有价值发生了根本变化，以宗祠为外在表现的乡绅权威、宗族权威也随着宗祠的社会与宗教功能的丧失而消逝。此时的宗祠是以其"建筑"功能被整合进入到国家政权对乡村社会的规划当中的，它所发挥的功能体现在校舍所起到的公益作用上。

---

① 〔美〕杜赞奇:《文化、权力与国家：1900—1942 年的华北农村》，王福明译，江苏人民出版社 2010 年版，第 180 页。
② 参见木基元《石屏史话》，云南人民出版社 2004 年版，第 98～99 页。
③ 〔美〕杜赞奇:《文化、权力与国家：1900—1942 年的华北农村》，王福明译，江苏人民出版社 2010 年版，第 211 页。
④ 〔美〕杜赞奇:《文化、权力与国家：1900—1942 年的华北农村》，王福明译，江苏人民出版社 2010 年版，第 214 页。
⑤ 参见云南网《红河的解放》，http://special.yunnan.cn/feature4/html/2011-06/04/content_1647335.htm。
⑥ 强世功:《调解、法制与现代性：中国调解制度研究》，中国法制出版社 2001 年版，第 10 页。

3. 组合功能——魅力型经济权威

李 Z 第三代子嗣李 Y 通过兴办民营企业积累财富，为家族势力的重新崛起创造了条件，李 Y 广泛将李 Z 直系后代吸收进入企业的做法，使得这个李姓家庭获得了新的凝聚力，李 Y 当之无愧地扮演起亲属团体新的领导人角色。"如果宗族所在地区的总体社会经济环境仍然有利于发展，家庭的财产和族长的变迁也就不会长期阻碍宗族的发展。当新领导人从某个组成家庭产生之后，经历过繁荣消退期的亲属团体，又会重现以前光彩。"① 但李 Y 的企业与 B 村并不处于同一地区，换言之，以李 Y 为代表的这个家庭在异地实现了新的聚合，这似乎脱离了 B 村的"本土资源"，在"家"与"族"之间仍然存在天然的隔阂。李 Y 主导的对李氏宗祠的恢复，使身处异地的家庭与 B 村宗族之间重新建立了某种联系。清明节举行的祭祖与聚餐活动，需要家庭成员与宗族成员的共同参与，仪式的举行为增加城乡李氏族人的沟通提供了机会。笔者访问时发现，B 村李姓族人反映："原来你们城里来的人，清明节直接到山上扫墓之后便离开，很少到村里来，与我们没有什么交流。现在家庙建好了，你们也会来村里了。"

重新修复的宗祠实际由两部分建筑构成，原有宗祠的部分得到翻新，基本建筑结构被保留，而照壁之外，后期加盖的校舍部分被全部拆除后重建为活动中心，继续发挥公益的功能，除村民用于日常文化活动的场所外，村中"红白喜事"皆在此举行。照壁将两个建筑部分隔绝开来，二者的建筑风格迥异。照壁上的两扇小门平时被紧锁起来，钥匙保管在村民小组长手中，只有当李 Y 的家庭成员到来时才会开启。建筑的两个部分各自发挥着自己的功能，从结构与功能方面都呈现出新的组合形态——"宗祠－活动中心""宗教功能－公益功能"。但这并非意味着宗族政治权威在乡村的重新崛起，因为"中国士绅所拥有的地位和权力是基于政治而产生的"②，非正式的政治权力是乡村传统权威的基础。但在新的、由城市民营企业家所带来的权威力量中，是以经济实力为驱动的，民营企业主及其家庭成员"和族人自身之间，产生了一种市民关系。这种结合不再是血缘，而是经济利益"③。双方都从宗祠的重建当中收获自己所需的利益。村民方面，他们获得了一个崭新的、现代的活动中心，如果仅凭村民小组的力量显然难以实现。李 Y 还向村民许诺，只要村民能够组织起足够的人力，他愿意再出资将泥泞坑洼的入村道路修建为平整的水泥道路。李 Y 及其家庭成员方面，宗祠的复建，以及每年举行的清明祭祀的仪式性活动，也让家庭成员之间的凝聚力在家族传统荣耀的光环下得到加强，在他们心中，家族的和睦是维系企业发展的有利条件，李 Y 个人的魅力可以短期内发挥协调家族关系的权威作用，但这种权威是依附于个人的经济权力，如果能把个人魅力型权威转化成为家族传统型权威，将会持久地发挥团结家族的作用。

宗祠虽然得以修复，但在村民的眼中，它是拥有遥远血缘关系、在城市生活的族人的"家庙"，在精神层面，已然与过去那个在乡村社会中代表政治权威的建筑大相径庭。宗祠的修复是李 Y 个人魅力的表现，他通过经济实力重新在城市与乡村的李姓族人之间建立起了沟通机制，但被修复的宗祠仍然带有明显的个人色彩，是城市企业家个人魅力权威的代表，此种权威对城市李姓族人和家族具有广泛控制力，也能通过经济运作的方式辐射到乡村社会，但已不再可能实现"血缘"与"地缘"关系的再度整合。生活在城市中的李姓族人以及他们之间因为经营企业而形成的结构关系属于另外一个场域，

---

① 萧公权：《中国乡村——论 19 世纪的帝国控制》，张皓、张升译，联经出版事业股份有限公司 2014 年版，第 424 页。
② 瞿同、祖晏峰、何鹏、范忠信译《清代地方政府》，法律出版社 2011 年版，第 269 页。
③ 萧公权：《中国乡村——论 19 世纪的帝国控制》，张皓、张升译，联经出版事业股份有限公司 2014 年版，第 425 页。

宗祠只能在这个场域当中发挥魅力型经济权威的作用。

尽管宗祠功能的再度转变没有将城乡族人纳入到一个权威体系当中，但这并不意味着宗族势力在乡村社会的完全消失，"传统乡村制度尽管受到了社会主义改造的冲击，但即使在国家强势的集体时期仍然生存了下来"[①]。宗族意识依然是维持乡村秩序的重要因素，B 村前任村主任向笔者透露：当村民个人或家庭之间发生矛盾纠纷时，首先会选择让家族内德高望重的长者进行调解，动之以情、晓之以理，如果当事者拒绝接受调解结果，那么整个宗族将不再关注他们之间的矛盾，也不会提供任何帮助，这会对当事者产生巨大的精神压力，因为在相对封闭的乡村内，人与人之间的依赖度极高，拒绝乡村内部调解就意味着脱离村民之间的"互惠关系"，而且寻求司法途径解决纠纷的成本十分高昂。

可见，城市企业家通过输入资本、重建宗祠、举办家祭的方式在乡村所建立的个人魅力型权威，以及乡村社会固有的传统型权威，共存于 B 村的秩序格局中，它们由于李氏家族历史的血缘关系，以及空间上的暂时聚合，出现了部分的混合与交集。但这种资本力量对乡村社会的影响是短期与局部的，一旦李氏族人各自回归到乡村与城市的生活常态，血缘与地缘关系不再重合时，权威力量也会随之回到其"惯习"的场域当中。与此同时，值得注意的是，在认识城市与乡村关系的过程中，不能仅从"偶合"的视角进行审视，城镇化进程、经济一体化进程等因素都在不断重塑城市与乡村的结构以及二者之间的互动关系，甚至在制度安排、组织方式等方面形成一个全新的领域。例如家族的观念也许将摆脱地缘限制，利用信息化的渠道在更大范围内发挥影响；资本的力量也会以各种形式渗透进入传统农业乡村社会，从而使乡村的经济结构与人际交往方式产生结构性的改变，使原本单一的乡村经济、文化产生质的变化，这些都是关注与研究中国当前乡村社会的重要支点。

在近百年的历史中，B 村宗祠的建筑结构在不同历史时期发生着显著变化：民国时期是独立的宗祠建筑；新中国成立后，改造宗祠，加盖校舍，成为乡村小学；21 世纪后，拆除校舍，新建活动中心，恢复宗祠部分结构。宗祠建筑由"宗教功能"，到"公益功能"，再到"宗教－公益混合功能"的功能变迁，体现了乡土社会精英在社会变革中，从拥有政治权威到丧失权威，再到新时期借助经济力量重新取得个人魅力型权威的更迭转化的动态过程，折射出中国乡村近代以来所经历的外来冲击与内部变革。值得关注的是，改革开放后，"家庭联产承包责任制的实施，造成了民间社会对旧的家庭模式的新需求，导致传统家庭意识的复活……旧的'族权'逐步回到地方政治舞台并扮演着重要角色"[②]。但现代"族权"的内涵与形态都与历史不尽相同，乡绅角色不复存在，商业领域中崛起的"能人"在乡村社会的作用日益显现，宗祠的复现更多体现出个人魅力色彩，以及利用传统宗族意识实现非社会控制的其他目的，这就意味着现代宗族观念在乡村社会呈现出"若隐若现"的隐性存在形态。对 B 村宗祠功能与乡村权威的关系的解读，有利于从微观视角解读中国乡村社会的历史与现实图景，也有益于更为准确地把握当下少数民族乡村社会新型的宗族与权威之间的关系，从而对乡村治理研究提供参考。

---

① 周学光：《中国国家治理的制度逻辑——一个组织学研究》，三联书店 2017 年版，第 349 页。
② 王铭铭、王斯福：《乡土社会的秩序、公正与权威》，中国政法大学出版社 1997 年版，第 28 页。

生态旅游、"国家公园"[①] 与台湾少数民族文化发展

——以台湾东光布农人之经验为例[*]

陈逸君[**]

摘　要　生态旅游是一种新型的旅游方式，它关注游客的责任感和当地的永续发展，似乎更有助于台湾少数民族的整体发展。本文以位于台湾南投县信义乡东埔村中一个划归在玉山"国家公园"（以下简称"玉山公园"）范围内的布农东光部落为例，说明这个不满500人的少数民族部落，如何靠着传统的部落主权意识，从反抗、对立到体认部落在玉山公园内的价值，进而利用生态旅游的模式，证明其文化资产是玉山公园自然地景中不可或缺的生存印记，并且宣称玉山公园为其族群传统领域，同时掌握话语权，决定呈现什么样的历史与文化。作为小众形式的生态旅游，必须仰靠政策、当局与社会的支持，始能维护弱势族群文化之永续发展。

关键词　台湾少数民族旅游；生态旅游；台湾少数民族；东光布农人

DOI：10.13835/b.eayn.26.19

一　前言

少数民族旅游，是文化旅游中最受注目的一种类型，它包含丰富的旅游资源，如异文化的、生态的、乡村的、庆典的资源。然而，少数民族旅游涉及对异文化的凝视，因此各方（包括少数民族、游客、旅游服务业者）对旅游形式、地方生态及文化展演，存在主/客之间多维的想象与期待。于是，少数民族旅游成为动态的交流形式，一方面为地方带来机会与交流，另一方面可能因此彰显主/客间的阶层、权力、族群、文化、消费甚至是性别的差异政治，增添旅游产业与文化研究的复杂性。

台湾少数民族拥有丰富又多元的文化传统、历史、艺术及饮食特色，文化旅游的盛行，带来了一个既能探索文化，又能促进地方经济发展的机会。例如，近年来花莲、台东两县之阿美人联合丰年祭，

---

[*]　项目资助：玉山公园管理处之调查研究计划——2014年度东埔社区生态旅游发展暨培力计划（一）、2015年度东埔社区生态旅游发展暨培力计划（二）、2016年度玉山公园生态旅游之社区参与机制——以东埔一临为例委托案。

[**]　陈逸君，台湾云林科技大学文化资产维护系助理教授，研究方向为人类学、无形文化资产、生态旅游、社区营造。

[①]　20世纪中叶，国际兴起积极保护自然环境的声浪，提出了"国家公园"（national park）的概念，以限制人类的各种开发，保护具有国家代表性之自然区域或人文史迹。台湾也跟随国际潮流，自1961年开始推动"国家公园"与自然保育工作，于1972年制定了"国家公园法"，采用由英语直译之"国家公园"一词命名，陆续成立了垦丁、玉山、阳明山、太鲁阁、雪霸、金门、东沙环礁、台江、澎湖南方四岛等9座"国家公园"。

吸引游览公司直接带整车的观光客，前往体验深具异族风情的庆典。2015 年起，屏东县政府整合县内少数民族部落与庆典，推出 9 大主题的"少数民族部落漫游"①，希望能在暑假期间，强力推广少数民族部落的深度旅游及生态旅游。而台湾少数民族相关管理机构更积极开办大陆游客至原乡部落旅游，②"经济发展处处长"王美苹表示，少数民族部落是台湾观光的重点，目前有 167 处提供部落观光，台湾少数民族相关管理机构与"观光局"从中选出 28 个部落旅游路线，供大陆旅游团参考。2015 年 2 月至 6 月，便有 50 多个大陆旅游团体验了部落观光。有些部落如桃园复兴乡合流部落、高雄茂林多纳部落与南投仁爱乡清流部落等，其假日时段已被旅游预约。③

本文所探讨的生态旅游，是一种新型的旅游方式，它关注游客的责任感和当地的永续发展，似乎更有助于台湾少数民族的整体发展。然而，少数民族部落的观光旅游是否如当局或社会所期待的，可增加部落的收益，且让年轻人得以留在原乡发展？抑或原本预期可达成相互交流的异族旅游活动，可能因"凝视"的角度或参与的态度不同，使得双方期待交错而过，甚至产生误解、冲突？

本文以位于南投县信义乡东埔村中划归在玉山公园范围内的布农东光部落为例，尝试探讨两个问题：第一，东光布农人如何在玉山公园的约束下，借生态旅游伸张其对土地的所有权；第二，东光布农人在提供旅游服务的同时，能否维持部落的自主性，且在快速变迁的社会中，继续传承布农人的传统文化？借着台湾布农东光部落的案例，本文希望呈现少数民族在世界旅游产业中可能面临的两难处境。

二　生态旅游与文化资产

（一）生态旅游

观光旅游，是一种具有商品化、市场化特质的消费行为。在这个生态环境和社会文化急剧变化的时代，各国学者针对这一现象提出了各种批判与反思。对一些少数民族或少数族群而言，生态环境的变化——无论是自然还是人为的改变，都严重地影响其社会文化，致使其生存遭受空前的威胁。具有高度环境保护意识的生态旅游，是否可以成为教育少数民族本身与游客的媒介？换言之，生态旅游能否成为布农人文化转化、文化适应的利器，进而成功地将其生态智能、知识与经验转化成商品，传达给外来的游客，甚至传承给族群的下一代？抑或是，旅游活动加速了少数民族文化的边缘化？欲了解其成效，首先必须理解生态旅游的意旨。

1. 生态旅游的意义

生态旅游是一种"旅游"活动。所谓旅游（tourism）④，是一种行为的状态，亦是一整个事业体系的内容，前者为人类自古以来就有的行为，后者则源自西方的产业。

---

① 9 大主题游程包含 1 日游主题："银发推荐"鼻笛飘木棉、"慢活推荐"达来玩新旧、"摄影推荐"百步蛇石雕、"极限推荐"海神宫冒险；2 日游主题："单身推荐"浪漫婚礼日、"饕客推荐"咖啡田野踪、"怀旧推荐"遗世古部城、"健走推荐"海天一线行、"亲子推荐"萤光飞鹰季。资料来源 https://www.pthg.gov.tw/News_Content.aspx? n = EC690F93E81FF22D&s = 6E2B217C39835F46，最后访问时间：2015 年 7 月 20 日。
② 屏东县政府，http://www.apc.gov.tw/portal/docDetail.html? CID = 35AE118732EB6BAF&DID = 0C3331F0EBD318C27BF3A4E0F23FC135，下载时间：2015 年 7 月 20 日。
③ 联合报，http://udn.com/news/story/7314/942352，下载时间：2015 年 7 月 20 日。
④ 在一般人的日常语汇中，旅游、观光、旅行、游览是一样的概念与行为，但在旅游研究的领域，这些词语分别指涉不同程度的行为，因而产生较为细致的分类。

旅游是一种出走，暂时性地从熟悉的生活环境，旅行到其他地点，从事所欲求或计划的活动。因此，大部分对旅游的定义未脱离此内容，例如，詹益政认为："观光是人类基于工作以外的目的，自愿离开他们的原居地到其他地方去做暂时的旅游和停留。而且并不在目的地作长久定居或就业的打算，是一种可以自行支配时间和金钱的游乐活动。"[1] 陆景武进一步提出了旅游的特质：它是社会经济条件、寻求新的欢愉感、综合性的物质与精神文化生活的经验。[2] 孙武彦明确指出旅游是"一种综合性之物质、社会、精神等文化的消费行为"[3]。所以，观光旅游是社会现象、现代人生活之必需，它也是综合性的复杂活动。[4]

旅游就其主题、目的、消费态度、行为、旅游资源、时间等，可区分为许多不同的类型，生态旅游是其中独具一格的行为。顾名思义，生态旅游（eco-tourism）是生态（ecology）与旅游（tourism）二词的组合，它不同于一般娱乐、消遣式的观光，而是一种赋有生态保育教育内涵、强调旅游责任的环境行动。

在台湾，生态旅游（eco-tourism）早已是大众耳熟能详的词语，但大众不见得能清楚理解其概念意涵。即便是学术界，对生态旅游的定义，也是莫衷一是，学者常从不同学科领域进行讨论。至于各国对于生态旅游的规范，也因其背景及需要之不同，而制定出不同的政策。

2. 生态旅游的发展

生态旅游的雏形为自然之旅，是人们在高度都市化后渴望亲近大自然所衍生的旅行。生态旅游观念的兴起，从现代观光业的供给上说，缘于经济发展和保育相整合的时代趋势。另外，人们的观光需求亦产生了变化，人们对走马看花式观光越来越不感兴趣，越来越多的人喜欢进行所谓的知性之旅。[5]

Honey指出，在美国，生态观光源自自然观光，是1901年由"The Sierra Club Doting Program"所提出的，而这种形态在20世纪90年代早期，发展整合成具有环境与社会责任的新型旅游活动。[6] 罗凯安则认为Hetzer是最早提出生态旅游概念的学者，Hetzer于1965年呼吁文化、教育与旅游业界重新思考游憩之意义与观光所造成的冲击，并以"对当地文化与环境最小之冲击"及"当地最大经济效益与游客最大的满意度"两面向为出发点，提倡"生态上"的观光（ecological tourism）。[7] 在20世纪中期，不少学者、支持生态保育运动者，甚至是国际组织，大力倡导观光与生态保护之间的结合，希望两者能共生，互蒙其利。此后，这种重视生态保育的旅游活动，便发展出不少相关的名词，如绿色旅游、生物观光、环境旅游、永续观光、文化观光等。

3. 生态旅游之意义

相对于大众旅游而言，生态旅游是一种自然取向的观光旅游，是一种兼顾自然保育与游憩发展目的的活动。亚太旅游协会（Pacific Asia Travel Association，简称PATA，1991）在印度尼西亚巴厘岛年会上将生态旅游定义为："基本上，是经由一个地区的自然历史，及固有文化所散发出的一种旅游形态。"王鑫指出生态旅游者是以"欣赏、参与和培养敏感度"来跟旅游地区产生互动，并通过实际的

---

[1] 詹益政：《观光事业导论》，弘明印刷社1981年版，第10页。
[2] 陆景武：《观光的管理与服务》，观光管理杂志1992年版，第3页。
[3] 孙武彦：《文化观光——文化与观光之研究》，三民书局1993年版，第48~50页。
[4] 杨明贤：《观光学概论》（二版），扬智文化事业股份有限公司2002年版，第5页。
[5] 郭岱宜：《生态旅游：21世纪旅游新主张》，扬智文化事业股份有限公司1999年版，第174~175页。
[6] Honey, M.：《生态观光·永续发展》，李丽雪等译，地景企业股份有限公司2001年版，第8~9页。这个组织至20世纪末仍持续带成员进入Sierra Navada，除欣赏美景之外，他们更积极投入保护山林及各种景观资源的工作。
[7] 罗凯安：《生态旅游的涵义》，载罗凯安、陈美惠、赖鹏智主编《生态旅游》，屏东科技大学森林系2008年版，第18页。

消费、付费方式对当地的自然保育和住民做出实际的贡献。[1] Honey 认为不同背景的团体对生态旅游的定义有所差异，他便提出较广泛的定义，试图涵盖生态旅游的特质，即生态旅游是深入自然圣地的观光，其旅游行为带来最小的冲击，借着生态旅游建立环境察觉，对生态保护提供直接的财政帮助，对当地民众提供经济帮助及救援，尊重当地文化，以及支持民众权力及民主运动。[2] 国际生态旅游学会（The International Ecotourism Society，成立于1990年）对生态旅游进行了广为各界接受的批注："开发并利用自然环境中所保留的魅力生态资源，同时以此促进人与生态的和谐发展。"[3]

综合而言，生态旅游有别于大众观光，是一种以地方经济、特色、生活为主的活动，由当地提供资源、服务，旅游所带来的经济回馈地方，让当地居民共同享有，使当地资源可以受到保存，同时作为维持旅游游憩活动的基础。就本质而论，生态旅游注重环境生态资源的永续利用。因此，生态旅游得到全世界许多国家的重视，联合国宣布2002年为"国际生态旅游年"，开始积极推动生态旅游。

台湾"永续发展委员会"有关生态旅游的小册子，揭示了台湾生态旅游的目标在于：永续土地保育、增进社会福祉，鼓励自然体验、提供健康旅游环境，改善小区文化经济、推动生态旅游产业，以及落实政策目标、健全人格。以上是基于行政机关作为保护与管理的角色而设定的目标，作为旅游业者或居民，经济收益的实际需求有时高于维护生态环境的理想，因此，生态旅游发展如何兼顾生态资源维护与当地小区发展和居民福祉、游客之满足感与保育责任，一直都是生态旅游的最大挑战。

Gunn 提出一项重要概念，那就是生态旅游需靠公部门与私部门通力合作，这才可能达成经济发展及生态资源保护的理想。[4] 在他所建构的生态旅游概念图中，资源之旅是居中的，也就是生态旅游的运作者必须了解其旅游运作、资源管理及小区如何发展，而在规划上，也必须考虑游客市场、管理及态度。

由于各国或各地区生态环境不同，所面临的挑战各不相同，所以生态旅游的规范也不尽相同，但大致不会脱离永续发展中所追求的生态、经济及社会三大方面。不过，最大的问题出现在实际操作层面上，黄跃雯提出：一是有一套经营管理策略或手段，以确保生态旅游不会造成环境的破坏；二是行政机构与小区之间应该有更多沟通、协调与整合的机制，如此才能确保生态旅游的成功。

（二）文化资产

文化资产指人类的祖先们留传下来的文化及其相关产物。[5] 然而，不管是中国台湾所称的"文化资产"、日韩的"文化财"词汇还是欧美国家之"cultural heritage"（文化遗产），都很难统合归纳出精准的定义，因为不同的群体、国家或地区，受其背景、观念、知识或潮流的影响，产生了不同的见解。即便如此，不同群体、国家或地区一般都认同文化资产是人类具有文化相关意义与价值之资产，包括了物质、社会、精神等层面的文化，且是从过去的世代传承至目前及未来的世代。因此，文化资产指涉某个群体集体拥有的资源，它具有继承的事实，同时可为人们带来意义与启发。

台湾基于"为保存及活用文化资产，保障文化资产保存普遍平等之参与权，充实人民精神生活，

---

[1] 王鑫：《生态旅游守则之研拟》，《推动永续观光生态研讨会论文集》，2000，第43~66页。
[2] Honey, M.《生态观光·永续发展》，李丽雪等译，地景企业股份有限公司2001年版，第20~22页。
[3] 国际生态旅游协会（The International Ecotourism Society）http://www.ecotourism.org/ties-ecotourism-%E4%B8%AD%E6%96%87，下载时间：2015年10月10日。
[4] Gunn, Clare A.：《观光规划：基本原理、概念与案例》，田园城市文化1999年版，第101页。
[5] 需特别说明的是，本文对文化资产采取较宽松的定义，并非特指官方所登录或指定的文化资产，而是包含极具文化资产潜力的文化资源。

发扬多元文化"①之理念，特别将具有历史、艺术、科学等文化价值之文化，指定或登录为有形（共九类）及无形（共五类）文化资产。这些文化资产项目，乃依据联合国教科文组织各相关公约之理念与精神，进行增修而成。不管是古迹、历史或纪念建筑、聚落、考古遗址、史迹、文化景观、古物、自然地景、传统表演艺术、工艺、口述传统、民俗及传统知识与实践等，都具有丰富多元的历史、文化、艺术美学、环境等内涵。制定文化资产的基本目的，以情感论而言，是希望保护前人的遗产、与过去进行联结或对话、为自己或团体之角色寻求定位、寻找归属感、获得精神慰藉等。从传承论的角度，维护文化资产是为了传承先民智慧、增加族群荣耀。从文化论的立场，文化资产可彰显世界各个族群之生活文化特色。就经济利益论的目的，是期望文化资产可营造群体特色、作为教育资源、增加观光收益、促进经济发展、凝聚认同意识。

从文化资产的目的——"充实人民精神生活，发扬多元文化"来看，文化资产旅游是最能达此目的之一种方式。而在全球旅游市场中，文化旅游形成强劲的发展趋势，成为旅游的核心形态，其影响力与爆发力不容小觑。②虽然在台湾旅游市场中，自然观光仍为主流形态，但文化旅游有增加之趋势（见下表），其中项目包括观赏文化古迹、节庆活动、表演节目欣赏、参观艺文展览、参观活动展览、传统技艺学习（如竹艺、陶艺、编织等）、原住民文化体验、宗教活动、农场农村旅游体验、怀旧体验、参观有特色的建筑物、戏剧节目热门景点（电影、偶像剧拍摄场景等），当中包括各种形式的文化资产。

表1　2011~2016年台湾地区旅游状况调查

单位：%

游憩活动	2016	2015	2014	2013	2012	2011
自然赏景活动	62.8	62.7	58.7	58.1	56.7	59.8
文化体验活动	29.9	29.8	27.9	29.5	30.1	29.7
原住民文化体验	0.9	0.8	0.7	0.7	0.7	0.8
运动型活动	5.9	5.5	5.7	5.2	5.0	5.8
游乐园活动	5.6	5.1	5.1	5.5	6.0	9.0
美食活动	48.2	48.7	45.9	47.7	43.6	41.6
其他休闲活动	52.7	48.4	44.2	44.2	43.1	41.8
探访亲友	11.1	11.0	12.6	13.1	13.5	11.3

数据来源：根据台湾交通观光部门旅游状况调查之统计整理，http://admin.taiwan.net.tw/statistics/market.aspx?no=133，下载时间：2018年4月13日。

傅朝卿指出在1999年所公布"国际文化观光宪章"的推动下，各国运用多元策略来营销本国之文化资产，以吸引全球的观光客，使世界遗产成为热门的全球观光形态之一。③台湾"观光局"广纳各方意见后，企图以"打造台湾成为观光之岛"为目标，所拟定出的两项观光政策发展主轴中，有一项指出：在"供给面"建构多元永续与社会生活衔接的观光内涵，亦即以本土、文化、生态之特色为观光

---

① 见"文化资产保存法"第一章总则第一条。资料来源：http://law.moj.gov.tw/LawClass/LawAll.aspx?PCode=H0170001，最后访问时间：2018年4月13日。
② 朱桃杏、陆林：《近10年文化旅游研究进展》，《旅游学刊》2005第20卷第6期。
③ 傅朝卿编《文化资产倡导推广活动示范行程导览手册》，台湾"文化建设委员会"，2007，第3页。

内涵，进行整体规划、配套发展，期能建构友善、优质旅游环境。① 由此可知，当局欲以本土特色——文化的和生态的，来作为推动或行销台湾旅游的基础。

尽管"国际文化观光宪章"认为文化遗产的经济效应，可作为遗产之保护、维护与呈现之费用，Aplin仍提醒在文化遗产与观光之间，有许多须进一步讨论、厘清或解决的课题。② 事实上，文化资产对"旅游"的目的与期望，不尽然与旅游产业相同。例如，殷宝宁悲观地认为，台湾的"文化旅游"仍停留在纸上作业阶段，因为文化旅游的产业化尚未形成古迹与聚落之保存，也未能促成民众对文化资产保存的重视，进而在地方小区的文化认同、生活质量、经济发展上有所帮助。③ 另从观光旅游产业来看，文化旅游也未能带动台湾观光质量的提升。即便如此，文化资产观光化仍是锐不可当的社会趋势。

三 在玉山公园体制下的少数民族部落：以南投县信义乡布农东光部落为例

在《观光客的凝视》④ 一书中，Urry将观光旅游进行分类：（一）"浪漫的"或"集体的"观光凝视对象，取决于观光客的旅行方式；（二）"历史性的"或"现代性的"，取决于观光客的旅行动机；（三）以"本真的"或"非本真的"面貌呈现，即真实文化的仪式呈现或吸引观光的商业演出。

南投县信义乡布农东光部落独特之处，除了布农传统文化外，它是玉山公园园区内唯一的少数民族部落，因此，后者的身份，让东光部落在生态旅游市场上，身份更为暧昧。从"国家公园"的角度来看，经营生态旅游有着与东光布农人维持良好的"伙伴关系"之企图；从东光部落的观点来说，生态旅游可以呈现布农的生态与文化。在观光客的凝视中，少数民族代表着"异族的""浪漫的""具异文化情调的""原味的"想象对象，正是吸引他们的最大亮点。

（一）南投县信义乡布农东光部落之案例

1. 地理位置

布农，发音为Bunun，为布农人之自称，和许多少数民族一样，其自称代表"人"的意思。⑤

布农东光部落位于东埔村一邻，属南投县，是布农人口最多的县市。东埔村东边为陈有兰溪源头，西边是东埔山山棱，南边可看到塔塔加鞍部低地，北边是东埔温泉，并可遥望郡大山。

历史上，布农人居住在中央山脉两侧海拔一千至一千五百公尺的山区，⑥ 分布在中央山脉以南，由浊水溪上游向南延伸，约至高屏溪、卑南溪之中上游一带的范围。以行政区来看，布农人广布于南投（信义乡、仁爱乡）、高雄（那玛夏区、桃源区）、花莲（卓溪乡及万荣乡的一部分）、台东（海端乡、延平乡）等县市境内。布农人邻近的少数民族，北边有泰雅人分布，南与排湾人领域相邻，其东部是阿美人领域，西部则为邹人的居住地。

---

① http://admin.taiwan.net.tw/upload/contentFile/auser/b/wpage/page1.htm?no=121，下载时间：2015年10月13日。
② Aplin, Graeme,《文化遗产：鉴定、保存与管理》，五观艺术管理，2005，第130~137页。
③ 殷宝宁：《旅游全球化下台湾文化资产保存与文化旅游：一个历时性的分析》，《国际文化研究》2008年第4期。
④ Urry, John:《观光客的凝视》，书林出版有限公司2002年版。
⑤ 在台湾总督府临时台湾旧惯调查所《蕃族调查报告书武崙族前篇》（1916年出版）中，bunun音译为"武崙"，故文献中曾见"武崙社"之名。
⑥ 关华山：《邵、布农、阿里山邹居住文化之比较》，稻乡出版社2010年版，第210页。

2. 族群分支

东光布农人属郡社群（isbubukun），是布农社群中人数最多且分布最广的一群。

布农人的社群分法，大多沿用移川子之藏的分法，将布农人分为六群，即卓社群、郡社群、卡社群、丹社群、峦社群及兰社群。① 兰社群（takopulan）因人数较少，又与邹人比邻而居，故已被邹人同化，② 其他各群大致分布如下。

卓社群（take-todo）：南投县信义乡久美村，及仁爱乡中正、法治、万丰村。

郡社群（isbubukun）：南投县信义乡东埔、罗娜、明德，台东县海端乡、延平乡及高雄市那玛夏区、桃源区。

卡社群（take bakha）：南投县信义乡潭南、地利、双龙三村。

丹社群（take vatan）：南投县信义乡地利村、花莲县万荣乡马远村。

峦社群（takebanuad）：南投县信义乡丰丘、望乡、新乡、人伦及花莲县卓溪乡。

早在日据时期，马渊东一等人的调查指出，峦社群起源于台湾中部的鹿港一带，郡社群则从南部平原渐次向山区移动，经番仔田（台南佳里一带）向嘉义、南投的丘陵地带移动，二支在 lamongan 附近相会后再往山上移动。黄应贵认为，以上各群之聚落可因其迁移历史过程区分成三种类型：北部的大型聚落，为主要发源地和移出地，分布在南投县信义乡与仁爱乡；东部与中部之较小及较独立的聚落，如南投县信义乡与花莲县境内，属移入地或再移出地；南部散居且较不稳定的聚落，分布在台东县及高雄市，为主要人口移入的边陲地区。③ 简言之，布农人是以南投县信义乡为最早的居住地，以之为中心，再往东部、南部扩散。④

关华山指出，布农人和泰雅人是台湾少数民族中居住海拔最高的族群。不过，日本殖民当局为管理需求，强制少数民族迁村，是故现居地海拔位置较以往为低。东埔村海拔高度约为一千一百公尺，过去的祖居地 Mia-sung 是在更高的山上（在玉山公园内，在中横公路上，可能介于东埔以上至大分之间的地方），不过，东光部落仍是布农人分布区域中最高的部落，同时也可能是目前距离布农人祖居地最近的聚落。⑤

3. 人口概况

台湾少数民族共 560820 人，其中布农人总人口数共 58336 人，⑥ 仅次于阿美人、排湾人与泰雅人，是第四大族群。从行政区域的分布看，布农人以南投县之人口数最多，⑦ 计 13973 人。以乡镇区人口数

---

① 移川子之藏：《高砂族系统所属之研究》，台北帝大土俗人类学研究室调查，黄文新译，中研院民族学研究所 1935 年版。
② 黄应贵：《布农族》，三民书局 2006 年版，第 21 页。
③ 黄应贵：《布农族》，三民书局 2006 年版，第 14 页。
④ 《重修台湾省通志》（1995）记载卡社群是从峦社群分出，卓社群又自卡社群分出，而丹社群从峦社群分出。因此，叶家宁发现，布农族人在自我分类上，仅区分成峦社群与郡社群两大系统。不过，这两大系统无论在祖源、迁移路径、语言或文化特质上，都有所差异。
⑤ 关华山：《邵、布农、阿里山邹居住文化之比较》，稻乡出版社 2010 年版。
⑥ 台闽县市少数民族人口－按性别族别，https://www.apc.gov.tw/portal/docDetail.html? CID = 940F9579765AC6A0&DID = 0C3331F0EBD318C251BADC6896BC26B6#，最后访问时间：2018 年 4 月 26 日。
⑦ 南投县是台湾唯一不靠海的县市，位于台湾岛的正中央位置。县内有 13 个乡镇市，总人口数为 509911 人（南投县人口统计信息网，http://household.nantou.gov.tw/CustomerSet/063_NantouAbNum/u_Mipga_v.asp? id = {CA6BF1CB－E71B－4231－A70B－9314479AFFCE}，下载时间：2018 年 4 月 26 日），大多集中在南投市、草屯镇及埔里镇。南投县少数民族人口数计 29030 人（台闽县市少数民族人口－按性别族别），约占全县总人口的 5.8%，主要集中在信义乡与仁爱乡，包含布农人、泰雅人、赛德克人、邵人及邹人等，又以布农人的人口数最多，共 13973 人（同上引），约占台湾少数民族人口总和的二分之一，换言之，南投县是全台湾布农人人口最多的地方。埔里镇另有噶哈巫人，近年来积极推动族群复振运动，由于尚未获得少数民族身份，其人数未见于各式统计资料中。（转下页注）

来看，南投县信义乡有 8963 人，其次是花莲县卓溪乡，共 4146 人。①因此，南投县信义乡常被视为布农人大本营或原乡。

表 2　县市别布农人人口（2017 年 3 月）

单位：人

县市	布农人人口
南投县	13973
高雄市	9135
台东县	8332
花莲县	8194

数据来源：台闽县市少数民族人口 - 按性别族别，http://www.apc.gov.tw/portal/docDetail.html? CID = 940F9579765AC6A0&DID = 0C3331F0EBD318C2662453D7F7DB734C，最后访问时间：2018 年 4 月 26 日。

东埔村全村有 367 户 1281 人，男性有 671 人，女性 610 人。②全村中，仅东光部落位于玉山公园内，部落约有 450 人，七十几户，主要有伍、史、司等姓氏。

4. 社会与文化特征

（1）村落形态

布农村落介于集村、散村之间，但相较于台湾其他少数民族部落，布农村落的平均规模是相当小的，③这可能是可发展之腹地、可供养之人口及部落或族群冲突等缘故所致。

以东埔村为例，全村区分为六邻，第一邻东光部落 Dum-bu-Daigaz，是以布农人为主的聚落，也是玉山公园领域内唯一的少数民族部落。④一邻循开高巷往北为第二、五邻聚落，是目前温泉观光旅社

（接上页注⑦）

南投县少数民族族群分布

族群	人口数（人）	分布区域
布农人	13973	信义乡：潭南、地利、双龙、明德、丰丘、新乡、罗娜、望美、东埔 仁爱乡：法治、万丰、中正
赛德克人	6675	仁爱乡：中原、清流、南丰、大同、春阳、精英、合作
泰雅人	5917	仁爱乡：新生、发祥、力行、翠华、亲爱
阿美人	978	埔里镇、仁爱乡
排湾人	490	散居各乡镇
邵人	415	鱼池乡：日月村
邹人	240	信义乡：久美村
太鲁阁人	117	埔里镇、仁爱乡

* 表中仅列出人口数在 100 人以上的少数民族族群，数据来源：台闽县市乡镇市区少数民族人口 - 按性别族别，http://www.apc.gov.tw/portal/docDetail.html? CID = 940F9579765AC6A0&DID = 0C3331F0EBD318C2662453D7F7DB734C，最后访问时间：2018 年 4 月 26 日。

① 台闽县市乡镇市区少数民族人口 - 按性别族别，http://www.apc.gov.tw/portal/docDetail.html? CID = 940F9579765AC6A0&DID = 0C3331F0EBD318C2662453D7F7DB734C，最后访问时间：2018 年 4 月 26 日。
② 2018 年 3 月村里邻人口数列表【信义乡户政事务所】，http://sinyihr.nantou.gov.tw/CustomerSet/032_population/u_population_v.asp? id = ｛1D9E6F5A - B6BB - 477D - A6AF - 7261525A2002｝，最后访问时间：2018 年 4 月 26 日。
③ 黄应贵：《布农族》，三民书局 2006 年版，第 14 页。
④ 原本玉山公园内的少数民族行政区，包含南投县信义乡三村、高雄市桃源区二村、嘉义县阿里山乡一村及花莲县卓溪乡二村，其中以信义乡东埔村和桃源乡梅山村人口较集中，主要居民皆为布农人。过去，两村与玉山公园管理处时有冲突，较剧烈的冲突包括梅山口建立游客中心的土地收购问题、南投县政府为观光开发土地而挖布农人祖坟，加上 1988～1993 年台湾少数民族发动"还我土地"运动，致使两者之对立（宋秉明）。

的集中处。再往下为三、六邻，原为一名叫 Dakehanbilan 的聚落，三邻附近有汉人聚落，是日据时期由日本人招徕从事林木砍伐的工人所建立的。①

（2）社会与政治形态

传统上，布农人为父系社会，行从父居之大家族制，其继嗣原则为父子传承。一般聚落以氏族为基本单位，一个部落通常由两个以上的氏族组成。各氏族有其内部共享之猎场，氏族成员之间有共食猎肉、共守丧忌的传统。黄应贵②的研究发现，布农人的社会结构并非如父系氏族社会那样施行集体主义，而是强调个人能力与成就，个人可通过群体活动来获取其他人之认同或社会评价，因此，布农人在其有生之年，无不尽量发挥个人各种能力与潜能。③ 各家族长老为公共议事的代表。由于布农人强调个人能力，不管是军事或政治的领导者，都必须比一般人更了解军事、地理、农业、气象、巫术、仪式等知识与技术。④

现代的布农人仍为父系社会，但从父居之大家族制已渐少，不过，男性仍是政治、社会和宗教的领导者。

（3）生计活动与性别分工

布农人传统的生计活动，是以游耕或刀耕火耨的方式，种植小米、地瓜、玉米、山芋、旱稻等主食。⑤ 二次大战结束前，日本殖民当局为解决军粮不足的问题，强制要求布农人改种稻米，后成为族人的主食与经济能力之表征。另外，布农人也会采集野生植物来补充食物来源。

除农耕、采集外，布农人还从事狩猎、渔捞和饲养。狩猎对于布农男人是相当重要的活动，除了是获取蛋白质的主要来源外，也是男人展现勇气与能力的重要机会之一。布农人以鱼藤（valanu）等植物来毒鱼，将鱼藤捣烂后所流出的汁液放到溪水中，鱼类因行动迟缓而易于捕捉，布农人便以网来捞鱼。饲养是从汉人处习得的行为，以栏舍饲养鸡、鸭、鹅、火鸡等家禽，及鹿、野猪、山羊、猴、野兔、猪、牛等牲畜。⑥

布农人根据土地使用方式的不同而将土地分为耕地、建地及猎场三种。在刀耕火耨的时代，布农人找到耕作的土地后，随即请大家长举行仪式，除向土地之神灵告知并祈求保护外，最重要的是其社会功能，借由土地上的仪式印记，告知其他人这块土地已有人开垦了。⑦ 如此一来，在游耕时，大家才不会因争夺土地而破坏彼此的关系。

从生计活动中，也可以看出布农人的分工状态。和多数的台湾少数民族一样，男性负责狩猎，女性及小孩进行采集的工作。男性负责粗重的农耕工作，如开垦、收获或搬运等，一般的照顾则由妇女担任。此外，男性还负责出草、血仇、军事、社会政治等角色，女性则料理家务，如煮食、照顾孩童、清理、织布、酿酒等。⑧ 由于狩猎是集体性活动，打猎得来的兽肉必须与群体成员分享，但妇女所采集的成果，仅为个人或其家族享用，由此可观察得出布农人对公众的与私人的态度与界线。⑨

布农人目前以种植蔬菜、水果及茶为主，也有从事温室种植，栽种敏豆、番茄、彩椒、高丽菜等。

---

① 黄应贵：《东埔社土地制度之演变—台湾土著社会文化研究论文集》，联经 1986 年版，第 296~297 页。
② 黄应贵：《东埔社布农人的社会生活》，"中研院"民族学研究所 1992 年版。
③ 黄应贵：《玉山公园布农族人类学研究研究报告（三）》，"内政部"营建署玉山公园管理处，1989。
④ 黄应贵：《布农族》，三民书局 2006 年版，第 34~36 页。
⑤ 黄应贵：《布农族》，三民书局 2006 年版，第 16 页。
⑥ 何撒娜：《布农族》，台湾史前文化博物馆，2004，第 24 页。
⑦ 何撒娜：《布农族》，台湾史前文化博物馆，2004，第 25 页。
⑧ 黄应贵：《布农族》，三民书局 2006 年版，第 17~20 页。
⑨ 黄应贵：《布农族》，三民书局 2006 年版，第 17~20 页。

由于玉山公园管理处（以下简称玉管处）的媒合，有三四户种植有机番茄和茶树。

梅子曾经是当地重要的农产品，后因价格不好，农人便砍掉梅树改种蔬菜、茶等。蔬菜与茶是十分花人力的农作物，以茶为例，三至五月忙于采制春茶，七月采制夏茶，十一月则赶着采制冬茶。其间，还必须至茶园进行修剪、施肥等工作。

过去天候、运输是影响农民收入的重要因素，特别是陈有兰溪上的笔石桥，若遇台风或大雨成灾，道路或桥因而中断，影响农产品的运输。笔石高架桥完成后，此问题便获得解决，反而是其他地方因土石流或水祸致农作物受损时，东埔农民便可卖到好一点的价钱。

（4）信仰仪式

黄应贵指出布农人两大重要的信仰，一是 hanitu，一是 dehanin。hanitu 可视为泛灵信仰，指任何自然物，如动物（包括人）、植物、土地、石头等，皆有生命者与无生命者所具有的精灵，为布农人传统信仰的核心。[1] 精灵的强弱、状态不一，其力量会生成、转化、消失或离开，因此能影响人在日常生活的成败祸福。dehanin 为天及各种与天象相关的作用（也可视为天或其主宰力量的概念），如风、雨、雷、电、月亮、太阳、星星等，不过，一般人们较少感受到其存在，直到发生天灾人祸。[2] 布农人靠此两种信仰，尝试解决或解释日常生活中所遭遇到的各种问题，因此也呈现出布农人的宇宙观与道德观。

昔日，hanitu 和 dehanin 二信仰也反映在布农人的仪式上。传统仪式大致可分成生命仪礼和岁时祭仪。前者包括婴儿节、小孩成长礼、婚礼、葬礼等；后者包括小米开垦祭、小米播种祭、除草祭、收获祭、入仓祭、打耳祭、拔襖祭等。[3] 从这些祭典中，可看出布农人对人与人、人与超自然关系的想象与解释，不过，在现代生活中，传统信仰与仪式多已式微，西方宗教于战后深入部落，[4] 今已成为他们主要的信仰。

由于布农人多已改宗，信仰西方宗教，东光部落又以基督教徒为多，其每周生活作息除农事外，几乎都与东光教会有关，一年重要的节庆活动，也以西方宗教活动为主，如复活节、感恩节及圣诞节等，后者更是部落一年中的盛事。

表3　东光部落重要节庆活动

月份	岁时节俗	月份	岁时节俗
一月	玉管处联谊活动	七月	感恩节
二月	（阴历新年）	八月	
三月		九月	
四月	复活节	十月	
五月	母亲节/打耳祭/布农人运动会	十一月	感恩节
六月	婴儿节/祭	十二月	圣诞节

* 作者汇整。

5. 交通可及性

前往东光部落或邻近的东埔温泉之大众运输工具，为员林客运公司所行驶之水里 - 东埔（6732号）班次，早上、下午各对开两班次，星期五晚间则加开一来回班次。乘车时间约为1.5小时，多为

---

[1] 黄应贵：《玉山公园布农族人类学研究研究报告（三）》，"内政部"营建署玉山公园管理处，1989。
[2] 黄应贵：《东埔社布农人的新宗教运动：兼论当前台湾社会运动的研究》，《台湾社会研究季刊》1991年第3（2/3）期：第1～31页。
[3] 黄应贵：《布农族》，三民书局2006年版。
[4] 黄应贵：《布农族》，三民书局2006年版。

当地中学生所采用。由于公交车班次少、行车时间久,一般散客大多选择自行开车,团客则以游览车(大巴或中巴)为主。不管是取道中山高速公路或福尔摩沙高速公路,下交流道后往集集、水里、信义方向前进,行经同富(台 21 线 102.5K 处)左转南投 60 号线道往东埔温泉方向,即可抵达。

(二)在玉山公园管理处支持下的生态旅游

东光部落所在的玉山公园,于 1985 年成立,为台湾成立的第二座"国家公园",以挺拔的高山峻岭闻名,特别是台湾第一高峰玉山主峰,每年吸引不少的登山客前往攀登。

"国家公园"的设立,是为保护特有之自然风景、野生物及史迹,并供民众之育乐及研究。此目的势必与当地住民(特别是少数民族)产生冲突,以玉山公园为例,其辖区原有南投县信义乡东埔村一邻及高雄市桃源区梅山村二处布农部落,后因土地、山林资源与保育等问题,不时爆发冲突,[①] 甚至衍生出侵犯少数民族人权之问题。梅山村于 2012 年"国家公园"第三次通盘检讨后,划出玉山公园范围之外。

基于与少数民族建立伙伴关系的理念,"国家公园"改弦易辙,依据 2007 年所订定之《少数民族地区资源共同管理办法》,积极维护少数民族权益与文化发展。玉管处因而推出多种方案,协助东光部落布农人推行生态旅游便是其中一项重点。

如上所述,生态旅游是一种负责任的旅游行为,不似大众旅游追求身心灵的放松,而是希望能兼顾自然保育、小区发展与游客满足感之目的。因此,生态旅游多属小众旅游的形式,所以 Gunn 认为生态旅游必须靠公部门与私部门的合作,才可能达成经济发展及生态资源保护的理想。[②]

2014~2016 年,笔者团队受玉管处委托,一共执行了为期 3 年的生态旅游推行计划,与东光部落布农人共同盘点生态旅游资源,并实际执行生态旅游游程。兹将所盘点之旅游资源汇整如下表 4。由于玉管处与东光部落布农人不时出现理念不合甚至是冲突的状况,双方要求计划执行团队必须取得多数部落族人之同意始能执行。笔者团队在 2014 年进行了全部落的问卷调查,并在部落会议中陈报结果,才获得双方的许可,大力推行生态旅游。东光的部落会议也规定此游程必须由整个部落共同执行,并以行之已久的教会组织——四大家族[③]的方式轮流接待,个别经营生态旅游的营利者,部落不予认同。

表 4 东光部落生态旅游资源盘点

类型	类别	细目
自然资源		高山气候、地质构造、溪流(陈有兰溪、沙里仙溪)、温泉、瀑布、动物、植物
人文资源	有形文化类	史前文化遗址、布农人部落旧址(沙里仙溪上游)、乐乐谷温泉旧址、八通关古道、东光聚落、传统建筑、布农历刻板、陶器、编器、基督长老教会
	无形文化类	Mals-tapag(报战功)、打耳祭、婴儿节、传统服饰、饮食(小米酒、小米年糕等)、狩猎文化、禁忌与规范、传统信仰观、梦占、祭典仪式、氏族组织、郡社群布农语、传统歌谣(如八部合音等)、工艺制作、传说故事等
产业资源		高冷蔬菜/有机蔬菜、茶/有机茶、水果、爱玉
其他		布农式排球、圣诞节晚会

* 作者汇整。

---

① 另有来自大环境之社会问题,例如台湾少数民族于 1988~1993 年的"还我土地"运动。
② Gunn, Clare A.:《观光规划:基本原理、概念与案例》,田园城市文化 1999 年版,第 101 页。
③ 此家族组织并非血缘关系的家族,而是教会将部落分成四组,于教会共同礼拜时间之外,各家族在其成员的家里轮流聚会,进行小规模的礼拜。由于此制度行之已久,部落之公共事务也以此家族制进行工作的分配。部落内的休闲娱乐活动,如运动比赛、晚会等,也以此制度来分组负责。

在征得东光布农人同意的情况下，我们以布农人传统生活与文化为旅游基调，搭配产业、自然风光，来规划具有东光布农人特色的生态旅游游程。2014 年举办一次试旅行，2015 年时则举办 6 梯次的旅游活动，2016 年则将活动主题锁定在学校生态教育推广上，建立了接待学校环境教育校外教学的模式。①

表 5　2014～2016 年东光部落生态旅游活动

年份	举办主题/梯次	参与人数	活动内容
2014 年 12 月 13～14 日	2014 年东埔生态旅游（1 梯次）	6 人	部落巡礼、云龙瀑布、沙里仙溪祖居地、产业
2015 年 4 月 18 日	东埔采梅去（2 梯次）	14 人	采梅、制作梅醋、部落导览
2015 年 4 月 19 日		12 人	
2015 年 6 月 13～14 日	东埔布农婴儿祭	7 人	婴儿祭简介、沙里仙溪祖居地与布农文化、参与婴儿祭仪式、部落巡礼
2015 年 6 月 27～28 日	东埔布农猎人体验营（1 梯次）	12 人	猎人文化简介、猎人集训、猎人古道（八通关）、部落巡礼
2015 年 7 月 18 日	东埔布农有机农业之旅（2 梯次）	9 人	东埔农业产品 DIY（西红柿果酱）、部落及农业导览
2015 年 7 月 25 日		11 人	
2016 年 2 月 25 日	苗圃中小学布农文化参访	67 人	猎人文化简介、猎人集训、猎人古道（八通关）、部落巡礼
2016 年 7 月 16～18 日	台中长安小学	40 人	部落生活体验

＊作者汇整。

虽然观光旅游是一种具有商品化市场取向的消费行为，2014～2016 年，还是有游客愿意自费参加东光聚落的生态旅游，不介意住在简陋的教会宿舍，吃简单的布农食物，还需自备盥洗与饮食用具。而在每一项游程的游客回馈中，绝大多数的游客对游程的形式、内容与目的感到满意，特别是对布农部落、文化与产业印象深刻。对于这些游客而言，这种旅游方式可以借着旅游进入到非日常生活的领域，配合生态旅游的规范（如低环境冲击的行为），以学习的态度与当地少数民族互动。同时，他们也以自己的消费行为，支持地方产业。

四　生态旅游、文化资产对东光布农部落旅游与族群发展的意义

本文所讨论的布农人，其族群文化中，为官方所认定的文化资产包括南投县"布农音乐 pasibutbut"（2010 年为台湾文化主管部门指定为重要传统艺术，原为 2009 年南投县政府登录之传统艺术）、"布农 pasibutbut 祈祷小米丰收歌"分别有台东县长滨乡、延平乡武陵村、延平乡永康村、延平乡桃源村、延平乡红叶村、海端乡雾鹿村 31 号、海端乡崁顶村、海端乡利稻村、海端乡雾鹿村 50 号（2016 年登录），以及布农男子传统服饰编织（为花莲县政府于 2011 年登录为传统艺术）。② 实际上，南投县信义乡东光部落位于八通关古道的入山口（东埔为清古道与日治越岭道路通过之处），而玉山公园更

---

① 2015 年有 5 梯次旅程因台风、最后缴费人数不足及部落因素而取消。参与 2016 年游程的两所小学，于 2017 年持续带学生前往体验布农人的生态旅游。
② http://www.boch.gov.tw/boch/frontsite/cultureassets/CultureAssetsAction.do? method=doEnterTotal&menuId=310，最后访问时间：2018 年 4 月 26 日。

是文化主管部门积极努力推向世界遗产的潜力点。① 在沙里仙溪上游还保留东光布农人的聚落旧址，且可见石板屋遗迹，极有文化资产价值。再者，东光部落紧邻温泉区，使之更具休闲旅游魅力。近年来，有一些族人转作有机或无毒种植，已有不错的成效。此外，由于东光部落位于玉山公园西北园区内，受玉管处的支持，由专业团队辅导，积极发展生态旅游。在上述种种优势下，经过三年的推广，② 东光部落的生态旅游却迟迟未能建立起品牌，致使玉管处感到忧虑，对继续执行感到迟疑。

钟温清在促进少数民族地区观光事业发展之研究中发现，影响少数民族地区观光事业发展的项目，包括：创造或增加少数民族的就业机会、促进少数民族小区的经济发展、山地文化观光资源的永续经营、展现台湾地区少数民族丰富的文化资产、少数民族对小区的关怀、少数民族新的知识及见闻等；而观光事业发展中最缺乏的项目，依序为：少数民族的观光从业人员及经营管理人才、可运用之资金与财力、少数民族保留地的限制过多、少数民族观光地区整体建设计划、少数民族本身传统建筑的兴建及营造人员等。为少数族部落创造经济收益，是当局、研究者与少数民族所欲达成的理想，事实上，少数民族以部落之力从事旅游或生态旅游并非易事，如谢世忠在《山胞观光》一书中所发现，在旅游市场中，首先懂得运用与经营观光资源者往往是汉人，而世居民众往往成为新休闲风尚中的被剥削者，20 世纪 90 年代是如此，2010 年代仍未见大幅度的改善。

虽然以三年的运行时间来评断东光部落生态旅游之成效，稍显仓促与草率，但在执行层面上，确实看到从业及经营管理人才的缺乏、资金不足、"国家公园"内发展上的限制等问题，部落环境也欠缺整体性营造，加上参与游客人次未能提供实质的经济效益，这些是否就是东光生态旅游停滞不前的因素？以东光部落极佳的优势与资源，生态旅游必定大有作为，但是为什么他们意兴阑珊？以下试图提出几点因素，尝试说明东光布农人对执行生态旅游的矛盾心理。

(一) 对东光部落布农人而言，执行生态旅游是隐性地宣示玉山公园为其传统领域

玉山公园位居台湾中央地带，面积 103121.4 公顷，跨越花莲、高雄、南投、嘉义四县市，同时是浊水溪、高屏溪及秀姑峦溪三大河川最重要的上游集水区。园区属典型亚热带高山型公园，其玉山主峰海拔 3952 公尺，为东北亚第一高峰。③ 原本，"国家公园"的设立，代表当局对自然生态保育的重视，然而成立初期，因保护区范围与少数民族传统领域重叠，加上当局规划时，未邀请受影响之少数民族参与讨论，使得少数民族在传统生活空间受到限制时，与玉管处之冲突不断。虽然当局于 2007 年制定了少数民族地区资源共同管理的相关办法，要求各事业主管机关于少数民族地区成立之"国家公园"、风景特定区、林业区、生态保育区、游乐区及其他资源治理区域之管理机关，"应遴聘（派）当地少数民族代表、资源治理机关代表及专家学者，与少数民族建立共同管理机制"，当局以法令显示对少数民族权益的尊重，保护区的共管机制仍未能真正落实，彼此也尚未建立真正的伙伴关系。

东光布农人对其传统领域，如居住的部落、耕作的范围、狩猎的空间、与其他部落或族群的界线等，都有清楚的概念，对祖先在这块土地生活的纹理也有相当程度的记忆，而这些都是其文化延续的

---

① 台湾世界遗产潜力点是由台湾"文化建设委员会"邀集专家学者以世界遗产评定准则所评选出来的，最先在 2002 年评选出 12 处潜力点，2009 年再增加 5 处，2010 年时调整为 18 处。升格后，世界遗产潜力点业务由"文化资产局"负责。
② 2014 年之前，东光部落曾执行几次生态旅游活动，主要是由玉管处或负责执行之团队招募游客，再交由东光部落执行，由于游客不需负担费用，参与状况相当踊跃。2014~2016 年，由我们负责执行的生态旅游，则是直接进入旅游市场进行测试，由游客自行报名付费参加。2016 年之后，虽无经费或计划支持，我们基于友情因素，持续为东光部落服务，推广生态旅游。
③ 玉山公园网站，http://www.ysnp.gov.tw/resourceoverview.aspx?id=1，下载时间：2015 年 7 月 20 日。

重要元素，皆是应该保障的范围。虽然在2011年，玉山公园已实施"共管"机制，让东光部落及邻近园区边缘的布农人聚落——梅山村（高雄市）及南安村（花莲县），参与玉山公园管理会议，其形式意义仍大于实质成效。是故，在治理机关未承认或重视布农人的土地管理权之前，生态旅游可作为布农人宣示玉山公园为其传统领域的手段，借着东光布农人站在自己的传统领域上，向游客解说其祖先的活动范围、土地资源的伦理与规范，以及人与土地互动的经验，展现他们与山林的关系。因此，只要东光布农人得知有生态旅游的机会，即便他们可能不认同举办者或举办目的，仍会指派导览员出来。借由游客对布农人的认同，他们希望传达玉山公园为其传统领域之信息，进而促使少数民族未来拥有管理自然资源的机会。所以，东光布农人坚持生态旅游是整个聚落必须共同承担与执行的责任，而非属营利性的个人行为。

（二）布农人及其文化资产是玉山公园自然地景中不可或缺的生存印记

林锡铨等人进行日月潭观光内涵调查时，发现观光主管单位仅以"观光"为发展主轴，忽略了邵人及其文化传统。他们指出，这种注重形式及表面效益的文化观光，非但无法呈现文化生态的真实性，日后势必难以永续发展。同样地，少了布农人文化的玉山公园生态旅游，或少了玉山公园生态旅游的布农观光，都不是完整的体验。[①]

由于生态旅游倡导生态保育和永续发展之概念，支持其概念的游客，都愿意担负减少破坏、消耗、干预或扰动的责任，加上"国家公园"内有法令的规范与限制，让园区内的各种自然资源受到一定程度的保护。

虽然不少学者指出，文化资产与旅游产业存在不少矛盾或歧异，面对快速兴起的文化旅游产业，文化资产"观光化"是迟早必须严肃面对的趋势。在台湾，已有一些县市或乡镇区政府兴起提升观光质量、推广地方文化的意识，努力地从古迹、历史建筑、聚落、遗址、古物、文化景观、传统艺术、民俗、口述传统等文化资产中，寻找可规划成"文化观光"的主题项目，在游客欣赏、体验或学习文化多样化的同时，也兴起支持与维护、保存文化资产的责任感。因此，文化资产一方面作为文化旅游或生态旅游的助力，另一方面则被期望成为旅游产业中受到关注并被保护的对象。

如上所揭示，东光部落除拥有壮丽的自然景观资源外，更有深具生命力的族群文化，特别是后者，为参与过东光部落生态旅游的游客最为赞赏的体验。布农文化是玉山公园内最珍贵的人类生活痕迹，是人们与自然互动的结果，换言之，布农文化蕴含着对动物、山林、河川、气候的理解，以及顺应大自然规律的生活智慧，无一不呈现在布农聚落的择址、狩猎、耕作、日常作息……当中。他们传统的生活模式，正是生态旅游所标榜的尊敬生态环境、生态保育、低碳、有利于环境永续发展的行为模式。因此，借着布农人展现其族群生活、文化及社会变迁，除了符合生态旅游的理念之外，更有力地印证布农人与玉山、玉山公园之不可切割的关系。

当理解"国家公园"之价值后，东光布农人虽持续因各种因素向玉管处抗争，仍不愿意如梅山村布农人一样，趁第三次通盘检讨时，被划出玉山公园的管理范围。他们期望当局能妥善管理布农人的传统领域，进而维护与布农人相关的文化资产。有了这样的认知，他们必须坚持让东光部落存在于玉山公园范围内，借以强化监督政府管理的合法性。

[①] 林锡铨、杨惠婷、张琬青：《少了邵族文化的日月潭观光——文化观光的危机与永续》，《乡村旅游研究》2009年3卷1期。

(三) 掌控话语权，延续传统文化

不可否认，观光旅游中一直都存在权力不对等关系。Nash[①]认为观光是帝国主义的一种形式，让来自资本主义消费社会的观光客，挟其强大的经济力与文化优势，消费"异族"的生活空间。然而，可让少数民族拥有较多自主性的生态旅游，或许是解决途径之一，以扭转自日据时代被殖民、被操控的"异族"形象。不过，经营生态旅游需要少数民族主体意识的觉醒，不仅需要投入，还必须持续地研习，培养经营生态旅游的各种能力，否则，这个市场仍会被更善于经营的团体或族群所把持，成为最大获益者，致使少数民族仍陷于被剥削的处境。对少数民族而言，如何在不被"观光化"或"凝视"且不让某些利益团体独占生态旅游的状况下，让自己成为其生态领域中的主导者，是生态旅游发展上值得关注的议题。当观光产业与少数民族之间产生无法逾越的歧异时，少数民族往往以抗争手段来保护家乡与生态环境，在过去一些少数民族旅游案例中，便曾发生封山、封河、禁止车辆进入等抵制性行为，造成双方关系之紧张。

由于生态旅游重视生态环境、地方人文及在地消费，让游客亲身体会当地人与环境的和谐关系，借着少数民族的导览，游客得以从少数民族的视野，观看当地人与生态环境（包括动植物）的互动关系，进而理解少数民族祖先的传统知识与生活智能。相较于一般由非少数民族导游（如外地来的导游或东埔温泉区一些常驻饭店的导览员）所导览的内容，东光布农人所解说的内容，更具地方性及族群性，且是族人的个人亲身经验与感受。因此，此种旅游形式赋予布农人较多的自主权，可以现身说法的方式，选择带游客到哪些点，陈述自己或所属家族的历史、文化与传统，以及生活于该领域的点点滴滴，也由个人经历的叙说展现出社会或环境的变迁。由此观之，生态旅游赋予东光布农人话语权，陈述自我之族群形象与处境，进而增添少数民族文化体验之真实性。而族人所陈述之内容，也成为教育下一代的内容。此一现象，正呈现出旅游产业中，被"观光化"或"凝视"的一方，或许也有扭转局势的机会。

从以上的分析中可知，东光部落布农人如何借着生态旅游的操作体认自己的价值。各种旅游形态皆有其负面影响，而"生态旅游"的旅游形态，作为一种讲究"责任旅游"的方式，特别关注生态、经济及社会三大方面的永续发展。因此，生态旅游或许能为旅游所在地的少数民族带来正面的影响，如生态旅游可为少数民族提供对我族文化与生存环境的自主权，甚至具有宣示传统领域主权的意义。东光布农人的案例，即说明其经营生态旅游的目的，在于与当局权力进行对抗，试图在被管理者收编的状况下，以执行生态旅游的机会，对内部凝聚我群的向心力，以及传承族群的知识与文化；对外部，则宣说布农人与玉山公园不可分割的关联性。更重要的是，玉山公园保存了布农人传统的生活领域，换言之，"国家公园法"维护了实践布农文化的空间场所与生态。

五 结论

Louakitou-Sideris 和 Soureli[②]曾进行洛杉矶四个族裔小区的商家与文化机构及美国七个城市中现有

[①] Nash, Dennison, *Tourism as a Form of Imperialism*, in Valene L. Smith (Eds.), Hosts and Guests: The Anthropology of Tourism, 1978, pp. 33 – 47.

[②] Louakitou-Sideris, A. & K. Soureli:《文化旅游作为族裔小区之经济发展策略》，颜亮一等译，《跨界：大学与社会参与》2012 年第 1 期。

文化旅游计划特色与影响之调查，以探讨文化旅游作为内城族裔小区经济发展策略的意义，最后他们做出如是提醒，"文化旅游不能也不应被视为一种无所不包的邻里振兴、小区赋权与区域经济发展策略，而是应该被嵌入一个更大的、能提供另类方向以有效解决前述挑战之架构"，他们所提的"更大的社会经济架构"，特别指州政府系统，必须和横跨小区的多种制度架构相互协调，才能达成此文化旅游所被赋予的使命。虽然，他们指出文化旅游对族裔发展的不确定性，但还是肯定由族裔小区所主导的行动具有以下之意义：重新重视过去被忽略的文化价值，愿意维护这些文化之人士的出现，以及小规模文化旅游的执行。而生态旅游迫切需要"更大的社会经济架构"的支持，以政府秉持生态教育的立场推动，并协调横向的相关制度、组织、小区等，共同引导游客以付费或劳动的方式，对生态保育与当地居民做出贡献，真正落实这一项具生态与少数民族文化特色的旅游活动。

在瞬息万变且竞争激烈的旅游市场中，由少数民族来经营旅游事业，原本就不是件容易之事，更何况是以聚集全部落之力共同完成的方式。从表1中的统计数字可以看出，文化体验活动约占台湾地区旅游活动的30%，其中少数民族文化体验活动所占比例更低，姑且不论其中的因素，从另一个角度来看，这显示出少数民族文化旅游仍有持续发展的空间。倘若如世界趋势所显示，文化旅游是一种成长快速的旅游形式，那么对所在地的世居民族而言，兼具自然生态与文化体验的生态旅游，是目前最能展现少数民族自主性的最好策略。但是，其先决条件是少数民族主体意识必须觉醒，才不会在当局观光发展政策与消费商品化的旅游产业中，丧失持续建构族群认同与文化延续的能力。

如上所述，许多学者如殷宝宁[①]忧心文化旅游未必能保存文化，但布农东光部落的案例，或能提供另一面向的思考。传统生存领域受当局管理后，少数民族的历史与文化脉络似乎能够获得较多的保护。然而，我们也不能乐观地认为这是最好的策略，毕竟，当局强制征收布农人的传统领域，于1985年成立玉山公园时，严重地影响其生计活动与文化传统，加上长久以来世居少数民族与汉族之间的嫌隙，导致东光布农人与玉管处不时发生冲突。在三十余年间，东光布农人从反抗、对立到体认部落在玉山公园内的价值。这个不满500人的少数民族部落，靠着传统的部落主权意识，始能创造今日之发展。未来能否继续靠着生态旅游创造族群生机，仍需政策、当局与人民的支持，在环境正义的理念下，落实共管机制，并以少数民族为主体，维护族群文化之永续发展。

---

① 殷宝宁：《旅游全球化下台湾文化资产保存与文化旅游：一个历时性的分析》，《国际文化研究》2008年第4期。

滇西边境地区民族文化旅游发展模式研究

韩　璐　明庆忠[**]

摘　要　边境民族地区有其较强的民族文化差异性与边境性、社会经济发展与自然的独特性。因此，基于本土差异性建构旅游发展模式必然有其独特性，且自成体系。本文以滇西边境为微观研究场域，应用产业融合理论与符号学理论对滇西边境民族文化旅游发展模式进行研究，在分析边境民族文化旅游内涵和既有模式基础上提出了九种内生优化类型，并提出一种综合空间优化模式。构建边境地区民族文化旅游发展模式不仅有助于边境地区民族文化旅游融入国家全面对外开发开放及"一带一路"建设、边境旅游试验区及跨境旅游合作区建设，而且有助于解决民族文化旅游产品与要素结构仍处于相互模仿借鉴的无序化建构、文化内涵挖掘尚不到位等问题，促进我国边境跨境旅游以及边境民族地区富民兴边的发展。

关键词　民族文化旅游；本土差异性；边境旅游；内生优化类型；空间优化模式

DOI：10.13835/b.eayn.26.20

边境民族既是一个复合型族群概念（泛指边境州市定居的本国边境少数民族与邻国边境民族），也是一个情景化概念（既表现为族群共同体，也表现为单一族群主体），是边境地区的主要构成人群。边境民族文化旅游，即是以边境民族文化体系为旅游吸引物，将民族文化的差异性与边境性（边境民族由于社会、经济、文化生活跨界交往而引致的边境性文化特色）视为核心标识。[①] 发展模式（developing model）特指某一主体单元为实现长远发展，对自身的发展方向、发展时序、发展结构等进行组织设计并总结经验的过程。

国内对民族文化旅游开发、发展模式的研究始于21世纪初，研究焦点集中于战略指导模式[②]、组织模

---

[*] 本文为国家自然科学基金"西南陆疆边境跨境旅游发展空间格局、机制及模型研究"（41671147）、云南哲社基地重点项目"云南省旅游景区优化布局与管理改革研究"（JD2017ZD02）、云南省高校旅游产业发展与促进科技创新团队项目的成果。

[**] 韩璐（1992~），女，云南德宏人，德宏职业学院教师，主要从事区域旅游规划与管理研究；明庆忠（1963~），男，湖北黄冈人，云南财经大学教授、博士生导师，主要从事区域研究与旅游规划。

[①] 韩璐、明庆忠：《边境民族文化旅游：内涵、特征与驱动机制》，《广西民族研究》2016年第5期。

[②] 陈希勇：《生态文明视野下四川民族地区旅游资源开发利用——以稻城县为例》，《贵州民族研究》2016年第1期；关春玲：《马克思主义生态视野下藏族生态文化研究》，东北林业大学硕士学位论文，2010；董锁成、李斌、金贤锋：《大旅游战略下川西民族地区生态旅游模式研究》，《中国人口资源与环境》2009年第5期。

式[①]、实践模式[②]三个层次，但着眼旅游空间场域的梯度结构，对少数族群集中分布的边境民族文化旅游的专题化研究还甚少见。为更好地适应旅游市场多元化需求和民族文化的传承发展，研究边境民族文化旅游发展模式的微观场域本土化成为必然。

本文以滇西地区，包括德宏傣族景颇族自治州（以下简称"德宏州"）与保山市（以下简称"保山市"）为主要研究对象，通过实地调研、半结构访谈以及文献研究等方法获取资料，在现有模式的基础上提出相应的优化模式。选择滇西为研究区域主要基于以下几点考虑：首先，滇西与缅北接壤，国境线长达671.58公里，是我国西南边境代表性区域之一，共拥有三个国家级一类口岸（姐告口岸、畹町口岸与猴桥口岸），两个国家级二类口岸（陇川县章凤口岸与盈江县那邦口岸）；其次，滇西也是中国少数民族集中分布区域之一，涉及中缅边境及缅甸的多元族群；再次，滇西边境民族文化旅游萌生于20世纪80年代末与90年代初，但其一直是以边贸旅游附加于边境旅游中，未形成系统发展格局，主体性认知滞后；最后，滇西边境民族文化旅游是以文化旅游产业形式融入国家建设边境旅游试验区、跨境旅游合作区以及"一带一路"的重要程式。

一 边境民族文化旅游发展的现有模式分析

从实地调研与资料搜集来看，滇西边境民族文化旅游的发展模式可依据对边境民族文化的开发程度、展演方式以及边境民族文化在旅游场域内的展演与合作机制将其划分为三种类型（见表1）。

表1 滇西边境民族文化旅游发展的现有模式

类型	特征	典例
内生发展模式	边境民族文化特色突显、文化展演主题突出且运转机制相对成体系，对外依赖程度较低	边境民族文化村寨旅游、边境民族文化节事旅游、圈点构景打造边境民族文化集中展示区、缅甸国族文化旅游
旅游产品组合模式	将边境民族文化与边境民族地区已具有知名度的旅游资源、产品进行文化重组，凭借多元文化重组使边境民族文化旅游镶嵌其中发挥旅游价值	边境民族文化旅游+乡村旅游、边境民族文化旅游+自然观光游、边境民族文化旅游+边关文化旅游、边境民族文化旅游+边境购物旅游
空间资源互补模式	以区域资源空间对比优势为依据，将边境民族文化旅游产品融入区域复合型旅游类型的组合当中，该类模式是滇西边境民族文化旅游的典型模式	以"滇西旅游"或"保山市""腾冲市""德宏州"等空间场域为主要旅游接待空间而进行的系列旅游线路产品的组合包装

二 内生发展优化模式构建

滇西边境民族文化旅游当前的发展模式以观光模式为主，旅游核心接待点的产业要素融合度较低、旅游线路产品单一等是其发展瓶颈所在。所以可在产业融合、符号学与现有模式结构的基础上对边境

---

① 李天翼：《论民族旅游开发模式的合理建构》，《贵州民族大学学报》（哲学社会科学版）2014年第6期；王仕莲：《基于民族文化的旅游地产开发模式研究——以楚雄彝人古镇为例》，《云南地理环境研究》2015年第7期；丁健、彭华：《民族旅游开发的影响因素及开发模式》，《中南民族大学学报》2002年第2期。

② 窦开龙：《后发型民族旅游地RMIP模式开发研究——以新疆为例》，《甘肃社会科学》2008年第2期；邓涛涛：《民族文化旅游主题公园式开发研究——以西双版纳傣族园景区为例》，华东师范大学硕士学位论文，2007；余青、吴必虎：《生态博物馆：一种民族文化持续旅游发展模式》，《人文地理》2001年第6期。

民族文化旅游的内生发展优化模式展开先行建构。

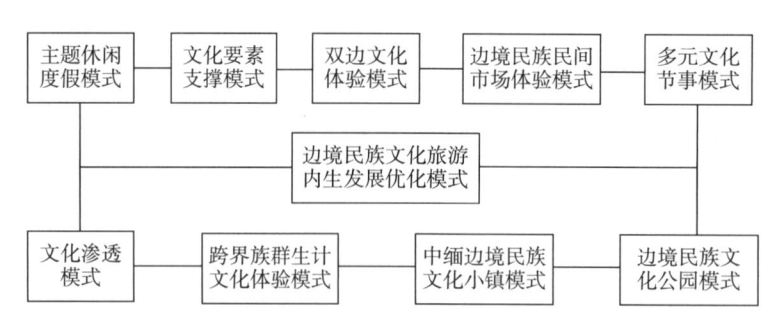

图1 边境民族文化旅游内生发展优化模式

(一) 主题休闲度假模式

滇西边境民族文化旅游的发展面临部分替代性竞争和历时性跨度的内部整合之双重考验。因此，内生发展优化模式的构建要以地方比较优势为依据。针对优化滇西边境现有的边境民族文化村寨旅游发展模式，笔者提出改善型的主题休闲度假模式。

边境民族文化主题休闲度假旅游区（点）需围绕边境傣族、景颇族、阿昌族、傈僳族与德昂族进行主题式开发，其中以边境民族发展历史讲述、边境环境生态适应以及民族节事活动为边境性的具体叙述文本。该模式构建在内容上基本遵循"传统建筑所构筑的边境民族社区为度假常驻空间，边境民族为度假区服务主体，边境民族传统文化体系为休闲体验内容"。其中重点阐述休闲度假的支撑性文化体验内容：边境民族村寨若以简单的住宿或饮食体验满足游客的长时间休闲度假停留则略显支撑力不足，因而，需综合旅游资源结构与要素体系等体验内容，将文化体验内容细分为边境民族技艺学习、专业实习、调研、会议与两国边境民族文化交流等专业进修，边境民族农耕文化体验，修养身心的"宜居"度假等主要类型。

(二) 文化要素支撑模式

滇西边境民族拥有包括宗教、饮食、艺术、建筑等文化类型。在现代化进程中，部分边境民族村寨的建筑形态已失去传统特质，而其宗教、饮食与艺术等传统文化要素仍是边境民族持续发展的根基。因而，可集中采取产业要素支撑模式，以某个文化要素为核心支撑构建边境民族文化旅游产业链。

1. 边境民族宗教文化支撑模式

滇西跨界族群（本文以"跨界族群"替代传统的"跨境民族"称谓）傣族、阿昌族与德昂族同缅族等多元族群以信仰南传上座部佛教为主。因而，以佛教寺庙、奘房为据点的宗教活动往往具有较大的边境族群包容性，能会聚较多的人流，本身即具有边境族群展示效果；除此之外，宗教文化体系本身即蕴含并表征了边境民族的传统世界观、精神世界与世代传承的价值观，是边境民族处世态度与方式的浓缩象征；而对边境民族宗教文化的产业链拓展，主要涉及宗教起源、宗教观念或思想、宗教组织与制度以及宗教神话传说等文本的对外展示形式，其形式有多元结构，如凭借边境民族手工技艺进行艺术展示与纪念品销售等。

2. 边境民族饮食文化支撑模式

由滇西区域自然环境与边境社会环境所决定，以边境族群为主体形成了多元的饮食文化体系。景颇族以舂、拌的酸辣饮食习惯为主并传承绿叶宴传统就餐习惯，阿昌族喜酸食并独创"过手米线"等特色饮食，傈僳族由于与其他边境民族居于同一地域而也倾向于喜酸吃辣的饮食习俗，傣族在融合其他区内族群饮食习惯的基础上加以创新形成了云南独树一帜的德宏傣味饮食文化。从滇西边境民族水平与垂直交融分布的空间结构而言，饮食文化也存在微观地域分异，而以边境民族饮食文化为切入点的旅游开发与运营也将构成文化要素规模化发展的独特格局，于空间结构层面实现旅游发展模式的差异化格局。

3. 边境民族艺术文化支撑模式

滇西边境民族艺术涵括文学、绘画、雕塑、建筑、音乐、舞蹈、曲艺等内容，是边境民族在族群内部共享的文化资本。在现实背景与社会语境下，边境民族传统艺术的保护性传承已经成为社会各界全力以赴的实践活动。边境民族传统艺术文化是一组融创作技艺与表达形式于一体的文化结构，在历史演进过程中因社会背景的不同延伸出了不同的叙述文本。因此，就其内容体系而言足以建构起系统发展模式，从而支撑起部分边境民族地区的旅游发展。滇西边境的傣族以傣族剪纸、傣剧、葫芦丝手工制作与演奏为特有艺术文化，除此之外，傣陶、傣纸与织锦等生活用品的手工制造也是傣族传承至今的特色物品，可谓品类丰富；边境景颇族以竹丝乐器制作与演奏、水酒酿造等技艺精湛闻名；边境阿昌族以"户撒刀"制作在少数民族刀具打造界享有盛誉。除此之外，纺织刺绣、手工制作、绘画印染、竹编制品等手工劳动实践也从未停歇；边境傈僳族手工编制火草麻布、织布刺绣、葫芦笙制作与民族绘画等民族技艺也在滇西边境民族文化体系中熠熠生辉；边境德昂族水鼓舞、象脚鼓制作、丁琴与葫芦丝制作、熬制腌茶相关茶艺等民族艺术文化世代相传。所以，以边境民族艺术文化体系为组建文本，凭借传统艺术作品展演、艺术创作实践、传统技艺历史讲述、传统文化的艺术加工与创新以及艺术文化专项赛事等具体的运作实践是可以建构起产业链完善的边境民族文化旅游发展模式的。

（三）双边文化体验（对比）模式

边界线两侧临近的民族村寨通常包括分居两侧的跨界族群和中国边境民族–缅族两种对比类型。为推进边境性民族文化体系的旅游价值发挥，采取"双边文化体验模式"能为游客提供直观的文化比较界面。双边文化体验模式指的是在双边国家通关便利等政策平台搭建的引领下，实现边界线两侧临近的村子（城市）之间实现旅游资源共同开发、设施共建、联合推广、客源互送以及信息共享等合作实践。在旅游资源开发方面，以两国边境民族文化体系的符号景观呈现与文化解说为游客进行双边文化对比构建体验模式，类似于范·热内普分割—边缘—聚合之过渡礼仪程式，强调对中方一侧与缅方一侧边境民族文化的体验感知，以边境民族文化关联与差异的对比为主，因而，专题性较强，应适时由游客的需求而开展侧重解说。

表2 双边文化体验（对比）模式

模式类型	优化方向
边境跨界族群文化体验模式（如"一寨两国"的中方银井傣寨与缅甸芒秀掸寨）	中缅两国跨界傣（掸）族是具有共同起源的同一族群，由于所处的国家社会、经济、文化背景不同使得传统文化有着不同的发展向度，这种文化的涵化式变迁为民族文化差异与关联对比提供了界面
中国边境民族文化–缅族文化体验模式	基于本国大一统文化或者边境民族文化体系的旅游体验感知，以缅甸另一边境民族——缅族文化为主要体验对象的旅游形式更富于异域风情。立足于游客对滇西边境与或缅甸边境民族文化旅游的选择，以缅族文化体系为核心体验内容，将我国一方的边境缅族文化体验视为文化对比的基础层面，以此为基础为深入的缅甸边境缅族文化旅游体验拉开帷幕，健全旅游空间层序

（四）边境民族民间市场体验模式

边境民族市场扎根于民间，是边境民族地区或社区自发发展起来的市场形态，其空间位置的选择通常是由边境族群与村镇管委会共同协商调整所确定，也有对传统早期市场空间的延续，而其开市时间通常是每日早市或周期性循环开市［三天一街（市）、五天一街（市）等］。发展边境民族民间市场体验模式不仅能间接为游客提供边境文化与民族文化体验，还能提升旅游购物体验的满意度。

表 3 边境民族民间市场体验模式发展优势

一、边境民族民间市场是顺应边境民族常规生产生活的物资交流而兴起的，具有普适性特征，相较于景区景点的购物模式，该类旅游模式更贴近边境民族的日常生活，经济市场的文化原真性较强
二、边境民族民间市场具有较大人流量，不仅能在单一边境民族社区内会聚较多的族群人口，而且在多元边境民族会聚之地还能聚集多个边境民族前来开展商贸与信息交流，形成民族盛会之势
三、由边境民族之边境性特质所决定，边境民族民间市场中还吸引了缅甸族群前来购置与销售物资。因此，从边境民族多元会聚的形态来看，边境民族民间市场建构起了独具边境特色的市场经济文化体系
四、由多元边境民族汇聚所带来的丰富物资，包括各个边境族群的饮食、服饰、手工艺术品等产品，且因该市场面向的传统对象是边境族群大众，物资价格也相对公道

（五）多元文化节事模式

具体模式构建实践为：首先是优化整合节事活动的时间序列，从滇西边境民族文化节事时间序列（表4）可见，边境民族节事活动具有"佛教传统节事时段重叠、多元民族专属节事时间错位"的特

表 4 滇西边境民族文化节事活动

	傣族	景颇族	阿昌族	傈僳族	德昂族
一月		采花节"恩鲜鲜"	烧白柴		
二月		目瑙纵歌节	"窝罗节"		
三月		能仙节	"阿露窝罗节"（三月二十）；地母祭	刀杆节"上刀山，下火海"	
四月	泼水节		"桑建节"或"浇花水节"即泼水节；撒种节		浇花节；"仁登阿卜"；"洗手脚日"；"祭鬼树"（保山市）
六月	关门节"进洼"		"关门节"；地母祭；祭色曼		尝新节或"尝新谷"
七月		火把节	地母祭；火把节	火把节	"进洼节"
八月			祭色曼；祭塞门		
九月	开门节"出洼"	叫谷魂或献谷堆；祭鬼节	"开门节"；尝新节		
十月	点灯节；出洼干朵节	新米节"吃新谷"；采草节	会街节"阿露节"	新米节；"收获节"	"出洼节"；出洼干朵节
十二月	烧白柴				烧白柴；祭蛇神
不定期	赶摆（做摆）		赶摆，农历九、十月的"换黄单"	12月至次年3月"阔时节"	"做摆"赕佛
其他节日	德宏州瑞丽市"中缅胞波狂欢节"、芒市"民族团结月文化展演活动"、梁河县"葫芦丝文化旅游节"、盈江县"傣族围鱼节"与"音乐节"、陇川县"景颇刀舞大赛"，以及孔雀舞大赛、水鼓舞比赛等新兴节事活动					

征，因而，针对不同边境族群却共享同一宗教节事而言，应优先强调边境民族的主体化特征以突显各边境民族宗教文化体系的局部发展差异和异质性文化特质，构建主体有异的边境民族节事活动。而对于边境民族专属节事时间错位态势，则应采取扩张各类节事规模以丰富节事文化体验结构，突破以往仅以单一节事为打造对象的固有思路与模式；还有是对同一节事举办空间的组合优化，由滇西边境民族"跨点成片、以点串带"的空间分布格局所决定，单一边境民族主体的节事活动也具微观空间分异。因而，对节事活动的空间优化应遵循"全域统一组织举办的官方模式与局部时空分层举办的传统民间模式"两种模式融合推进，不仅能促进同族群内的文化交流，也能实现传承民族文化、提升民族自信、加强民族凝聚力的作用。

（六）文化渗透（融合）模式

跨产业渗透指的是原本分属不同产业子系统的要素之间通过文化创意实现资源融合，具体到边境民族文化旅游与其他旅游形式的产业兼并就涉及民族文化体系对其他旅游资源形态的要素渗入，或将其他旅游资源整合入边境民族文化旅游系统的能力。综合滇西边境民族地区的资源组合现状，可实现以下几类跨产业渗透（见表5）。

表5 文化渗透（融合）模式

模式类型	优化方向
边境民族养生文化旅游模式	滇西以火山热海地质资源闻名国内外，边境民族与温泉资源融合已成为相互表征的旅游系统。应进一步推进二者的有机融合以构筑边境民族养生文化旅游圈，包括民族与温泉渊源、文化景观表达、民族医药与温泉养生组合、边境民族饮食文化与温泉养生组合以及民族手工技艺等
边境民族农业文化旅游模式	边境民族文化+乡村旅游组合模式的优化更多地强调对特定边境民族特有农业文化系统的开发，从农业景观、农业劳作与饮食文化等层面建构边境民族农业文化的旅游产业链，形成文化主题鲜明、旅游体验系统的发展框架
边境民族生态文化旅游模式	通过揭示生态环境与民族文化之间的精神世界关联或渊源历史与故事，突显自然风光的边境民族文化价值，使其抽离于单纯的自然地理环境而富于深厚文化内涵；也包括以边境民族传统生态文化价值体系为生态旅游指导思想，引导游客开展低碳环保的自然生态环境旅游
边境民族边关文化旅游模式	边境人文景观以界碑、沟渠、道路等为主，自然景观以界河、山峦为主，这些景观主要为国内族群感知我国-他国、我族-他族、群体归属感以及对他国异域风情文化的好奇等心理倾向，使其蕴含着独特的边关文化，其内涵的意义与边境民族的边境性特质不谋而合，因此将二者融合开发将为边境民族文化旅游增加别样特色

（七）跨界族群生计文化体验模式

跨界族群生计文化体验模式指的是以跨界族群共有生计结构为依托，挖掘、强化或赋予生计内容以深刻的边境民族文化内涵，使民族经济结构渗透着浓郁的边境民族文化特色，并综合创意设想将产业基地打造成集经济产业与休闲体验为一体的旅游目的地，将跨界族群同源文化的渊源与分异视为核心文本。

滇西边境德昂族跨中缅边界两国而居，因种茶历史悠久，形成了种茶、敬茶、尚茶的文化传统，被称为"古老的茶农"。以茶叶创世说和茶图腾崇拜为佐证，"茶"可谓与德昂族的文化紧密联系在一起，成为德昂族文化体系的核心支撑。从滇西边境德昂族茶叶生产形态入手对跨界族群生计文化体验模式进行建构，内含四类子模式（见表6）。

表 6　跨界族群生计文化体验模式

模式类型	优化方向
跨界族群原始生计信仰模式	诉求于文化同源，以传统的茶文化信仰为核心，以茶叶创世说和茶图腾崇拜为蓝本，将茶树神、茶仙子达楞和亚楞拟人化。除此之外，还要充分挖掘德昂族群的茶文化种植、采撷、加工等综合性生产元素，借助旅游创意于滇西边境打造首个以边境德昂族茶文化为主题的"德昂茶乡"，使之成为滇西中缅两国德昂族交流活动的重要平台
跨界族群体验经济园模式	诉求于一地共生，即在滇西中缅边境两侧的边境德昂族地区创建体验经济园，特色在于边境一侧的体验经济园内除具备茶山、茶园以及加工基地外，其内部生产园区因产品定位差异而具有多元分异：首先是以滇西境内的德昂族茶叶产品结构分化为依据，包括干茶与酸茶等加工园区；其次是招揽缅甸边境同源民族参与品牌建构，以缅甸茶叶加工技术为差异化特色，形成体验经济园内德昂族茶叶加工的另一分支，充实滇西边境德昂族的茶文化体系。游客在体验经济园内通过不同程度地参与德昂族采茶、加工、包装德昂茶的实际体验，从中体会滇西中缅边境德昂族的"茶文化"内涵，并深切体验和感知德昂族传统文化的精髓
跨界族群双边生计体验模式	诉求于异地共生，滇西境内的德昂族与缅甸边境同源民族同属"古老的茶农"，共享传统生计模式。但在国家政治话语下，两国德昂族的生计文化结构却有了不同的演变。体现在茶叶制作流程、加工技艺与饮食习俗的茶叶生产链出现了局部分异。因而，秉着"互补有无，协同发展"的理念，通过政策集成和制度创新，优化滇西中缅边境民族产业合作机制。以德昂族"茶"产业合作为引领，融合边境德昂信仰、饮食、服饰与建筑的传统文化内涵，通过主题产业园共建、生产链优化重组、双边联合推介的整合营销以及旅游服务体系互助共建等产业融合举措打造滇西中缅边境"德昂茶"知名品牌
生计文化主题休闲度假园区	以"茶文化"为主题，将茶园自然生态与德昂族居住环境相融合构建主题休闲度假园区

（八）边境民族文化公园模式

边境民族文化公园指的是以边境民族主体及其文化要素体系为操作文本，在边境民族所居空间内建造集休闲娱乐与城市空间功能为一体的公共空间。具体到滇西边境民族地区来看，主要以滇西中缅边境民族地区的区域发展规划与旅游总体规划为依据，融合园林的造景艺术与旅游功能区划分二维创意，有效确定文化公园的发展主题与区位选址，综合布局公园内的边境民族文化体验项目，实现边境民族文化体验项目与区域生态环境的有机融合。

滇西边境景颇族与缅甸克钦族历史上是同宗同源的同一族群，后因民族迁徙和国界划定等原因而分居中缅两侧；而传统经验性的生态选择与边境族群的权力较量等缘由则驱使边境景颇族多居于隐蔽的半山区，成为滇西边境典型的山地民族；边境景颇族以传统的"万物有灵"宗教为信仰体系，并以此规范和引导族群的生产生活实践。下面以边境景颇族文化公园的建构为例对边境民族文化公园的具体模式进行区分，包括三类子模式（见表7）。

表 7　边境民族文化公园模式

模式类型	优化方向
边境民族主题文化公园体系	空间范畴辐射边境民族文化旅游的边界圈层与阈界圈层，并以县域单位为主。滇西边境景颇主题文化公园体系以"目瑙纵歌之乡"——陇川县为中心，向外辐射至瑞丽市、芒市与盈江县，可构建以重现族群迁徙历史为主题的边境景颇"寻根园"、展现族群原始信仰的"祭拜园"、表征族群生产生活形态演变的"怀旧园"、象征族群团结进步与融合的"和善园"、以景颇音乐创作与特色为主题的"音乐公园"等类型。公园的发展紧扣主题设定，通过不断挖掘文化内涵以深化体验序序，并凭借现代信息技术立体优化资源与设施组合结构，着力打造知名品牌。该类模式体系既能满足滇西边境景颇族聚居全域的文化公园优化配置需求，也能凭借联合推介和线路组合实现协同与共融发展

续表

模式类型	优化方向
边境民族文化国家公园	以国家层面的高度，从政策法规到指导实践层面提出建设和发展边境民族文化国家公园的构想。具体操作是构筑集生态环境、族群传统文化、族群聚居规模、族群精英以及民居建筑等在内的综合评判标准，对发展条件较好的滇西边境景颇族地区进行试点发展。旅游资源全面覆盖区域内景颇族村寨或小镇、山林以及农田等所内含的族群文化体系，并围绕族群文化象征符号体系，以符号－意义二维指标优化公园的功能区布局、体验项目、景观小品与基础设施等配置，综合发挥像似符号、指示符号与规约符号的意指作用，引领游客由浅至深地从符号体验中认知边境景颇族的文化内涵
边境民族团结文化公园	边境民族团结文化是边境多族群于共域的社会、经济、文化交往中所形成的文化新形态，并通过社会经济活动以作文化符号与意义的递进表征。边境景颇族与滇西其他族群的关系联结，经历了从早期的相互隔离到尝试接触再到全面交往的递进，常伴随着由客观外在条件所引致的"分离－融合"逻辑演变。通过对滇西边境族群的历史文献与民间叙事进行考究和整理，以滇西边境族群的关系演变为整合线索，以中缅边境族群之间的社会、经济、文化乃至共同抵御外敌的交往形态为表征内容，对其中所含的族群团结文化意涵进行解析与符号建构；其次是以中缅边境族群团结文化为主题，对公园的空间布局进行规划，通过公园景观的创意表达，合理组织体验项目，重现有史以来滇西边境中缅两族及境内傣族、景颇族与阿昌族等民族的和谐交往画面

（九）中缅边境民族文化小镇模式

滇西中缅边境小镇荟萃，且多是边境民族实体早期建构起来的社会空间，后经边境各族群的社会经济交往而赋予其更为复杂的社会结构，形成多元边境族群共享的融合场域。为突显滇西中缅边境小镇的边境性特色，依托"城旅融合"理念来发展中缅边境民族文化小镇，将成为边境民族文化旅游发展的关键突破之一。滇西中缅边境民族文化小镇包含两种改造形式（见表 8）。

表 8 中缅边境民族文化小镇模式

模式类型	优化方向
境内边境民族文化小镇	如以德宏州梁河县遮岛镇、盈江县旧城镇等边境傣族历史小镇为重点，首先，围绕边境傣族文化体系，有特色地建设城镇基础设施、公共服务设施与旅游配套设施体系，从城镇最基础层面进行"文化着色"，赋予其边境傣族文化内涵，使之成为游客直观感知边境傣族文化小镇主题的首要载体；其次，有层次打造一批城镇内的边境民族文化体验项目：从边境傣族的历史演变、边境族群文化融合中总结边境性特色（如边疆土司制度），并以边境傣族民风民俗、名人故居、文化遗迹、土司衙门、傣族饮食以及旅游购物等为资源依托，通过"一站式"体验全方位组合资源结构
边境族群文化小镇综合体	对相邻国家的两个毗邻城镇进行综合规划，以两个城镇的边境民族文化差异构成比较性体验价值，并通过两镇旅游产品协商开发、旅游形象联合推广、旅游市场互相监督等相关合作带动旅游设施共建与旅游市场共享进程。此外，为方便游客进出小镇综合体而优化通关手续也是综合体建设的基础内容。以中国畹町－缅甸九谷为例：畹町的边境傣族、景颇族等族群与九谷（缅语"棒赛"）的缅甸人（以掸族为主）虽交往密切，但因国属有异，文化特色也有微观差异。为提升两侧中缅边境民族文化旅游的吸引力，以便捷的通关政策、两侧差异化产品体系、休闲度假接待体系构建、城镇风貌主题规划为主要特色的边境族群文化小镇综合体模式不失为一发展良策

三 空间优化模式构建

空间优化模式是在滇西地理、社会文化空间场域内对边境民族文化旅游的空间职能进行区分，其构建遵循"圈层多族属，同属多核心，核心结成带，以环扣相接，梯度层序发展"的价值路径，意即边界圈层与阈界圈层包含多元边境族属文化旅游形态，同族属的边境民族文化旅游发展又以不同的旅游主题为核心支撑，以多主题核心点连接成族群旅游环带，并在本族群或跨族群的文化过渡空间构筑发展模式，实现文化旅游体验的柔性过渡，最后在整体空间范畴内构建起边境民族文化旅游的梯度发展格局。

（一）边界圈层

从滇西边境民族文化旅游资源的空间分布格局上看，边界圈层由北至西再到南部边境交错分布着傈僳族、景颇族、阿昌族与傣族四个边境族群，其中阿昌族向阈界圈层延伸的范畴较广。基于边界线带状分割与资源结构的空间形态，可将边界圈层的边境民族文化旅游空间优化模式构建为"三廊一带"模式（见表9）。

表9 边界圈层"三廊一带"边境民族文化旅游空间优化模式

三廊一带	优化方向
边境花傈僳文化旅游廊道	涉及滇西北部保山市的腾冲市与德宏州的盈江县边境的花傈僳，基于滇西花傈僳文化主题差异化与空间统筹而开发构建"边境花傈僳文化旅游廊道"是滇西傈僳族谋求旅游发展的关键突破口之一
边境景颇族文化体验廊道	覆盖滇西西部与西南部边境，滇西盈江县、陇川县与瑞丽市边界圈层交错分布着人数较多的景颇族，以所建构的多元内生发展优化模式为引导，将各核心旅游点联结起来构建边界圈层的第二重廊道，并将其打造为滇西边境景颇族文化旅游的核心区域
边境傣族文化旅游体验廊	集中分布于滇西德宏州南部与东南部的边境瑞丽市勐卯镇、畹町镇与芒市边境平坝地区，是内生发展模式中的双边文化体验模式与文化休闲度假模式以及边境民族民间市场体验模式的优选旅游空间场域
缅甸边境民族文化旅游带	承袭内生发展模式中的"双边文化体验模式"，包括双边跨界族群的文化对比体验和缅甸异域风情文化体验，旅游带所蕴含的体验实质属于跨境旅游，是边界圈层内独特的他国族群文化体验形式，主要采取两国合作的方式，如"傣-掸双边文化体验模式"

（二）阈界圈层

滇西边境民族地区的阈界圈层大致涵盖德宏州芒市、陇川县、盈江县部分边境民族地区与梁河县全域，以及保山市龙陵县、隆阳区、施甸县与昌宁县部分民族分布地区，滇西五大主体边境民族交错分布其间。为保证旅游空间体验结构布局的合理性与科学性，基于滇西边境民族文化旅游资源的空间结构与以点—轴—面建构路径为参照，构建"四环一轴"空间布局模式（见表10）。

表10 阈界圈层"四环一轴"空间布局模式

四环一轴	优化方向
边境傣族文化旅游环（内环）	滇西边境傣族基本贯穿了滇西区域的核心空间，且因边界圈层的空间过渡效应，该圈层的民族文化受缅甸文化影响相对较弱，在阈界圈层的核心地区形成了傣族文化核心圈层。构筑边境傣族文化旅游内环既确定了傣族文化核心圈层的地位也扩充了阈界圈层的文化旅游空间
傣族与景颇族文化旅游环（外一环）	由北环、西环与东南环的景颇族文化旅游环线、西南环与南环的傣族文化旅游环线所组构起来的二元边境民族文化旅游环线，以主体边境民族傣族与景颇族的边境性文化体验为主，以"刚"和"柔"为主体思路阐释两个民族如何实现共生联动
德昂族文化旅游环（外二环）	以德宏州与保山市龙陵县的德昂族边境性文化为表述文本，通过主题差异化组团式发展形成各自的旅游增长极，再以过渡空间的发展模式实现组团成带，构建边境德昂族文化旅游主题环线
滇西保山傣族文化旅游环（外三环）	由德宏州与保山市交界地带以及保山市境内的傣族文化旅游核心点与主题式组团所联结的环线，以其文化差异性为主要内容，适时放大同族属的传统文化差异性部分，并结合族群的地域文化与新兴文化改善资源的替代性竞争压力
阿昌族文化体验轴（一轴）	阿昌族文化体验轴自陇川县边界向梁河县、龙陵县与腾冲市方向延伸，其发展以文化体系的主题化分异呈现为思路，凭借微观空间的资源组团优先构筑旅游增长极，再凭借文化渗透模式、多元文化节事模式等内生发展模式实现跨空间联结，构筑边境阿昌族文化精品旅游轴线

阈界圈层的"四环叠一轴"空间优化模式践行了"圈层多族属，同属多核心，核心结成带，以环

扣相接"的构建标准，不仅在旅游环线与轴线布局上明晰了滇西所涉及的边境民族文化主题发展空间结构，通过环线与轴线上的组团式发展或点状聚集也丰富了其族属文化的旅游表述向度，从滇西整体边境民族文化旅游的框架结构中廓清了不同族属的旅游体系，并建构起同族属的旅游发展结构。可以说，"四环一轴"空间布局模式对滇西边境民族文化旅游空间结构进行了合理配置，使旅游主题更清晰明了，旅游线路的组织更有章可循。

（三）过渡空间

以主题有异的文化归属对边境民族文化旅游过渡空间的发展模式进行系统设计是该模式构建的主要思路，以"环扣相接"为主要路径。其优化模式可总结为"环扣承接模式"，包括两种模式设置（见表11）。

表11 过渡空间"环扣承接模式"

模式类型	优化方向
点状网络发展模式	对同环线多组团的同族群边境民族文化旅游而言，通常组团之间文化主题有异，因而过渡空间的旅游衔接点既要强调一定的文化归属又要实现体验项目地域结构组合的连贯性，如阈界圈层的边境德昂族文化旅游主题环线内的各组团之间存在空间过渡区域，为突显环线内的德昂族文化主题，便需在过渡空间采取"文化要素支撑模式"等模式来衔接各组团
文化复廊	针对同一环线内、环线之间与环轴之间不同的边境族群文化过渡空间而言，由于族群之间存在族群界与空间界线，经历史调适共创出共识的过渡区域。笔者认为"文化复廊"的打造或许能有效地挖掘过渡空间的旅游价值，"文化复廊"指的是在过渡空间设置双重边民族指向的文化体验廊道，以环线或轴线上的边境民族文化为层序终端，设置"进-出"二维走向，提炼两端环线或组团节点的文化资源，对过渡空间进行旅游话语表述。如边界圈层的三重廊道作为边境傈僳族、景颇族与傣族文化旅游表述的复合性空间，可在傈僳族与景颇族文化体验的过渡空间中设置从景颇族文化旅游场域指向傈僳族文化旅游场域的过渡廊道与从傈僳族过渡到景颇族文化体验的过渡廊道，景颇族与傣族的文化复廊同样如此，而复廊的文化主题表述则以终端层的边境民族为主

滇西边境民族文化旅游过渡空间的发展模式可有效融合部分内生优化模式，该模式的关键功能在于对主题性边境民族文化旅游的空间导入，为游客的多元边境民族文化旅游体验提供心理调整、文化感知的过渡调适，使游客获得系统且内容明晰的滇西边境民族文化旅游经历。

边境地区民族文化旅游独特的内涵结构决定其发展模式也是自成体系的，以边境民族文化的边境属性为核心标识构建系统的内生发展模式与空间发展模式不仅能彰显边境民族文化旅游的微观场域特色，还能为民族文化旅游的精品式、典型性发展提供具体文本操作与空间结构重组的参考价值。

"科学主义"与"普世常数"

——对马文·哈里斯文化唯物主义的解读[*]

张 岳[**]

摘 要 延续文化人类学中的科学主义倾向,针对当时美国人类学界乃至西方社会人类学的发展状况,为了提升文化人类学的智识贡献和直面社会现实的能力,马文·哈里斯提出了"文化唯物主义"。以"生态环境、人口再生产、物质生产、技术和个体理性选择"为基础,兼顾行为事件和思想事件、主位与客位视角,构建了一个关于人类社会文化现象及其演化过程的具有内在一致性的、因果性的解释体系。文化唯物主义的提出在某种程度上平衡了文化人类学的人文传统与科学传统,对于今天的文化人类学学科发展和现实责任承担都具有一定的启示意义。

关键词 科学主义;普世常数;文化唯物主义;马文·哈里斯

DOI:10.13835/b.eayn.26.21

一 问题的思考:在人文与科学两端之间失衡的人类学

在回顾社会人类学或文化人类学的发展历史时,人们可以用现代/后现代的二元范式对立来分析这一过程[①],也可以用科学与人文的二元对立来构拟之。如果说人类学是达尔文之子,那么它也是"科学之子",人类学专业之所以能从异域猎奇中走出,成为现代学科之一,最初凭借的是进化理论,也是凭借的科学名义,而作为人类学立身之本的、特有的研究方法——田野工作,其能够成立也是因为英国人类学家群体,特别是马林诺斯基为之确立了科学的规范和范本[②],被称为科学民族志方法。但是,到了20世纪60~70年代,人类学中出现了对科学主义的反叛思潮,人文主义兴起,一些学者主张抛弃对于人类社会文化中的规律的探求,而将目光关注于文化的意义、个体的主观经验和意识,强调对不同文化和个体的理解、尊重,强调不同文化和个体的权利和共同发展,例如在美国,文化人类学界分为两大阵营,"一派呼吁一种基于人文性的人类学,而一派……提倡一门按自然科学方式塑造的人类学"[③],其中典型的是阐释人类学的出现,格尔茨的观点——"对文化的分析不是一种寻求规律的实验

---

[*] 本文受教育部人文社科青年基金项目"族群经济的中国经验及其在少数民族'有序'城市化中的功能研究"(15YJC850024)资助,就此感谢。
[**] 张岳,西南大学文化与社会发展学院。
[①] 张连海:《从现代人类学到后现代人类学:演进、转向与对垒》,《民族研究》2013年第6期。
[②] 高丙中:《民族志的科学范式的奠定及其反思》,《思想战线》2005年第1期。
[③] 张连海:《从现代人类学到后现代人类学:演进、转向与对垒》,《民族研究》2013年第6期。

科学，而是一种探求意义的解释科学"①，越来越成为众多人类学者所认同和实践的目标。从此以后，"科学"一词从社会或文化人类学中日益消退了，许多从事人类学研究的人们满足于将人类学定位于一个人文学科，彼此比拼到底谁对于五彩斑斓的人类社会文化现象的描述和理解更为"深入"，甚至是"更为玄妙"，比拼着谁对于那些未曾发声的"本地人"的人文情怀更为真挚。然而这样做的缺陷也是值得注意的。比如，单一皈依于人文主义，文化人类学的专业性和智识贡献力难免会下降。一方面，失去了对"科学性"的追求，文化人类学的专业性和权威性会有所下降，人类学家如何将自己与其他身份的讲述者区分开来会成为一个问题，出现"人类学家在大量涌入田野的新闻记者、撰稿人、旅游者面前逐渐失语"②；另一方面，失去了"科学性"这个哪怕是不稳固的参照系，人们便容易误入"取悦于世于时"的歧途，因为就人文学科定位的本质而言，常常会造成对于同一现象人们争论的并不是谁更为真实、谁掌握着真理或相对真理，甚至也不是上面所说的谁的描写和理解更"深入"，谁的人文情怀更真挚，因为这两点是很难衡量的，其必然会被转化为这样的标准：谁更能够赢得"人心"，包括本地人的人心和学界内学者的人心，即谁更符合两者的当下的认知和观念。这样的文化人类学在某种程度上岂不成了随世而转易的文化人类学了吗？如果要提高一个学科的智识贡献力，自然是不能"随世而转易"的，而至少应该在某种程度上让"世随我而转易"。

当然，在文化人类学中人文主义并非完全没有道理，在"唯科学"缺陷日显、科学话语受到质疑的时代，在全球化让异质的人们更为轻易相遇的背景下，人类学人文主义本身就是一种贡献。但，正如从现代/后现代二元对立范式来看文化人类学的发展，在后现代人类学范式出现之后，现代人类学范式并没有也不可能被取代，也不应该被取代一样，正如现代人类学范式和后现代人类学范式在当下也在相互补充和促进一样，人类学中科学主义和人文主义的二元对立，并不应该是一方压倒另一方；文化人类学不应该在科学和人文两端之间失衡，而应该让两者相互匡正、共同形成自己的发展面貌，以提高自己的智识贡献力和回应现实问题的能力。

正是基于上面的思考，笔者认为应该对于文化人类学发展历史中的科学主义思想进行一定的回顾，借鉴其中的合理之处，以促进文化人类学在科学和人文之间达到一个比较好的平衡。本文即是对于马文·哈里斯这个曾经力持科学主义倾向的人类学家之思想观点的梳理和解读，说明其理论底色和核心观点，探寻形成的个人学术思路和学科背景，以及其对于当下的启示意义。

马文·哈里斯 1927 年出生于美国纽约市布鲁克林区，在哥伦比亚大学人类学系获得博士学位，早期受到博厄斯学派的人类学传统影响，后来在 1968 年发表《人类学理论的兴起》质疑传统的人类学范式，提倡一种关于人类社会的"文化唯物主义"解释③，在他以后的著述中，特别是在 1979 年发表的《文化唯物主义——为一种文化科学而奋斗》中，哈里斯逐渐完善并系统地阐述了他的"文化唯物主义"主张。有的学者认为，马文·哈里斯的文化唯物主义是马克思理论与达尔文自然选择理论的综合。④ 实际上，哈里斯的文化唯物主义还受到了马尔萨斯人口理论和现代经济学思想的影响。哈里斯以其理论观点的执着、一致和富有特色，以及在饮食问题、亲属关系、宗教、人类社会变迁问题等方

---

① 克利福德·格尔茨：《文化的解释》，韩莉译，译林出版社 2004 年版，第 5 页。
② 张小军、木合塔尔·阿皮孜：《走向"文化志"的人类学：传统"民族志"概念反思》，《民族研究》2014 年第 4 期。
③ Harris Marvin. *Rise of Anthropological Theory: A History of Theories of Cultures*, New York: Crowell, 1968.
④ Price. Barbara. J. "Cultural Materialism: A Theoretical Review," *American Antiquity*, Vol. 47, No. 4 (Oct., 1982), p. 709.

面的经验研究，而成为一种颇具影响力的研究策略[1]，也在人类学发展历程中成就了一家之言。

二 "科学主义"的立场

"科学主义"（scientism）是一个由来已久而内涵并无一致性观点的术语[2]，不过，许多人认为，如果诸多科学主义主张者有共识的话，大致在这些方面：一、科学是人类知识中最有价值的部分；二、自然科学是真正的科学知识，也是人类知识的典范；三、自然科学的方法是认识世界的唯一正确而有效的方法，不仅适用于自然界，也适用于人类社会。[3] 以此标准来衡量，马文·哈里斯无疑是一个"科学主义者"，他说"我相信，科学是获得有关我们生活的世界的知识的一种优越的方法"，"文化唯物主义是或者可能是一种科学的研究策略"。[4] 实际上，他提出"文化唯物主义"的目的就是建立一种关于人类社会文化差异性和相似性的科学的理论。

相应于这种"科学主义"的目的，哈里斯维护科学的有效性和可靠性。在西方哲学的发展历程中，"科学主义"虽然在19世纪60年代以后逐渐兴起，但也受到了很大的非议与挑战，这种挑战的一个指向就是质疑科学是不是认识世界的唯一正确而有效的方法，尤其是不是总是正确而有效的方法。[5] 对于这一问题，哈里斯给出的答案是：科学认识方法不一定总是准确的，但肯定是相对有效的。在哈里斯看来，科学做不到"绝对意义上"的准确，不能让人们获得关于认知对象的"绝对意义上"的确实性把握。但科学还是可以辨识的，因为科学相对于其他认识方法具有"相对意义上"的有效性。"科学被认为是一种独特的认识方法，不再是因为在各种认识方法中只有它才能够达到确实性。……在判断科学理论时，不要询问哪一种理论在一切情况下都会导致精确的论断，而是询问哪些理论在较多的情况下能够导致精确的论断。"[6] 同时，科学的这种相对有效性也并不会削弱科学的权威性和优越性，也不是放弃科学的理由，而应该成为人们追求科学的动力，"没能达到完全的预见性并不会使科学理论变得软弱无力，只不过会吸引人们去做得更好罢了"[7]。

那么，什么才是相对有效而优越的对于人类社会文化的科学认识呢？哈里斯认为，人类社会由两种根本不同的事件构成，一种是行为事件，由另一种是思想事件。一种对人类社会文化的科学认识应该能够相对有效而且确实地区分和把握这两种事件。"关于人类社会生活的科学研究必须同等地关注两种根本不同的现象。一方面，存在着构成人类行为流的活动……另一方面，存在着我们人类头脑中感受到的所有思想和感觉。鉴别性的操作方法必须用于使有关每一领域的论述有科学的可靠性。"[8] 在哈里斯看来，要做到这一点，必须反思性地使用人类学传统上区分的"主位"和"客位"视角。哈里斯认为，肯尼思·派克提出的这一主位和客位视角的区分，让人们澄清了主观、客观与主位、客位的区

---

[1] 哈里斯主张用"研究策略"来取代"范式"一词，具体参见马文·哈里斯《文化唯物主义》，张海洋、王曼萍译，华夏出版社1988年版，第31页。
[2] 参见陈其荣《科学主义：合理性与局限性及其超越》，《山东社会科学》2005年第1期；李侠《科学主义的内涵与特征》，《中南大学学报》2005年第6期。
[3] 参见陈其荣《科学主义：合理性与局限性及其超越》，《山东社会科学》2005年第1期；杨寿堪、李建会《现代科学主义与人本主义哲学的基本特征及其走向》，《学术月刊》2001年第11期。
[4] 马文·哈里斯：《文化唯物主义》，张海洋、王曼萍译，华夏出版社1988年版，第4页。
[5] 参见陈其荣《科学主义：合理性与局限性及其超越》，《山东社会科学》2005年第1期。
[6] 马文·哈里斯：《文化唯物主义》，张海洋、王曼萍译，华夏出版社1988年版，第11页。
[7] 马文·哈里斯：《文化唯物主义》，张海洋、王曼萍译，华夏出版社1988年版，第11页。
[8] 马文·哈里斯：《文化唯物主义》，张海洋、王曼萍译，华夏出版社1988年版，第36页。

别，由此可以纠正许多关于人类社会的知识，特别是人类学传统范式中的缺陷[1]，从而通向一种关于人类社会文化的科学认识。"派克所做的这种区分的重要性在于使人类各学科中主观性和客观性的意义得到了澄清。客观的并不是采取一种客位观点，主观的也并不是采取一种主位观点。客观地看待——就是科学地看待——主位现象和客位现象显然是可能的。"[2]"不能区分心理流事件和行为流事件，不能区分主位操作方法和客位操作方法的研究策略，就不能发展出包括研究社会文化的差异和相似之处的起因的首尾一致的理论网。"[3] 具体地，哈里斯将人类社会存在的两种事件——行为事件和思想事件，与主位和客位这两种研究视角结合起来，将由此产生的知识分为四种：以主位视角获得的关于行为事件的知识、客位的/行为的、主位的/思想的、客位的/思想的。这四种知识相互之间可能有很大的差异，哈里斯以他在印度南部喀拉拉邦所做的调查为例来说明这种差异性。在印度喀拉拉邦特里凡得琅地区，小牛性别与死亡率之间具有密切联系。根据哈里斯的调查，一岁以下的公牛数量远低于同年龄组的母牛数量，两者之间的比例是 67∶100，也就是说，幼年小牛中雄性的死亡率远高于雌性。就此现象，哈里斯访谈了当地农民，询问他们关于自家牛的死亡原因，每个农民都坚持说，他们都支持印度教不准屠杀家牛的规定，绝不会故意让任何一头牛饿死或杀死他们，之所以幼牛中牡牝不同而死亡率差异甚大，是因为小公牛相对于小母牛而言更虚弱，吃的更少，也更容易生病；而实际上，哈里斯认为，小牛中公牛比母牛的死亡率高，是因为在印度喀拉拉邦特里凡得琅地区，由于生态和经济条件的关系，生产上很少需要畜力，所以人们会有选择性、有系统地采用提高公牛死亡率的方法来调整当地牛的性别比率。这样，对于印度喀拉拉邦特里凡得琅地区的小牛中公牛死亡率远高于母牛的社会现象，通过假设这是非自然的原因，而是人为造成的，分解和关联为当地农民的喂养行为和思想，即行为事件和思想事件，然后根据主位和客位视角，可以形成四种关于这种现象的形成原因的解释：第一种是主位的/行为的，即"没有小牛被饿死"；第二种是客位的/行为的，即"小公牛被故意饿死了"；第三种是主位的/思想的，即"遵守印度教不准屠杀家牛的规定，所有小牛都有生存权"；第四种是客位的/思想的，即"当饲料不足时让小公牛饿死"（见表1）。很明显，四种知识彼此之间是不相同的；对于同一行为，主位和客位的描述是不同的，由主位获得的知识是"没有小牛被饿死"，由客位获得知识是"小公牛被故意饿死了"，完全对立；对于同一群当地农民的思想而言，由主位获得的知识是"遵守印度教不准屠杀家牛的规定，所有小牛都有生存权"，由客位获得的知识是"当饲料不足时让小公牛饿死"。那么，四者之中何种知识是科学的呢？应该如何在行为、思想和客位、主位之间进行协调以达到科学的认知呢？哈里斯认为，由主位的视角获得的关于行为事件的知识，以及由客位视角获得的关于思想事件的知识，是最有疑问和不可靠的。第一，对于从主位视角获得的关于行为事件的知识，虽然不可能是完全的主观想象，"只有当人们完全被蒙蔽时，才能断定他们的行为描述只是指思想现象"[4]，但很可能是不符合客观事实的，例如上例中"没有小牛被饿死"这一知识明显不符合当地一岁以下公母牛比例 67∶100 的事实，在哈里斯看来，这是由于主位视角关于行为事件的解释很可能"受到蒙蔽"的结果："很清楚，关于行为流中种种事件的主位说法和客位说法之间的差异是衡

---

[1] 当然针对派克和一些人类学家的观点，即认为客位的知识本质上也是主位的，只是通向主位知识的中间阶段，哈里斯辩称，客位的知识并不是基于观察者自身的主观概念而产生，而是基于客观的科学理论的概念与范畴，参见《文化唯物主义》第38、41、49、54页。
[2] 马文·哈里斯：《文化唯物主义》，张海洋、王曼萍译，华夏出版社1988年版，第40页。
[3] 马文·哈里斯：《文化唯物主义》，张海洋、王曼萍译，华夏出版社1988年版，第39页。
[4] 马文·哈里斯：《文化唯物主义》，张海洋、王曼萍译，华夏出版社1988年版，第45页。

量人们对周围发生的事情受蒙蔽程度的重要尺度。"① 由此，从主位视角去描述和分析行为事件就被哈里斯在很大程度上否定了。第二，对于从客位视角获得关于思想事件的知识，哈里斯认为尽管这可能有利于"帮助探索提供消息者头脑内不太突出的或无意识的信念和规则"②，却也是陷阱重重，特别是进行跨文化的研究时，更容易张冠李戴，事实上成为客位旁观者自己的主观想象和推测。例如上例中"当饲料不足时让小公牛饿死"，究竟是当地农民头脑中真实存在的思想，还是当地农民头脑中无意识的但却是真实存在的思想，又或者只是旁观者自身的想象和推测。因此，哈里斯认为："人类学家应该少量地把客位研究方法用于思想生活。"③ 由此，在四种类型中，只有客位的/行为的和主位的/思想的，是哈里斯所主张的科学途径。事实上，在对人类社会文化体系进行结构性划分的时候，哈里斯提出了一个"普遍模式"的结构分析，即"客位行为的基础结构、结构、上层建筑、思想的和主位的上层建筑"④，其中就突出强调了客位的/行为的和主位的/思想的两种类型。当然哈里斯也并没有完全抛弃其他两种类型，只不过认为其中充满了陷阱，是需要谨慎辨别的。

表1 哈里斯的四种类型

	主位的	客位的
行为的	没有小牛被饿死	小公牛被故意饿死了
思想的	遵守印度教关于不准屠杀家牛的规定，所有小牛都有生存权	当饲料不足时让小公牛饿死

除此之外，作为一个"科学主义者"，哈里斯也赞同"科学主义"的另一个观点，即科学方法同样适用于自然界和人类社会。哈里斯反对将自然科学与社会科学割裂开的做法。他认为，这种做法是一种欧陆哲学的传统，"根据这个传统，对于人文现象不能进行种种有规律的概括"⑤。实际上是否认人类社会中存在可以获得的所有程度上的规律性。他认为，虽然人类社会与自然界有着显而易见的不同之处，人类社会是由具有能动性的人构成的，但这并不意味着人类社会是完全与自然界相割裂的。因为人类社会是处于自然界之中，受到自然界特别是生态环境的约束，也受到与其他动物一样的物质获取和生育问题的限制。同时，虽然人类社会中的规律性并不像自然界那样具有强约束，但在社会文化现象中肯定是存在着规律性的，"在相似的条件下相似变量一般会产生相似的结果"⑥。因此，哈里斯强烈反对那些在割裂自然科学与社会科学前提下，否认人类社会存在着规律性从而不去追求对人类社会文化进行"因果性"解释的种种主张，因为这样做就成了一种非科学的观点。例如，在他看来，他所称的蒙昧主义就是不去追求"因果性"解释的非科学主张，而胡塞尔的现象学就是其中的一个代表，胡塞尔在自然科学和社会科学之间划出了一条界线，认为自然科学不能应用于社会文化生活。因为社会文化生活中最根本的特征——人的主观意义，乃是自然界所不存在的，所以对于社会文化生活的研究应该注重于通过"移情"方式达致对于人的主观意义的理解。在哈里斯看来，这种论调推演下来就会形成"主位真实"和"主位真理"，抹杀一种超越个体和不同文化体系的客位规律的存在，成为一种文化唯心主义。而文化唯物主义"承认科学真理是一种社会产物，但它否认科学理论体系必然

---

① 马文·哈里斯：《文化唯物主义》，张海洋、王曼萍译，华夏出版社1988年版，第46页。
② 马文·哈里斯：《文化唯物主义》，张海洋、王曼萍译，华夏出版社1988年版，第46页。
③ 马文·哈里斯：《文化唯物主义》，张海洋、王曼萍译，华夏出版社1988年版，第46页。
④ 马文·哈里斯：《文化唯物主义》，张海洋、王曼萍译，华夏出版社1988年版，第64页。
⑤ 马文·哈里斯：《文化唯物主义》，张海洋、王曼萍译，华夏出版社1988年版，第196页。
⑥ 马文·哈里斯：《文化唯物主义》，张海洋、王曼萍译，华夏出版社1988年版，第4页。

会随着文化的不同而有所不同","主位的真理必须从相对的角度上去看待,但……社会文化真理的领域并不穷尽于主位成分,还存在着客位的真理,而这些真理是不会随着每个文化的可理解性系统而变化的。……只会随着科学的观察者的共同体的公认的资料搜集和检验理论的程序而改变"。① 也就是说,哈里斯认为,人类社会存在着规律性,可以通过一种融通社会科学和自然科学的办法,去追求一种"因果性"解释,获得一种"客位真理"。

另外,哈里斯的"科学主义"的立场,还表现在他坚决反对"相对主义"。哈里斯并不主张有些"科学主义"者所持有的"科学万能论",认为科学没有边界,也可以解决一切问题。哈里斯认为,科学当然有自己的界限,有些事情是不能通过科学的方法来获得的,例如获得对于上帝的热情。同时,在日常生活中,科学也可以与其他的方法和知识在某种程度上和平共处,例如与宗教、不可知论等知识事实上是共处的;但是,如果将这种科学的非万能论转而走向相反的方向,认为科学只能在相对意义上成立,认为科学只有相对的真理,甚至是没有真理,认为科学方法只是相对意义上的众多认知方法中的一员,就成了一种人类智识的后退,就是"对人类理智的犯罪",同时也是一种对人类道德的侮辱。因为这种相对主义抹杀了科学知识与非科学知识的界限,抹杀了真实与非真实的界限,也常常失去了道德准则。抹杀科学与非科学知识的界限,就会对我们的生存构成严重威胁,例如抹杀医学与巫术之间的差别,就会影响对疾病的治疗;抹杀对于战争知识的科学认识,如果认为战争是人的本性,就会合理化战争。抹杀真实与非真实的界限,就会合理化世界上的不合理不公平现象。"那种认为所有的事实都是虚构的以及所有的虚构都是事实的学说是一种道德上堕落的学说,是一种把被攻击者与攻击者、被折磨者与折磨者、被杀者与杀人者融为一体的学说。"② 由此,哈里斯认为,在失去科学带来的客观真理和客观真实的前提下,相对主义,乃至认识论的无政府主义,其实就是一种意识形态,一种合理化现存社会秩序的意识形态。

总而言之,哈里斯持有基本的科学立场,认为科学是一种相对优越而有效的求知方法,相比较于其他观点,特别是相对主义而言,科学具有可靠性和解决问题的实践能力以及道德上的合法性,而且在研究人类社会文化的时候,能够找到一种科学方法,比如他提倡的兼顾行为事件与思想事件、兼用主位和客位视角的方法,来获得一种关于人类社会文化的普适性的、因果性的和客观的理解。

三 "普世常数"

为了追求一种关于人类社会文化的"科学",即"客位真理",哈里斯需要寻找超越不同人群、文化体系的普适性的元素来构建自己的理论体系。哈里斯在对人类社会文化体系进行结构分析时,提出"文化唯物主义所断定的社会文化体系的普遍结构依赖于生物学和心理学的人类本性的常数"③。这些常数在哈里斯看来包括人的生物需要——饮食、性欲,人的社会需要——安全与情感,人的事业心和理性。④ 实际上,哈里斯的文化唯物主义理论体系不仅仅局限于这些微观层面的、"生物学和心理学的人类本性常数",其理论也奠基于一些核心的、宏观层次的"普世常数"之上。在哈里斯的文化唯物主义中,所谓的常数有三个方面的含义,一是这些"常数"在各种人类群体中都普遍存在,超越人

---

① 马文·哈里斯:《文化唯物主义》,张海洋、王曼萍译,华夏出版社1988年版,第171页。
② 马文·哈里斯:《文化唯物主义》,张海洋、王曼萍译,华夏出版社1988年版,第379页。
③ 马文·哈里斯:《文化唯物主义》,张海洋、王曼萍译,华夏出版社1988年版,第61页。
④ 马文·哈里斯:《文化唯物主义》,张海洋、王曼萍译,华夏出版社1988年版,第78、79页。

群、社会文化差异;二是这些"常数"是稳定存在的,不以人的意志为转移,不是人的意志所能消除的;三是这些"常数"在关于社会文化差异性与相似性的科学解释中起基础性的作用。哈里斯给出的这些"普世常数",在宏观层次上,包括生态环境、人口、经济和生产技术。

受斯图尔德的文化生态学的影响,在哈里斯的眼中,生态环境是一种人类社会文化演化不得不适应之并受其影响的常数[1];具体地,生态环境于文化唯物主义理论而言,有三个方面的内涵。首先,生态环境对于哈里斯来说更主要的意义是一种"资源"属性,而不是一种怡情之物,或思想驰骋之界,这体现了一种研究"资源配置"的现代经济学的思维。其次,生态环境的"资源"属性表现为一种"显性"特征,即在一定的技术条件下可意识到的、可能利用的特征,如石油只有在一定的技术条件下才可能被意识到,才可能被开发利用为一种资源;生态环境的资源属性主要指的是这种"显性"资源,而不是潜在的、在未来可能被开发的资源。最后,生态环境作为一种资源,在哈里斯看来,更多的是一种限制因素,而不是一种基于技术进步可以无限利用的对象,也就是说,哈里斯看待资源的眼光多少是有点"悲观"的,因为在他眼中,生态环境作为一种资源,在一定的技术条件、人口规模以及维持生活水平的要求下,有一种枯竭的倾向。这种"资源的枯竭倾向"是哈里斯文化唯物主义的最重要出发点之一。

"人口"常数,在哈里斯的理论中即指人口再生产。哈里斯的文化唯物主义虽然深受马克思思想的影响,但他认为马克思忽视了人口再生产在人类社会文化演化过程中的重要作用,"未能赋予人口控制的技术发展在文化演化中以中心作用,极大地损害了经典和新潮的马克思主义原则和理论的可信性"[2]。在他看来,"在生产中没有比人口再生产——生产人——更重要的方面了"[3]。之所以强调这一点,哈里斯有自己的理由。哈里斯认为,对于人类社会而言,人口有一种自我增殖的趋势,"既然异性恋爱行为是我们种族延续以来的一种遗传学上规定下来的关系,那么减少人类繁衍就不是一件容易的事"[4];这种自我增殖的趋势,在既定的生态环境(可资利用的资源)和生产方式下,会产生一种哈里斯所谓的"生殖压力",即人口规模增加对于维持既定的生活水平的威胁。为了应对这种压力或威胁,人类社会可以选择的途径有两种,一种是控制人口,另一种是"强化生产"。哈里斯认为,控制人口是人类历史中曾经普遍采用的一种应对人口压力和维持既定生活水平的方法,其中包括诸多的野蛮堕胎法、杀害女婴、延长哺乳期、战争等,但这些控制人口"常常是一种代价巨大以至痛苦的过程"[5],在橡胶材质的避孕套发明之前也并不怎么有效,所以虽然在人类社会发展历史中一直存在着控制人口的方法,但人类社会也不得不转向第二种方法,即强化生产,从而可能造成"资源枯竭"和"技术进步"。所以,人口再生产的"生殖压力"是哈里斯文化唯物主义最重要的出发点之二。

经济常数,在文化唯物主义理论中主要指的是物质生产,即人类从自然界获得自己的物质所需,这里哈里斯服膺于马克思的观点。"指导文化唯物主义策略中的相互联系的一套套理论原则的核心,已经被马克思在下面这段话中预先提出:'物质生活的生产方式制约着整个社会生活、政治生活和精神生活的过程'。"[6] 与上段提到的"人口再生产"一样,物质生产也被哈里斯视为人类社会文化演化的基

---

[1] 史徒华:《文化变迁的理论》,张恭启译,远流出版事业股份有限公司1989年版,第45~48页。
[2] 马文·哈里斯:《文化唯物主义》,张海洋、王曼萍译,华夏出版社1988年版,第83页。
[3] 马文·哈里斯:《文化唯物主义》,张海洋、王曼萍译,华夏出版社1988年版,第82页。
[4] 马文·哈里斯《文化的起源》,黄晴译,华夏出版社1988年版,第3页。
[5] 张小军、木合塔尔·阿皮孜:《走向"文化志"的人类学:传统"民族志"概念反思》,《民族研究》2014年第4期。
[6] 马文·哈里斯:《文化唯物主义》,张海洋、王曼萍译,华夏出版社1988年版,第65页。

础性因素，因为"像所有生物一样，人类必须消耗能以获得能（以及其他维持生命的产品）"①。正如上文所提到的，在进行这种获得能的物质生产过程中，哈里斯认为会出现一种"强化生产"的现象，即迫于生殖压力和维持既定生活水平的需要，人类社会想办法提高"能"的获得效率，这就会导致两种后果。如果"强化生产"是发生在既定的生态环境和技术条件下，就可能造成"资源枯竭"，人类社会从发展的阶段性凸点回落；如果"强化生产"导致技术的进步和生产方式的转变，人类社会就会进入新的时期，例如从狩猎采集生产方式到农业生产方式的转变。在哈里斯看来就是在气候变化条件下强化生产导致的可供捕猎的动物的大规模灭绝所造成的，"情况似乎很明显，无论在旧大陆还是在新大陆，冰河期巨兽的灭绝促成了人类向农业生产模式的转变"②。但新的生产方式的出现并不意味着对物质生产"规律"的逃脱，而是进入一个新的循环：人口增殖，强化生产，资源枯竭，以致技术进步或者是发展回落。所以，物质生产的"强化生产"倾向是文化唯物主义理论最重要的出发点之三。

正如上文所言，生产技术常数在哈里斯文化唯物主义理论体系中的重要作用在于，它是对抗人口生殖压力、强化生产和资源枯竭的必然的途径。在人口生殖压力下，为了维持既有的生活水平，人们不得不强化生产，由此可能带来资源枯竭乃至发展的回落。为了避免这个前景，必须要求技术进步，"无论其涉及何种生产模式，避免生产率衰退的灾难性后果的唯一方式就是：转而采取更有效率的技术"③。但接下来的问题马上就是，技术进步为什么是可能的，或者说人类社会技术进步的动力是什么。今天，人们已经习惯于这样的常识，那就是技术进步似乎是自然而然的。在哈里斯看来，马克思的理论也假定了这一点，而并没有给出这个问题的答案。④ 对此，哈里斯的观点是，技术进步是人口生殖压力、强化生产和资源枯竭三重压力下的必然的追求与结果："我相信人口统计的因素有助于解释生产力的历史上的扩大。"⑤ 在此他假定了技术自身的积累与发展的前提，但并没有做出过多的论述。总之，技术在文化唯物主义理论体系中是人类社会维持自身发展水平和应对生殖压力的救赎的必然之路，也是文化唯物主义理论的最重要的出发点之四。

通过以上论述，可以看出，生态环境（主要是资源意义上的）、人口再生产、物质生产、技术能力这四个哈里斯提出的解释人类社会文化差异性与相似性的"普世常数"，彼此之间并不是相互独立的，而是在互动之中（具体如图1所示）共同在人类社会文化现象及其演化过程中发挥作用。其逻辑链条，用哈里斯的话就是："由于缺乏安全有效的避孕手段所造成的不可抗拒的生殖压力导致了周期性的生产强化。这种生产强化又总是造成环境资源的枯竭，后者通常又导致新的生产体制。"⑥ 在哈里斯看来，这样的互动为我们提供了理解人类社会文化差异性与相似性以及演化过程的钥匙，比如家庭结构、财产关系、政治经济和宗教信仰、饮食嗜癖和禁忌进化等现象。

如上文所言，在兼顾行为事件与思想事件、主位与客位的区分的前提下，哈里斯对人类社会文化体系进行了结构分析，提出了一个"普遍模式"，组成部分包括"客位行为的基础结构、结构、上层建筑、思想的和主位的上层建筑"。事实上根据哈里斯的论述也能够看出，这个"普遍模式"也是基于生态环境、物质生产、人口再生产、技术这四个普世常数而得出的，比如其中基础结构即是指的是

---

① 马文·哈里斯：《文化唯物主义》，张海洋、王曼萍译，华夏出版社1988年版，第66页。
② 马文·哈里斯：《文化的起源》，黄晴译，华夏出版社1988年版，第20、21页。
③ 马文·哈里斯：《文化的起源》，黄晴译，华夏出版社1988年版，第171页。
④ 马文·哈里斯：《文化唯物主义》，张海洋、王曼萍译，华夏出版社1988年版，第78页。
⑤ 马文·哈里斯：《文化唯物主义》，张海洋、王曼萍译，华夏出版社1988年版，第78页。
⑥ 马文·哈里斯：《文化的起源》，黄晴译，华夏出版社1988年版，第3页。

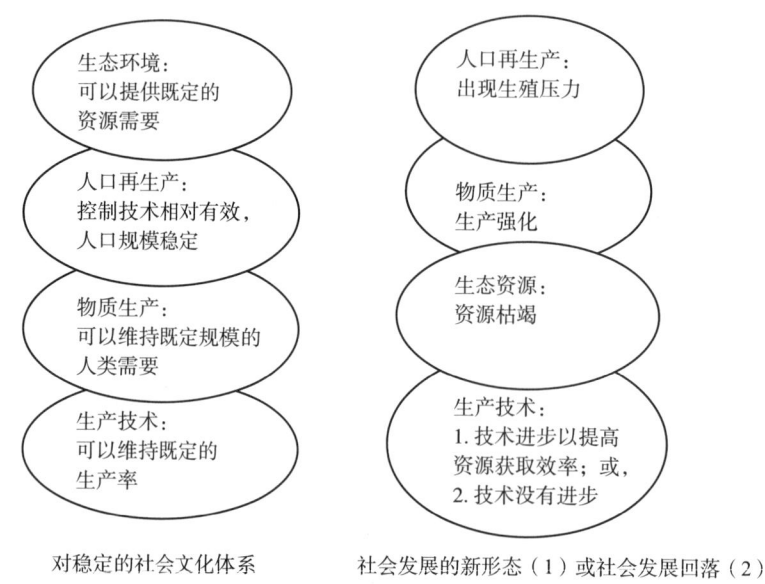

```
生态环境:              人口再生产:
可以提供既定的         出现生殖压力
资源需要

人口再生产:            物质生产:
控制技术相对有效,      生产强化
人口规模稳定

物质生产:              生态资源:
可以维持既定规模的     资源枯竭
人类需要

生产技术:              生产技术:
可以维持既定的         1.技术进步以提高
生产率                 资源获取效率;或,
                       2.技术没有进步

对稳定的社会文化体系   社会发展的新形态(1)或社会发展回落(2)
```

图 1 哈里斯的"普世常数"之间的关系

客位的物质生产和人口再生产。但这些都是在宏观层次上进行的考察,哈里斯自然不能不注意到微观层次上的人类行动:"对于建立文化唯物主义理论的任务来说,能够在一定的个人所做的行为选择同社会文化体系的总的反应之间建立起一种联系是必要的。"① 为了达到这种必要性的要求,哈里斯提出了一种微观层面的人类行动是宏观层面社会文化演化基础的观点,认为"社会文化体系的演化轨道出现趋异或趋同的原因的选择过程主要是在个人一级进行的;个人沿着这一种而不是另一种活动进程前进,结果是总的模式发生改变"②。而对于微观个体为什么选择这种行动而不是另一种,哈里斯给出了一个微观层面的常数——基于成本-收益计算之下的"理性选择"。"文化的进化如同生物的进化一样,一直(至少到现在为止)是通过那些使个人增加效益和降低成本的机会的变迁发生的。"③ 很明显,这种哈里斯式的理性选择理论具有现代经济学意味,是一种经济学式的理性常数。这种理性假定个体总是愿意而且有能力对成本和收益进行或简单或复杂的计算,并做出正确的选择,例如哈里斯在说明为什么世界上有的群体不吃昆虫等小动物时,反对采用"卫生"和"审美"两种解释途径,而认为应该从"考察吃昆虫或其他的小动物所付出的代价与所得到的收益的比差"④ 中去寻找答案,最终他通过采用一种可以数量化计算的"最佳搜寻理论",给出的答案是,昆虫等小动物是否会被食用,取决于将它们作为食物是否能够提高"热量的整体回报率",如果能够则会被食用,如果不能够或者会减少"热量的整体回报率"就不会出现在食物菜单上。⑤

这样,哈里斯的文化唯物主义就有了五个"普世常数",分别是生态环境(主要是资源属性)、人口再生产、物质生产、技术和个体理性。主要基于这五个"普世常数",哈里斯对于人类社会从狩猎-采集到资本主义的社会文化演化历程,对于战争问题、宗教问题,对于恋母情结,对于饮食问题,对于男女不平等等社会文化现象,进行了别具一格的解释。

---

① 马文·哈里斯:《文化唯物主义》,张海洋、王曼萍译,华夏出版社 1988 年版,第 71 页。
② 马文·哈里斯:《文化唯物主义》,张海洋、王曼萍译,华夏出版社 1988 年版,第 71 页。
③ 马文·哈里斯:《文化唯物主义》,张海洋、王曼萍译,华夏出版社 1988 年版,第 71 页。
④ 马文·哈里斯:《好吃:食物与文化之谜》,叶舒宪、户晓辉译,山东画报出版社 2001 年版,第 180 页。
⑤ 马文·哈里斯:《好吃:食物与文化之谜》,叶舒宪、户晓辉译,山东画报出版社 2001 年版,第 169 页。

四 科学的文化理论的可能性及其当下意义

尽管发端时间相差甚远，但毫无疑问，科学主义和人文主义是现代社会的两大思潮，"几乎影响着人类所有的研究领域"①，当然也包括文化人类学。回顾文化人类学的发展历史就会看到，其中一直有探求稳定性规则和因果性解释的科学主义倾向，也存在象征主义、结构主义、阐释主义等为代表的人文主义主张，因此才有上文所说过的20世纪70年代美国人类学界分为科学主义和人文主义两大阵营的现象。由这样的学科脉络来看，哈里斯的文化唯物主义是文化人类学学科发展中科学主义传统的一个延续；在《人类学理论的兴起》一书中，哈里斯也自觉地认为自己的"文化唯物主义"只是接续文化人类学中的科学主义传统。②

作为文化人类学中科学主义传统的一员，哈里斯以建立一种科学的文化理论为目标，最为系统地表达他的理论观点的《文化唯物主义》一书，其副标题就是"为一种文化科学而奋斗"。但问题是，要建立一种文化科学似乎并不是那么容易，被哈里斯视为文化人类学科学主义倾向开端的旧进化论学派，其理论观点即使是在哈里斯看来也是"薄弱"的。③ 而有的人甚至认为，包括哈里斯在内文化理论建构的科学主义倾向都是失败的，要建立"社会科学或文化科学是一种妄想"④，尽管哈里斯自己并不这么认为。那么，哈里斯的文化唯物主义在多大程度上实现了"科学的文化理论"这一目标？根据上文所述，为了建立科学的文化理论，哈里斯坚持科学主义立场，坚持在人类社会文化现象和演化过程中存在可以辨识和认知的规则，认为文化人类学应该追求因果性的解释，而不是单纯的描述、人文性的理解与阐释，并以实证与理论结合的方法论，通过以"普世常数"为基础，兼顾行为事件和思想事件、主位与客位的具体方法，建立了一种对于社会文化现象与演化过程的因果性解释，构建了具有"内在一致性的人类学理论"⑤。这在文化人类学人文主义兴盛的局面下，以及在后现代解构思潮的背景下，更是"不可忽略的另一种声音、另一种力量"⑥，体现了文化人类学学科的反思性、多元性、活力和在理论构建上的努力；不过，"哈里斯虽然取得了巨大的成绩，但没有达到他希望的程度"⑦。第一，文化人类学中的科学主义注定不会完全说服人文主义，正如其中的人文主义注定不会完全说服科学主义一样，与哈里斯所对立的那些人文主义学者依然认为，对人类文化的研究最重要的并非寻找规则，而是寻求意义和理解；当然科学主义和人文主义作为一个硬币的两面，事实上在文化人类学的研究中是不能偏废的，如果不希望文化人类学中人文主义倾向一家独大，也就不能希望哈里斯的科学主义倾向能完全说服他者。第二，文化唯物主义从核心的"普世常数"出发来解释社会文化现象及其演化，虽然具有"内在一致性"，哈里斯自己也认为这是文化唯物主义与其他研究策略相比的重要优点。

---

① 胡存之：《超越科学主义与人文主义的对立——科学主义与人文主义悖论的人学批判》，《华中科技大学学报》（社会科学版）2003年第5期。
② 在哈里斯的人类学兴起一书中，他梳理的人类学科学主义和人文传统的图像大致是，人类学在19世纪受科学主义的影响而兴起；进入20世纪的前40年，科学主义传统衰微，在英法德美都出现了拒绝科学主义的流派；20世纪30、40年代人类学中科学主义传统再次引起了人们的兴趣。参见 Harris Marvin. *Rise of Anthropological Theory: A History of Theories of Cultures*, New York: Crowell, 1968.
③ Harris Marvin. *Rise of Anthropological Theory: A History of Theories of Cultures*, New York: Crowell, 1968, p.1.
④ Tim O'Meara. "Causation and the Struggle For a Science of Culture," *Current Anthropology*, Vol.38, No.3 (June, 1997), p.399.
⑤ 杰里·D.穆尔：《人类学家的文化见解》，欧阳敏、邹乔、王晶晶译，商务印书馆2009年版，第222页。
⑥ 罗力群：《马文·哈里斯的文化唯物主义》，《社会科学战线》1999年第4期。
⑦ 刘涛：《马文·哈里斯及其文化人类学理论》，《国外社会科学》2012年第3期。

"文化唯物主义提供了一套连贯的理论",但内在一致性并不能保证科学性。而且以五个"普世常数"为核心来保持理论一致性的做法,难免有还原论的嫌疑。更何况其"普世常数"的设定是有疑问的,例如基于成本-收益计算的个体理性,就明显体现了新古典经济学思维,显然不符合经验现实,因为这等于把人假设成了万能的上帝,总是处于理性状态而且有能力理性,比如上文中哈里斯对"为什么有的人群不吃昆虫"的解释,以最佳搜寻理论中的"热量的整体回报率"为依据,明显不是日常生活中普通人的行为,人们在面对是否进食某种动植物的时候,不大可能进行关于"热量的整体回报率"的计算。如果辩解说,这种理性是人们在时间历程中无意识之下学会的,人们在自然进化历程中总是会选择最合乎理性的行为,那么这就是一种合目的性的主张,而且问题又来了,如果人类能够获得这种自然选择下的理性,总是会进行最佳的选择,为什么还会碰到危机和困境呢,为什么还会有哈里斯自己所谓的强化生产、资源枯竭这回事呢?既要假定人类个体或暗示的集体的理性,又要认为人们会没有理性地进行人口不断生殖和强化生产,这在逻辑上是有矛盾的。第三,用普世常数来对各种各样的社会文化现象及其演化进行解释,就会让因果链条不断加长,造成解释力的下降,因为人类社会中的因果关系是一种概率性的因果关系,原因并不一定完全造成结果,原因的原因与结果的联系更是相对微弱,"原因的原因就不是原因",因果链太长就不能保证理论的解释力。

不过,哈里斯寻求一种科学的文化理论,并非毫无缘由。就文化唯物主义的提出而言,其背景和原因大致有三。一是哈里斯个人的学术因缘和成长,哈里斯的人类学生涯开始于研究巴西一个废弃的矿区[1],这让他注意到经济对于人们的生活和文化的巨大影响,成为他"对基础结构的强调的一种早期引介"[2],以后逐渐发展成了他强调经济基础、倾向科学主义的思想观点。二是当时人类学学科发展的现实,哈里斯提出文化唯物主义在很大程度上是针对当时美国人类学发展的现状,他的目的之一就是为了反对当时在美国人类学占有统治地位的博厄斯传统,反对"博厄斯的非理论化传统,……反对那种将'假说'当成瞎猜的同义词以及'理论'意味着'模糊的设想'的美国人类学潮流"[3],当然也有反对当时文化人类学发展中人文主义倾向过重的意味,如英法美的象征主义、阐释主义等。三是应对文化人类学学科发展和提升文化人类学直面现实问题的能力。在哈里斯看来,当时的文化人类学出版的著述越来越多,却陷于对琐碎事物的描述之中,对知识的贡献力在下降[4],面对现实问题的能力不足,"作为一个学科,人类学最重要就是让自己有能力去处理一些与'社会文化中的因果关系'有关的基础性问题"[5],由此应该"提高人类学在社会科学中的地位"[6],让"文化人类学在被资金包围和享有巨大声望的自然科学面前,加强自己的科学性"[7],并通过建立科学的文化理论来发展文化人类学直面现实问题的能力,"如果人类学对于世界发展问题的贡献没有关于社会文化变迁的普世理论的指导,那将不仅在文献上(也将在现实方面[8])造成灾难性的后果"[9]。

在某种程度上,这些背景和原因在当今的文化人类学发展中也依然存在。首先,哈里斯直面当时

---

[1] 杰里·D. 穆尔:《人类学家的文化见解》,欧阳敏、邹乔、王晶晶译,商务印书馆2009年版,第222页。
[2] 杰里·D. 穆尔:《人类学家的文化见解》,欧阳敏、邹乔、王晶晶译,商务印书馆2009年版,第223页。
[3] 杰里·D. 穆尔:《人类学家的文化见解》,欧阳敏、邹乔、王晶晶译,商务印书馆2009年版,第224页。
[4] Harris Marvin. *Rise of Anthropological Theory*: *A History of Theories of Cultures*, New York: Crowell, 1968, p. 3.
[5] Harris Marvin. *Rise of Anthropological Theory*: *A History of Theories of Cultures*, New York: Crowell, 1968, p. 6.
[6] Harris Marvin. *Rise of Anthropological Theory*: *A History of Theories of Cultures*, New York: Crowell, 1968, p. 7.
[7] Harris Marvin. *Rise of Anthropological Theory*: *A History of Theories of Cultures*, New York: Crowell, 1968, p. 655.
[8] 此处文字为笔者根据文意所加。
[9] Harris Marvin. *Rise of Anthropological Theory*: *A History of Theories of Cultures*, New York: Crowell, 1968, p. 3.

文化人类学学科发展中的缺陷，并力图修正，以提高整个文化人类学的学科地位、智识贡献力以及面对社会现实的能力，这种问题意识和学科精神是任何时候都应该借鉴的；其次，当下的文化人类学，从现代性和后现代性的对立范式来看，处于"现代人类学和后现代人类学被置于相互凝视、相互启示和交互阐发的情境之中"[①]，现代人类学偏重科学主义倾向，后现代人类学偏重解构主义与人文主义倾向，所以保持现代人类学与后现代人类学之间的相互启示与阐发，就是要保持文化人类学中科学主义和人文主义的平衡，从而保持文化人类学自身的反思性、开放性和多元性。在这一过程中，哈里斯的文化唯物主义无疑是一种可资借鉴与利用的资源。最后，当下文化人类学，特别是中国的文化人类学依然面临着一些哈里斯当时所面临的问题，即智识贡献力提升和现实责任承担的问题，比如"出版越来越多，理论贡献越来越少"的问题，比如因为缺乏"科学"的理论而被人视为"故事会"作者的问题，比如在中国的社会转型时期如何承担公共角色和面对现实问题的问题。这些问题的解决或许可以从哈里斯提出文化唯物主义的应对中得到一些线索。

五 结语

在文化人类学的发展历程中，哈里斯的文化唯物主义以其理论特色和对经验研究的丰富成果，成就一家之言。他延续文化人类学中的科学主义传统，坚持科学主义立场，以宏观层面"作为资源属性的生态环境、人口再生产、物质生产、技术"和微观层面的"个体理性选择"五个常数为核心，兼顾行为事件和思想事件的区分，合理运用主位和客位两种视角，构建了一个具有内在一致性的"说明人类社会文化体系何以既相似又相异这一问题的严密的、逻辑上紧凑连贯和相互渗透的"理论体系。

虽然文化唯物主义的科学主义倾向只能是文化人类学研究中"硬币的一面"，而且是在不平衡中被压倒的那一面，其理论也有还原论嫌疑、新古典经济学思维等缺点，没有达到哈里斯的预期，但它有其历史背景和意义。在当时，它挑战了美国人类学界重视经验搜集而不重视理论建构的博厄斯传统，挑战了世界范围内文化人类学中人文主义的一家独大，在某种程度上平衡了文化人类学中科学主义与人文主义的传统，体现了文化人类学的反思性、开放性和多元性，同时回应了人类学学科发展的要求、对智识贡献和解决现实问题的责任。这些对于当下也具有启示意义。

---

① 张连海：《从现代人类学到后现代人类学：演进、转向与对垒》，《民族研究》2013年第6期。

变与不变：文化表征与结构

——关于历史人类学"他者"的几点反思*

王 洪**

摘 要 "文化、社会何以至此"和"中国何以至此"是现代华北、华南等诸多历史人类学学者所关注和讨论的主题。虽然这个主题促使我们对"社会何以至此"有了更多的理解和更有力的解释，但是似乎马林诺夫斯基以及安德森的"幽灵"一直缠绕着我们，以至于"我们"的历史被我们"制造"成了"他者"的历史。本文基于文化人类学以及历史人类学的研究脉络，以官屋基苗族的"抢婚"习俗为例，从文化表征与结构两个不同的角度来分析和讨论，以期对结构与文化表征之间的关系以及历史人类学的"他者"进行简单的反思。

关键词 结构过程；历史人类学；表征

DOI：10.13835/b.eayn.26.22

一 导论

舒瑜在其博士论文之中曾经指出，马林诺夫斯基、利奇、弗里德曼以及费孝通，他们所争论的焦点是：对于中国这样一个有着文明形态的国家，惯常研究部落社会的人类学家将采取何种视野和方法来进行研究，中国一体性和关联性的动因究竟来自哪里。[①] 从西方人类学的发展脉络来看，人类学自20世纪60年代，已经开始逐步地转向对本土的思考与反思。[②] 乔治·E.马尔库斯和米开尔.M.J.费切尔曾经就此论述到，随着"政治经济学"这个术语被重新引用，出现了几种不同的研究旨趣，人类学则关注"总体意义上对于由民族-国家构成的世界体系的历史发展过程中政治过程和经济行为的相互决定性研究旨趣"，基于此，自下而上地重新理解宏观体系，成为一个新的任务，无论是对于人类学

---

* 本文系王洪主持的重庆市研究生科研创新项目"双重边缘化：小支系族群的文化传承与身份认同困境研究"（项目编号：CYS16086）的阶段性研究成果。

** 王洪（1991~），男，贵州人，苗族，中山大学历史学系中国史博士研究生。研究方向为历史人类学。

① 舒瑜：《微盐大义：云南诺邓盐业的历史人类学考察》，世界图书出版公司2009年版，第16~17页。

② 乔治·E.马尔库斯和米开尔·M.J.费切尔将反映民族志实践和写作的话语称为"解释人类学"，它代表人类学者的注意力从建构文化整体理论转移到反思民族志的田野工作和写作上（p.35）。马尔库斯和费切尔也直言道，人类学家所做的工作，大部分没有起到认真反思本文化的作用，而是将更多的精力放在异文化的探索上（p.158）。民族保护主义以及研究资金的缺乏，加上人类学者也意识到本文化民族志的功能与异文化民族志所曾具有的功能一样重要和合理，本文化的民族志工作也显得尤为重要，人类学出现了"回归"和反思。详细参考乔治·E.马尔库斯、米开尔·M.J.费切尔《作为文化批评的人类学：一个人文学科的实验时代》，王铭铭、蓝达居译，生活·读书·新知三联书店1998年版，第35、158~162页。

的研究旨趣还是基于政治经济学本身。①

在中国，从学科发展来看，早期民族学已经奠定了官方地位，随着英美所倡导的社会/文化人类学传入中国，民族学与人类学一度呈现出"对峙"的尴尬局面，而且西方的人类学及其理论在中国也处于无所适从的境地②，但无论如何，人类学学科自70年代末再次于中国建立起来开始，就已经受到了西方后现代思潮的迅猛席卷。自从萨林斯对列维·斯特劳斯的结构理论、布尔迪厄的实践理论以及格尔茨的"深描"之间建立关联形成"结构的、历史人类学"开始，③ 学术界对萨林斯理论的论争就影响着国内人类学的"表述方式"和研究转向。④

从史学的角度来看，在史学学科内部，提到历史人类学，大多学者会提及年鉴学派和勒高夫的《新史学》，实际上，从历史人类学在史学之中的发展路径来看，多数学者认为年鉴学派当属于其渊源。⑤ 但是，对"什么是历史人类学"，大多学者认为，这是一个很难回答的问题，黄国信、温春来、吴滔、陆启宏、黄应贵、张小军、赵世瑜、蓝达居等都曾经有过对此发问的溯源和陈述。⑥ 基于此，有学者从学科发展的大背景来进行分析和综述，认为在"新史学"的发展以及"新史学"的社会科学化路径成为一种趋势下，社会史成为其中重要的成果之一，随着研究的不断深入，社会史的研究逐渐转向区域社会史、历史人类学研究。⑦ 但是，历史人类学也面临着西方理论中国化、田野作业限度、历史学本位丧失、边缘与中心矛盾、小地方与大社会关系紧张以及结构决定论对于人的遮蔽等问题，同时，基于历史人类学面临的问题，出现了从结构分析到文化阐释、注重心态分析，从客观主义史学到文化相对主义等转变。⑧

可以说，无论是从人类学的学科发展来看还是从历史学的学科发展来看，人类学与历史学都呈现出一种走向"结合"的研究旨趣和实践。随着社会史研究实践的展开，在中国形成了华北、华南以及

---

① 乔治·E. 马尔库斯、米开尔·M. J. 费切尔：《作为文化批评的人类学：一个人文学科的实验时代》，王铭铭、蓝达居译，生活·读书·新知三联书店1998年版，第154、116~117页。
② 乔健：《中国人类学发展的困境与前景》，《广西民族学院学报》（哲学社会科学版）1995年第1期。
③ 陆启宏：《结构与历史：马歇尔·萨林斯的历史人类学》，《史林》2014年第4期。
④ 温春香曾经指出，在许多人看来，萨林斯的历史人类学仍然是人类学本位的，他并不是为历史而做历史，他更关注的是动态结构的变化，是透过历史来展示文化的差异性而不是历史本身，他的目的是"改造人类学家所面临的不足"。笔者认为，在中国，历史人类学常有人类学的历史化和历史学的人类学化之分，虽然历史人类学已经呈现出并实践了历史学与人类学之间的暧昧，但是基于学位的大体制下以及受历史人类学发展路径不同等因素的影响，历史学与人类学学科之下的历史人类学呈现出不同的偏好和整合。详细参见温春香《"文化界定历史"：萨林斯对历史的思考》，《世界民族》2010年第3期。
⑤ 清华大学张小军在题为《历史的人类学化和人类学的历史化——兼论被史学"抢注"的历史人类学》之中，从勒高夫开始谈起历史人类学。陆启宏在《历史学的"人类学"转向：历史人类学》等文章之中讲历史人类学时，都提到勒高夫的《新史学》相关观点论述以及年鉴学派对历史人类学研究的推动作用。详见张小军《历史的人类学化和人类学的历史化——兼论被史学"抢注"的历史人类学》，《历史人类学学刊》2003年第1期；陆启宏《历史学的"人类学"转向：历史人类学》，《历史教学问题》2007年第4期。
⑥ 黄国信、温春来、吴滔、陆启宏等学者主要从人类学与历史学两个学科来谈及历史人类学的发展脉络，张小军等学者主要从历史学的角度来谈历史人类学的发展脉络。蓝达居和黄应贵主要是从人类学的角度来谈历史人类学的发展脉络。详见黄国信、温春来、吴滔《历史人类学与近代区域社会史研究》，《近代史研究》2006年第5期；陆启宏《历史人类学的不同路径：人类学的历史化和历史学的人类学转向》，《学术研究》2016年第6期；张小军《历史的人类学化和人类学的历史化——兼论被史学"抢注"的历史人类学》，《历史人类学学刊》2003年第1期；黄应贵《历史与文化——对于"历史人类学"之我见》，《历史人类学学刊》2004年第2期；蓝达居《历史人类学简论》，《广西民族学院学报》（哲学社会科学版）2001年第1期。
⑦ 实际上，关于区域社会史向历史人类学的转变，代洪亮以及王传在各自的博士论文之中都有提及。代洪亮提到，区域文化史研究深入出现了"只见树木，不见森林"，"进村找庙，进庙找碑"以及社会史"碎化"的局限。王传认为，华南学派具有"时间范围"的局限性，虽然对明清以降之区域文化有着较多的研究，但是对于明清以前的区域历史，则存在一定的局限性。详细参考代洪亮《复兴与发展：学术史视野中的中国社会史研究（1980—2010）》，2011年山东大学博士学位论文，第90~98页；王传《华南学派探渊》，华东师范大学2012年博士学位论文，第255页。
⑧ 代洪亮：《复兴与发展：学术史视野中的中国社会史研究（1980—2010）》，山东大学2011年博士学位论文，第1~5页。

徽州等不同的"学术共同体",人类学的田野调查也成为历史人类学所提倡的研究方法之一,这也促使了人类学"他者"的再造。在这种转向过程之中,对于民族政治经济的研究逐渐增多,但是,关于"民族"或者"族群",一直存在着"建构"或者"标签"等模糊性观点,实际上,这种提法,与西方的族群理论以及科大卫等人对华南的研究不无关系。[①] 而在历史人类学以往的民族或族群的研究之中,常常冠以"建构"的说法,实则混淆了文化结构与外在表征,也忽略了"主位"或"他者"的视角。本文对华南、华北诸多人类学家、历史学家的理路进行爬梳并以笔者所生活和生长的家乡作为研究对象,来反思和讨论结构与文化表征以及"他者"的再造问题,以期能对历史人类学的一些理论进行简单的反思。

二 中国现实:田野与历史文本的理解与阐释

中国是一个多民族、多元文化并存的国家。虽然民族学与人类学关于"民族"的概念纷争已久,但是,中国的民族学与人类学兴起于对中国不同地域、不同人群(包括民族)、不同文化的研究,这是不可论争的事实。所以,人类学扎根于中国现实的研究,对理论的解读和现实的考量,对于我们理解中国的文化,有着极其重要的作用。笔者认为,虽然众多人类学的学者提及"民族"存在建构上的意义,但是,却不能简单地将一个"民族"的文化表征与结构混淆。为了讲清这个问题,本文主要从官屋基苗族的"抢婚"开始谈起。

笔者出生于贵州的一个苗族乡村,将这个乡村的苗族,称为官屋基苗族。这是一个很少受到人类学学者研究和触及的苗族群体,也没有诸如 hmongb sib、hmongb nzhuab 等类似的自称,在他们的语境里,只称呼自己为 hmongb 并操苗语川黔滇方言第一土语。同时,因其特殊的民族服饰和民族习俗,在贵州省金沙县的相关记载以及地方研究之中,通常将这个苗族群体称为"花服饰苗族"。[②] 其分布除官屋基以外,还以村落聚居的形式分布于金沙县安洛乡齐心村、木杉戛村、杉木村,黔西县中坪镇沙旮村,花溪乡郭老坝、高陆、高坡,以及贵阳市修文县六广等地,属苗族西部方言川黔滇方言,并以姓

[①] 郝瑞教授通过对西南彝族的研究指出,彝族是一个巨大的范畴,在其研究之中同样提到西南地区的其他少数民族如苗族、瑶族等。按照郝瑞教授的说法,现在的彝族、苗族、瑶族等不属于同一个族群,其属于民族政策划分之后的建构物。温春来教授也就此回应道:事实上,从主位的角度来看,民族划分之前,彝、汉文历史文献、自我认知、自我界定以及婚姻世系等就已经指明,在今天划定的彝族范围内,在较大范围内应当存在着族群意义上的认同,但是对于没有文字记载的苗族、瑶族,从历史上却很难进行论述。王明珂也曾经说过:人类学对人类社会的了解及相关理论乃基于民族志调查资料,因此,学者不能以在南太平洋或非洲田野中所获之"族群"概念,硬套用在中国西南之族群研究上。相反,中国西南之族群与文化现象,可以丰富人类学之族群概念及相关文化研究。再者,中国西南民族复杂的族群与文化现象,以及这些现象与历史及历史记忆间千丝万缕的牵连,以及人们的文化与社会认同的混杂性与多重边缘性,也反映传统人类学忽略历史、忽略宏观社会情境、坚持将"文化"视为一个有内在逻辑与一致性之整体等等之缺失。人类学的这些特性,长久以来在西方即遭受许多学术与文化界的批评,在人类学内部也有许多的反省与反思。科大卫曾经就"谁是瑶民?"进行发问并指出:谁是"瑶民"的问题,显然是两个问题,一个与风俗有关,另一个与土地和社会地位有关。强调研究"瑶民"应注意到,不同是明中叶以后固定下来的社会地位的界限,而不是"瑶族"与其他种族风俗的不同。详细参见斯蒂文·郝瑞(Stevan Harrell)《田野中的族群关系与民族认同——中国西南彝族社区考察研究》,巴莫阿依、曲木铁西译,广西人民出版社 2000 年版,第 29 页;温春来《彝、汉文献所见之彝族认同问题——兼与郝瑞教授对话》,《民族研究》2007 年第 5 期;王明珂《由族群到民族:中国西南历史经验》,《西南民族大学学报》(人文社会科学版)2007 年第 11 期;科大卫《明清社会和礼仪》,北京师范大学出版社 2017 年版,第 294 页。

[②] 在金沙县,分布着不同支系的苗族。金沙县民宗局与文化馆常以花服饰、青服饰等作为称呼,本文所论及的官屋基苗族,主要指认同于官屋基苗族的这个群体,因其自称为 hmongb,便于区分,笔者一概称作官屋基苗族。关于官屋基苗族的介绍,详细参见拙文《官屋基苗族的身份实践研究》,西南大学 2017 年硕士学位论文。

氏和宗族为单位聚居于一个社区之中。① 官屋基苗族姓氏主要有杨、王、张、李、熊、陈、赵唐（俗称赵唐二姓）、陶、朱、黄、吴等十二姓。据当地传说，陶、朱、黄、吴四姓是此支苗族融入汉族后所取的姓，此四姓在该苗族支系之中属于小姓，② 官屋基苗族则以杨氏为主。③ 虽然官屋基苗族在很多文化上具有汉族文化的某些特征，但是迄今为止，官屋基苗族的婚姻还是保持在支系内部，且其表征出来的文化现象有"抢婚"、婚礼等。本文认为，"抢婚"作为官屋基苗族尚存的一种文化，其主要是其社会深层结构所表现出来的一种文化表征。

（一）"抢婚"的地方阐释

回溯过往关于苗族历史文化之研究，各方面都取得了较大的突破和进展。④ 在苗族婚姻的记载和分析之中，前人也早有涉猎且近些年来也得到了越来越多学者的关注。在现当代西部方言苗族现实的社会生活之中，"抢婚"依然是一种习俗。贵州省金沙县柳塘镇的官屋基苗寨，就存在抢婚的风俗。抢婚虽也有如陆游所述之俗，但有时候并不都如前贤学者所描述和记载的"男女相欢"或者为"伪号求救"，而是女性非自愿地、被强制性地拉到男性家中为妻。⑤ 婚姻，是人类生息繁衍的载体。抢婚，作为民俗存在，已经得到了部分学者的研究。⑥ 但是长期以来，关于苗族抢婚的研究，却不多见。⑦ 同时，对于抢婚的概

---

① Minh Phuong Luong, Wolfgand Nieke 在研究越南苗族的文章之中指出，有众多的学者曾经对苗族进行调查，得出了一致结论，即苗族主要以宗族为单位聚居在山顶之上，其中，两个或三个小宗族依托一个大的宗族聚居成为一个山村，在相对低洼的地方，苗族则和其他少数民族居住在一起。详见：Minh Phuong Luong, Wolfgand Niek. "Minority Status and Schooling of the Hmong in Vietnam," *Hmong Studies Journal*, 14（2013）：1 – 37。

② 官屋基：《杨氏族谱》，谱序。

③ 国内之西部方言苗族以宗族为单位居住，这依然是其主要聚居模式。Minh Phuong Luong, Wolfgand Nieke 在研究越南苗族的文章之中指出，有众多的学者曾经对苗族进行调查，得出了一致结论，即苗族主要以宗族为单位聚居在山顶之上，其中，两个或三个小的宗族依托一个大的宗族聚居成为一个山村，在相对低洼的地方，苗族则和其他少数民族居住在一起。详见：Minh Phuong Luong, Wolfgand Niek. "Minority Status and Schooling of the Hmong in Vietnam," *Hmong Studies Journal*, 14（2013）：1 – 37。

④ 在这里，有必要对苗族的历史文化研究进行简单的概述，在过去关于苗族历史文化研究之中，争议最大的即为族源问题。正如《苗族史》开篇序言所言，"族源，对于民族史来说，是一个主要问题"，苗族族源，即苗族的形成问题，是苗族史研究所面对的主要问题，但同时也是极其复杂的问题（详见伍新福、龙伯亚《苗族史》，四川民族出版社1992年版，第9页）。自党的十一届三中全会之后，苗学研究呈现体系化的特点（详见张永国《"三苗说"置疑》，贵州苗学研究会编《苗学研究》，贵州人民出版社1989年版，第64页）。自明清加强对西南地方"苗蛮"的教化开始，对苗族社会文化的调查和记载，就不断见于史书。20世纪以来，更是加强了对西南"苗夷"的调查研究。20世纪70年代，宋常恩、李国发、雷广正等对云南屏边和金平地区的苗族、瑶族的社会历史文化进行了调查，其中涉及了苗族的人口与分支、社会经济概况等（详见云南大学历史研究所民族组《云南省金平屏边苗族瑶族社会调查》，1976）。相类似的调查还有《中国少数民族社会历史调查资料丛刊》修订编辑委员会贵州编辑组所编辑的《黔西北苗族彝族社会历史综合调查》（详见《中国少数民族社会历史调查资料丛刊》修订编辑委员会贵州编辑组《黔西北苗族彝族社会历史综合调查》，民族出版社2009年版）等。近些年来，关于苗族的研究已不仅仅局限于国内，有学者已经开始不断地将目光转向对国外苗族的研究，如石茂明、郑宇、黄秀蓉等，涉及民族史、民族志、民族心理等各方面的研究。

⑤ 本文所研究之对象，为官屋基苗族，笔者将此支苗族称作"官屋基苗族支系"，文中所论皆围绕整支苗族。更多关于官屋基苗族支系的论述，详见拙文《官屋基苗族的身份实践研究》，西南大学2017年硕士学位论文。

⑥ 家庭史的研究，是从巴霍芬的《母权论》那一年开始的，即1861年，而直至19世纪60年代以前，根本谈不到家庭史。现在学者也多认为，巴霍芬的《母权论》为家庭史和婚姻研究之先河，麦克伦南的《原始婚姻》则首次提出了抢劫婚与外婚制等概念。而中国，则由梁启超先生开始，对抢劫婚研究才得以展开，20世纪20年代开始，老一辈民俗学家方开始展开对地方抢婚的调查研究。尽管如此，截至20世纪末，关于抢婚民俗的研究，依然少之又少。详见中共中央马克思恩格斯列宁斯大林著作编译局马恩室编译《马克思恩格斯全集》（第二十二卷）《关于原始家庭的历史（巴霍芬、麦克伦南、摩尔根）——〈家庭、私有制和国家的起源〉一书德文第四版序言》，人民出版社1993年版，第246～259页；叶涛、吴存浩《抢婚风俗争鸣录》，《广西民族学院学报》（哲学社会科学版）1998年第1期。

⑦ 关于苗族的研究，就目前来看，主要还是集中在对苗族历史、认同、文化、国外苗族研究等方面。在婚姻研究方面主要集中体现在苗族婚姻习惯法与国家法律之间的冲突方面，但也有对苗族抢婚习俗的研究，如李向玉、徐晓光《"抢婚"习俗的现代遗留及其民间法处理——黔东南基层司法实践的困惑》，《政法论丛》2010年第6期等。

念，不同学者有着不同的定义。① 综合本文的田野调查文本，本文将抢婚分为抢婚与拉婚，抢婚即指女方在不知情、不同意的前提下被男方强制性拉到家中为妻。拉婚即指在"男女相欢"前提下，男方象征性地将女孩子拉走为妻的习俗。

  本文所论及的"抢婚"，至今依然存在于该苗族之中。但抢婚并不是无时无刻的，有自然存在的时间和空间，一般而言，大多集中在春节以及暑假七八月期间。而先于抢婚的男女交往，一般被称为"串姑娘"。所以，在农闲时，青年男子"串姑娘"是各苗寨之间自发、无组织的择偶形式，相对于"串姑娘"，一些民俗节日如花山节等也成为青年男女相识的重要场域。抢婚也成为"串姑娘"与婚姻之间的桥梁。一般来说，在农闲时，来往男青年很多，在这个过程之中，男女青年可以聊上诸多话题，所以在苗族男青年看来，拥有优秀的口才，更能争取到与女青年交流与互动甚至结合的机会。另一方面，就苗族女孩子而言，在众多的男性追求者之中，一般都会挑选出几个重要人选。当挑选出自己所中意的几位男性之后，女性会周旋于几个男性之间。按照官屋基苗族的说法：谁手长就是谁的。其意在表明，女性不会离开自己的父母主动与男性前往男性家中，而是需要男性将其从家中拉出。

> 没有哪个女孩子会主动来做媳妇的，在我们苗家，现在这些年轻人，无论在外面如何结识，纵使女方已经决定要和男孩子一起生活，回家了还是一样要到家里拉一把的。

这种对于拉婚的说辞并不仅仅存在于某几个人之中，而是普遍存在于官屋基苗族内部。官屋基苗族认为，每一家人，都是"有进有出"的，对于儿女的婚姻问题，只要儿女愿意，并不过多干涉。当然，这种"意愿"是基于内部而言的。同时，大部分女性也认为：

> 无论我多么爱那个男孩子，男孩子在选好的好日子里来带我②，肯定要到家拉我的。不然以后到了他们家，万一以后和他或者他妈吵架了，会认为我是跟着去的，好像我很想去一样。

由此可见，女性希望通过"拉婚"的习俗，完成其身份的转变。事实上，这种抢婚习俗已经转变成为女性嫁入男性家庭之后获取话语权的权力来源，拉婚可以使女性具有更多的主动权。苗族女性认为，女性不应当主动与男性离开，因为这会导致男方在将来的生活之中说女方是自己跟着去的。可见，在地方话语里，双方中意的抢婚，是女性离开父母后，与男性结婚后话语权的来源和依托。实际上，在对西南苗俗的记载之中，如前贤学者对《百苗图》的诸多考证与描述，就有诸如谷蔺苗"跳洞"择偶③，花苗"每岁孟

---

① 关于"抢婚"一词的定义，诸多学者对此进行过论述。详细可参考陈启新、童红《中国民族抢婚习俗研究》，《中南民族学院学报》（哲学社会科学版）1993年第6期；何春红《关于抢婚习俗的文化人类学解释》，《黑龙江民族丛刊》2007年第1期；李向玉、徐晓光《"抢婚"习俗的现代遗留及其民间法处理——黔东南基层司法实践的困惑》，《政法论丛》2010年第6期等。

② 官屋基苗族在准备去带媳妇之前，会提前请先生算好日期，挑选日期与汉族类似，也遵循阴阳八卦学理，田雯于《黔书·苗俗》之中载："（花苗）动作必卜，或折茅，或熟鸡取其胫骨与脑验之。"又见段汝霖《楚南苗志》载：苗虽多不识字，亦知择日，盖历来相传也。由此可见，苗民自来有着良辰吉日的占卜之法，而阴阳八卦学理在苗寨的施行，应与汉文化的影响有关，现多见于诸多人类学田野调查文本之中。详见（清）田雯《（康熙）黔书》（上），民国铅印本第一十六；（清）段汝霖《楚南苗志》卷四，乾隆二十三年刻本。

③ 刘锋认为：谷蔺苗"婚姻亦用媒妁"，而"谷蔺"一词即为"月亮地"之意。其释义：该群体的分布区内，青年男女社交择偶的胜地即名为月亮岩，山中有大型溶洞，可容纳数百人，重大节日时，青年男女会集于此，"跳洞"择偶（"跳洞"相当于贵阳亚支系的"跳月"或"跳花"）。李汉林也认为：台甲本改"亦"为"多"字，文意有别。图咏本此句改为"其婚姻不通媒妁，犹苗俗也"，其含义与刘甲本相反。度其情形，诸本所言可能是一时的假象，图咏本所言可能更为接近实情。详见刘锋《百苗图疏证》，民族出版社2004年版，第19页；李汉林《百苗图校释》，贵州民族出版社2001年版，第13页。

春,择平壤之所为月场……暮,则约所爱者而归,遂私焉"①,高坡苗的"婚配苟合"②等记载,其间也有交表婚的记载。③

田雯《黔书》之中,也有关于苗俗的记载,其载花苗"跳月"④,"及期,男女皆更服饰妆,男编竹为芦笙,吹之而前,女振铃继于后,以为节。并肩舞蹈,回翔婉转,终日不倦。暮则挈所私归,谑浪笑歌,比晓乃散,聘资以女之妍媸为盈缩,必生子然后归夫家"⑤。道光《永宁州志》载:苗女对其所欢之男,"解锦带以为质"。也引田雯"花苗跳月"段,并引《蛮洞竹枝词》男女"得意者奔之"⑥,以此描述永宁州内苗俗。有学者指出,清代田雯的《苗俗记》,清人陈鼎的《黔游记》《滇黔土司婚礼记》里关于苗民"有洽于心即奔走"等的记载,是关于抢婚的记载。⑦但事实上,苗民男女这种"相欢即奔"的风俗,历史上诸多记载并没有详述"奔走"的形式,故而李汉林认为"奔"应该是指私奔。⑧关于苗族抢婚的最早记载,当属陆游的《老学庵笔记》以及段汝霖的《楚南苗志》。《老学庵笔记》主要记载辰州、沅州、靖州蛮的婚俗,其载:

> 男未娶者,以金鸡羽插髻,女未嫁者以海螺为数珠挂颈上。嫁娶先密约,乃伺女于路,劫缚以归。亦仇争叫号求救,其实皆伪也。生子乃持牛酒拜女父母,初亦佯怒,却邻里共劝,乃受。⑨

段汝霖的《楚南苗志》中也有载:

> 至于男女相悦,先赴桑间,然后遣入,通其父母于跳鼓脏序见。后日,男拉女归成其匹偶,另议牛马财物者有之,苗俗所谓抢亲是也。⑩

陆游和段汝霖所展现的抢婚习俗,多已是一种残存于民间的婚俗,其主要是为象征性意义,并无掠夺之实,有意思的是,段氏指出了"抢亲"一词。⑪综合历史文献的记载,大都展现了"苗蛮"女

---

① 刘锋:《百苗图疏证》,民族出版社2004年版,第22页。
② 刘锋:《百苗图疏证》,民族出版社2004年版,第25页。
③ 在《百苗图》之中,有关于爷头苗"姑之女必适舅之子"的"交表亲"描述,刘锋考证爷头苗为黔东南支系南部亚支系,实际上不应单独成篇,应与洞崽同篇;李汉林也认为,读者也不应将爷头苗和洞崽视为黔东南支系南部亚支系苗族中两个文化有差异的群体。详见刘锋《百苗图疏证》,民族出版社2004年版,第109页;李汉林《百苗图校释》,贵州民族出版社2001年版,第93~95页。
④ 跳月,苗族旧俗,现多用跳场、跳花坡、花山节等名字。
⑤ (清)田雯:《(康熙)黔书》(上),民国铅印本第一十五;又见刘锋《百苗图疏证》白苗篇,详见李汉林《百苗图校释》,贵州民族出版社2001年版,第22页;刘锋《百苗图疏证》,民族出版社2004年版,第15页。
⑥ (清)《永宁州志》卷十,风土志,道光十七年刊本。
⑦ 叶涛、吴存浩:《抢婚风俗争鸣录》,《广西民族学院学报》(哲学社会科学版)1998年第1期。
⑧ 李汉林在《百苗图校释》一书之中,对"西溪苗"婚俗阐释如下:"随而奔之",奔,应为私奔,"随"后省去宾语,宾语应为所爱的男青年,而"随而奔之"的主语是女青年。又按李汉林对"狗耳龙家"的婚俗阐释道:奔,此处特指私奔,指未婚女不经过父母之命、媒妁之言,自择配偶,女子径直住进男家。详见李汉林《百苗图校释》,贵州民族出版社2001年版,第90、278页。
⑨ (南宋)陆游:《老庵学笔记》卷四,中华书局1979年版。
⑩ (清)段汝霖:《楚南苗志》卷四,乾隆二十三年刻本。
⑪ 事实上,朱辅于《溪蛮丛笑》之中就有与"抢亲"类似之表述,其载:抢妻之后,年生子,引妻携酒,归见妇家,名出面。后亦见简美玲《贵州东部高地苗族的情感与婚姻》,简氏引时"抢亲"作"抢亲",认为这概与"私奔婚"有关。详见(宋)朱辅《溪蛮丛笑》,明夷门广牍本,末页;简美玲《贵州东部高地苗族的情感与婚姻》,贵州大学出版社2014年版,第233页。

性对所欢之男的"私奔"现象，根据今天广而熟知的缔结"私奔"的场域，苗族依然有"游方"、花山节等。

但是，拉婚总不是理想的，按照苗族的习惯，女孩一旦被拉到男孩家中，无论如何，都应与该男子住在一起，生儿育女。所以，男性在拉婚上更具有主动性。换句话来讲，如果某位男孩喜欢上了一位女孩，在女孩毫无防备的情况下，将其拉出家中，一旦拉出女孩家门，父母就有可能不再继续干涉。所以，在官屋基苗族之中，有部分苗族青年在中意某位女孩之后，通过骗取信任或者乘女方没有防备，将女孩"拉"到家中。

> 有一次，我和他们出去跑耍，晚上的时候他们说要帮个兄弟拉姑娘，然后我们就等她爸妈都睡着了，让女孩子带我们出去找她家厕所，人又多，她就带着我们到家门口，指了路，大家乘其不备，拉上了车。等到半路上的时候，那个男的说不要了，后悔了，然后大家相互之间问谁想要留给谁。

在田野调查之中，相似的案例并不少见。但是，苗族女性一旦被拉到男性家中，无论是否愿意，其本身已经是"出嫁"之人，纵使女性父母不同意这门"婚事"，将该女孩子带回，男孩子也会确保其妻是该女子。苗族女性对于"贞洁"是相当注重的，且在社会生活之中，对"性"的讨论是禁止的、可耻的①，在官屋基苗族看来，被拉回家中，也就意味着"贞洁"的丧失，纵使这种"贞洁"可能是象征意义上的。故此，被拉走的女性被父母带回，其在该群体内部的声誉将大打折扣。对"贞洁"的重视以及传统的习惯法，导致许多女性就此居住下来。

> 小敏（化名）：他们去年（2015年）要拉我，我是不知道的，而且我们之间没有话（方言，意指不爱所指男性）。那天晚上我们寨里有事情，然后爸妈都去帮忙了，他就带一帮男孩子来我家，平时人也很多，我也没有在意。当时我姨妈也在，姨妈就骗我出来说我妈回来找我，然后他们就把我拉上了车。

小敏被"拉"到男方家之后，女方家长无奈同意了该"婚事"，在苗寨之间就形成了"婚姻事实"。但是小敏本人以绝食等行为，反抗这门婚事，但截至2017年，依然以"夫妻"名义分居生活。事实上，这种抢婚行为在现代社会之中，没能消除却有愈演愈烈之态势。有女孩子的家长普遍表示，在女孩子"长成人"之后，开始有男孩子来"游方"，父母夜不能寐，偶尔赶集也得带着，路上还得小心，不得让男青年有可乘之机。而男青年则以抢到媳妇为荣，这也成为他们茶余饭后的谈资。

实际上，关于古文典籍之中所载苗俗之苗民，无论是否与今之苗族为同一类别，有一点我们不可忽视，即"抢婚"作为一种现象，在西南地区特定的某些族群内部依然传承和延续。文献之中的记载，或是今天所观察到的"抢婚"，都只是其族群外部所表现出来的一种文化现象，并不能由此表征就概而论及其内部结构。无论如何，就官屋基苗族而言，"抢婚"作为一种现象存在，其最根本的内

---

① 笔者从小生活于传统的苗族社区之中，在生活当中，父母言传身教，以及邻里对于不守妇道、不重贞洁之人嗤之以鼻，感受颇深。纵使在当代，苗族女性依然以保有处子之身为美。在相关研究之中，也提到苗族女性对于性的"耻感"等，见 Symonds, Patricia. *Cosmology and the Cycle of Life: Hmong View of Birth, Death, and Gender in a Mountain Village in Northern Thailand*, Ph. D. Dissertation, Brown University, 1991。

在结构,则是官屋基对于 hmongb（苗）与 nkuat（客）和 shuad（汉）的分类事实与由此形成的婚姻关系圈,而这种婚姻关系圈反过来又强化了其自身的结构与认同。

(二) 联姻的倾向与维系

简美玲在对贵州台江的苗族婚姻进行研究时,曾就苗族内部的联姻概念、规范与行为进行分析,她指出,贵州东部高地（台江 Fangf Bil）苗族对联姻有着多重的表述且寨内外联姻有着显著的差异。具体而言,东部高地苗族的结群理想还是偏向于寨内婚和交表婚（或者是扩大化了的交表婚）并通过对寨外婚"遥远"的空间描述等来阐释自己的联姻倾向。[1] 官屋基苗族在婚姻方面,也通过对其他苗族支系的不认同以及对亲属关系网络的维护来表达自己的结群和婚姻理想。[2] 早在 1988 年,王慧琴就曾经指出,苗族有两种婚俗禁忌,一是同宗不婚,二是异服不婚。[3] 就官屋基苗族而言,与其服装不同的苗族,到目前为止,也鲜有通婚者。官屋基苗族纵使和其他苗族共享着"苗族"这个名称,但是官屋基苗族不与其他苗族通婚,基于内部的认同,通过婚姻,维系族群内部认同,维系原有的亲属关系。

> 我们这里小张和对面高坡青苗走了之后,可以说是和我们的关系就自然变得越来越远了。你说要是嫁给我们自己家的亲戚,这样的话不管是哪个时候,走到哪里都是有亲戚的,而且还很热情。他们和我们就不太一样了,感觉疏远了。

现代的外婚个案并没有给支系亲属带来更为直接的基于情感上或者物质上的利益与价值,所以对于官屋基苗族而言,外婚"感觉"疏远且并不被允许。而其他"不同服"的苗族以及少数民族,也被冠以"nkuat"（客）的称呼。费孝通曾经指出:"从基层上看,中国的社会是乡土性的。"[4] "乡土在地方性的社会下成了生于斯、死于斯的社会。"[5] 苗族大部分是为农民,而农民文化又是一种多元复合而成的文化,[6] 但不可否认的是,官屋基苗族这种小型的"社区",在社会结构上以及文化传统上,都和其他社区保持着千丝万缕的联系。[7] 在这个意义上,任何一个欲想出嫁或者"逃离"这个群体的个人或者集体,都被视为"nkuat","远近"的表达尤其明显。所以,苗族男青年在挑选女性成婚时,一方面注重其是否为族群内部成员,另一方面也注重该女性于己群之中与自己的亲属关系。反之女性对男性的要求亦然。

从现在的这个现象来看,在官屋基苗族这个群体之中,无论是平民百姓还是受过高等教育的人,甚至无论是大学生还是初中生,抑或是高中生,都鲜有娶汉族女子或者其他民族女子为妻的青年。

> 杨勇（化名）,是官屋基的第一个大学生,先后求学于金沙县城关中学,金沙二职中,中国

---

[1] 简美玲:《贵州东部高地苗族的情感与婚姻》,贵州大学出版社 2014 年版,第 193~253 页。
[2] 官屋基苗族并不认同于其他支系的苗族,与其他支系苗族的通婚与联姻也屈指可数,但是其结群理想还是保持在自己支系内部,由此也形成了对传统文化传承危机的婚姻表述,认为内部支系之间的通婚可以较好地维护宗族与宗族之间的关系并在传统文化与节庆等各方面互帮互助。更多请参考拙文《官屋基苗族的身份实践研究》,西南大学 2017 年硕士毕业论文。
[3] 王慧琴:《关于苗族支系的研究》,《贵州民族研究》1988 年第 2 期。
[4] 费孝通:《乡土中国》(修订版),刘豪兴编,上海人民出版社 2003 年版,第 6 页。
[5] 费孝通:《乡土中国》(修订版),刘豪兴编,上海人民出版社 2003 年版,第 9 页。
[6] 罗伯特·芮德菲尔德:《农民社会与文化》,王莹译,中国社会科学出版社 2013 年版,第 94 页。
[7] 芮德菲尔德认为,农民文化是一个多元复合而成的文化,完全配得上被称为"人类文明的一个侧面"。详见罗伯特·芮德菲尔德《农民社会与文化》,王莹译,中国社会科学出版社 2013 年版,第 21 页。

矿业大学。本科毕业后，杨勇签约于山西某矿业公司，从事矿井设计工作。是官屋基里目前工资最高，待遇最好的大学毕业生。但是，杨勇在大同工作之后，通过"游方"，与官屋基苗族同支系的高陆女子（高中文化水平）结婚。

李磊（化名），是官屋基的第二个大学生，和杨勇一起求学，高考后求学于贵阳某职业技术学院。毕业后就职于贵阳某公交公司，后来与官屋基苗族同支系的安洛乡咋密西苗寨杨氏女子（初中文化水平）结婚。

在所有受到高等教育的人当中，唯独唐星娶了汉族女子为妻。唐星是该苗族内部最早的大学生之一，因为其妻子是汉族，受到疏远。

唐星（化名）是现金沙某中学的一名教师，妻子也是一名事业单位的工作人员，因为其妻子不属于这个苗族群体，所以许多人并不过多关注。被该苗族群体故意疏远，主要表现在该苗族群体对唐氏之事的故意疏远以及邻里的说辞之上。也由此形成许多唐星娶汉族女子为妻的负面版本，流传甚广。

官屋基苗族不同宗族之间常常会笑称"我们都是亲戚"，实际上，这是其基于相对固定的婚姻关系网络的戏谑表述。在官屋基苗族看来，作为一名儿子，不仅仅要维系好自身婚姻所构建的亲属网络，还要记住父母、祖父母、外祖父母辈的亲属关系，由此构建出复杂的、相对有限、固定的亲属关系网。

我们社会中最重要的亲属关系就是这种丢石头形成同心圆波纹性质的关系。亲属关系是根据生育和婚姻事实所发生的社会关系。从生育和婚姻所结成的网络，可以一直推出去包括无穷的人，过去的、现在的和未来的人。[①]

费孝通对中国社会"差序格局"的深刻描述，也揭示了官屋基苗族理性的联姻模式，只是在个别民族婚姻的联姻方面，其具有了民族话语及特征。从官屋基苗族的联姻来看，其倾向于族群内婚当是抢婚习俗得以延续的原因之一。官屋基苗族人口较少，从近些年的调查来看，人口当在五万人左右，分散的宗族聚落、同宗不婚使得婚姻仅仅局限于某几个宗族之间，有限的人口与有限的男女比例，使得男性婚姻之间具有更为强有力的竞争性。这种竞争性，一方面来自男方，另一方面则来自女方。基于对婚配的逻辑，男女双方都希望找到合适的伴侣，但事实上也并非如此。在有限的空间内，只能尽快地找到"过得去"的伴侣，还要提防被别人抢走，这也是上文所提及的"谁手长就是谁的"这句话的内涵所在。这种婚姻的竞争性，时时刻刻地表现在官屋基苗族的日常生活之中。有人就此和我谈道：

如果你不搞快点，哪个娃儿来了，把她带走了你都不晓得，你喜欢就要赶紧拉，我们苗家姑娘是长一个走一个的。

对于女性而言，其也想找到自己合适的配偶，但是来往游方的男青年较多，婚配范围较窄，加上通过问父母了解各个苗寨男青年的境况是很容易的事情，男方亦是如此，所以对于各个苗寨男青年

[①] 费孝通：《乡土中国》（修订版），刘豪兴编，上海人民出版社2003年版，第25页。

和女青年的了解也较为容易。男女之间对于这种婚配的有限选择，使得部分女性在与男性交流的短时间内可能就会缔结"婚姻关系"。福柯曾经预示着 20 世纪是一个空间时代的带来，[①] 因为福柯认为，我们处在一个并列的时代，邻近的时代，遥远的时代，并肩的时代和被传播的时代，而我们的空间是在位置关系的形式下获得的。[②] 事实上，社会空间完全属于社会实践的范畴，[③] 在现代社会之中，官屋基苗族的空间也在慢慢地向外延伸，其内部部分女性，已经开始在这种有限的实践空间之内，对抢婚风俗进行对抗。然而，这种对抗实效甚微，抢婚依然传承。

三 "他者"再造反思

本文所选取的案例，存在以下之特征：首先，虽然自称 hmongb，但没有特定的分支所属自称；其次，操川黔滇方言第一土语，同时还分享着相似的神话故事，但却不知道云南和国外有 hmongb 存在[④]；再次，历史文献之中所记苗俗，与今天官屋基苗俗颇为相似，但却不是对官屋基苗族的记载；最后，官屋基苗族没有自己的文字，所谓的"历史"多为口述史。由此，我们不得不反思，作为一种"残存"之文化，经过长期的发展，官屋基苗族拉婚的习俗为何得以传承，个人为何难以突破群体"传统"？

（一）我们解构的是谁

从古至今，无论是"苗"或"蛮"，都是国家给予的称呼，但是这些称呼往往不是简单地基于赋役体系所给予的，还基于文化与社会特征等层面。所以，如果我们侧重国家给予的"标签"而忽略其客观存在的风俗文化以及结构，那么我们就间接地"解构"了一个可能存在特定结构的整体。就此，我们可以发问，我们解构的是谁？

刘志伟曾经指出："在珠江三角洲的田野经验让我们意识到，疍民的身份并非一个僵化的标记。正如华德英指出的，在疍民身份认同问题上，他者加诸的标签同局内人的自我认同之间存在着差别。"[⑤]刘老师所讲的这个问题，也意识到疍民本身自我认同与他者加诸的标签之间存在差别。笔者也认同这种说法，但是，笔者所要表达的观点是：虽然这个标签是流动的，模糊的，并非僵化的，但这也说明，这个族群可能依然存在。无论外部的表征如何变化，如国家将其纳入赋役体制之中，变为民等，对其自身而言，都只是其在对外部力量的一种"能动性接受"，并不能由此而否定已经"变为民"的这些人还存在特定的文化和社会结构。

关于"能动性地接受"这一点，科大卫和刘志伟也有提及，同时也指出"这一点甚至在国家体系下的地方行政制度的实施上都没有例外"[⑥]。但是，科大卫和刘志伟所关注的兴趣主要是这种标签如何

[①] 潘泽泉：《当代社会学理论的社会空间转向》，《江苏社会科学》2009 年第 1 期。
[②] M. 福柯：《另类空间》，王喆法译，《世界哲学》2006 年第 6 期。
[③] 景天魁、何健、邓万春、顾金土：《时空社会学》，北京师范大学出版社 2012 年版，第 2 页。
[④] 在本科之际，笔者曾就此写过一篇稍显稚嫩的文章，即《云南文山德厚 hmongb shib 误称为"青苗"辨析》，其中大部分观点源于笔者本科之际的西北民族大学本科生科研创新项目《论云南文山德厚 hmongb shib 为"青苗"乃误称》一文，后发表于"西北民族大学本科生科研创新项目" 2012 年专辑，见刊。
[⑤] 刘志伟：《地域社会与文化的结构过程——珠江三角洲研究的历史学与人类学对话》，《历史研究》2003 年第 1 期。
[⑥] 科大卫、刘志伟：《"标准化"还是"正统化"？——从民间信仰与礼仪看中国文化的大一统》，载《历史人类学学刊》2008 年第六卷，第一、二期合刊。

在具体的社会文化历史过程中被制造出来并在人们的头脑之中凝固下来；同时也关注"地方权势以什么手段去将一些模糊的社会界线用一些僵化的身份特征把不同的群体清楚区分开来，最终设定了这些僵化的社会身份的原旨？另一方面，被歧视的群体又用什么文化手段绕过障碍去改变自己的身份？王朝制度的运作有没有提供讨价还价的空间？还有，（基于疍民的身份认同研究）沙田生态的历史发展如何为本地的居民提供改变自己身份的环境？"等一系列现象和问题。① 这种能动性的接受，不断"绕开障碍改变自己的身份"等现象，按照科大卫和刘志伟两位老师的说法，"漫长的历史过程制造了很多不同层面意识模型的叠合交错，形成表现不一但同被接受的正统化标签。我们要研究的，就不只是中国文化的'大一统'的结构本身，而是形成其结构的复杂历史过程，尤其需要对不同地域历史演变作比较研究"。虽然这种研究方向和旨趣本身没有问题，但实际上，我们不仅仅要强调"结构过程"的研究，还包括结构本身。② 之所以要强调科大卫和刘志伟老师所表述的观点，主要是为了指出，在关注"结构过程"与结构本身这个问题上，"能动性的接受"这个社会文化历史过程，这个"结构过程"本身，并不是一蹴而就的。所以，既然是"结构过程"，我们不能就此忽视存在一个相对稳定结构的群体。同时，也不能忽视这个"结构过程"不具有普遍的一致性，在这一点上，科大卫和刘志伟虽没有强调，但也有所提及，故此才有了"表现不一但同被接受的正统化标签"。因此本文认为，这个"能动性接受"的群体是否存在"能动性"的内部结构依然还有探讨的空间。

综上，这也就说明一个问题，就是外部文化表征的变化，会影响其内部结构的局部调整，内部结构的调整大小，也会反作用于外部的文化表征，甚至影响其实践。③ 也就是说，外部的变化，并不一定影响其内部结构的变迁，这种外部的文化表征可能只是其能动性的接受与调试。而我们所指的"标签的变化"所研究的对象，就是一种游离于两种群体之间的那个群体。对于两者来讲，都是边缘。如本文所论及的关于苗民的记载，内部就一直有拉婚习俗。而拉婚，只是一种文化现象，根植于内部的是联姻。拉婚无论如何变化，联姻群体没有变，关于 hmongb 和 shuad、hmongb 与 nkuat 结构也没有变。所以，这个族类，是有一个相对稳定和延续过程的。而变化了的，就是那种被认为是 shuad 和 nkuat 的群体，就是"逃离"了这个联姻范围内的那群人。他们处于两者的边缘，在外时，说自己是他类，在内时又不被认同。但是，这个"结构过程"并没有直接导致其内部结构的瓦解。也就是说，我们所认为的存在建构的成分，其实一直都是这个"结构过程"，而并非当时存在的那个相对稳定的群体。这也就导致了我们对何为苗、何为瑶这类问题研究之时，研究对象的长期相互混淆。我们在研究何为苗

---

① 科大卫、刘志伟：《"标准化"还是"正统化"？——从民间信仰与礼仪看中国文化的大一统》，《历史人类学学刊》2008 年第六卷，第一、二期合刊。
② 科大卫、刘志伟：《"标准化"还是"正统化"？——从民间信仰与礼仪看中国文化的大一统》，《历史人类学学刊》2008 年第六卷，第一、二期合刊。
③ 萧凤霞曾经指出：我们一直以来往往不必要地把"结构"和"变迁"这两个概念截然二分。实际上，我们要明白"个人"在分析研究中所发挥的"作用"，要了解的不是"结构"（structure），而是"结构过程"（structuring）。个人通过他们有目的的行动，织就了关系和意义（结构）的网络，这网络又进一步帮助或限制他们做出某些行动，这是一个永无止境的过程。同时，刘志伟在《地域社会与文化的结构过程——珠江三角洲研究的历史学与人类学对话》开篇也引用了萧凤霞对于"结构过程"的概念。这个概念同时也呈现另外一层含义，即"能动性"所呈现的这种外在表征，实际上可以影响内部的结构，同时影响其实践与行动。王明珂也指出，"熟苗"穿着都比较"汉化"，或也自称"汉人"，并且，在西南许多族群中，男人穿着比女人"汉化"也是一种普遍现象。至少清代以来，在许多较汉化的西南地区，男性在穿着上便与一般汉人农民没有多大差别。这种"能动性"的外在表征，实际上也是其内部对"汉"认同的一种表征。详见萧凤霞《廿载华南研究之旅》，华南研究会编《学步与超越：华南研究会论文集》，文化出版社 2004 年版，第 31~40 页；刘志伟《地域社会与文化的结构过程——珠江三角洲研究的历史学与人类学对话》，《历史研究》2003 年第 1 期；王明珂《由族群到民族：中国西南历史经验》，《西南民族大学学报》（人文社会科学版）2007 年第 11 期。

时，常常认为，界定了外部"边缘化"的那些人，就可以界定其内部。比如被纳入赋役体系内，就会被称为民，这就又导致了我们忽略了这些被纳入赋役体系内部的"民"，他们是否还存在自己特定的结构。而当我们重视对外在标签的表达，重视对这些双重边缘化的人的探讨时，可能又会忽略掉对其能动性的表达。这种所谓的族类，可能就如一个细胞一样，外部逐渐被层层"吞噬"，但依然不影响其内部的结构，而边界纵使拥有了新的意义，也可能只是在相当长的时间里影响其外部的表征。

之所以要明确这个概念，也就是要明确我们所表述的对象是哪一类人，强调有这个对象，其实也就是我们还缺少对其的分析，所以建构意义上还存在探讨的空间。换句话来讲，在我们所讨论的"结构过程"当中，有一个群体，最终因为外部的不断调整直接影响到了其内部的结构变化，也促使了"我们"对"他们"之前所属的群体认识的变化，但是基于"他者"视角，依然值得我们省思。之所以以官屋基苗族为例，就是因为官屋基苗族并没有自身的"历史"文本。同时，对于历史上"不能开口"说话的"蛮"，我们依然缺少"主位"的省思。而且也相信，我们理解今天的文化现象，由此也能够理解古人之行为逻辑。[①] 故此，作为研究者，在我们认为"他者"不该是一个族类的时候，实际上也就是陷入了先行贴标签的泥潭。本文认为，在其内部结构，即起到维护内部稳定秩序的结构没有改变之前，任何外部的调整，都只是在面对外界之时的一种自我调适和表征。从研究者的角度来看，也不该将其表征与结构相互混淆并将其上升为建构意义上的群体。

科大卫在对广东"疍民"进行论述时，提及17世纪，屈大均对"疍民"的记载，"良家"与"疍民"不通婚，甚至在《广东新语》里也有"疍民"的民俗记载。科大卫注意到，岸上"良民"不允许"疍民"上岸居住，但也仅仅论述了这是一种排斥和歧视现象，关于"良民"与"疍民"之间的差异，更多地在于赋役体系上的位置不同。[②] 实际上，基于科大卫的观点，无论"疍民"有没有被纳入这个统治圈，国家统治者是否制定法律和政策，都只是从统治者出发制定政策以及处理"疍民"问题。但主要问题是，基于"他者"的视角，我们依然很少进行分析。从现在的田野调查来看，我们在带着"疍民"文献下到田野之时，所调查的对象，是否与历史上那些人存在血缘或文化或结构的联系？他们现在的想法和说辞，究竟多大程度上代表着历史上那些人的想法？甚至他们是不是被国家所"建构"出来的群体？都成为后至学人的困扰，田野调查与史料某种程度上的割裂，一个重要原因或是"蛮族"在历史上没有开口说话，而我们又缺少"他者"视角的分析。

无论如何，作为研究者，首先要承认国家的力量和作用，但同时不可忽略的是我们也要承认族群内部的能动性和复杂性。所以，当我们认为"何为瑶"是两个概念时，就已经割裂了国家政策与地方文化风俗，同时也忽略了"能动性接受"的外在表征和相对较稳定的内部结构。而王明珂所提的认同，特别是在提及苗、瑶时，较大意义上是一种外在的能动性表征，缺乏对内部结构的探讨。笔者较大程度上依然赞同前辈们对于"结构过程"的思考和探讨，只是在这种探讨过程之中涉及族群标签问题时，应该突破以往的局限，试图从"他者"的视角多加探讨这种"能动性"所形成的复杂性和多元化。因此，在我们呼吁"走出华南"之时，华南的经验才不至于对我们跨区域研究有所束缚，也不至于解构我们自己。

---

① 赵世瑜指出：如果说结构过程是我们的研究对象，礼仪标识是研究的切入点，那么逆推顺述就是一种特定的研究方式或技术。所谓逆推顺述，就是将在自己的田野点观察到的、依然活着的结构要素，推到有材料可证的历史起点，然后再从这个起点，将这些结构要素依时序一一向下叙述，最后概括出该区域历史的结构过程。详细参见赵世瑜《结构过程·礼仪标识·逆推顺述——中国历史人类学研究的三个概念》，载《清华大学学报》（哲学社会科学版）2018年第1期。所以，逆推顺述，实际上就是证明今之"活着"的结构要素，依然可以成为我们理解过去的蓝本。

② 科大卫：《皇帝和祖宗：华南的国家与宗族》，卜永坚译，江苏人民出版社2009年版，第42~45页。

（二）历史人类学对"他者"制造

1993年，陈春声指出："（田野调查者）置身于乡村基层独特的历史文化氛围之中，踏勘史迹，采访耆老，尽量摆脱文化优越感和异文化感，努力从乡民的情感和立场出发去理解所见所闻的种种事件和现象，常常会有一种只可意会的文化体验，而这种体验又往往能带来新的学术思想的灵感。"[①] 这也是陈春声所讲的"参与体验"。2004年，彭兆荣指出：在历史学家的眼里，历史学向历史人类学的发展具有三方面价值，而其中第一方面的价值就是获得一种认识和态度上的"疏远感"（estrangement）。彭兆荣解释，人类学的"异文化"研究体现了地理和族群上的"疏远感"，历史学也需要在研究中获得这种感觉。[②] 2006年，黄国信、温春来延续此说指出："历史学家要更好地理解自己的历史，为了去除传统史学中的'中心'意志，跳出'文化本位主义'其实很有必要借助人类学者的这种疏离感。"随后又进一步指出："对历史学者来说，历史人类学可以帮助我们获取历史现场感、疏离感以及更多的资料，从而使我们整体把握区域的历史及其发展脉络。"[③]

由此可见，历史人类学的田野调查出现了从"参与体验"到"疏远感"的转变。黄国信和温春来等也强调，相对于历史学而言，"相反，人类学研究'他者'、研究'异文化'，从来就与研究对象有一种地理与族群上的疏离感，正是这种疏离感，使人类学具有了观察者而不是活动者的优势"[④]。不可否认，人类学从对"他者"以及"异文化"的研究兴趣出发，转向对本土文化的研究以及反思，也存在"他者"的再造问题。这种从"尽量摆脱'异文化'感"到"疏离感"，以及"他者"再造的转变，实际上也正是今天"何为中国"以及"从边缘看中心"研究的基本假设，这些"他者"，在面对国家力量时，常常能动性地进行一定的调适并不断地被纳入"中国"。赵丙祥曾经直言不讳地说道：

> ……从我们的（中国）人类学学科史来看，令人悲哀的是，时至今日仍然有一个马林诺夫斯基的幽灵徘徊在我们的人类学里面，而在"社区"这个极端汉化概念的名义之下盛行的小群体社会学模型之所以仍然能够在当代中国人类学中扮演着寡头的角色，正是部分地因为这个"功能主义"的寡头已经漂洋过海来此达半个世纪之久。而这种"西方社会的自我反观方式"移植、挪用到中国情境中，带来的一个后果是，"中国"变成了"特罗布里恩德群岛"；在这个意义上，就像"原始人"被制作成了西方"文明"的"异文化"对象一样，我们的人民也被制作成了我们自己的"异文化"对象，他们的文化有它的功能，但人为地失去了历史。[⑤]

上文所提及的科大卫、刘志伟在与华琛探讨"地方信仰和仪式所体现的地方传统多元性和中国文化大一统之间的关系"问题时也如是指出。这就促使我们后至学人反思：究竟我们树立出来的"他者"，在多大程度上能从他们的角度来思考问题？顾颉刚先生在《民俗》（发刊辞）之中如是说：

> 我们读尽了经史百家，得到的是什么印象？呵，是皇帝，士大夫，贞洁妇女，僧道——这些

---

① 陈春声：《中国社会史研究必须重视田野调查》，《历史研究》1993年第2期。
② 彭兆荣：《边界的空隙：一个历史人类学的场域》，《思想战线》2004年第1期。
③ 黄国信、温春来、吴滔：《历史人类学与近代区域社会史研究》，《近代史研究》2006年第5期。
④ 黄国信、温春来、吴滔：《历史人类学与近代区域社会史研究》，《近代史研究》2006年第5期。
⑤ 赵丙祥：《心有旁骛：历史人类学五论》，民族出版社2008年版，第1页。

圣贤们的故事和礼法。

人间社会只有这一点么？呸，这说哪里话！人间社会大得很，这仅占了很小的一部分而且大半是虚伪的！尚有大部分是农夫，工匠，商贩，兵卒，妇女，游侠，优伶，娼妓，仆婢，堕民，罪犯，小孩……们，他们有无穷广大的生活，他们有热烈的情感，有爽直的性子，他们的生活除了模仿士大夫之外是真诚的！……我们要站在民众的立场上来认识民众，我们要探检各种民众的生活，民众的欲求，来认识整个的社会！我们自己就是民众，应该各各体验自己的生活！我们要把几千年埋没着的民众艺术，民众信仰，民众习惯，一层一层地发掘出来！我们要打破以圣贤为中心的历史，建设全民众的历史！①

事实上，正如顾颉刚先生所强调的要"各各体验自己的生活"一般，刘志伟在课堂上所强调的，顾先生他们在这条路上踏出了半步，希冀于后来学人继续前行，② 但也正如赵丙祥所指的，我们今天的学人把"我们的人民制作成了我们自己的'异文化'对象"，成为"他者"。回归中国现实，从本文所列举的官屋基苗族来看，一个不认同于其他川黔滇苗族的群体，成为一个没有"历史"的"他者"，甚至读者开始可能也会怀疑，这些记载都没有具体指到官屋基苗族的民俗，为何要说其拉婚习俗一直传承和延续。笔者不否认，历史人类学的研究需要严密的逻辑思维和材料的引征，而之所以引此例，主要是说明，对于历史上既没有文献具指，又没有自己文字的族类，实际上即使在今天，也是我们笔下的"他者"建构也得到了升华。

四 余论

从本文导论开始，我们不难看出，在当今学人在论及"国家－社会""国家－人"之关系时的矛盾。这种矛盾，概是当族群与国家之间发生关系时，在我们谈国家如何把地方纳入"大一统"时，地方的"人"都成为"异文化"的"他者"。但是一旦我们把视角转向地方之中的人，又开始强调我们要"共情"，要"参与观察"，甚至理解自己历史文化之时，要有一定的"疏离感"。当我们面对"结构过程"的分析之时，就常常周旋于国家与地方之间，使得"他者"成为较大程度上的建构物。也正如赵丙祥所感叹的，我们"只看到了组成整体的要素，而没有看到这些要素得以存在的整体"③。

从前人的研究出发，本文认为：在"结构过程"的分析之中，我们不仅仅要注意到国家与地方之间的关系层面，同时也要注意到地方内部的结构。对于双方而言，都是"同中有异"的历史现象。同时，如果过于强调"标签"史的研究，我们就又陷入了列维－斯特劳斯所指出的民族学（文化人类学）与历史学两者关系问题的悲剧上，④ 从而使得我们很难再认为现代意义上的民族，普遍意义上具

---

① 顾颉刚：《民俗》发刊辞，国立中山大学民俗学会编《国立中山大学民俗周刊》，国家图书馆出版社2014年版，第15~16页。
② 2018年1月3日周三夜课堂上刘志伟对在读博士与硕士生的嘱托。同时，刘老师也指出，这可能只是他一时的感情宣泄，但是后来学人也不应放弃这种追求。同理，这段来自个人生活的体验，也可能只是作者的一种自我生活与学习体验，一种感情宣泄，但是我们也要看见我们所做的研究之中的矛盾之处，方能继续前行。
③ 赵丙祥：《心有旁骛：历史人类学五论》，民族出版社2008年版，第2页。
④ 列维－斯特劳斯在《结构人类学》绪论之中说：据此，在民族科学与历史学的关系问题上——这个问题同时也暴露了两者之间的悲剧——我们可以做如下表述：要么我们的科学专注于各种现象的历时方面，也就是它们发生的时间顺序，但因此而无法追溯它们的历史；要么民族学家试着采用历史学家的工作方式，但会把时间维度遗漏掉。赵丙祥直言道：除了为数不多的作品之外——仍然几乎没有人认真思考过列维－斯特劳斯在数十年前就为之焦虑不安的、那个著名的两难困境（或者它已经被人们判定为过时了）。详见〔法〕克洛德·列维－斯特劳斯（Claude Lévi-Strauss）《结构人类学》，张祖建译，中国人民大学出版社2006年版，第5页；赵丙祥《心有旁骛：历史人类学五论》，民族出版社2008年版，第2页。

有自身的内部结构，而陷入"建构"的泥潭之中。

同时，我们强调功能主义之中的结构概念，也使得我们不断地创造出不同的"他者"，另外，我们不能抹杀"文化"。萧凤霞也强调人是文化的人，[1] 按前人之争论，无论我们是用"结构"来看历史，还是从历史来看这些结构如何层层形成，在我们不否定"能动性"的基础上，我们发现有的地方也存在着形形色色的被接受的正统化"标签"，甚至有的至今还保持文化"残存"。"就此而言，相应的对策在于考察本土文化逻辑是如何在实践层面进行的。也就是说，寻求宇宙观、群体组合方式以及实践行为三者之间的辩证关系"[2] 也正是我们所要重新思考的问题。

---

[1] 萧凤霞、包弼德等：《区域 - 结构 - 秩序——历史学与人类学的对话》，刘平、刘颖、张玄芝（整理），《文史哲》2007年第5期。
[2] 赵丙祥：《心有旁骛：历史人类学五论》，民族出版社2008年版，第11页。

大理白族传统民居研究述论与人类学反思[*]

刘　敏[**]

摘　要　大理白族传统民居是民族文化遗产的杰出代表，其形式、功能、象征以及变迁等对中国传统建筑技艺与文化的研究具有重要意义。学界对大理白族传统民居的研究取得了丰富的成果，大致可分为技术、社会文化、艺术三种不同的研究面向。对这些成果的审视和反思，对于推动人类学作为物质与非物质文化建筑的研究将发挥积极的作用。

关键词　大理白族传统民居；研究述论；人类学反思

DOI：10.13835/b.eayn.26.23

海德格尔曾说过："人诗意地栖居，……但是我们何以达到一种栖居呢？通过筑造。"[①] 也就是说，筑造遵循着栖居需要的实现，展示着人们对生活的看法。作为一种与生活密切而广泛联系的实体存在，建筑在满足人们实用、安全等物质性功能的同时，更涉及文化、审美、感知等精神性要素，它映射着某一文化环境的群体心态。大理白族传统民居作为一种建筑形式正是白族文化的外化与表达，同时，作为生活的对象它也建构着人与空间、人与人、人与社会之间的关系，是研究大理白族历史、文化、社会等方面的一条重要脉络。

大理白族传统民居依山傍水，遵循着尊重自然和人文的营造哲理，显示了"天人合一"的生态观念和栖居状态。它在我国传统优秀建筑的基础上，保持了自己独特的营造技术和建筑装饰，呈现出浓郁的地域风格和民族风格，反映了白族的审美情趣和文化底蕴，具有极高的历史、文化、遗产和艺术价值。近年来，由于国家对传统文化、民间艺术事业的大力支持，以及当地旅游业的发展，大理白族传统民居得到广泛开发和运用。在全球化和文化多元时代，大理白族传统民居的传承与发展迎来了重要机遇，同时也面临着新的挑战。

白族是一个有四千年悠久历史的民族，也是自古以来以洱海为中心居住的土著民族之一。白族主要有民家、那马、勒墨三个支系，其中民家人约占95%，那马人约占3.5%，勒墨人约占1.5%。[②] 每个支系在建筑材料、营造技术、装饰艺术等方面都有自己独特的民居建筑特点。民家白族主要分布在洱海周边、剑川、鹤庆等地区，其民居的特点随地域分布不同而有所差异，但这些地区通过对大理白

---

[*]　基金项目：云南大学民族学一流学科建设项目"绘生活：大理白族民居彩绘艺术的生产"（2017syl0068）。

[**]　刘敏，云南大学西南边疆少数民族研究中心，博士研究生。

[①]　〔法〕海德格尔著、丹明子主编《海德格尔谈诗意地栖居》，中国工人出版社2011年版，第98页。

[②]　张旭：《大理白族史探索》，云南人民出版社1990年版，第1页。

族传统民居进行一种形式的加工，形成既多样又统一的完美构图，取得某种一致的民居建筑风格。大理白族的传统民居营造技艺以及多种装饰技艺如木雕、彩绘等都已成为非物质文化遗产，且现有成果多是围绕大理白族民家民居所展开的研究。基于此，本文对大理白族传统民居研究的述评只涉及具有相对统一风格的民家白族民居。

自20世纪以来，诸多学者对大理白族传统民居进行了研究，付出了辛勤的努力并取得了可喜的成果。但由于研究者个人学术兴趣的差异、学科视野的差别以及时代环境的局限等，对大理白族传统民居的研究在某些方面有所缺失或偏颇，有待进一步探索及提升。本文试从技术、社会文化、艺术三个层面切入，对大理白族传统民居的研究现状做出综述和评论并以人类学的学科视野对研究成果和现状进行探讨，以期为今后民族民间工艺的人类学研究拓展思路。

一 技术层面的研究

建筑是以一定的物理结构形式存在的，而技术因素是展示建筑物理结构特性的主要方式。因此，人们惯常于首先根据技术因素来看待、认识和评价建筑。但建筑技术是人与自然、人与社会之间互动调适的过程性体现，它在本质上是对文化的加工和运用过程。大理白族传统民居作为一种建筑形式渗透了技术的因素，最容易引起学者的关注，且此方面的研究多是由建筑学者完成的，主要集中于对建筑材料、营造流程、建筑结构、营造中的关键技术等方面的研究。

（一）建筑材料

建筑材料作为实体和空间的重要感知方式之一，是建造大理白族传统民居并形成美感的物质基础，其隐含着丰富的与自然生态和文化生态对应的观念与信息。

学界对大理白族传统民居建筑材料的研究，多散见于各类文献中，并没有出现专门关注此问题的系统性研究。大理属于亚热带气候，物产丰富、植被茂密，建造房屋一般遵从就地取材、就近取材的原则，延续中国古建筑的风格，形成以木材为主的构建体系。郝锋艳对喜洲地区白族传统民居的建筑材料进行了归纳，认为木构架材料多用当地所产的楸木，大量使用土、石及土坯砖，并辅助以瓦、纸筋灰、卵石和青石板完成修缮。[1] 张崇礼指出楸木、楠木被白族称为"木王"，在白族民居中，多少都要用一点楸木作为房屋的"镇物"[2]。可见此"镇物"概念与当地人的心理、观念、审美相关联，但作者并没有就此展开深入探讨。王翠兰对木构架体系外的墙体材料进行了梳理，指出大理白族传统民居的墙体主要以夯土墙、土坯墙、卵石墙和条石墙为主，以及镶砖等。[3] 刘裕荣认为白族传统民居为了加强墙体的整体性，通常采取在墙体中加砌竹筋的做法，同时也加入卵石、碎石等骨料，洱海边的村子，还有加入海螺贝壳体等为骨料的土墙。[4] 周兵指出取材于当地盛产的大理石及其他天然石材做地基、砌墙、装饰等是白族民居的生态特性之一。[5] 何俊萍从生态环境角度分析了大理白族传统民居中

---

[1] 郝锋艳：《云南喜洲白族古民居》，西安建筑大学2006年硕士学位论文，第34~35页。
[2] 张崇礼：《白族传统民居建筑》，云南民族出版社2007年版，第56~58页。
[3] 王翠兰：《白族居住建筑》，大理白族自治州规划建设局、大理白族自治州土木建筑学会合编《大理建筑文化论》，云南民族出版社2006年版，第33页。
[4] 刘裕荣：《大理喜洲村白族民居研究》，重庆大学2006年硕士学位论文，第120页。
[5] 周兵：《云南白族民居中蕴涵的生态建筑文化》，《云南农业大学学报》2014年第1期。

较为独特的"金包玉"和鹅卵石墙体的材料选择,认为这正是当地人在对大自然的依赖下形成的对住屋模式的理解。[①] 这一观点指明了大理白族传统民居建筑材料的技术结构是自然与社会文化的负载,但作者并未就此展开详细的讨论和实证研究。

不难发现,学者们都倾向于将大理白族传统民居建筑材料视为一种绝对的自然客体进行描述,关注到材料的性质及当地气候、地理等自然条件影响了建筑材料的选择。但在某种程度上说,文化决定了物的属性与意义,当地建筑材料的选择是与特定的社会认知体系相关联的。而学界却没有将其作为一种标识、一种分类原则抑或一种符号表述展开相关论述。

(二)营造流程

白族人民对居住环境非常重视,以建造新房屋为荣并有自己的一套建房程序和构造逻辑,且营造流程中的各个环节都是技术得以展现的过程,涉及人与人、人与物之间的互动关系。营造流程中的相关技术知识不仅存在于工匠的头脑中,也内嵌于社会关系、自然与人文环境中并通过工匠所在的大理白族社区、社会制度与分工协作得以再生产。

对于大理白族传统民居的营造流程,大多数学者认为是选址、打地基、下料、立木竖房、夯土筑墙、盖瓦、装饰。但由于学者各自的关注点不同或访谈对象的不同说法,具体的营造流程也存在差异,这些差异主要表现于将营造过程中伴随的相关仪式纳入其中并有程序多少和名称的差异。如廖静认为建造的过程为选址定向、破土、筑墙(半围合)、屋架营造并伴随竖房活动、盖瓦、筑墙(完善全部)、小木作装修、修建大门。[②] 宾慧中相对详细地记录了营建一坊白族合院建筑民居的全过程,具体流程为:择址、定位、打地基、下料、动工、木料加工过程、穿架、立木竖房、校正屋架、夯土版筑土墙、安装椽子、盖瓦并对每道工序所用工具、材料、营造法则等进行了深入的建筑技术分析。[③] 此外,程瑶探讨了大理白族传统民居营造中的底部夯土、木构架搭建、墙体围护及屋顶盖瓦四个关键节点流程的建造逻辑。[④]

以上几位学者通过参与大理白族传统民居的施工实践,动态、连贯地记录了大理白族传统民居的营造流程及相关经验、技巧,对这一传承千百年的非物质文化遗产进行了及时的记录和挖掘整理工作。但学者们都是从建筑学的研究取向进行阐释的,并没有结合具体营造过程中的社会关系和文化因素对这一非物质文化遗产的人文价值进行思考与探索。如工匠运用工具如何将物完成了形式的转换,这体现了工匠什么样的思维智慧和手的灵巧?不同工种工匠之间的分工合作、工匠与主人的协商互动等社会性问题如何使技术在营造流程中得以显现?对这些问题的探究也是深入了解大理白族传统民居营造过程的非物质文化部分的关键。

(三)建筑结构

大理白族传统民居的各组成部分之中、各组成部分之间的关系以及整体效果等问题是通过建筑结

---

① 何俊萍:《木构技术与建筑装饰》,大理白族自治州城建局、云南工学院建筑系编著《云南大理白族建筑》,云南大学出版社1994年版,第137~138页。
② 廖静:《大理白族民居竖房活动》,昆明理工大学2006年硕士学位论文,第15页。
③ 宾慧中:《中国白族传统合院民居营建技艺研究》,同济大学2006年博士学位论文,第172~237页。
④ 程瑶:《一项有关乡土建筑基本建构的研究——以大理白族院落式民居为例》,昆明理工大学2012年硕士学位论文,第73~97页。

构来实现的，它最为集中地体现了大理白族传统民居的建筑特点。大理白族传统民居的建筑结构直接决定了空间的布置格局与组织模式，进而对生活在其中的人的行为、观念以及人与人之间的相互关系产生重要的节制、规范、调适等影响。

在大理白族聚居区内，最常见、数量最多的民居是以"坊"为单位的传统白族合院民居。"坊"是三开间两层高的一幢建筑，可以是正房也可以是厢房。除以"坊"和院落为大理白族传统民居的主要构成要素外，还有门楼、照壁和廊道。程瑶简要阐述了各构成要素的特征和空间功能。[1] 通过"坊"和其他建筑要素的组合搭配可以演变出多种平面布局形式。董秀团从简到繁，对一坊式、一正一耳、一正两耳、三坊一照壁、四合五天井、六合同春的平面布局特点进行了描述。[2] 刘裕荣围绕喜洲大型民居院落群的扩大组合方式，归纳为纵向串联方式、横向并联方式、纵横双向联结方式三种多层次的单元组合方式。[3] 在《洱海之滨的白族民居》[4] 一文中，依据房屋朝向将白族传统民居的平面布局形式划分为三合院、四合院、重院、两向两坊、一向两坊、两向一坊几种类型。张强认为白族合院民居根据地形地势，以正房为主体核心灵活布局耳房和厢房的相对位置、形式、体量等，使建筑主体呈现Ⅰ形、Ⅱ形、L形、倒U形等平面布局形式。[5] 以上学者谈到的关于大理白族传统民居各要素组成的平面布局类型的名称叫法上虽有差异，但其布局形式却是相对一致的。

关注大理白族传统民居的布局形式，除由各组成部分构成的平面布局形式外，还涉及立面和剖面空间的建构。在《少数民族民居调查之三——云南白族民居调查报告》[6] 一书中，将大理传统白族民居的内院立面分为出厦、吊厦和倒座三种不同的形式，并描述了这三种立面造型的处理手法；同时，也对正房、厢房、耳房的层高以及厦廊、梯间的空间进行了剖面解析。宾慧中以木构架房屋上是否带厦子作为分类标准，将白族传统民居分为明楼、闷楼、挂厦楼、两面厦楼、走廊楼五种不同的内院立面类型并进行构架图示分析。[7] 在大理白族传统民居的一坊建筑中，穿斗式构架是普遍使用的结构形式，同时也常见以穿斗构架为主，局部配合使用抬梁式构架的结构形式。李东海按照当地老百姓的分类，对"三架七行""五架七行""七架九行""八架十一行"等不同样式的大木作剖面构架类型进行了阐释。[8]

除此之外，还有一些学者对大理白族传统民居各组成部分所形成的立体空间效果进行了探索性研究。张崇礼认为白族传统民居的大门、庭院、厦廊、堂屋、卧室的空间布局是一个有序而渐进的序列。从形态上看，形成开放空间（白色）—过渡空间（灰色）—封闭空间（黑色）；从功能上看，形成公共性空间（天井）—半公共性半私密性空间（厦廊和堂屋）—私密性空间（卧室）的整体格局。[9] 程瑶、王冬认为白族传统民居有自己独特的空间模式语言，总结为：对外围合封闭，对内开敞的院落式；"通而不透"的照壁空间特质；"交融渗透"的檐廊空间特质；"宣郁消纳"的漏角空间特质；"下实

---

[1] 程瑶：《一项有关乡土建筑基本建构的研究——以大理白族院落式民居为例》，昆明理工大学2012年硕士学位论文，第53~61页。
[2] 董秀团：《白族民居》，云南大学出版社2006年版，第14~19页。
[3] 刘裕荣：《大理喜洲村白族民居研究》，重庆大学2006年硕士学位论文，第67~72页。
[4] 云南省建工厅设计院少数民族调查组：《洱海之滨的白族民居》，《建筑学报》1963年第1期。
[5] 张强：《大理白族合院民居建筑的空间与装饰研究》，青岛理工大学2013年硕士学位论文，第20页。
[6] 云南省建工厅设计院少数民族建筑调查组：《少数民族民居调查之三——云南白族民居调查报告》，云南省建筑工程厅设计院1963年，第15~19页。
[7] 宾慧中：《中国白族传统合院民居营建技艺研究》，同济大学2006年博士学位论文，第73~77页。
[8] 李东海：《建构视野下沙溪古镇工匠技艺与材料表达的研究》，昆明理工大学2015年硕士学位论文，第49~53页。
[9] 张崇礼：《白族传统民居建筑》，云南民族出版社2007年版，第46~47页。

上虚"的竖向空间特质;"北向封闭厚重,南向开敞轻盈"的横向空间特质,先纵向,后横向的延伸生长机制。①

由以上得知,学界对大理白族传统民居由部分组成的布局形式及空间关系的研究多集中于对其作为一种实体结构的探讨,重在大理白族传统民居建筑结构的物理性和事理性方面,而忽视了这种建筑结构中人与社会生态环境的关系及其现象背后的历史渊源、社会渊源和文化渊源。从人类学角度来看,大理白族传统民居的建筑结构是与自然及人文生态密切关联的。除采光通风、地理环境等自然条件的影响外,人的存在意义赋予大理白族传统民居各建筑结构及其相互关系以秩序和性格。基于实证调查,对社会交往中有关行为的释义问题是洞察大理白族传统民居空间秩序普遍化和恒常性的关键,而这方面的研究却相对缺失。

(四) 营造中的关键技术

大木匠师在大理白族传统民居营造活动中对房屋的建造起决定性影响。从设计到完成,从梁柱的大小长短和开榫作卯的部位,以及对复杂的力学估计等的把握,皆存在于匠师的头脑中。大理地区属于九度地震区,所以当地非常关注房屋的抗震问题,防震抗震的榫卯节点构造和构架尺度的建造成为营造中的关键技术。

前辈学者蒋高宸指出:"白族匠师为了优化传统木结构的抗震性能,在节点的榫卯结合方式上下了很深的功夫,创造了一套'木锁'工艺,强化了木构架系统中各构件在节点处的连锁。"② 在云南省设计院编写的《云南民居》③ 一书中,图文并茂地诠释了梁架扣榫和穿枋形成的"木锁"抗震体系的做法。宾慧中对白族匠师所掌握的营建核心技术进行了全方位的解析,通过展示施工操作过程动态性地阐释了匠师的整体营建理念和各构件之间的榫卯节点技术。④ 大理白族传统民居的构架尺度也在白族工匠的长期实践下,形成了一套程式化规范,总结出了一些口诀。宾慧中对剑川白族传统民居的常用构架,如层高、面阔、明间、次间的尺度进行了系统的记录和挖掘整理。⑤ 伴随着对大理白族传统民居工匠技术研究深度的拓展,有学者关注到工匠对大理白族传统民居技艺的感知状态。唐黎洲从剑川沙溪白族传统民居营造工匠的技艺入手,深入挖掘了匠师们在大木作营造技艺中对构件受力情况、连接方式和安装方式的考虑,并从构件尺度、木料清单等方面阐释了大木匠师对大理白族传统民居建筑的整个设计构思过程,认为传统匠师的营造活动是在"原型"风俗观念影响下的经验积累,图纸已经"藏"于心中,他们表达出来的都只是如何建造。⑥ 但此研究中,针对工匠感悟、直觉、观念等的探讨仍是在体现大理白族传统民居建筑技术的背景中进行的。

长期以来,学者们致力于大理白族传统民居建筑技术的探讨并主要聚焦于将其作为一种纯粹的物质现象的思考。人类学认为技术不仅是单纯的物质问题,也具有社会与象征的意义,技术的发展在很大程度上是一种文化的选择,研究技术不应脱离社会脉络。同时,在实际的应用中,技术左右着文化的基本面貌,是塑造文化形态的基本动力之一,会超越纯粹的物质生产与生活而介入复杂的社会运作。

---

① 程瑶、王冬:《大理白族院落式传统民居的解析与运用》,《华中建筑》2012年第10期。
② 蒋高宸编著《云南民族住屋文化》,云南大学出版社1997年版,第376页。
③ 云南省设计院:《云南民居》,中国建筑工业出版社1986年版,第44~45页。
④ 宾慧中:《中国白族传统合院民居营建技艺研究》,同济大学2006年博士学位论文,第115~171页。
⑤ 宾慧中:《滇西北剑川匠系世传营造口诀研究》,《建筑遗产》2016年第3期。
⑥ 唐黎洲:《工匠的智慧——剑川沙溪传统民居营造中大木匠意研究初步》,昆明理工大学2006年硕士学位论文。

因此，引入人类学物质文化、技术文化等相关研究理论和方法，从综合性、历史性的动态视角来研究大理白族传统民居的建筑技术问题，将是值得探索的一个研究空间。

二 社会文化层面的研究

大理白族传统民居作为一种人居空间展现的是当地人特定的生产生活方式，它是人们所持观念的物化和体现。因此，有不少民族学、民俗学、社会学学者将大理白族传统民居放到当地宏观的历史、社会、文化背景中进行考察，进一步深化对大理白族传统民居研究的广度和深度。首先，学者们对大理白族传统民居的建房习俗与仪式进行了调查并对民居的文化内涵和安排空间组织的社会制度因素做了深入探讨；其次，在文化遗产保护理念的影响下，关注到了大理白族传统民居的保护、传承与发展问题。

（一）建房习俗与仪式活动

在白族的传统习俗中，建造房屋是大事，从开始选址到动工，各种讲究和仪式就伴随着房子的整个建造过程，表达对自然和信仰的尊重。

大理白族传统民居在选址的习俗上充满了生态精神，房屋朝向一般是依地势依山傍水而建。薛祖军从生态学角度分析了大理白族传统民居的建房习俗，指出白族传统民居是在顺应自然、师法自然的基础上营建的，特殊的地形决定房屋朝向，风向和风速决定房屋的避风要求。[1] 杨世明则从民俗习惯入手，指出白族民居建造时，必须请先生手持罗盘看地势，定一块避风向阳的新宅基地，再按造主的生辰八字、天干地支和建房月份的吉凶来选择建房仪式的黄道吉日。[2] 张崇礼认为这种"寻龙望势，观砂理气"的择地思想正是受汉族地区风水堪舆的影响，而在大理白族传统民居选址中的广泛运用，深受"天人合一"哲理的影响。[3] 选址完成后，整个建房仪式会相继进行。

有学者对大理白族传统民居的整个建房仪式进行了细致梳理。张金鹏、寸云激指出整个建造过程：择日、定向、动土、起工架马、送木神乃至上梁形成了一套有效的程序和隆重而严格的仪式。[4] 董秀团认为营造过程一般伴随动土、开工圆木与送木神、竖房上梁、合龙口、房诞仪式并描述了每个仪式的内容。[5] 张崇礼认为白族传统民居的建房仪式为动土、祭木神、立柱、送土神木神、上梁、贴对联、合龙口和乔迁。[6] 在建房的各个仪式中，竖柱上梁被白族认为是最慎重的事情，象征主人龙脉久旺而不衰，所以这个环节比较隆重热烈，也是学者们关注的研究对象。赵勤认为整个竖柱上梁仪式一般有祭梁、待客、唱竖房古歌和破五方四项内容，主要梳理了庆典日待客有关事宜的准备工作。[7] 宾慧中将竖柱上梁仪式称为"上红梁"，要在完成立木竖房后进行，主要是这根红梁要被安装到正中明间，安装完成才象征整个房屋构架的落成并认为仪式主要包括准备祭台、祭红梁、祭鲁班、梁柱开光、升

---

[1] 薛祖军：《自然生态环境对白族地区民居建筑形式的影响》，《大理学院学报》2004 年第 3 期。
[2] 杨世明：《洱源白族的建房仪式》，云南省南诏大理历史文化传承与发展研究基地编《大理民族文化研究论丛》2010 年第 4 辑，民族出版社 2010 年版。
[3] 张崇礼：《白族传统民居建筑》，云南民族出版社 2007 年版，第 29~30 页。
[4] 张金鹏、寸云激：《民居与村落——白族聚居形式的社会人类学研究》，云南美术出版社 2007 年版，第 46 页。
[5] 董秀团：《白族民居》，云南大学出版社 2006 年版，第 45~62 页。
[6] 张崇礼：《白族传统民居建筑》，云南民族出版社 2007 年版，第 147~157 页。
[7] 赵勤：《大理喜洲白族民居建筑群》，云南人民出版社 2006 年版，第 102~109 页。

梁和破五方六个步骤。①

尽管有多位学者详细考察了大理白族传统民居建房习俗及仪式的内容，但只有少数学者看到了其背后的社会关系和深层文化底蕴的支撑。廖静指出白族传统民居的竖房活动是与社会结构的变迁相关联的，传统木结构营造技术与仪式延续的主要原因与传统社会习俗密不可分。② 但本研究仍是从建筑学的角度对大理白族传统民居竖房活动的技术把握。大理白族传统民居与建房仪式相互修正并完善，仪式激活了空间并释放意义。作为具有象征意义的大理白族传统民居建房仪式是与当地生活命题息息相关的，且仪式提高了大理白族传统民居的生存和延续价值。因此，对这些象征意义如何通过仪式来表达的研究就更为必要和迫切，然目前尚缺乏从人类学视角切入的对此问题的实证调查与理论解读。

（二）文化内涵

大理白族传统民居作为建筑语言，凝聚着丰富的文化内涵。它与白族文化整体的同构对应关系使其具有重要的历史文化价值，也是学界研究的一个侧重点。

大理白族传统民居是在长期的历史过程中形成、发展和完善的，白族与其他民族、群体发生的文化接触、交流也必然体现在民居中。唐《蛮书》又名《云南志》就曾记载："凡人家所居，皆依傍四山，上栋下宇，悉与汉同，惟东南西北，不取周正耳。"③ 陈谋德从历史角度论述了白族传统民居是中原文化与本土文化的融合。④ 赵勤认为喜洲商帮崇尚儒学的风气和传统是推动白族传统民居发展的主要原因，功名利禄在房屋的形制与装饰上得到充分体现。⑤ 张金鹏、寸云激指出白族的文化内核即观念意识制约着白族传统民居的形制，认为共存意识、耕读意识、伦理意识、显耀意识和趋吉意识是深入了解白族民居和聚落空间文化现象的根源所在。⑥ 此外，李峥等人对西洋元素在白族传统民居中的门楼、窗户、材料、布局等方面的表现进行了分析，说明了白族建筑文化的包容性。⑦

大理白族地区民间宗教信仰多元，不只信奉本主，还崇奉儒释道及祖先，这种多元化的宗教信仰与村民的日常生活联系紧密，而且显现于民居建筑之上。周思言、田延广对大理白族传统民居进行实地调查，认为民居建筑中体现的佛教和道教信仰色彩颇为浓厚，揭示白族人民在对驱邪符号信仰的基础上所产生的保家观念与形成的保家体系。⑧ 祖先崇拜是白族生活中不可或缺的一项内容，每家每户都设有供奉历代宗亲牌位的家坛，一般设在正房二楼供桌上或墙壁上，逢年节及祖先祭日均要祭拜。许烺光认为白族传统民居是整个家庭——包括死去的、活着的、未来的家庭成员——社会威望的象征。⑨ 还有学者对喜洲白族传统民居中的礼教、家道家风等空间教化功能进行了探讨。⑩

学者们从不同的角度阐述了大理白族传统民居与白族文化体系的关联。但是，大理白族传统的生

---

① 宾慧中《中国白族传统合院民居营建技艺研究》，同济大学2006年博士学位论文，第202～209页。
② 廖静：《大理白族民居竖房活动研究》，昆明理工大学2006年硕士学位论文。
③ （唐）樊绰撰、向达原校、木芹补注《云南志补注》，云南人民出版社1995年版，第71页。
④ 陈谋德：《白族传统建筑是中原文化与本土文化融合的历史建筑》，大理白族自治州规划建设局、大理白族自治州土木建筑学会合编《大理建筑文化论》，云南民族出版社2006年版，第142～153页。
⑤ 赵勤：《大理喜洲白族民居建筑群》，云南人民出版社2006年版，第40～47页。
⑥ 张金鹏、寸云激：《民居与村落——白族聚居形式的社会人类学研究》，云南美术出版社2007年版，第84～111页。
⑦ 李峥、马旭、李煜、樊国盛：《西洋元素与大理传统白族建筑的融合研究》，《山西建筑》2015年第1期。
⑧ 周思言、田延广：《白族民间宗教信仰中驱邪与保家的人类学分析——以大理市挖色镇挖色村民建筑中驱邪符号为例》，《西藏民族学院学报》（哲学社会科学版）2014年第1期。
⑨ 许烺光：《祖荫下》，台北南天书局有限公司2001年版，第33页。
⑩ 江净帆：《空间中的社会教化——以喜洲传统白族民居为例》，西南大学2010年博士学位论文。

计生活方式随着社会的转型正发生着持续改变,大理白族传统民居文化也处于不断流变、发展与创新的过程之中。因而,需继续深入探讨当今社会文化变迁语境下的大理白族传统民居出现的新问题。

(三) 社会制度

大理白族传统民居营造的一般性的指导原则和模式法则与社会制度的约束力相关,人们通过伦理制度、家庭结构等社会观念去思考如何建造自己的房屋。早在20世纪40年代,许烺光的《祖荫下》[①]一书就关注到了此问题,他认为父子同一与性别不平等的父权社会组织并安排着阴宅与阳宅,阐述了传统礼俗对社会秩序和民居文化空间的建构。

随着人类学研究的空间转向,越来越多的学者开始从社会深层结构探讨白族传统民居中人与空间的关系。杨晓探讨了传统的伦理思想、家庭结构、分家等主要婚姻家庭制度元素与白族传统民居的布局、结构和装饰形式的关系。[②] 张海超认为白族传统民居的形制与空间格局主要是被父权密码所操控的,妇女从属地位的父权关系是解读大理白族传统民居空间结构的意义所在。[③] 同样,刘朦也指出白族传统民居格局中暗含尊卑等级、家庭结构和性别关系等。[④] 这些研究成果都确证了白族传统民居的社会属性。

一方面,大理白族传统民居是深受婚姻、家庭、伦理等社会制度性因素影响的;另一方面,大理白族传统民居也组织并安排着人与人之间的各种社会关系和活动。但后者的研究明显不足。同时,随着社会的发展,大理白族传统民居也折射出社会制度变化下其表现形式的变异,而关于此现象的研究还没有相关文章析出。

(四) 保护、传承与发展

大多数学者都关注到了对白族传统民居的传承保护问题,如杨绍恭[⑤]、李东红[⑥]等人。宾慧中分析了滇西北剑川白族的匠作体系,包括历史成因、著名匠师、传统师承,指出面对当代传承模式的不断变迁对传统匠作体系的探索具有极其宝贵的研究价值。[⑦] 还有学者提出了借助现代信息科技建设白族民居、民居古建筑的保护及传承人数据库和发展模式。[⑧]

在旅游背景下,有较多学者从大理白族传统民居向旅游空间转化的角度切入,对空间的文化变迁与发展进行了研究。刘肇宁将大理白族民居客栈作为研究的对象,从旅游开发对乡土民居的传承机制的影响出发,研究社区层面主导的民居旅游开发和民居文化传承之间相互依存和支撑的关联。[⑨] 赵莎莎较为详细地描述了旅游背景下白族传统民居从"三坊一照壁"到现在较为流行的"海景房"的演变轨迹,以及文化空间变化下的人际关系、社会交往变迁过程。[⑩] 聂晓茜认为白族民居在转变为客栈后引起空间功能、审美与文化等多方面的变迁,民居的乡村生活由此解构,是一个资本对文化的民族性、

---

① 许烺光:《祖荫下》,台北南天书局有限公司2001年版。
② 杨晓:《人类学视野中的剑川白族民居》,民族出版社2013年版。
③ 张海超:《建筑、空间与神圣领域的营建——大理白族住屋的人类学考察》,《云南社会科学》2009年第3期。
④ 刘朦:《祖先庇荫下大理白族传统房屋空间结构与意义解析》,《贵州民族大学学报》(哲学社会科学版) 2015年第2期。
⑤ 杨绍恭:《白族聚落民居的数字化传承》,《民族艺术研究》2011年第1期。
⑥ 李东红、杨利美、寸云激:《白族民居的价值及保护开发对策研究》,《民族艺术研究》2004年第1期。
⑦ 宾慧中、闫爱宾:《滇西北传统建筑匠作体系略论》,《南方建筑》2012年第1期。
⑧ 杨绍恭:《白族聚落民居的数字化传承》,《民族艺术研究》2011年第1期。
⑨ 刘肇宁:《旅游开发对云南白族和纳西族民居建筑传统的可持续性演进的影响》,云南人民出版社2016年版。
⑩ 赵莎莎:《从"三坊一照壁"到"海景房":大理双廊的空间与社会交往变化》,云南大学2015年硕士学位论文。

地方性的削减过程。① 王潇楠运用空间生产和权力理论分析了白族民居的旅游适应性转型，对白族民居在旅游背景下空间重构的变迁逻辑进行了探讨。② 除此之外，徐姗姗试图运用教育人类学理论结合喜洲民居的现状为传统民居在当代开发利用中找寻新的发展路径。③

大理白族传统民居是一个社会再生产的空间，其背后蕴藏着白族文化的文化法则，也是社会身份、社会认同的表征。它的塑造受到社会文化、社会制度等的影响，是社会建构的结果；同时，大理白族传统民居空间也塑造了社会关系、居住习惯等，以此参与社会文化意义的建构。学者们通过对大理白族传统民居的研究，再现了白族人独特的宇宙观、人观，解读出大理白族传统民居中的性别、权力、社会关系等文化意义。这些研究都聚焦在大理白族传统民居的空间与社会、文化意义的关联上，但遗憾的是学者们只停留在利用空间人类学、建筑人类学等相关知识对大理白族传统民居的文献分析和理论解读方面，并没有结合行动者、能动者的实践进入经验研究的层面。

三 艺术层面的研究

黑格尔曾说："就存在或出现的次第来说，建筑也是一门最早的艺术。"④ 建筑在满足人类基本的物质需求的同时，也是人类精神需求的寄托，具有表现的、抒情诗般的特性。大理白族传统民居无疑是一种艺术，它反映出白族不同于其他民族的生活理想、审美习惯及审美追求，也吸引了学界对其建筑艺术的关注。学界对大理白族传统民居艺术层面的研究主要表现在装饰手法、造型色彩和细部装饰等方面。

（一）装饰手法、造型色彩

具有明显的装饰是大理白族传统民居最突出的特点之一，且装饰手法多样，造型色彩别致，淋漓尽致地表达着精湛的技艺和浓郁的民族情感。

关于此方面的研究，虽然研究成果有许多相似之处，但是各学者的研究侧重点有所不同。李向北、王尽遥、范鹏以喜洲白族传统民居严家大院为例，对其建筑色彩构成及色彩系统进行了归纳，认为环境、文化和民族心理因素是塑造白族传统民居建筑色彩审美的主要因素。⑤ 高正蓓从审美的角度论述了大理白族传统民居的装饰图案在造型、构图、色彩方面呈现的造型生动、意蕴深厚、虚实相间、赋予节奏、尚白求素、清新脱俗的艺术特点。⑥ 杨军侠从工艺角度对大理白族传统民居的木雕、石雕、泥塑、彩绘和大理石装饰的工艺手法进行了全面整理。⑦ 张强在对以上装饰手法的工艺特色进行阐述外，重点归纳了装饰内容，认为动物、植物、几何、文字、人物故事、风景是白族民居装饰的主要题材类型，并做了详细解读。⑧ 此外，王锦财详细论述了清末、民国时期喜洲白族民居中域外装饰元素

---

① 聂晓茜：《大理客栈——从白族民居到文化旅游体验空间》，云南大学 2014 年硕士学位论文。
② 王潇楠：《大理当代民居旅游适应性转型与空间重构研究》，昆明理工大学 2015 年硕士学位论文。
③ 徐姗姗：《教育人类学视野中的少数民族文化遗产开发——以大理喜洲民居为例》，《贵州民族研究》2015 年第 7 期。
④ 〔德〕黑格尔著《美学》第三卷上册，朱光潜译，商务印书馆 1979 年版，第 27 页。
⑤ 李向北、王尽遥、范鹏：《云南大理喜洲镇白族传统民居建筑色彩研究——以严家大院为例》，《民族艺术研究》2013 年第 3 期。
⑥ 高正蓓：《白族合院式传统民居装饰的调查与研究——以大理喜洲为例》，《大理学院学报》2010 年第 11 期。
⑦ 杨军侠：《云南白族传统民居装饰的特点与风格研究》，昆明理工大学 2007 年硕士学位论文。
⑧ 张强：《大理白族合院民居建筑的空间与装饰研究》，青岛理工 2013 年大学硕士学位论文，第 23~44 页。

在建筑中的表达。①

以上对白族传统民居的装饰、造型是从宏观角度出发,分析了装饰题材、色彩和手法等。但也有学者从微观角度出发,以某一种装饰手法如木雕、石雕或彩绘为研究对象进行专门研究。熙方方从艺术学的视角对大理白族建筑木雕图案形成的历史背景、蕴含的宗教文化及审美情趣进行了深度剖析。②张永宁、马楠从艺匠的创意之美、自然的材质之美、造型的表现之美、题材的丰富之美、工艺的形态之美几个方面重点论述了白族石雕在人居环境中的运用形式。③由于彩绘装饰艺术使白族传统民居更具独特性,也不乏学者们的关注。胡晓燕认为彩绘艺术是产生于建筑的需要,最终又演化为建筑的装饰性要素的历史发展过程,对大理的壁画艺术进行了历史追溯。④徐游宜从文化内涵、艺术特征、审美特点等方面揭示了大理白族传统民居彩绘对当代装饰的现实意义。⑤钱钰通过田野考察,细致梳理了大理白族传统民居彩绘的形制与工艺。⑥张喆以喜洲白族传统民居为例,同样对彩绘工艺进行了分析并在此基础上将喜洲民居彩绘与鹤庆、剑川、云龙的民居彩绘进行了比较研究。⑦以上两位学者对白族传统民居彩绘的工艺研究已较为完备,为后续继续拓展对大理白族传统民居彩绘的研究广度和深度提供了重要铺垫。

在大理白族传统民居的造型因素中,除某种装饰手法的立意图案外,空间构成也是其审美情趣的反映,各个组成部分及整体的形体特征蕴含着大理白族传统民居独特的空间造型艺术;同时,民居与自然环境的关系、建筑单体与聚落空间的关系都是探讨大理白族传统民居建筑的空间艺术转化为场域精神、场域审美的中介,也与美感因素相关。今后对这几方面的关注与探讨将有利于实现大理白族传统社区的文化复兴和可持续发展的目标。

(二) 细部装饰

大理白族传统民居的装饰基本集中于门窗、照壁、墙体、廊下等空间部位,做工十分精巧美观。由各位学者对大理白族传统民居细部装饰的描述,可以将各部位的装饰内容以及形式总结如下。

在大理白族的观念中,大门是建筑的核心,就像人的脸面,因此装饰较为华丽。张欣从民俗学视角描述了喜洲白族传统民居的门楼形制、组成部分及象征意蕴。⑧刘茜从艺术学视角对大理白族传统民居门窗的形制及装饰材料、装饰题材和工艺流程做了详细阐述。刘红伟则从审美视角切入,认为大理白族传统民居的门窗装饰的写实造型主要是通过瞬间的动态、直观的具象来进行表现的,并运用浓艳的色彩展示了大理白族的自由平和、热情奔放的民族理念。⑨

照壁是白族传统民居区别于其他民族照壁的一个重要标志,有其独特的造型特点、装饰手法和题词文化。大理白族传统民居照壁按形式可分为三滴水、独角、带窗洞三种。⑩米满宁等人对每种形式的照壁做法进行了解析,认为各种类型的装饰纹饰有其构成规律,所处地理环境、生活习惯及信仰等

---

① 王锦财:《大理喜洲白族民居中的域外建筑装饰元素研究》,昆明理工大学2014年硕士学位论文。
② 熙方方:《大理州白族木雕图案研究》,中央民族大学2015年博士学位论文。
③ 张永宁、马楠:《白族石雕在人居环境中的运用》,《民族艺术研究》2013年第4期。
④ 胡晓燕:《大理白族建筑彩绘装饰艺术起源探析》,《云南民族大学学报》(哲学社会科学版)2011年第6期。
⑤ 徐游宜:《大理白族民居的彩绘装饰艺术研究》,昆明理工大学2008年硕士学位论文。
⑥ 钱钰:《大理州白族传统建筑彩绘及灰塑工艺研究》,东南大学2009年硕士学位论文。
⑦ 张喆:《大理喜洲白族民居彩绘研究》,东南大学2009年硕士学位论文。
⑧ 张欣:《门里门外:白族民居大门与民族文化心理——以大理喜洲镇喜洲村为例》,辽宁大学2012年硕士学位论文。
⑨ 刘红伟:《少数民族民间建筑门窗装饰艺术研究——以大理白族为例》,《贵州民族研究》2015年第3期。
⑩ 寸云激:《白族建筑与文化》,云南人民出版社2011年版,第50页。

是共同构成白族照壁造型特征及装饰艺术的必要因素。① 刘朦从白族照壁在空白、构形、图案题词方面阐释了白族人的审美心理。②

墙体装饰主要集中于山墙、山尖、马头墙和后檐墙。人字形山尖多被大理白族传统民居所采用，并绘以"山花"造型，是白族传统民居中不可或缺的符号性标志。魏兴丽认为白族传统民居山花构图讲究，运用对比与统一、对称与平衡、节奏与韵律、条理与重复等形式美原则。③ 后檐墙也是向外人展示主人审美喜好的主要装饰空间，主要以彩绘为主。张喆认为后檐墙彩绘主要的几种是在檐下一米多的范围内，并对程式化的彩绘图案纹样进行了图示分析。④

大理白族传统民居的檐廊作为室内与庭院的过渡空间，是白族人民一年四季生产生活的重要场所，也是空间装饰中的重要一环。而围屏作为廊下空间中重要的装饰部位，有学者对其进行了专门研究。顾善文通过对大理白族传统民居围屏的形成背景、工艺、功能及装饰艺术特点的分析，进而探讨白族传统民居围屏艺术在现代环境设计中的运用。⑤

以上研究集中于从艺术学、美学视角对大理白族传统民居装饰艺术的"视感"效果进行分析，而在人类学者看来，身体的"触感"体验更能真实地感知客体世界，这就涉及思维与感觉、身体与建筑的关系问题。而身体的感性经验和习惯行为也是艺术创造的和营造意匠的真正源泉。虽有学者关注到了大理白族传统民居装饰对现代环境艺术设计的应用价值，但仍停留在艺术设计层面的泛泛而谈，没有将人性在习俗、情感、身体等方面的需求当作设计构思的起点进行诠释。这也是笔者基于对艺术设计学与人类学科际关系的思考。同时，学者尚未将自己的研究行为放置在当地特定的文化背景中去解读大理白族传统民居艺术，运用人类学的视角书写"艺术民族志"，这在一定程度上显示出对大理白族传统民居艺术研究中理论和方法上的一些不足。

四 总结与思考

可以说，大理白族传统民居的研究在文科和工科领域都是备受关注的重要议题，学界也对其进行了不懈的努力和探索。这些研究在内容上，主要涉及建筑技术、文化内涵、社会制度、传承保护以及艺术审美等方面；在研究视角上，主要采用建筑学、人类学、社会学、民俗学、艺术学、美学等学科视角。这都体现了大理白族传统民居研究成果的丰富性及其具有的研究价值。通过对已有研究的学术整理与回顾，笔者认为对大理白族传统民居的研究仍有待深入及提升的空间。

第一，已有成果的研究主体基本集中于对大理白族传统民居中"物"的层面的研究，或者将"物"置于比较大的背景中进行考察。注重的是建筑技术、建筑文化、建筑艺术方面的探讨，而缺少对"物"背后的"人"的关注，学界忽视对所挟带大理白族传统民居建筑技艺的工匠的关注，使其应有的社会地位被遮蔽，这些凭附于"物质技术"之上的工匠的思想、价值观念等因素才是诠释大理白族传统民居历史文化价值的重要砝码。故此对大理白族传统民居背后的工匠制度、工匠文化及工匠精神的深入挖掘还有较大的研究空间。

---

① 米满宁、范鹏、王尽遥：《大理喜洲白族照壁的造型特征及装饰艺术》，《民族艺术研究》2013年第3期。
② 刘朦：《大理白族民居照壁的审美特性》，《大理学院学报》2014年第9期。
③ 魏兴丽：《浅析云南大理白族建筑装饰图案"山花"》，《美术大观》2011年第3期。
④ 张喆：《大理喜洲白族民居彩绘研究》，东南大学2009年硕士学位论文，第58~59页。
⑤ 顾善文：《大理白族民居建筑中的围屏艺术研究》，昆明理工大学2004年硕士学位论文。

第二，关于大理白族传统民居的宏观理论和文献分析研究较多，但来自田野调查的个案研究还明显不够，缺乏基于实证材料之上的对理论的深入解读，在一定程度上也制约了如何看待当地人对大理白族传统民居建构的主体意识。面对这种困境，将宏观的结构分析与个体研究充分联系起来，深入田野调查，从历时性和共时性并重的动态视角呈现大理白族传统民居问题，是现代化背景下把握大理白族传统民居文化主体对该传统文化所持态度和采取行动的意义阐释的有效方法。

第三，大理白族传统民居作为一种传统性知识与地方性知识，在全球化、现代化的过程中，受到新技术、新材料、现代生活方式等强势文化的冲击而被浸染和涵化；加之被"非遗化"而成为被他者发现，且介入传承传播的对象。因此，对其在各种语境叠合下的传承与保护问题的研究是亟待解决的问题。笔者认为，对大理白族传统民居保护问题的探讨不是简单的保存文化的"本真性"与"原生态"，基于任何一种文化都是处于不断流变、不断发展的过程之中，因而我们要以开放、包容的心态接受那些有利于大理白族传统民居传承的新技术、新材料等，维护好其文化生命力的延续与表达。这才是探讨该主题的关键。

第四，生发于乡村社会之中的大理白族传统民居不仅是白族人民祖祖辈辈生活的家园、感情的寄托，也是包含白族人民生存智慧的生态之地，触及人与自然的关系，人的日常行为、观念、感知觉等一系列人文因素，人与空间的同构关系也在此得以展现。结合新农村建设背景，如何实现对大理白族传统民居文化遗产的资源转化，走向"美丽乡村"建设？无疑人类学的理论与方法为我们提供了对此进行深度剖析与探究的一条路径。通过建筑学、艺术学、旅游学、环境设计学等学科与人类学的科际结盟展开对大理白族传统民居的研究，是学界今后应该秉持的一种思想维度。这不仅有利于我们重新认识以往与现在大理白族传统民居的内在价值与意义，也可以帮助我们理解主体的经验、记忆、行为等深层结构，从而创作新的有意义的大理白族传统民居空间，推动"乡土大理"走向"生态大理"。这也与诗意栖居的理念不谋而合，值得今后持续探索。

总之，人类学的理论和方法为我们更好地认识和理解包含于民族民间工艺中的技术、社会文化和艺术等因素都有新的启示，并为正确传承与发展民族民间工艺提供方法论的支持。通过以上分析表明，对作为民族民间工艺的大理白族传统民居的研究还有较多值得不断完善和持续推进的问题，有待学界同人进一步深入探究。

人类学视野下情感的自我表述与研究维度述论

张 桔

摘 要 人类社会文化中的情感，始终以不同的自我表述方式，参与社会文化的形成和发展过程。本文通过研究社会文化发展的脉络，梳理了不同文化时空中，情感从自然主义的最初本性到文化中特定精神气质与社会情感的发展和变化过程；通过归纳在不同学科和研究领域对于情感研究维度的开创性尝试与实践，得出了情感始终与文化保持一致，体现出了与所处文化系统相适应的行为与模式，是文化结构中值得关注的一个重要组成部分的结论。

关键词 人类学；文化；情感

DOI：10.13835/b.eayn.26.24

长期以来，情感、情绪经常作为研究个体在不同情境下的心理状态的一个维度，属于心理学范畴。笔者认为在人类社会文化研究领域，情感已超越了心理学的研究范畴，是一个较宽泛的文化概念与研究对象。首先，情感具有文化属性。它整体表现为人与人、人与集体、人与文化、人与社会之间的联系和互动，既包含集体情感、仪式情感、社会情感，也包含个体情感、情绪和情感行为。由于情感触及人类生活的私有领域，因此相较人类进步强调的科技与理性，以及人类学研究领域中文化的规范、功能的场景叙事，情感隐匿于不同的文化场景和空间，通过社会、集体和个体的语言、行为和情绪的途径体现。其次，情感具有集体和个体的不同情感特征与表达方式。在情感长期缺席的研究中，大多数文本中的社会、文化和人往往是同色调的，都是客观的、理性的场景呈现，带有普世性的情感特征。然而，情感在复杂的文化情境中，会有主动、被动、程式化或仪式化等一系列不同表现，蕴含了丰富的文化背景和含义，也是文化系统中值得梳理的一个分支。

一 人类学发展脉络中情感的自我表述

可以说，人类学从其诞生之日起，人类的情感就以不同的方式参与文化的形成和发展过程。通过

---

* 基金项目：教育部人文社科基金青年项目"少数民族传统仪式中老年人交往方式的人类学研究——大理白族绕三灵仪式个案"（15YJC850022）、云南大学西南边疆民族文化传承传播与产业化协同创新中心资助项目"大理白族绕三灵仪式中的老年男女情感表达方式研究"阶段性成果。

** 张桔（1978~ ），女，云南大理人，云南大学民族学与社会学学院暨云南大学西南边疆少数民族研究中心博士研究生，昆明医科大学公共卫生学院讲师，主要从事文化人类学研究。

人类学的视角，可以观察到情感以不同形式散布于文化结构和仪式中，既包含了群体情感表达，即结构性的、仪式性情感表述，也包含了个体在不同场景或空间中的情感表达。

（一）自然主义中理性与情感的二元对立

在西方文艺复兴和启蒙运动中，思想家对探究人类的自然本性表现出浓厚兴趣，萨穆埃尔·普芬多夫这位著作鲜少被人熟知的早期自然主义学派的思想家，在研究人类的自然本性时，提出了人类的自然本性与社会性之间的联系。他将人类社会以文明和国家的出现为界限，提出早期蒙昧时代的受情感和非理性统治的人类具有自然性，是散居在不同地方，缺乏社会联系的群体，同时，代表着国家统治下的人类社会组织，具有社会属性："那里是情欲统治的领地，那里有战争、恐惧、贫穷、污秽、孤独、残暴、冷漠、野蛮；这里是理性殿堂，这里有和平、安全、财富、显赫、社会、品味、知识、仁慈。"[1] 理性的人类必须通过克服人类的自然本性，服从权威来获得安全与和平。在早期实证主义萌芽时期，将情感与理性两者对立起来，自然主义认为唯理主义或唯智主义代表着人类社会进步的方向，此后，很长一段时期，关于人类情感研究自然被排除在"理性进化"的视野和范畴之外。

（二）古典进化论学派的情感研究

1. 摩尔根进化论中的情感孕育与萌芽

19世纪60年代，进化论登上了人类学的历史舞台。摩尔根的研究中已有关于情感观念的萌芽。摩尔根提出人类社会的进步和进化不仅仅是自然主义倡导的物质文化、文明的进步，还体现为政治制度和观念、氏族制度、宗教观念、家庭制度和私有观念这一系列代表着人类的某些"观念、情感和愿望的逐渐形成和发展"[2]。这一早期社会进化的研究框架，显然已经打破了原来的唯理主义、理性主导的局面，开始将制度观念、宗教情感、发展愿望融入社会发展之中考察，向社会组织、家庭和私有领域扩展，为后来的集体情感、个体情感在不同领域、不同发展阶段的自我表述与呈现做了铺垫，使人类社会文化中的情感维度逐渐形成于学者们的视野之中，带有了公共的、集体的自我表现形态。

2. 达尔文关于人类情感的特殊表情

人类复杂多变的情感最先通过表情来传递，达尔文在《人类和动物的表情》中通过观察人类的一些特殊表情，如痛苦、哭泣、消沉、忧虑、悲哀、沮丧、失望、快乐、爱情、温情、崇拜等，来推敲每一种面部表情和动作的特殊意义和心理感受。这是一部褒贬不一的著作，尽管这一内容颇丰的研究依然囿于生物学、心理学领域，推衍及人类学中关于情感表达的研究，把这些具有动物或人类特殊特征的表情、情绪和心理作为研究人类群体和整体心理表达的途径，为更加宽泛的人类情感研究提供了可供选择和比较的方法和范式。

3. 泰勒文化进化论中情感初见端倪

在进化论的理论框架下对人类文化发展进行比较研究的学者中，泰勒是其中一位先行者和集大成者。如果说，摩尔根在对古代社会的研究中已经隐约看到古代人类社会中存在一种不确定的、很难理解的"想象"和"感情"。到了泰勒才真正对这一复杂的精神问题所处的不同文化阶段进行了分析。首先，他发现了蒙昧时期和野蛮时期人类身体姿态的变化，包括外表状态、肢体姿势等背后体现出来

---

[1] 〔英〕阿兰·巴纳德：《人类学历史与理论》，王建民等译，华夏出版社2006年版，第18页。
[2] 〔美〕路易斯·亨利·摩尔根：《古代社会》，杨东莼等译，商务印书馆1997年版，第4页。

的人的情感变化。其次，还有一些特殊的面部表情，特别是人们相互留心对方的那种面部表情，蕴含了丰富的内心情感变化，如喜悦、厌恶、骄傲、谦虚、坚信、怀疑等。泰勒将形成这种表情的特殊的身体姿势和面部表情称为"情感声调"，他解释"当一个人带着表情的'情感声调'说话时，也在传递着情感，因为这种情感就表现在说话人的脸上，例如'脸红'，就是某种感情的显著表现或者征兆"[1]。当人类文明发展到"万物有灵观"这一阶段时，泰勒认为这是人类生活中一种特定的精神文化和情感心理发展的阶段。"万物有灵观"的一个重要观点就是相信"死后灵魂继续存在"，由于相信神灵的存在，人与神灵能够沟通，且神灵会对现实世界进行控制，所以，人与神之间需要保持经常交流，体现在仪式中人需要和仪式主导的恐惧、畏惧、痛苦、悲伤等情感与情绪保持一致，庄严地举行仪式，唱起富含仪式感情的歌谣。"万物有灵"的宗教观从蒙昧到文明的发展过程中，在较低级的文化阶段具有自然性和哲学性，到了文化发展的高级阶段，就具有了道德意义，人们不断调整自己的品德与行动，从而影响到现实的生活和未来的生活。

（三）法国社会学派的情感研究

法国社会学派自兴起之初，从它所关注的个体与整体之间的关系，就注定了个体的需求或行为容易被忽略，而个体在社会秩序或社会系统中的位置与功能则备受关注。这一阶段社会情感或者集体情感的表述方式，往往通过宗教仪式中集体欢腾的宗教情感、文化习俗中必须保持的惯性仪式态度，以及仪式中的社会情感等形式呈现出来。

如果说泰勒在研究宗教起源的时候，触及了散落在不同宗教仪式中的宗教情感的话，涂尔干在研究人类宗教生活时，才真正聚焦宗教仪式中人的态度和集体情感。他认为宗教仪式的唯一目的就是要唤醒某些观念和情感，这也是维持仪式最稳固的心理基础。"具体在宗教形式中，一种是消极、被动的宗教情感，一种是积极的带有社会性的宗教情感。"[2] 消极的集体情感，要求人们必须摒弃世俗生活，完全与世俗生活隔离。到了宗教节日时人们都应该停止工作，中止公共生活和私人生活，内心充满伤感和悔罪之情，欢愉之情是受到排斥的，只有带有规定的仪式态度和情感进入仪式中，才能在神圣空间中与神灵沟通并建立亲密的联系，采取符合神圣空间要求的姿势、语言和态度，表现出对神圣世界中的圣物、圣灵的尊崇之情，这是宗教节日中的神圣情感，是集体性的、强制性的，从而维系了宗教组织的支配性，进入神圣世界后，就必须与世俗世界对立起来。特定仪式中的情感与观念，来源于对集体成员的道德规定与统一，并在一个高度同质化的空间里相互传播和感染这种集体情感。另外一种是积极的宗教情感，表现为欢乐、满怀信心，甚至狂热。通过成员共同构筑起来的代表对风调雨顺、繁衍子嗣、生生不息的集体理想，既使个体感到精神上的满足，又实现了社会理想，通过宗教形式中的仪轨和制度，周期性的聚合与分离，使人们不断调整世俗与神圣之间的节奏与规律，当一次次集中的时候，这种积极的情绪与社会情感会再次被充满与激活。

（四）英国功能学派的情感研究

马凌诺夫斯基研究了个人作为社会成员，在社会生活中形成的一整套固定的传统习俗、思维方式和情感体验，被称为一套模式化的思想和情感方式，也被称为"惯性的仪式态度"，是一种双方进行

---

[1] 〔英〕爱德华·泰勒：《原始文化》，连树声译，广西师范大学出版社2005年版，第133~135页；
[2] 〔法〕爱弥儿·涂尔干：《宗教生活的基本形式》，渠东等译，上海人民出版社1999年版，第396、457、498页。

交易的礼仪态度，要求一方要粗暴无礼，充满敌意，甚至愤怒，另一方也要表现出憎恶与冷淡。这种仪式态度中包含的感性比理性更具影响力。从理性的角度来看，两个部落之前已经进行过无数次的互访和"库拉"，相互了解的程度很高，但是为了维持和遵守部落中对异己部落成员的敌意。在一些重要的场合里，必须要由一种固定的仪式态度和情绪来配合占支配地位的禁忌和巫术实施和完成，等这些禁忌解除的时候，这种"风俗性的佯装的紧张对峙才算过去，双方的神经都松弛了①"。

情感既是一种内在的心理过程，也可以外化为一种社会交往过程。以往人类学对情感的关注大多在仪式的集体情感中显现，但个体情感也是值得关注的另一种社会生活行为。因为社会人类学家所考察的不是任何的实体，"而是一种社会生活的过程，这个过程本身由人类的各种行为及社会交往构成，行为的表现方式通过个人或者集体显现出来"②。拉德克利夫·布朗在研究中提及一些固定的习俗或仪式的功能，是用来确定或形成某种包含义务和情感在内的行为模式。例如南非的舅父亲属制度，被视为一种人与人、人与社会关系的调节剂，他在分析这种特殊的亲属关系时认为，不应把这种特殊的行为和心理从母系世袭和父系世袭的亲属关系中拆开来思考，不同的亲属关系制度的选择，都包含了一种与之选择相符的行为、情感和态度。

由此看出，拉德克利夫·布朗将宗教仪式中的社会情感研究推进了一步，虽然此时仍在仪式或者社会结构中来谈情感，但是显然已经将这类社会情感作为社会功能中的一个组成部分来研究，他认为"社会成员头脑中的某些情感不仅是人们有序的社会生活的决定因素，而且它还控制着个体与他人之间的行为，对这些情感有规则的象征性表现就产生了仪式，因此，仪式特定的社会功能就表现在它对这些社会情感的作用"③。具体表现为通过宗教仪式，调节并维持所处群体的过去、现在和未来的关系，起到代代相传的作用。此时的社会情感与仪式之间相互依赖、相互影响，情感通过仪式得以表达，仪式也依靠社会情感变得更加稳固。在他关于安达曼人"精灵"的信仰研究中，仪式具体体现为一种集体情感，这种信仰在现在看来与一般的丧葬习俗相似，但是其中蕴含着迫使社会成员感受到与特定场合相符合与适应的情感，是社会成员的责任与义务，而不仅仅是因为悲伤和恐惧带来的自然情感的结果。

（五）象征人类学的情感研究

特纳从隐藏的象征符号中发现了个体情感与集体情感的相互关系，不再像以往的学者对个体情感在集体和社会公共生活中发挥的作用视而不见。他曾感叹："在强调以抽象面貌出现的规范和价值观的公共纪念仪式和鼓舞的场合时，人类激情的和脆弱的迹象不再被提及。"④ 但是他注意到了在参加仪式过程中，亲属间为了母系继嗣的仪式原则而争吵不休，但是在仪式过程中，他们又需要表现得若无其事。在这一类公共空间的仪式里，集体情感作为仪式中普遍性的准则和价值被推崇，而隐藏于不同的群体之中，如男性和女性、母亲与子女、成年人与青少年、不同的文化群体之间等。如果只是看到这一类仪式符号中的"支配性象征符号"或"工具性象征符号"，那么对象征符号真正意义的阐释显然还不能触及其内在的本质。因此，也应该关注那些隐藏的、潜伏的、抑制性的象征意义符号，比如受到抑制的情绪，带有私欲的利益与目的等，尽管很多时候情感很难体察，但是通过文化场景中表现出

---

① 〔英〕马凌诺夫斯基：《西太平洋的航海者》，梁永佳等译，华夏出版社2001年版，第17、300页；
② 〔英〕拉德克利夫·布朗：《原始社会结构与功能》，丁国勇译，九州出版社2006年版，第33页。
③ 〔英〕拉德克利夫·布朗：《原始社会结构与功能》，丁国勇译，九州出版社2006年版，第339页。
④ 〔英〕维克多·特纳：《象征之林——恩登布人仪式散论》，赵玉燕等译，商务印书馆2006年版，第37页。

来的集体情感与个人情感的交集，能使仪式的观察从宽广的描述语境过渡到狭窄而精细的文本中，这样才能接近真正的所谓象征的意义。因为仪式语境中的情感象征符号，不仅仅需要在特定的仪式语境中去考察，也需要在整个文化语境和文化结构中考察它们。

（六）反思人类学的情感研究

1. 集体表象与文化结构

列维-布留尔通过"集体表象"来理解原始文化中的思维逻辑和情感表达，他认为个体行为及个体智力、思维和情感并非只是单纯的个体心理过程，都是通过"集体表象"而获得的。在定期举行的仪式过程中，通过被集体所熟悉的仪式过程、行为、动作、语言、舞蹈等反过来加强了"集体表象"和"集体意识"。哪怕个体在仪式中表现得很平静，没有特殊的表现，但也几乎可以确定"在他身上立刻涌起了情感的浪潮，当然这浪潮不如仪式进行时那样狂烈，但它也足够强大，足以使认识现象淹没在包围着他的情感中"[①]。他认为集体表象的特征是全体成员共同具有的，在集体中世代相传并在每个成员上留下深刻的烙印，在不同情况下，能够唤起集体成员对某一客体产生尊敬、恐惧、崇拜等情感。

列维-斯特劳斯认为文化的本质就是结构，每一种文化都由一个庞大的体系构成，任何看似毫无关联的事物之间，最终都会以一个整体或者系统的形式融会贯通。他在研究巫术仪式的集体经验时，观察到了很多仪式中独特的行为与表现，仪式中所有的行为、动作、意识与观念，都是通过个人、集体与系统共同构建的。这一结构的特点在于，必须通过群体与个人的合作，才能建立起一种不断被调整、修正的稳定的结构。这是一种建立在理性基础上的而不是经验主义之上的结构。

2. 文化结构中的精神气质与情感系统

格雷戈里·贝特森是在崇尚结构功能主义的时代里，除了对主要结构框架的勾画之外尝试着关注文化的其他方面的一个实践者，即在关注不同文化的情感背景下，将行为的意义、情感和文化结构联系起来。

贝特森在反思文化的功能中发现，由以马凌诺夫斯基为代表建立起来的结构功能主义，在界定文化的功能时主要强调满足人类的需要，体现出文化的"实用功能"。而他认为文化的功能不仅仅是满足人类的需要，还有文化各要素之间的相互依赖和关联。他试着通过五种不同的视角来认识仪式的功能：行为认知、情感动机、精神气质、认知理性和社会关系。其中情感动机和精神气质密切相关，强调了他试图研究文化细节所涉及的"社会情感、集体情感与文化整体之间的关系，个体情感的需要和认知之间的关系"[②]。贝特森将文化中的情感内容，归属为文化功能中一种特定的行为细节，文化中的情感内容通常很多时候带有普遍性和标准化的特征，需要在不同的文化背景下被辨识出来。例如在纳文仪式里，男人天然地对女性持有某种特定的态度，男人男扮女装，女人女扮男装，都会表现出与平时不一样的情绪、表情与动作，这就是在其各项制度中被强调、被鼓励的情感系统，对文化的整体结构产生了积极的作用，这种文化中被强调的文化细节和情感，"在塑造文化制度和文化的整体性方面起到积极的作用"[③]。特定文化精神气质是从文化的各种制度和整体中抽象出来的，看似不同表现的感情生

[①]〔法〕列维·布留尔：《原始思维》，丁由译，商务印书馆1981年版，第27页。
[②]〔英〕格雷戈里·贝特森：《纳文——围绕一个新几内亚部落的一项仪式展开的民族志实验》，李霞译，商务印书馆2008年版，第24页。
[③]〔英〕格雷戈里·贝特森：《纳文——围绕一个新几内亚部落的一项仪式展开的民族志实验》，李霞译，商务印书馆2008年版，第98、99页。

活内容也因文化而异，任何情境下的特定行为氛围都是精神气质的标识，也是一套情感态度标准化的体现。

3. 情感的文化逻辑与文化意义

埃文思·普理查德把日常生活知识作为研究的主要内容，开创了日常生活的社会学研究，他主张研究一定要尽量贴近研究对象，努力理解研究对象的内心思想和群体思维，呈现出阐释主义的倾向。他认为"社会是一个伦理体系，而非自然体系，因此人类学需要探寻的是社会的型构，而不是社会过程，是社会模式而不是科学规律"①。特别强调对于社会文化情境、文化意识和社会制度的探究，为后来人类学于研究对象的日常生活以及丰富的内心情感体验的探索和研究做了铺垫性的尝试。

克利福德·格尔向阐释主义迈出第一步的积极尝试的同时，主张对文化进行"微观的描述"②。把文化看作由人类编织的一张有意义的网，人类学需要做的不在于文化的规律，而是探索、阐释文化的意义，阐释文化表象各种复杂的社会表达方式。文化作为一种解释性符号的存在，它不是造成社会事件、社会行动、社会制度和社会过程的根源，但是却可以作为一种社会现象将其脉络描述清晰。③ 他提出应该关注具有文化意义的社会行为及其表达方式，因为这些社会行为的文化意义就在于在现实生活中对于各种角色的扮演，由此产生一系列具有意义的社会行动，而不仅仅是分析这些角色之间的内在关系。格尔兹阐释了印度史诗中关于"拉沙"的文化意义，爪哇人的"拉沙"，既指"感觉"和"意义"，爪哇人能够把任何复杂的事情都与"拉沙"相联系，格尔兹认为无论在宗教仪式里还是在日常生活中，个人的衣着、言谈、举止等方面，都指向爪哇人的一个情感中心：无享乐主义、情绪平稳、感情平和的心理状态和道德品质，因此人们必须超越世俗的一切情感而真正到达这一感觉和意义之中。这一文化意义首先通过感性的形式表现出来，例如在不同场景中可观察到的一些外部行为、色彩、乐曲、歌谣等。在研究巴厘人的时间和行为时，他观察到了巴厘人的情感特征都是在社会行为、社会秩序下形成个体的情感特征。例如，他注意到了"羞耻观"近似一种面对面打交道时的"怯场"心理，实际上是"巴厘社会人际交往中的一个常态特征，即对感情的控制，有效避免了人际之间的冲突发生"④。社会生活"缺乏高潮"，是由于每一种社会生活都遵循一套"固定的秩序"在进行，没有太大的变数，人们都在这个模式化的过程中等待开始、经过和结束。因此，巴厘人的社会行为、情感特征与社会秩序相互联系、相互制约，体现出共时性的逻辑特征。对巴厘人"斗鸡"场面运用了深描的方法，他认为一个民族的文化就是一个个文本的集合体，而一个文本本身也是一个集合体。

人类学作为一种视角，可以嵌入这些不同文本当中的每一层面和场景，作为一种特定的文本加以解释和阅读，并能够透过这一文本，进一步理解文本背后的社会行为、个体和集体的情感特征与社会系统之间的关系。

二 人类学研究中的情感研究维度

自 20 世纪中期开始，情感无论最自我表述还是社会文本化的方式，都突破了原有的心理学、生理学的囿限，逐渐从"社会-结构"功能主义的研究框架，转向了以情感为主的个体情感、集体情感的

---

① 〔英〕埃文思·普理查德：《阿赞德人的巫术、神谕和魔法》，覃俐俐译，商务印书馆 2006 年版，第 9 页
② 〔美〕克利福德·格尔兹：《文化的解释》，纳日碧力戈等译，上海人民出版社 1999 年版，第 23 页。
③ 〔美〕克利福德·格尔兹：《文化的解释》，纳日碧力戈等译，上海人民出版社 1999 年版，第 16 页。
④ 〔美〕克利福德·格尔兹：《文化的解释》，纳日碧力戈等译，上海人民出版社 1999 年版，第 421 页。

研究，成为社会文化研究中的一个不可或缺的研究维度。

（一）情感人类学的构想与实践

情感首先起源于意识领域的自我表述，逐渐向公共领域延伸，"并与社会各层面（家庭、宗族、乡村、国家）保持默契"[1]，从而在个体与群体之间，以文化作为一个桥梁，相互介入、相互影响。Catherine Lutz、Geoffrey M. White 回顾了近十年以来基于人类学研究以及相关领域的情感研究，提出了对情感的社会关系、人际交流和文化等方面的重要作用，以及情感理论对社会文化具有的理论意义，主张对"情感的民族志研究可以通过一个比较分析的研究框架，将情感作为文化研究中的一个常用维度和视角，从不同的角度来审视所处的社会和文化"[2]，情感不再被视为人类内在的、固定不变的一种特质，主张应该重新看待情感，应将其与人所处的历史、文化、意识形态以及人的意图联系起来进行考察，提出了情感人类学的构想。

情感人类学一进入学者的研究视野，即进行了诸多研究尝试。一方面，情感在文化整体性方面的作用与功能，是人类经验和社会现象最直观的反映；另一方面，情感包含着对不同文化的理解和调整，以及对社会秩序的维持，不同的社会文化决定了不同的情感类型和特征。阎云翔考察了国家、社会和个人如何通过文化相互渗透、介入和相互影响，私人生活在与国家推动的公共生活的互动中，面临着意想不到的社会问题和道德困境。作者阐述了一个国家背景下的私人生活，突破了以往的研究框架和视野，关注到了普通人的私人生活和情感经验，无疑是人类学研究中的又一次突破。

情感人类学在建立之初，虽然还未建立完整和系统的理论和方法，只是进行了尝试性的第一步，打破了传统生理学和心理学对情感的表述，将情感置于历史、社会、文化、人际交流和关系中去还原其应有的面貌，对情感研究进行重新认识和定位，尝试在情感的不同表达形式和社会结构之间，进行情感的话语实践，通过将与情感相关的日常对话、表演、诗歌等形式作为研究对象，可以看出文化对个体的情感和情感结构起到的重要作用。宋红娟在梳理情感人类学在中国的研究路径中，提出了"礼仪与情感"研究启示，被誉为"礼仪之邦"的中国社会，情感表达的方式和程度都是有明确界限的，也会受到社会环境、社会礼仪和规范这一类"定向情感"以及交流对象等因素的影响，而最为隐性的部分，充分地被个人情感选择的"非定向情感"[3] 部分，也是文化形式中值得关注的一部分。因此，情感的研究也是多元的。

（二）情感社会学的创新与选择

1. 情感秩序与属性

社会学领域里的情感研究，承袭了19世纪英国的实用主义传统，情感的研究无疑具有社会性，体现出较明显的"社交功能"。情感研究化身为"情操"和"情感"，表现为以集体的形式分享一种共同的情感，如共同的位置或者共同的社会背景、社会地位，这一类人大多具有相同的经历或者道德情感，处于这样的集体情感中。亚当·斯密认为在正常社会秩序的维持中，"情操"起到了主要作用，与"情操"对立的是个体"自私的情感"[4]。西美尔从社会文化的研究视角出发，认为人的情感和精神生

---

[1] 刘珩：《情感的公共与私密：一个人类学研究的新视角》，《社会学评论》2015年第5期。
[2] Catherine Lutz, Geoffrey M. White, "The Anthropology of Emotions," *Annual Review of Anthropology*, 1986, 15: 405-436.
[3] 宋红娟：《"心上的日子"——关于西和乞巧的情感人类学》，北京大学出版社2016年版，第6页。
[4] 〔英〕亚当·斯密：《道德情操论》，谢宗林译，中央编译出版社2008年版，第31页。

活越来越受到客观世界的影响，变得日益理性化与客观化，反而失去了人们内心深处最本质的情感。他认为："人们的情感已沦为理性的工具，情感的价值已转化为理性的功能。"[①] 深受叔本华生命哲学的影响，西美尔形成的是一种悲观主义的情感文化，"这种情感的悲剧在于：情感来源于文化世界，但在文化世界中情感却找不到自己的位置；情感来源于完整的个人，但在个人生命中却失去了美好的感觉"[②]。于是，西美尔提出"货币对主体的人激起了两种相反的情绪：最深的悲哀和最大的幸福"[③]。他的研究充满着都市社会文化的气息，使得情感研究在特殊的文化空间下呈现出不同的文化价值，以及在都市文化中围绕"货币"所展开的各种情感选择与行动。

舍勒情感价值伦理学的核心是情感研究，他认为人的本质不是理性，而是充满情感价值的"精神"，因此在众多社会学家研究视野中独树一帜，他认为社会首先应该是一个生活和文化的社会，才是经济和技术的社会，因此他认为整个时代都在犯"草率地对待感情事物和爱和恨的事物"[④]。他把情感划分为两类："一类是状态性情感，是一种受到心理状态而产生的情感反应"[⑤]，与外界没有任何关联的情感；另一种是"价值性情感"，这类情感受到外界的价值性情感的支配与影响。舍勒完善了情感的个体属性与社会属性，从伦理学的角度将价值伦理中情感研究的"爱、恨和秩序"进行了透彻的分析。

2. 现代社会中的亲密关系

随着现代化的发展，在现代化语境中，情感的研究也经历了不同的语境变化并形成了不同的特征，对情感的研究与政治紧密地联系在一起。安东尼·吉登斯研究人与人之间的"纯粹关系"或"亲密关系"已经被现代性所改造，现代性的发展标志着理性的崛起、情感的边缘化，取而代之的是情感的民主化，其特征是涉及情感关系的双方以契约或社会分工的方式缔结，这种关系除了在夫妻关系中缔结以外，还扩展到了家庭成员的关系之中，也可以在家庭成员之间缔结。男女两性也沿着理性和情感的性别路线做了严格的分工划分，导致男女在社会分工和社会地位上经历了一场变革，男性最终通过这场变革确立其理性和经济地位。

沿着情感社会学的发展方向，不难看出情感的研究一次次被置于复杂的社会关系中并引起了学者们的关注。有的学者批判了现代社会中情感的程序化和空洞化的情感趋势，虽然现代社会中情感在人们的社会生活中显得越来越重要，但是这样的情感往往是缺乏深度和强度的，很多场合里，"情感的产生变得仪式化和程式化，不再是个体或集体真实的情感反应和释放，而是例行公事"[⑥]。一般的存在，例如，不同节日中的程序化的相互问候，不再充满着情感应有的温度与厚度。

（三）情感互动与模型

兰德尔·柯林斯在互动仪式理论中将情感作为微观的个体经验进行考察，他提出了仪式的互动中产生了大量的情感能量，情感符号也应运而生。互动仪式理论的核心在于情境与仪式，仪式具有生成情感的作用。互动仪式试图解析情境产生的原因与发展方向，以及为什么会产生于这样的情境之中，

[①] 转引自郭景萍《情感社会学：理论·历史·现实》，上海三联书店 2008 年版，第 255 页。
[②] 转引自郭景萍《情感社会学：理论·历史·现实》，上海三联书店 2008 年版，第 255 页。
[③] 〔德〕西美尔：《货币哲学》，陈戎女译，华夏出版社 2002 年版，第 207 页。
[④] 〔美〕马克斯·舍勒：《爱的秩序》，林克等译，上海三联书店 1995 年版，第 56 页。
[⑤] 〔美〕马克斯·舍勒：《爱的秩序》，林克等译，上海三联书店 1995 年版，第 56 页。
[⑥] 〔加〕艾伦·亨特：《文明的进程和情感生活：当代情感的强化与空洞化》，转引自〔加〕戴尔·斯宾塞等编著《情感社会学》，张军等译，江苏凤凰教育出版社 2015 年版，第 153~154 页。

情境对于整个社会结构不同于人类学意义上的局部和整体的关系，而是互动和变化的。他提出，互动仪式的核心体现了在仪式过程中由参与者相互关注并相互感受对方身体的微观节奏与情感的一个过程，包含了"复杂的集体成员的身份、符号体系、情感风格与社会经历等在内"[①]。他试图通过对仪式过程的分析，建立一个情感关系的模型，将仪式描绘成为一组具有因果关系与循环往复的过程，在互动过程中，通过成员共同认可的情感符号，强化仪式中情感的道德内容。他还认为，在短暂的常规仪式中获得与共同的成员相互关注和分享情感的短暂体验，最终通过集体狂欢或者兴奋的情感过程，最终完成了一次共享的情感体验，体现为对群体或集体团结、个体情感能量（情绪、自信、主动意识）、社会关系符号、共同道德标准的认同。因此，互动仪式的结果就是最大程度地获得社会或者集体情感。

与柯林斯试图研究的情感模型不同，库利的情感社会互动论，为后来的情感符号互动理论的形成做了铺垫。库利试图在"相互作用中理解情感，因为人的情感随着人际交流而不断发展、不断丰富，并在人际交流的积累中形成了情感观念，已储存的情感观念在遇到具体的人的形象时就会被触动、被唤起"[②]。库利认为，情感的社会性表现为人际交往，情感的产生也一定是起源于人际交往中，也就是说"情感的发生是与人的形象交织在一起的，若没有这个形象的出现，那么这种情感也不会出现"[③]。基于此，他认为情感并非完全受到来自生物学和心理学的影响而产生，而是由处在一定互动关系中的对象价值所决定的，属于双方共同的领域。

（四）情感研究维度的其他表现形式

苏珊·朗格最初从音乐着手研究情感与艺术的关系，后推演及艺术，她认为艺术是人类情感符号的创造。她认为情感表现有两层基本含义："一是个人情感的直接流露，是个人行为的自我表现；二是某种更为广泛的情感表现，带有普遍性的情感特征。她把音乐的音调结构与人类情感形式做了对比联系，认为音乐上的增强与减弱，流动与休止，冲突与解决，以及加速、抑制、极度兴奋、平缓和微妙的形式，与人类情感在逻辑上惊人的一致。"[④]

阿格妮丝·赫勒是早期东欧新马克思主义的重要代表人物之一，"扬弃了传统马克思主义的宏观经济分析和阶级分析，转而从微观结构上探索社会的民主化和人道化途径，提出了人类需要论和日常生活革命的构想"[⑤]，提出了社会变革不仅仅只在宏观层面实现，人的微观的生活和态度也是其中一个重要的组成部分。研究视野从宏观转向微观层面，从个人与社会的关系来探讨人们的日常生活，以及日常生活与非日常生活的界限，建立日常生活的理论模式。赫勒的情感研究跳出了生物学和心理学的樊篱，将情感放置于日常生活中来观察，分析日常生活中不同情感产生的根源、价值和意义。她提出了日常交往中会引起不同的情感和感情，被称为"定向性情感"（orientated feelings）。根据这类情感的强烈程度可以分为："肯定的感情和否定的感情。肯定的感情包含：同情、喜欢、爱；否定的感情包含：反感、厌恶、恨。"[⑥] 定向情感主要产生于人与人之间的交往，被视为人类基本的感情结构。因为定向感情并非完全是主观的感受，而定向感情的产生往往是由社会所决定的，一定程度上是由"社会预

[①] 〔美〕兰德尔·柯林斯：《互动仪式链》，林聚任等译，商务印书馆，2009年版，第47页。
[②] 转引自郭景萍《情感社会学：理论·历史·现实》，上海三联书店2008年版，第273页。
[③] 转引自郭景萍《情感社会学：理论·历史·现实》，上海三联书店2008年版，第275页。
[④] 〔美〕苏珊·朗格：《情感与形式》，刘大基等译，中国社会科学出版社1986年版，第36页。
[⑤] 〔匈牙利〕阿格妮丝·赫勒：《日常生活》，衣俊卿译，黑龙江大学出版社2010年版，第6页。
[⑥] 〔匈牙利〕阿格妮丝·赫勒：《日常生活》，衣俊卿译，黑龙江大学出版社2010年版，第223页。

制"的，它帮助人们寻找并确定感情在社会关系和社会秩序中的位置。就像爱和恨，取决于爱和恨的本质价值内涵，受这一价值引导，产生了不同的情感反应。

此外，不难发现情感在人类学中的发展足迹随着对文化的不断理解而加深，本尼迪克特通过比较文化对情感进行阐释时，不同文化形态的情感已不再定格于集体情感、社会情感或者支配性的情感这一类的研究中，情感开始在文本的研究和叙事中，自然地呈现出个体的心情与感受，以及个体带着各种情绪的行为与动作，"情感"已经体现为人与祖先之间、人与人之间、人与社会之间、人与国家之间的一种不可忽略的存在形式与主体。情感就像一个千变万化的"万花筒"，每一种个体和群体情感的背后都带有文化渲染过的痕迹，它被所处的文化赋予了一套规范或非规范、支配或抑制的情感模式和情感行为。只有观察和触及到不同层面的情感意义，才能真正了解人类自身以及背后丰富的文化系统和意义。

《西南边疆民族研究》稿约和撰稿体例

《西南边疆民族研究》创刊于 2003 年，是由教育部人文社会科学重点研究基地云南大学西南边疆少数民族研究中心主办的民族学专业性集刊。2008 年，被确定为中文社会科学引文索引（CSSCI）来源集刊，2010 年、2012 年、2014 年、2017 年连续入选。

一、稿约

1. 本刊常年征稿，热忱欢迎国内外学者、研究生投稿。审稿实行三审定稿制，以学术价值为依据进行评审。

2. 本刊刊登民族学、人类学、跨境民族及边疆问题、东南亚南亚研究及相关学科的学术论文、研究报告、综述、书评和学术动态。研究报告和学术论文以 9000～16000 字为宜，综述不超过 8000 字，书评不超过 6000 字，学术动态不超过 2000 字。

3. 根据国内外严肃学术期刊的惯例，本刊要求来稿必须符合学术规范，希望在理论上有所创新，或者在资料的收集和分析上有所贡献；书评以评论或讨论为主，其中所涉及的内容简介不宜超过全文篇幅的四分之一，所选著作以近年出版为佳。

4. 来稿切勿一稿数投。投稿 4 个月未收到刊用通知者，请自行处理。

5. 本刊采取电子邮件方式投稿，作者将稿件电子版发送至：xnbjmzyj@163.com。为方便联系，来稿请附上作者简介（姓名、职称、单位）以及通信地址、联系电话、电子邮件等个人信息，仅供联系之用，不予公开。

6. 本刊发表的文章均为作者的研究成果，不代表本刊的意见。凡涉及国内外版权问题，均遵照《中华人民共和国版权法》和有关国际法规执行。

7. 本刊已加入信息网络系统，凡来稿即被视为同意加入网络版。

二、撰稿体例

（一）基本结构：标题、作者、摘要、关键词、正文、注释或引用文献来源，作者简介。

（二）摘要：用第三人称视角概括论文核心内容，主要是创新点和研究结论，200～300 字为宜；关键词：论文涉及的主要概念或术语，一般为 3～5 个。

（三）基金来源和致谢：若稿件得到他人帮助、基金资助或属于国家、省市级、校级等科研项目，需注明或致谢。

（四）稿件正文内各级标题的处理要求如下：

1. 一级标题为"一、""二、""三、"等汉字数词及顿号后加标题名。

2. 二级标题为"（一）""（二）""（三）"等带括弧的汉字数词后加标题名。

3. 三级标题为"1.""2.""3."等阿拉伯数字及点号后加标题名。

4. 四级标题为"（1）""（2）""（3）"等带括弧的阿拉伯数字后加标题名。

（五）统计表、统计图或其他示意图、公式（假设）等，均分别用阿拉伯数字连续编号，后注明图、表名称，例如："表1……""图1……""公式1……""假设1……"等。

（六）关于中译名词、术语、人名、地名及国际组织（学术机构）

1. 正文中第一次出现的西文学术专用名词和术语（除常用之外），后用括号标明西文术语；除英文外，其他语种的名词或术语前标明语种。

2. 除知名的外国人名、地名、国际组织（学术机构）以外，一般在正文中第一次出现时，汉译名后用括号标明西文原名（国际组织可用缩写）；正文中出现的国外学者人名须用统一译名，且以学术界的通用译法为准。

（七）引文注释规范：本刊采用脚注形式，每页重新编号。

1. 著作：［责任者］：《［著作名]》,［出版者］［出版年］版,［页码］。

2. 析出文献：［著者］：《［析出篇名]》,载［文集责任者］《［文集题名]》,［出版者］［出版年］年,［页码］。

3. 古籍：［责任者］：《［书名]》卷次《部类名》,［版本］。

4. 期刊：［著者］：［篇名］,［期刊名］［年］［期］。

5. 报纸：［著者］：［篇名］,［报纸名称］［出版年月日］。

6. 未刊文献：文献本身没有标题时，可代拟标题（须注明）。引用的未刊文献为原始文献时，可以不做说明，不是原件时，应说明文献与原始文献的关系。学位论文：标明作者、文献标题、文献性质、学术机构、日期、页码，顺序略同图书；会议论文：标明作者、文献标题、会议名称和文献性质、会议地点或举办者名称、日期、页码，标注顺序略同期刊；未刊手稿、函电等：标明作者、文献标题、文献性质、收藏地点和收藏者，收藏编号。

7. 引证外文文献，原则上应使用该文种通行的引证标注方式。

英文文献：

图书：［著者］,［书名（斜体，主体词首位字母大写)］,［页码］.［出版地］：［出版者］,［出版年］.

期刊文献：［著者］,"［文章名（主体词首位字母大写)］",［刊物名（斜体)］,［卷期号］,［出版时间］.

著作中的析出文献：作者；［著者］,"［文章名（主体词首位字母大写)］",［书名（斜体)］,［页码］.［出版地］：［出版者］,［出版年］.

8. 网页引用：尽量在没有其他文献来源的情况下，才引用网页。引用时应注明网页名称，网页作者，网页链接，发布时间，浏览或下载时间。网页作者、发布时间可以缺省。

图书在版编目(CIP)数据

西南边疆民族研究. 第26辑/何明主编. -- 北京：社会科学文献出版社，2018.11
ISBN 978-7-5201-3662-4

Ⅰ.①西… Ⅱ.①何… Ⅲ.①少数民族-西南地区-年刊 Ⅳ.①K280.7-54

中国版本图书馆 CIP 数据核字(2018)第 232966 号

西南边疆民族研究　第 26 辑

主　　编 / 何　明
副 主 编 / 李志农　朱凌飞

出 版 人 / 谢寿光
项目统筹 / 佟英磊
责任编辑 / 佟英磊　胡庆英　隋嘉滨　胡　亮　杨　阳　赵　娜

出　　版 / 社会科学文献出版社·社会学出版中心 (010) 59367159
　　　　　　地址：北京市北三环中路甲 29 号院华龙大厦　邮编：100029
　　　　　　网址：www.ssap.com.cn

发　　行 / 市场营销中心 (010) 59367081　59367083
印　　装 / 三河市东方印刷有限公司

规　　格 / 开　本：889mm × 1194mm　1/16
　　　　　　印　张：15.5　字　数：427 千字
版　　次 / 2018 年 11 月第 1 版　2018 年 11 月第 1 次印刷
书　　号 / ISBN 978-7-5201-3662-4
定　　价 / 79.00 元

本书如有印装质量问题，请与读者服务中心 (010-59367028) 联系

▲ 版权所有 翻印必究